TRATADO ELEMENTAR DE
CIÊNCIAS OCULTAS

Papus

TRATADO ELEMENTAR DE
CIÊNCIAS OCULTAS

A Sabedoria Desvelada sobre as Teorias e os Símbolos Usados pelos Antigos Alquimistas, Astrólogos, Maçons e Cabalistas

Tradução
Gilson César Cardoso de Sousa

Editora
Pensamento
SÃO PAULO

Título do original: *Elementary Treatise of Occult Science*.

Copyright © 2018 Mark Anthony Mikituk.

Publicado Por Llewellyn Publications Woodbury, MN 55125 USA – www.llewellyn.com.

Publicado originalmente como "*Traité élémentaire de Science oculte mettant chacun à Même de comprendre et dénplique les théories et les symboles employés par les ancien, par les alchimistes, les astrologues, les E.˙. de la V.˙., les kabbalistes*, 5ª edição, pela Chamuel, 1898.

Copyright da edição brasileira © 2021 Editora Pensamento-Cultrix Ltda.

1ª edição 2021./ 2ª reimpressão 2023.

Todos os direitos reservados. Nenhuma parte deste livro pode ser reproduzida ou usada de qualquer forma ou por qualquer meio, eletrônico ou mecânico, inclusive fotocópias, gravações ou sistema de armazenamento em banco de dados, sem permissão por escrito, exceto nos casos de trechos curtos citados em resenhas críticas ou artigos de revista.

A Editora Pensamento não se responsabiliza por eventuais mudanças ocorridas nos endereços convencionais ou eletrônicos citados neste livro.

Ilustrações internas do Departamento de Art da Llewellyn e James Clark nas páginas 183 e 281.

Editor: Adilson Silva Ramachandra
Gerente editorial: Roseli de S. Ferraz
Preparação de originais: Danilo Di Giorgi
Gerente de produção editorial: Indiara Faria Kayo
Editoração eletrônica: Join Bureau
Revisão: Adriane Gozzo

Dados Internacionais de Catalogação na Publicação (CIP)
(Câmara Brasileira do Livro, SP, Brasil)

Papus
 Tratado elementar de ciências ocultas: a sabedoria desvelada sobre as teorias e os símbolos usados pelos antigos alquimistas, astrólogos, maçons e cabalistas / Papus; tradução Gilson César Cardoso de Sousa. – São Paulo: Editora Pensamento, 2021.

 Título original: Elementary treatise of occult science
 ISBN 978-85-315-2152-2

 1. Ocultismo I. Título.

21-75433   CDD-133

Índices para catálogo sistemático:
1. Ciências ocultas 133
Cibele Maria Dias – Bibliotecária – CRB-8/9427

Direitos de tradução para o Brasil adquiridos com exclusividade pela
EDITORA PENSAMENTO-CULTRIX LTDA., que se reserva a
propriedade literária desta tradução.
Rua Dr. Mário Vicente, 368 – 04270-000 – São Paulo – SP – Fone: (11) 2066-9000
http://www.editorapensamento.com.br
E-mail: atendimento@editorapensamento.com.br
Foi feito o depósito legal.

Para minha filha, June.
Que este livro possa ser uma primavera que leve a seu verão.

SUMÁRIO

Prefácio, por John Michael Greer 9

Nota do Tradutor do Francês para o Inglês, por Mark Anthony Mikituk 15

Introdução: A Tri-Unidade • Correspondências e Analogia • O Astral 21

PARTE UM: TEORIA

Capítulo Um: A Ciência Antiga • A Manifestação Visível do Invisível •
Definição de Ciências Ocultas.. 25

Capítulo Dois: O Método da Ciência Antiga • Analogia • Os Três Mundos •
O Ternário • As Operações Teosóficas • As Leis Cíclicas............................ 37

Capítulo Três: Vida Universal • O Grande Segredo do Santuário •
A Luz Astral (Energia Universal) • Involução e Evolução •
O Homem Segundo Pitágoras 57

PARTE DOIS: REALIZAÇÃO

Capítulo Quatro: A Expressão das Ideias • Os Signos. A Origem da
Linguagem • Histórias Simbólicas e sua Interpretação • A Tábua de
Esmeralda de Hermes e sua Explicação • O Telesma • Alquimia •
Explicação dos Textos Herméticos • Geometria Qualitativa •
Nomes Próprios e sua Utilidade 75

Capítulo Cinco: A Expressão Analítica de Ideias • Tabelas Analógicas • Magia • Dez Sugestões de *Ísis sem Véu*, de H. P. Blavatsky • A Tabela Mágica do Quaternário de Agrippa • Astrologia • Adaptação do Ternário 99

Capítulo Seis: A Expressão Integrativa das Ideias • Os Pentáculos • A Serpente e seu Significado • O Método para Explicar os Pentáculos • A Cruz • O Triângulo • O Selo de Salomão • O Esquema de Cagliostro • (יהוה) • A 21ª Chave de Hermes • As Três Línguas Primitivas • A Esfinge e seu Significado • As Pirâmides • O Pentagrama • O Triângulo Retângulo e o Livro Chinês de *Tchen-Pey* 121

PARTE TRÊS: ADAPTAÇÃO

Introdução à Parte Três.. 147

Capítulo Sete: A Terra e sua História Secreta 151

Capítulo Oito: A Raça Branca e a Formação de sua Tradição 171

Resumo do Capítulo Oito 209

Capítulo Nove: A Constituição do Homem....................................... 211

Capítulo Dez: O Plano Astral 237

Capítulo Onze: Ciência Oculta e Ciência Contemporânea 263

Apêndice I: Explicação do Hieróglifo Alquímico de Notre-Dame de Paris, por Cambriel 279

Apêndice II: O Esoterismo do *Pater Noster* 283

Apêndice III: Como me Tornei um Místico: Notas para uma Autobiografia Intelectual, por Camille Flammarion 293

Notas 301

Notas Bibliográficas 335

Índice Remissivo... 349

Sobre o Prefaciador 368

PREFÁCIO

por John Michael Greer

Paris, na *Belle Époque* – os anos entre o fim da Guerra Franco-Prussiana, em 1871, e o início da Primeira Guerra Mundial, em 1917 –, era reconhecidamente o centro europeu de cultura, um caldeirão borbulhante de ideias inovadoras e novas visões na literatura e na arte, nas ciências e em todas as áreas do conhecimento. Paris também era um dos grandes centros do ocultismo ocidental.[1] Éliphas Lévi, cuja obra de enorme sucesso, *Dogma e Ritual da Alta Magia,** apressou o renascimento das tradições ocultistas do Ocidente quando veio a público, em 1855, ainda estava vivo nos primeiros anos do período. Quando Lévi faleceu, em 1875, Paris tinha uma subcultura ocultista lado a lado com o mundo literário e artístico da época.

Foi nesse mundo que o jovem Gérard Encausse encontrou sua base sólida. Filho de um médico francês e de uma cigana espanhola, nasceu em 1865 em Corogna, Espanha, e foi para Paris, com os pais, ainda criança. Em 1885, começou a estudar o ocultismo e adotou o pseudônimo de Papus, nome de um espírito da medicina citado na quarta capa do famoso livro de Lévi.

Em 1888, Papus, nome que também usaremos para designá-lo, irrompeu brilhantemente no cenário ocultista de Paris. Nesse ano, ajudou a lançar o *L'Initiation* [A Iniciação], primeiro jornal ocultista da época, além de um dinâmico semanário de notícias e opiniões ocultistas, *Le Voile d'Isis* [O Véu de Ísis]. Fundou o *Groupe*

---

* Publicado pela Editora Pensamento, São Paulo, 2ª edição, 2017.

Indépendant d'Études Ésotériques [Grupo Independente de Estudos Esotéricos], uma influente sociedade dedicada aos estudos do oculto. Nesse mesmo ano, Papus ainda encontrou tempo para publicar seu primeiro livro – este que você agora tem em mãos.

A partir daí, sua figura rechonchuda e simpática esteve sempre presente no mundo do ocultismo francês. Ele se juntou à *Ordem Cabalística da Rosa-Cruz*, a principal ordem mágica francesa da época, e refundou a Ordem Martinista, uma tradição do ocultismo cristão que segue próspera nos dias de hoje. Realizou verdadeiros prodígios organizando conferências e palestras, disseminando os ensinamentos do ocultismo pela Europa e escrevendo uma série de livros que se tornaram leitura obrigatória para a maioria dos ocultistas europeus. Manteve-se ativo dessa maneira até sua morte por tuberculose em 1916, dois anos depois que a eclosão da Grande Guerra cerrou a cortina da *Belle Époque*.

Alguns escritores são conhecidos por um único livro, outros por um conjunto de obras que evolui ao longo de toda uma carreira literária. Papus pertence à segunda categoria. A missão de sua vida foi popularizar as tradições ocultistas do Ocidente, e ele usou seus livros para perseguir esse objetivo a partir de diversos pontos de vista. Quer explicando a estrutura interna do baralho do tarô em *Le Tarot des Bohémiens* (O Tarô dos Boêmios), comentando as tradições místicas da cabala judaica em *La Kabbale* (A Cabala) ou apresentando a tradição ocultista por inteiro – tema do livro que você está lendo agora –, ele sempre levou em conta as necessidades e expectativas de seu público. Seus livros são antes conversas que leituras, redigidos para atrair o leitor e propiciar a interação entre ideias atuais e ensinamentos ocultistas do passado.

São também conversas em outro sentido. Ao contrário de alguns autores ocultistas, de ontem e de hoje, Papus nunca deixou de reconhecer quanto aprendera de outros. Todos os seus livros, inclusive este, incluem longas citações de outras obras ocultistas. Na época, isso era muito útil como introdução à literatura ocultista; hoje, tem grande valor, porque muitos livros que ele cita com frequência se tornaram raros e poucos deles foram traduzidos para o inglês.

Outros fatores fazem deste *Tratado Elementar de Ciências Ocultas*, publicado pela primeira vez em 1888, um precioso recurso para os dias de hoje. Um deles é que dois dos principais temas abordados nas conversas do livro continuam importantes atualmente. Sua primeira preocupação, que se destaca no início da obra, foi contestar a crença supersticiosa no progresso, que induz inúmeras pessoas em nosso tempo – e induzia no dele – a presumir que o passado não pode oferecer nada ao presente.

Seu ângulo de ataque era radical no contexto da época de Papus e o é ainda mais no contexto da nossa época. Alguns poucos estudiosos do século XIX enfatizaram que, segundo diversas evidências, pelo menos algumas de nossas realizações científicas já eram conhecidas em tempos antigos: a eletricidade, a energia do vapor e muitas outras façanhas de que o mundo ocidental se orgulha de ter descoberto foram, na verdade, redescobertas. Essa constatação era chocante na época de Papus; hoje, é uma heresia intelectual do tipo mais extremo, e ninguém que queria ser respeitado ousa mencionar os estudiosos citados por Papus. O trabalho deles permanece e deve ser julgado apenas por seus próprios méritos: Papus menciona cuidadosamente suas fontes aqui e em toda parte.

O segundo tema central explorado por Papus em *Tratado Elementar de Ciências Ocultas* é a diferença entre os meios modernos de lidar com a informação e os métodos usados para o mesmo fim nos mundos antigo e medieval. Segundo ele, as descobertas e realizações de outrora foram amplamente ignoradas nos tempos modernos porque a maioria dos seus contemporâneos não compreende o antigo uso do simbolismo, da fábula e da analogia como recursos para comunicar fatos. Os antigos não compartilhavam da crença moderna segundo a qual o conhecimento deve estar disponível a todos; não escreviam livros para simplórios ou completos idiotas, como fazemos. Escreviam para quem desejava ardentemente compreender, para quem tinha a paciência e a inteligência para investigar além das formas superficiais, a fim de captar-lhes o significado.

A capacidade de interpretar o simbolismo, a fábula e a analogia já não existia no tempo de Papus, por isso ele devotou um sem-número de páginas a instruir os leitores nessa capacidade e despertá-los graças ao processo de extrair conteúdos da herança do passado. Como a maneira simbólica de pensar continua tão fora de moda em nossa época quanto o era na dele, um dos aspectos mais úteis deste livro é o ensino das técnicas necessárias para extrair sabedoria do leque completo de mitos, lendas medievais e do simbolismo esotérico dos antigos.

O terceiro tema de destaque deste livro talvez seja um pouco menos relevante para o contexto da modernidade, mas ainda assim inclui ideias que certamente despertarão o interesse dos leitores. Quando Papus escreveu este livro, os cientistas ocidentais estavam certos de que a espécie humana era dividida em quatro raças determinada por diferentes cores de pele – branca, negra, vermelha e amarela, conforme a classificação usual da época – e persistiam na ideia de que essas categorias não eram apenas convenientes para explicar a diversidade dos grupos étnicos, mas que se tratavam de realidades biológicas.

Hoje sabemos que não existe uma "raça branca" e, por consequência, nenhuma outra. É tão absurdo usar a cor da pele como divisão humana básica quanto postular uma "raça branca" canina que englobasse cães de montanha dos Pireneus e *poodles*, atribuindo à tal "raça branca" certas características essenciais que a separaria de cães pretos, cães cinzentos, e assim por diante. Na época de Papus, contudo, a genética estava nascendo e a antropologia ainda não saíra da infância. As pesquisas que fariam com que a tese das raças humanas separadas fosse descartada das ideias rejeitadas ainda estavam por serem feitas. Além disso, poderosos interesses culturais e econômicos nos países ocidentais defendiam as teorias raciais como meio de justificar os projetos colonialistas europeus; olhando em retrospectiva, é fácil perceber que isso não passava de propaganda, mas é difícil distinguir com clareza os pressupostos de uma época e de uma cultura quando se está inserido nelas. Muitas ideias que hoje julgamos óbvias soarão absurdas no futuro.

Seja como for, Papus escreveu num tempo em que a ideia das raças humanas distintas, com diferentes características essenciais, era quase universalmente aceita tanto por cientistas quanto por leigos. E mais: ideias desse tipo estavam, na época, tão disseminadas no ocultismo quanto na cultura em geral. Em numerosos estudos sobre o ocultismo, H. P. Blavatsky formulou seu sistema de teosofia como uma história alternativa do mundo, em que a ascensão e a queda de uma série de "raças-raízes" desempenhavam papel de destaque. As ideias raciais também tiveram papel de relevo em *The Light of Egypt* [A Luz do Egito], de Thomas Burgoyne, em *The Rosicrucian Cosmo-Conception* [Conceito Rosacruz do Cosmos], de Max Heindel, e em muitos outros textos ocultistas da época.

Em um sentido importante, porém, Papus rejeitou a principal corrente ocultista de seu tempo. Enquanto muitos ocultistas do século XIX incluíam as noções raciais convencionais nos conteúdos que ensinavam, ele lhes deu outro rumo: em sua versão da história oculta do mundo, os homens brancos são os retardatários do planeta, a última raça a alcançar a civilização. Ele enfatiza as formidáveis realizações culturais, científicas e intelectuais das raças amarela, vermelha e negra em seu auge. Não bastasse isso, a estrutura histórica que ele apresenta implica que a raça branca, após seu período de domínio do mundo, decairá e será suplantada por outra. Assim, Papus aceitava o discurso racial de seus contemporâneos apenas para relativizá-lo, substituindo a então popular reivindicação da superioridade branca por uma narrativa segundo a qual todas as raças desempenham igual papel no ciclo histórico que as governa.

Para além do interesse histórico de seu precoce desafio às narrativas raciais convencionais da cultura europeia do final do século XIX, esse aspecto do livro de Papus possui valor mais significativo aos olhos do estudioso moderno: assim como as narrativas antigas e medievais que ele disseca no início deste livro, a história imaginária do mundo elaborada por Papus deve ser lida e interpretada simbolicamente. Tal qual seu grande predecessor Éliphas Lévi, Papus gostava de empregar nos próprios escritos os modos simbólicos de comunicação que analisava. Assim, ele introduzia múltiplos níveis de significado em seu discurso, valendo-se das mesmas técnicas que apresentou usando como exemplo diversos textos tradicionais. Como regra geral, nunca é seguro abordar um texto ocultista presumindo que seu significado superficial seja o único importante; e, em se tratando de Papus, uma abordagem tão simplista seguramente deixará escapar seus sentidos mais sutis. Empregue as habilidades ensinadas por Papus à literatura ocultista e uma profusão de ideias inesperadas e de fina sabedoria virá à tona.

Várias obras de Papus sobre o ocultismo estão disponíveis no mundo de língua inglesa desde o início do século XX, mas seus principais trabalhos sobre filosofia ocultista permaneciam sem tradução até o presente. Foi, pois, uma honra e um prazer ser convidado para auxiliar Mark Anthony Mikituk no preparo desta tradução. Mark e eu já havíamos trabalhado juntos em uma recente tradução de *Dogma e Ritual da Alta Magia*, de Éliphas Lévi, devendo o leitor deste projeto esperar, portanto, um texto agradável e meticuloso. Mark e eu queremos também agradecer a Elysia Gallo e Lauryn Heineman, da Llewellyn Publications, pela genial e eficiente assistência na consecução deste projeto.

NOTA DO TRADUTOR DO FRANCÊS PARA O INGLÊS

por Mark Anthony Mikituk

O leitor logo notará que uma das mais óbvias particularidades de *Tratado Elementar de Cências Ocultas* de Papus é o grande número de citações feitas a diversos autores, tanto antigos quanto contemporâneos a ele. Essas citações, às vezes muito extensas e de ampla variedade de fontes, tornaram meu trabalho de tradutor mais complicado, mas acredito que elas também valorizam bastante a obra para o estudioso interessado no ocultismo em geral, bem como em sua história e em seu desenvolvimento. Vou então, resumidamente, explicar como traduzi essas citações, esclarecendo ao mesmo tempo o modo como as notas de rodapé foram tratadas. Por fim, acrescento alguns comentários históricos meus como complemento aos que o senhor Greer já forneceu na introdução.

Deve-se também notar aqui que o *Tratado Elementar de Cências Ocultas* de Papus teve 23 edições na França, nove das quais impressas enquanto ele ainda era vivo. Papus tinha o hábito de acrescentar, cortar e complementar seu tratado a cada nova edição, com mudanças às vezes substanciais. As últimas mudanças significativas ocorrem na sétima edição; no entanto, optamos por traduzir a quinta edição, publicada em 1898, em parte porque há nela um texto raro e interessante suprimido na sétima. Achamos também que a sétima edição estava um tanto sobrecarregada de adições dispensáveis, o que tornaria a publicação maior e mais cara.

No tocante às citações de autores que escreveram originalmente em inglês, eu, é claro, apenas pesquisei as fontes originais e as reproduzi, em vez de traduzir a tradução. Papus cita ainda vários autores franceses, contemporâneos dele ou do século anterior. Em tais casos, independentemente de haver ou não traduções para o inglês das obras e dos autores citados (na maior parte dos casos não há), fiz a minha própria versão, sem fazer referência a nenhuma tradução anterior.

As citações de Papus a autores antigos representaram uma dificuldade a mais, em parte porque tenho pouco conhecimento dos idiomas clássicos e, por isso, não as comparei com as fontes originais. Algumas dessas fontes antigas – das quais há, às vezes, várias traduções, nenhuma exatamente igual à outra – devem ser familiares aos leitores. Duas, em particular, me ocorrem aqui: a Tábua de Esmeralda e o *Pistis Sophia*. No caso desses dois textos, e de outros cuja antiga fonte original tenha sido amplamente traduzida para o inglês, eu, na pior das hipóteses, consultei as diversas versões inglesas disponíveis. No caso da Tábua de Esmeralda, pequenas mudanças em minha tradução original da versão francesa de Papus foram feitas para que os textos concordassem melhor com aquilo que era familiar ao leitor. Esses ajustes não alteram o significado geral encontrado na versão francesa oferecida por Papus, e, onde este usa um termo não encontrado nas várias traduções francesas disponíveis, conservei a escolha dele. No que tange à *Pistis Sophia*, porém, decidi não fazer mudanças ao comparar as citações com as versões em inglês, pois Papus fez a citação a partir de uma tradução francesa bem conhecida da obra e a diferença era mais substancial. O leitor talvez encontre, assim, algumas disparidades significativas entre a tradução de G. R. S. Mead, por exemplo, e a minha, a qual, repito, se baseia em uma versão ainda amplamente respeitada da obra.

Por fim, antes de passar a meus comentários históricos, convém explicar como as notas de rodapé foram tratadas. Papus redigiu grande número de notas, que mantivemos nesta tradução inglesa. Para distinguir suas notas das minhas, todas estas são precedidas da abreviatura [N.T.] (nota do tradutor). Cabe mencionar também que nos demos o trabalho de suplementar o *Tratado Elementar de Cências Ocultas* de Papus com uma bibliografia substancialmente mais detalhada que muitas. Não incluímos todos os autores mencionados pelo autor (isso daria outro livro!), mas ali estão presentes os nomes da maior parte de seus contemporâneos citados na obra. Em lugar da bibliografia típica, preferimos fornecer ao leitor uma biografia curta de cada autor mencionado, com uma lista de suas obras principais, informando quando alguma delas pode ser encontrada em inglês.

O senhor Greer já esclareceu que Papus era um dos mais importantes representantes dos líderes da segunda geração pós-ressurgimento do ocultismo na França do século XIX e início do XX. O fato de Papus fazer muitas citações, em especial a outros autores de sua época, oferece ao leitor acesso privilegiado ao período. Este livro, de fato, dá ao leitor a preciosa oportunidade de mergulhar no que veio antes, a partir de uma perspectiva bem mais ampla que a de um autor único.

Tendo em vista que boa parte do que pode ser considerado estudo ocultista, especialmente do tipo histórico, pressupõe a busca e a reavaliação de conhecimentos "perdidos", e considerando o valor histórico de *Tratado Elementar de Cências Ocultas* de Papus, achei que deveria dedicar algum tempo em discutir de modo mais abrangente tanto a ideia da redescoberta de "conhecimento perdido" quanto a inevitável reavaliação desse material, uma vez "encontrado". A meu ver, essas são as duas atividades que com maior probabilidade despertarão o interesse do leitor.

A fim de avaliar devidamente a redescoberta potencial do "conhecimento perdido", precisamos primeiro tentar responder à seguinte pergunta: o *que* foi perdido? A pergunta não se aplica apenas ao tipo de conhecimento que talvez tenhamos perdido em tempos mais recentes e que pode ser encontrado no *Tratado Elementar de Cências Ocultas* de Papus, mas também a toda a história humana, do Gênesis em diante, e é uma pergunta a que o próprio Papus inevitavelmente tenta responder à sua maneira, com base nas informações disponíveis e aceitas em sua época. É também a mesma pergunta que o indivíduo deve fazer a si mesmo em relação a seu próprio passado: o que *eu* perdi? Eu diria que a resposta a essa pergunta é a mesma em todos os casos mostrados acima: o que foi realmente perdido são o conhecimento e a experiência de formas alternativas de consciência a que dificilmente temos acesso *porque* essa experiência e esse conhecimento se perderam.

A segunda pergunta a ser respondida é *por que* esse conhecimento foi perdido. Por qual motivo temos tanta dificuldade em recuperar ou redescobrir uma forma de consciência que outrora, em nossa vida ou na vida da humanidade inteira, se manifestava de modo tão fácil e natural? Se nosso tema é de fato a consciência e suas diversas formas, então a resposta deve ser porque a estrutura de nossa mente, individual ou coletiva, mudou. E, se assim for, talvez a mesma consciência que tínhamos não possa ser reexperimentada exatamente como era, pelo menos não sem muito esforço. O mais provável é que seja vivenciada através das lentes de nossa atual estrutura mental e do ponto de vista de nossa história, tal qual a rememoramos.

Relativamente ao estado da consciência coletiva na época de Papus, duas importantes diferenças em comparação com o que ocorre atualmente devem ser realçadas e levadas em consideração para determinarmos qual "conhecimento perdido" Papus pode nos devolver. A primeira é que Papus escreveu o livro durante o movimento que os historiadores da arte e da literatura chamam de "Simbolismo" na França, movimento no qual estava diretamente envolvido. Entretanto, podemos considerar esse movimento também como o último brado da era romântica antes da guerra, movimento este que, tecnicamente, havia encerrado a geração anterior. A chave tanto para o Romantismo quanto para o Simbolismo é a rejeição dos ideais iluministas puramente materiais e uma nova ênfase no invisível. O que os românticos e, mais tarde, os simbolistas sentiam e vivenciavam na época, bem mais direta e amplamente que a maioria de nós hoje, eram a existência e a experiência reais de esferas do espírito e da emoção profunda. Para eles, não considerar o invisível e a esfera das emoções era não considerar o mundo como realmente é; e, em parte, foi essa forma de consciência romântica que promoveu o renascimento do ocultismo naquela época. A mentalidade romântica não privilegia fatos materiais óbvios, mas circunstâncias emocionais, espirituais e simbólicas; assim, é preciso ter cuidado para não considerar certos "fatos" históricos que Papus nos apresenta como importantes por si mesmos e não pelo simbolismo espiritual que encerram.

O período romântico e o movimento simbolista que se seguiu a ele parecem representar uma era intelectual que eliminamos quase intencionalmente de nossa memória coletiva, embora não sejam muito antigos. Uma das causas indiretas dessa eliminação, a Grande Guerra e o subsequente advento do fascismo, constitui a segunda diferença importante em relação à visão de mundo contemporânea que devemos ter em mente ao ler a obra de Papus.

Embora seja óbvio que Papus escreveu uma geração antes que o fascismo levantasse sua cabeça maligna, às vezes é difícil para nós não reinterpretarmos o que ele escreveu com base em uma consciência inexistente em sua época. Vale então a pena repetir: apesar de nossa antipatia por tudo que lembre teoria racial hoje, o ideal fascista da "raça branca superior" talvez não fosse o que Papus tinha em mente. Com efeito, o leitor atento e respeitoso logo notará que, na história das raças de Papus, não se fala de uma que seja superior à outra.

Por fim, o que eu gostaria de sugerir aqui é isto: para conseguir penetrar o mundo de Papus e recuperar parte dos tesouros perdidos que ele pode nos revelar, devemos primeiro evitar tingir o quadro com as cores de nossos costumes contemporâneos e tentar levar em conta o que pode ter sido diferente na época.

Gostaria de agradecer a John Michael Greer por seu prefácio consistente e informativo, bem como por seus comentários e suas anotações adicionais. Sou grato também a Elysia Gallo, da Llewellyn, que foi uma fonte maravilhosa de conselhos e amavelmente sugeriu melhorias tanto para a tradução em si quanto para eventuais notas presentes no trabalho. Tenho certeza de que esta tradução deve muito de sua qualidade à colaboração de Elysia – e, é claro, quaisquer erros porventura encontrados são de minha responsabilidade.

INTRODUÇÃO

A Tri-Unidade • Correspondências e Analogia • O Astral

A história nos mostra que os maiores pensadores ocidentais da Antiguidade completaram sua formação estudando os mistérios egípcios.

A ciência ensinada pelos guardiões desses mistérios é conhecida por vários nomes: ciência oculta, hermetismo, ocultismo, esoterismo etc.

Idêntico por toda parte em seus princípios, esse código de instrução constitui a tradicional ciência dos magos, que chamamos comumente de *ocultismo*.

Essa ciência trata da teoria e aplicação de um vasto número de fenômenos, dos quais só uma pequena parte compreende nossas práticas contemporâneas no domínio do magnetismo, isto é, das chamadas evocações espiritualistas. Cabe notar que essas práticas, contidas no estudo da psicurgia, representam apenas pequena parte da ciência ocultista, que inclui três outros importantes ramos: a teurgia, a magia e a alquimia.

O estudo do ocultismo é da maior importância por dois fatores: lança uma nova luz sobre o passado e permite ao historiador reexaminar a Antiguidade de forma ainda pouco conhecida. Além disso, a análise do ocultismo fornece ao pesquisador contemporâneo um abrangente sistema de asserções que podem ser estudadas pela ciência e ideias sobre forças ainda pouco conhecidas, da natureza e do homem, que podem ser atestadas pela observação.

O uso da analogia, método característico do ocultismo, e a aplicação dela às ciências contemporâneas ou às modernas concepções da arte e da sociologia permitem que lancemos uma luz totalmente nova sobre os problemas aparentemente mais insolúveis.

No entanto, o ocultismo não tem a pretensão de oferecer a única solução possível aos problemas que aborda. Ele é um instrumento, uma ferramenta de estudo, e só a vaidade faria com que seus adeptos reivindicassem a posse da verdade absoluta em determinado assunto. O ocultismo é um sistema filosófico que fornece uma resposta a perguntas que fazemos com frequência a nós mesmos. Essa resposta é a expressão única da verdade? Só a experimentação e a observação podem responder a essa pergunta.

A fim de evitar possíveis erros de interpretação, o ocultismo deve ser dividido em dois aspectos principais:

1) um aspecto imutável, que constitui o fundamento da tradição e pode ser facilmente encontrado nos escritos dos hermetistas, qualquer que seja a época ou a origem deles;
2) um aspecto pessoal, próprio do autor, constituído de comentários e aplicações especiais.[2]

O aspecto imutável pode ser dividido em três pontos:

1) a existência da *Tri-unidade* como lei básica da ação em todos os planos do Universo;[3]
2) a existência de *Correspondências* que interconectam todas as partes do Universo visível e invisível;[4]
3) a existência de um *mundo invisível*, o duplo exato de um fator perpétuo no mundo visível.[5]

A possibilidade oferecida a todas as inteligências de manifestar suas potencialidades nas aplicações do mundo real é a causa efetiva do progresso em pesquisa, a origem das diversas escolas e a prova da capacidade que todo autor tem de manter sua personalidade íntegra, não importa o campo de ação que escolha.

PARTE UM

CAPÍTULO UM

A Antiga Ciência • A Manifestação Visível do Invisível •
Definição de Ciências Ocultas

Hoje, tendemos exageradamente a confundir Ciência com as ciências. Uma é imutável em seus princípios, ao passo que as outras variam de acordo com os caprichos dos homens; o que era científico havia um século, por exemplo, na física, agora está quase passando para a esfera do mito,[6] porque o conhecimento de temas particulares é domínio das ciências, domínio no qual, repito, os mestres mudam a cada instante.

Todos sabem que esses temas particulares são precisamente aqueles que os estudiosos modernos privilegiam. Eles se saíram tão bem que aplicamos o progresso indiscutível alcançado em diversos ramos especiais à Ciência. No entanto, a falha desse conceito surge quando tentamos conectar tudo, com o objetivo de inserir a Ciência em uma síntese, em uma expressão completa da verdade eterna.

A ideia de uma síntese que abranja, com umas poucas leis imutáveis, o enorme volume de conhecimento detalhado acumulado ao longo dos dois últimos séculos parece, aos olhos dos pesquisadores de nossa época, estar perdida em um futuro muito distante, e a única esperança deles é que seus descendentes, um dia, a vejam emergir no horizonte do conhecimento humano.

Vamos soar ousados demais ao declarar que essa síntese existiu, que suas leis são acuradas o bastante para se aplicar às descobertas modernas, teoricamente falando, e que os iniciados egípcios, contemporâneos de Moisés e Orfeu, a possuíam em sua inteireza.

Dizer que a Ciência existiu na Antiguidade significa ser acusado, pela maioria das mentes sérias, de sofista ou ingênuo; tentarei, porém, demonstrar minha pretensão paradoxal e peço a meus contraditores que apenas me concedam um pouco mais de seu tempo.

Em primeiro lugar, me perguntarão: onde encontraremos traços dessa pretensa ciência antiga? Que conhecimento ela contém? A que descobertas práticas levou? Como se pode conhecer essa famosa síntese que você menciona?

A bem considerarmos, não é a penúria de material que nos impede de reconstituir a antiga ciência. Ruínas de velhos monumentos, símbolos, hieróglifos, inúmeros ritos iniciáticos e manuscritos não faltam para nos ajudar nas pesquisas.

Mas, enquanto alguns são indecifráveis sem uma chave, chave essa que poucas pessoas se dão o trabalho de adquirir, a antiguidade de outros (ritos e manuscritos) quase nunca é aceita pelos estudiosos contemporâneos, que no máximo os consideram contemporâneos da Escola de Alexandria.

Precisamos, pois, buscar fundamentos mais sólidos, que encontraremos nas obras de autores bem mais antigos que os da Escola de Alexandria: Pitágoras, Platão, Aristóteles, Plínio, Tito Lívio etc. A antiguidade desses textos não poderá ser contestada por ninguém.

Sem dúvida, não é tarefa fácil extrair a ciência antiga, peça por peça, de autores do passado, e devemos muito àqueles que se encarregaram de assumir e completar esse trabalho colossal. Entre os mais dignos de nota podemos citar Dutens,[7] Fabre d'Olivet[8] e Saint-Yves d'Alveydre.[9]

Abramos o livro de Dutens e veremos os efeitos produzidos pela antiga ciência; leiamos Fabre d'Olivet e Saint-Yves d'Alveydre e penetraremos os templos onde brilhou uma civilização cujos produtos deixarão pasmos os chamados modernos civilizados.

No presente capítulo posso apenas resumir esses autores, a quem o leitor deve recorrer para verificar o que digo e o que eles provam.

Em astronomia, os antigos conheciam o movimento da Terra em volta do Sol,[10] a teoria da pluralidade dos mundos,[11] a lei da gravidade,[12] a influência lunar sobre as marés,[13] a constituição da Via Láctea e, acima de tudo, a lei mais tarde redescoberta por Newton. Sobre esse assunto, não resisto à tentação de citar duas passagens altamente significativas de Dutens. Uma, referente à atração universal, é de Plutarco; a outra, sobre a Lei dos Quadrados, é de Pitágoras:

> Plutarco, que conhecia praticamente todas as notáveis verdades da astronomia, também sabia algo sobre a força recíproca que atrai os

planetas, "e, após tentar explicar o motivo da atração dos corpos terrestres para a Terra, procura a fonte da atração recíproca entre todos os corpos, que faz com que todos os corpos terrestres gravitem em direção à Terra da mesma maneira que o Sol e a Lua fazem com que todos os corpos em suas vizinhanças gravitem em direção a eles e, por meio de uma força de atração, mantêm cada um em sua esfera".

Em seguida, aplica esses fenômenos particulares a outros mais gerais e, com base no que ocorre em nosso globo, deduz, usando o mesmo princípio, tudo que deve acontecer com os corpos celestes, tanto individualmente quanto em suas relações mútuas.

Ele fala de novo, em outra passagem, sobre essa força inerente aos corpos, isto é, que está na Terra e em outros planetas e faz com que os corpos subordinados sejam atraídos por eles.[14]

Uma corda de um instrumento musical, disse Pitágoras, produz o mesmo som que outra duas vezes mais comprida quando a tensão ou força com a qual se estica a segunda é quatro vezes maior; e a gravidade de um planeta é quatro vezes maior que a de outro situado duas vezes mais distante. Em geral, para que uma corda musical fique em uníssono com uma mais curta e do mesmo tipo, sua tensão deve aumentar na mesma proporção do quadrado de seu maior comprimento; e, para que a gravidade de um planeta se torne igual à de outro mais próximo do Sol, a força gravitacional deve ser aumentada na proporção do quadrado de sua maior distância do Sol. Assim, se imaginarmos cordas musicais esticadas do Sol até cada um dos planetas, para que fiquem em uníssono, é preciso aumentar ou diminuir a tensão delas na mesma proporção necessária para igualar a gravidade dos planetas.[15]

Foi da similaridade dessas relações que Pitágoras derivou sua doutrina da harmonia das esferas.

Essas são realizações gerais que o gênio, por si só, consegue descobrir; mas teriam os antigos feito descobertas experimentais que são a glória do século XIX e as provas do progresso que nos leva para a frente?

Como estamos falando de astronomia, consulte Aristóteles, Arquimedes, Ovídio e principalmente Estrabão, todos citados por Dutens,[16] e verá surgirem diante de seus olhos o telescópio, os espelhos côncavos,[17] as lentes de aumento utilizadas em microscópios,[18] a refração da luz, o isocronismo das vibrações do pêndulo[19] etc.

Não há dúvida de que você ficará surpreso ao descobrir que instrumentos aparentemente tão modernos já eram conhecidos dos antigos, mas reconhecerá que isso é possível.

Ainda não fiz as perguntas mais importantes:

> Encontraremos nas ciências antigas o motor a vapor, a eletricidade, a fotografia e toda a nossa química?

Agatias viveu no século VI de nossa era e escreveu um livro que foi reimpresso em 1660.[20] Nas páginas 150-51 desse livro, você encontrará uma descrição completa de como Antêmio de Trales[21] usou o vapor como força motriz para deslocar um telhado do lugar. Está tudo ali: o modo de posicionar a água, o bloqueio das saídas para gerar o vapor a alta pressão, o controle do fogo etc.

Saint-Yves d'Alveydre também cita esse fato em sua obra,[22] na qual afirma que a ciência já era conhecida havia muito tempo.

> Nossos eletricistas ficariam muito abatidos diante dos sacerdotes egípcios, e daqueles por eles iniciados (gregos e romanos), que manipulavam os raios como nós manipulamos o calor, fazendo-os descarregar de acordo com a sua vontade. É Saint-Yves quem nos mostra o funcionamento desse segredo, uma das práticas mais ocultas do santuário.
>
> Na *História Eclesiástica,* de Sozômeno[23] (livro IX, cap. VI), vemos os sacerdotes etruscos usando raios para defender com êxito a cidade de Nárnia contra Alarico.[24]

Tito Lívio[25] e Plínio[26] descrevem a morte de Tulo Hostílio,[27] que, desejando invocar forças elétricas de acordo com um manuscrito de Numa, morreu atingido por um raio, pois não sabia como lidar com o fenômeno.

Sabemos que a maioria dos mistérios dos sacerdotes egípcios era apenas um véu usado para esconder as ciências e que ser iniciado em seus mistérios era aprender as disciplinas que cultivavam. Eles deram a Júpiter o nome de "Elício" ou Júpiter Elétrico, considerando-o a personificação do raio, que pode ser atraído para a terra mediante certas fórmulas e práticas misteriosas. Com efeito, "Júpiter Elício" significa apenas que o deus é suscetível à atração (*Elicius* deriva de *elicere*,[28] segundo Ovídio e Varrão).[29]

> *Eliciunt cœlo te, Jupiter; unde minores*
> *Nunc quoque te celebrant, Eliciumque vocant.*³⁰

Isso ficou suficientemente claro?

O capítulo IV de *La mission des juifs* [A Missão dos Judeus] vai além:

> Os manuscritos de um monge de Atos chamado Panseleno revela, segundo antigos autores jônicos, a aplicação da química à fotografia. O fato veio à tona em relação ao processo de Niépce e Daguerre. A câmara escura, os instrumentos ópticos e a sensibilização das placas metálicas são amplamente descritos.

Quanto à química dos antigos, tenho fortes razões para crer, com base em meu conhecimento de alquimia, que ela era substancialmente superior à química moderna, tanto na teoria quanto na prática. Todavia, como devemos citar fatos e não opiniões, ouçamos de novo Dutens.³²

> Os antigos egípcios sabiam trabalhar metais, banhar com ouro, tingir a seda, fabricar vidro, chocar ovos artificialmente, extrair óleos medicinais de plantas e preparar ópio, produzir cerveja, açúcar de cana (que chamavam de mel de junco) e vários tipos de unguentos. Sabiam destilar e conheciam os alcaloides e os ácidos.

Eis a opinião de Saint-Yves, que corrobora a de Dutens:

> Em Plutarco ("Vida de Alexandre", cap. XXXIX), em Heródoto, em Sêneca (*Questões Naturais*, livro III, cap. XXV), em Quinto Cúrcio (livro X, último capítulo), em Plínio (*História Natural*, livro XXX, cap. XVI), em Pausânias (*Arcádia*, cap. XXV), encontramos nossos ácidos, bases, sais, álcool, éter, em suma, os traços definitivos de uma química orgânica e inorgânica cujos autores não forneceram, ou não quiseram fornecer, a chave.

Mas resta outra pergunta: e os canhões e a pólvora?

Porfírio, em sua obra sobre *A Administração do Império*, descreve a artilharia de Constantino Porfirogênito.

Valeriano, no livro *Vida de Alexandre*, fala nos canhões de bronze dos indianos.

Em Ctésias de Cnido,³³ redescobrimos o famoso fogo grego, uma mistura de salitre, enxofre e hidrocarboneto empregada muito antes de Nino na Caldeia, no Irã e nas Índias com o nome de fogo *bharawa*. Esse nome, que alude aos sacerdotes da raça vermelha, autores da primeira legislação dos negros da Índia, indica, por si só, uma imensa antiguidade.

Heródoto, Justino e Pausânias mencionam minas destruídas sob uma chuva flamejante de pedras e projéteis lançados pelos invasores persas e celtas de Delfos.

Sérvio, Valério Flaco, Júlio Africano e Marco Greco aludem ao emprego da pólvora nas antigas tradições; o último chega a fornecer as mesmas proporções que usamos hoje.³⁴

Em outro ramo do conhecimento, vemos as chamadas descobertas da medicina moderna – circulação sanguínea, antropologia e biologia geral, entre outras – já perfeitamente conhecidas na Antiguidade,³⁵ sobretudo por Hipócrates.

Pode-se muito bem aceitar essa afirmação porque, para cada uma de nossas novas descobertas, sempre se encontra alguém capaz de mostrar que um autor antigo falou sobre ela em maior ou menor extensão. Mas teria esse autor algum tipo de experiência que já não possuímos, algum fenômeno físico ou químico cuja reprodução seria impossível na atualidade?

Também aqui eu poderia enumerar muitas coisas; mas, para não ser cansativo, mencionarei apenas Demócrito³⁶ e suas descobertas perdidas para nós; entre outras, a produção artificial de pedras preciosas; a descoberta egípcia do vidro maleável, a conservação de múmias, a impermeabilização de pinturas cobertas por várias camadas de verniz mergulhadas em uma única solução (das quais saíam exibindo diversas cores), para não falar dos produtos empregados pelos romanos em sua arquitetura.

Por que não se sabe quase nada sobre isso?

Talvez devido ao hábito dos autores de história clássica de copiarem-se uns aos outros sem se ocupar das obras não relacionadas com a questão que os interessa ou talvez devido ao hábito do público de só acreditar em publicações baseadas em enciclopédias escritas sabe Deus por quem. Ou talvez... mas para que perder tempo investigando causas cujo conhecimento não ajuda em nada? Os fatos aí estão e bastam. A ciência antiga já provou incontáveis vezes sua existência, acredite-se ou não no testemunho dos homens.

O que precisamos saber agora é onde eles aprenderam essa ciência e com que fim. Aqui, *La mission des juifs* nos será útil novamente (página 79):

> A educação e a instrução básicas eram, em consonância com a arte de criar filhos, proporcionadas pela família.
>
> Essa arte, de natureza religiosa, seguia o antigo culto dos ancestrais e dos sexos em casa, bem como muitas outras ciências, que não é necessário mencionar aqui.
>
> A educação e a instrução profissionais cabiam ao que os antigos italianos chamavam de *gens* (*jin*, para os antigos chineses), isto é, à tribo, no significado antigo e pouco conhecido dessa palavra.
>
> Uma educação mais completa, análoga à nossa secundária, era oferecida aos adultos pelas obras dos templos e se chamava Mistérios Menores.
>
> Aqueles que adquiriam, às vezes depois de muitos anos, o conhecimento natural e humano dos Mistérios Menores recebiam os títulos de Filho da Mulher, Herói ou Filho do Homem e exerciam certas funções sociais, como terapeutas em todos os campos, mediadores perante o governo, magistrados nas questões de arbitragem etc.
>
> Os ensinamentos dos Grandes Mistérios eram transmitidos por meio de toda uma hierarquia de ciências e artes, cuja posse dava ao iniciado o título de Filho dos Deuses ou Filho de Deus, dependendo do fato de o templo ser metropolitano ou não. Além disso, o iniciado gozava, na sociedade, de poderes conhecidos como sacerdotais ou reais.

Portanto, era no Templo que se preservava essa ciência que começamos a buscar e que agora devemos perseguir ainda mais de perto. Aproximamo-nos dos mistérios sobre os quais todos falam, mas poucos conhecem.

Para ser admitido nessas iniciações, a pessoa tinha de pertencer a determinada classe? Parte da população precisava vegetar na ignorância e ser explorada pelos iniciados escolhidos em uma casta fechada?

De modo algum: qualquer homem, de qualquer classe, podia se apresentar para a iniciação, e, como minha assertiva talvez não baste para alguns, recorro ao trabalho de Saint-Yves para uma abordagem geral e cito um autor altamente respeitado nessa área, Fabre d'Olivet, a fim de elucidar a questão:

> As antigas religiões, principalmente a egípcia, eram repletas de mistérios, formando um vasto tecido de imagens e símbolos. E que tecido admirável! Obra sagrada de uma sequência ininterrupta de homens divinos que, lendo o livro da natureza e o livro da Divindade alternadamente, traduziram sua linguagem inefável em linguagem humana. Os estúpidos, olhando essas imagens, símbolos e alegorias sagradas, não viam nada, mergulhados que estavam em sua ignorância, uma ignorância voluntária. No momento em que quisessem superá-la, bastava falar. Todos os santuários estavam abertos e, se mostrassem a constância e a virtude necessárias, nada os impedia de avançar de compreensão a compreensão, de revelação a revelação, até as mais sublimes descobertas. Podiam, enquanto ainda vivos e humanos, descer até os mortos, subir até os deuses e penetrar toda a natureza dos elementos. Com efeito, a religião abarcava todas essas coisas e nada que fosse religioso escapava ao soberano pontífice. Na famosa Tebas egípcia, ele não chegava a esse ponto culminante da doutrina sagrada até passar por todos os graus inferiores, aprender toda a ciência que se podia aprender em cada um deles e provar que era merecedor do grau maior...
>
> Os mistérios não eram disseminados facilmente, dada a sua importância; não se profanava o conhecimento da Divindade só porque esse conhecimento existia; e, a fim de conservar a verdade para a maioria das pessoas, ela não era entregue de forma vã a qualquer um.[37]

Quão antigos eram esses mistérios naquele momento?
Qual era a origem deles?
Encontramo-los no início de todas as grandes civilizações, não importa a que raça estas pertencessem. Somente no caso do Egito, que iniciou os hebreus, os gregos e os romanos mais ilustres, podemos remontar dez mil anos, o que demonstra como são falsas as cronologias clássicas.

Eis as provas dessa afirmativa:

Trata-se do Egito?

Platão, iniciado nos mistérios do Egito, conta-nos que existiu, dez mil anos antes de Menés,[38] uma civilização completa, da qual tinha a prova diante dos olhos.

Heródoto afirma a mesma coisa e acrescenta, referindo-se a Osíris (deus da antiga Síntese e da velha Aliança Universal), que os votos selavam seus lábios e que ele tremia à ideia de pronunciar uma única palavra a respeito.

Diodoro atesta que sacerdotes egípcios lhe contaram que, muito antes de Menés, existiu um completo Estado social que sobreviveu dez mil anos até a época de Hórus.

Mâneto,[39] sacerdote egípcio, traça conscienciosamente, com base apenas em Menés, uma cronologia que nos faz voltar seis mil, oitocentos e oitenta anos a partir da data atual.

Diz ele que, antes desse governante egípcio, vários ciclos imensos de civilizações se sucederam na Terra e no próprio Egito.

Todos esses augustos testemunhos, aos quais podemos acrescentar o de Berosso[40] e o acervo completo de bibliotecas da Índia, do Tibete e da China, são inúteis e inaceitáveis para o deplorável espírito de sectarismo e obscurantismo que enverga a máscara da teologia.[41]

Chegados a este ponto de nossa pesquisa, analisemos as questões tratadas e vejamos a quais conclusões podemos chegar.

Primeiro, determinamos a existência, na Antiguidade, de uma ciência tão avançada em seus efeitos quanto a nossa e mostramos que a ignorância dos modernos a esse respeito vem da superficialidade com que estudam os antigos.

Depois, vimos que essa ciência era preservada nos templos, os centros de educação e civilização superiores.

Finalmente, aprendemos que ninguém era excluído da iniciação, cujas origens se perderam nas trevas dos ciclos primitivos.

Três tipos de testes eram aplicados no início de qualquer instrução: físicos, morais e intelectuais. Jâmblico, Porfírio e Apuleio, entre os antigos, e Lenoir,[42] Christian[43] e Delaage,[44] entre os modernos, descrevem esses testes em detalhe, mas acho que não vem ao caso falar mais deles aqui. O que se conclui de tudo isso é que por trás de qualquer ciência há uma ciência oculta.

Mesmo um exame superficial dos estudos científicos que os antigos nos legaram revela que, embora o conhecimento deles permitisse alcançar os mesmos resultados que o nosso, ele diferia grandemente no método e na teoria.

Para descobrir o que era ensinado nos templos, precisamos procurar os vestígios desses ensinamentos nos materiais que possuímos, conservados, na maior parte, pelos alquimistas. Não nos preocupemos com as origens mais ou menos apócrifas (segundo os eruditos modernos) desses escritos. Eles existem, e isso deve bastar. Se conseguirmos descobrir um método que explique, ao mesmo tempo, a linguagem simbólica dos alquimistas e as velhas histórias simbólicas do Tosão de Ouro, da Guerra de Troia e da Esfinge, poderemos afirmar sem medo que temos em mãos parte da antiga ciência.

Vejamos, de início, como os modernos encaram um fenômeno natural a fim de entender melhor, por contraste, o método antigo.

O que se diria de um homem que descrevesse um livro da seguinte forma:

> O livro que você me deu para exame está sobre a lareira, a dois metros e quarenta e nove centímetros de onde me encontro; pesa quinhentos e quarenta e cinco gramas e oitocentos miligramas; é feito de trezentas e quarenta e duas pequenas folhas de papel, nas quais há duzentas e dezoito mil, cento e oitenta caracteres impressos, que exigiram o uso de cento e noventa gramas de tinta preta.

Essa é a descrição experimental do fenômeno.

Se esse exemplo o deixou chocado, abra os livros da ciência moderna e veja se não empregam exatamente o mesmo método, como a descrição do Sol ou de Saturno por um astrônomo que enumera a posição, o peso, o volume e a densidade dos corpos celestes ou como a descrição do espectro solar por um físico que conta o número de raios!

O que nos interessa no livro não é seu material, não é seu aspecto físico, e sim o que o autor quis expressar por meio daqueles signos, o que está oculto por trás de sua forma – seu aspecto metafísico, por assim dizer.

Esse exemplo basta para mostrar a diferença entre os métodos antigo e moderno. O primeiro, ao examinar um fenômeno, se ocupa sempre do estudo geral do problema; o segundo permanece confinado *a priori* no domínio dos eventos físicos.

A fim de demonstrar qual é, em definitivo, o espírito do método antigo, cito uma passagem muito significativa de Fabre d'Olivet referente às duas maneiras de escrever a história.[45]

> É preciso lembrar que a história alegórica de tempos passados, escrita de modo diferente da história positiva que a sucedeu, não se parece em nada com esta. E em virtude de as confundirmos é que cometemos erros tão graves. Essa é uma observação importante que repito aqui. A história confiada à memória coletiva dos homens ou conservada nos arquivos sacerdotais dos templos em peças soltas de poesia só considerava as coisas do ponto de vista moral, jamais se preocupando com indivíduos, e contemplava as massas em ação – ou seja, os povos, as corporações, as seitas, as doutrinas, até as artes e as ciências, tal qual muitos seres individuais que são designados por nomes genéricos.
>
> Isso não ocorreu, certamente, pelo fato de as massas não terem um líder capaz de dirigir seus movimentos. O líder, visto como o instrumento de algum espírito, foi negligenciado por uma história que só se preocupava com o espírito. Um líder sucedia a outro, sem que a história alegórica nem de longe os mencionasse. As experiências de todos eram acumuladas no cérebro de uma única pessoa. Examinavam-se os atos do objeto moral; descreviam-se seu nascimento, sua evolução e sua queda. A sucessão dos objetos substituía a dos indivíduos. A história positiva, que se tornou a nossa, obedece a um método muito diferente, centrado nos indivíduos: ela registra com escrupulosa exatidão as datas e os acontecimentos desdenhados pela outra história. Os modernos ridicularizam o método alegórico dos antigos, quando acreditam em sua existência, da mesma maneira que, tenho certeza, os antigos ridicularizariam os métodos dos modernos caso pudessem prevê-los. Como aprovar o que não se conhece? Só aprovamos aquilo de que gostamos, sempre acreditando conhecer aquilo de que deveríamos gostar.[46]

Voltemos agora àquele livro da nossa primeira comparação. Há duas maneiras de considerá-lo.

Por meio do que vemos, os caracteres, o papel, a tinta, ou seja, por meio dos signos materiais, que são mera representação de algo maior, mas que não podemos ver: as ideias do autor.

O que vemos exprime o que não conseguimos ver.

O visível é uma manifestação do invisível. Esse princípio, verdadeiro para o fenômeno em apreço, é verdadeiro também para todos os outros fenômenos da natureza, como logo veremos.

Agora percebemos mais claramente a diferença fundamental entre a ciência dos antigos e a ciência dos modernos.

A primeira se ocupa do visível apenas para descobrir o invisível que ele representa.

A segunda examina o fenômeno por si mesmo, sem se preocupar com relações metafísicas.

A ciência dos antigos é a ciência do oculto, do esotérico.

Examinemos mais de perto esses dados intencionalmente obscurecidos com os quais os antigos disfarçavam seus símbolos científicos e poderemos chegar a uma definição aceitável da ciência da Antiguidade, que é:

A ciência oculta – *Scientia occulta*.

A ciência do escondido – *Scientia occultati*.

A ciência que esconde o que descobriu – *Scientia occultans*.

Essa é a tríplice definição de:

CIÊNCIA OCULTA

CAPÍTULO DOIS

O Método da Ciência Antiga • Analogia • Os Três Mundos •
O Ternário • As Operações Teosóficas • As Leis Cíclicas

Depois de determinada a existência de uma ciência real na Antiguidade, seu modo de transmissão e os temas gerais que eram seus objetos preferidos de estudo, levemos mais adiante nossa análise examinando os métodos usados pela antiga ciência, que reconhecemos como ciência oculta (*Scientia occulta*).

Como sabemos, o objetivo perseguido era a determinação do invisível por meio do visível, o *numen* por meio do fenômeno, a ideia por meio da forma.

O primeiro problema que precisamos resolver é descobrir se a relação entre o invisível e o visível existe de fato ou se essa ideia é mera expressão de misticismo puro.

Com o exemplo do livro citado anteriormente, acho que consegui transmitir uma boa ideia do que é o estudo do visível: o estudo do fenômeno comparado ao estudo do invisível, do *noumenon*.[47]

Como podemos saber o que o autor queria dizer olhando os signos que ele usou para exprimir suas ideias?

Isso é possível porque existe uma relação constante entre o signo e a ideia que ele representa, ou seja, entre o visível e o invisível.

Do mesmo modo que podemos, olhando um signo, deduzir imediatamente a ideia a ele associada, podemos também deduzir imediatamente o invisível olhando o visível. Entretanto, para descobrir a ideia oculta nos caracteres impressos, precisamos saber ler, isto é, usar um método especial. A fim de descobrir o invisível, o lado oculto do fenômeno, precisamos igualmente saber ler segundo um método especial.

O método mais comum usado pela ciência oculta é a analogia. Graças a ela, determinamos as relações existentes entre os fenômenos.

Três métodos principais são usados no estudo do ser humano.

Podemos estudar os órgãos humanos e suas funções: esse é o estudo do visível, o estudo por meio da indução.

Podemos estudar a vida do homem por intermédio de sua inteligência, aquilo que chamamos de alma: esse é o estudo do invisível, o estudo por meio da dedução.

Por fim, juntando esses dois métodos, podemos considerar a relação existente entre os órgãos e sua função, entre duas funções ou entre dois órgãos: esse é o estudo por meio da analogia.

Assim, se considerarmos os pulmões, a ciência dos detalhes nos mostrará que esse órgão recebe ar do ambiente, ar que se transforma ao passar por eles.

Se considerarmos o estômago, a mesma ciência nos dirá que a função desse órgão é transformar o alimento que vem de fora.

A ciência dos fenômenos se detém aqui; não pode ir além da observação dos fatos.

A analogia, recolhendo esses fatos e empregando o método da generalização, que é o contrário do método da ciência dos detalhes, formula o fenômeno da seguinte maneira:

Os pulmões recebem, de fora, algo que é transformado por eles.

O estômago recebe, de fora, algo que é transformado por ele.

O estômago e os pulmões, desempenhando uma função análoga, são análogos entre si.

Essas conclusões parecerão um tanto bizarras a homens devotados ao estudo dos detalhes, mas eles devem se lembrar de que há um novo ramo da anatomia chamado anatomia filosófica;[48] e devem também se lembrar da perfeita analogia estabelecida entre o braço e a perna, a mão e o pé. Fazendo isso, reconhecerão que o método responsável pelas conclusões acima é apenas o desenvolvimento daquilo que presidiu o nascimento da anatomia filosófica.

Escolhi como exemplo a analogia entre os pulmões e o estômago para prevenir um erro cometido com frequência, que compromete a compreensão dos textos herméticos: o de que duas coisas análogas são *iguais*.

Isso é completamente falso: duas coisas análogas não são mais iguais que os pulmões e o estômago ou as mãos e os pés. Repito: essa observação é da máxima importância para o estudo das ciências ocultas.

O método analógico não é, pois, nem dedução nem indução; é o uso da clareza que resulta da união dos dois métodos.

Se você quer conhecer um monumento, existem dois meios disponíveis para fazê-lo:

1) Caminhe ou, antes, rasteje[49] em volta do monumento enquanto o estuda em todos os detalhes. Dessa maneira, você perceberá a composição de suas mínimas partes, as relações entre elas etc., mas não terá uma ideia da integridade do edifício. É assim que se usa a indução.
2) Suba em um lugar alto e observe o monumento da melhor maneira que puder. Assim você terá uma ideia da integridade dele, mas não de seus detalhes. Esse é o método dedutivo.

O problema com esses dois métodos é óbvio e não demanda muitos comentários. A um falta o que o outro tem. Junte-os e a verdade brilhará. Estude os detalhes e depois suba a um lugar alto, repita esse processo quantas vezes for necessário e conhecerá o monumento perfeitamente. Associe o método do médico ao do metafísico e dará origem ao método analógico, a legítima expressão da síntese antiga.

Empregar só a metafísica como um teólogo é tão errado quanto empregar só a física como um físico; aplique o *noumenon* ao fenômeno e a verdade surgirá!

> Que se deve concluir de tudo isso?
> Que a seção crítica do livro de Kant demonstra, de uma vez por todas, a inutilidade dos métodos filosóficos para a explicação dos fenômenos da física superior e aponta a necessidade de *utilizar, conjuntamente, a abstração e a observação* para o entendimento desses fenômenos, condenando inapelavelmente todos aqueles que permanecem presos à fenomenologia pura ou ao racionalismo puro.[50]

Demos mais um passo à frente no estudo da ciência antiga ao demonstrar a existência de um método absolutamente especial, mas isso não basta. Não esqueçamos que nosso objetivo é a explicação, por mais rudimentar que seja, de todos os símbolos e histórias alegóricas considerados tão misteriosos.

Quando ao falar dos pulmões e do estômago generalizamos os fatos descobertos pela ciência experimental ou indutiva, fizemos com que esses fatos subissem mais um grau.

Alguém me perguntará agora se existem graus de fenômenos ou *noumena*.

Ele só precisará observar e constatar que grande número de fatos são governados por poucas leis. O trabalho das ciências consiste no estudo dessas leis, chamadas de *causas segundas*.

Todavia, essas causas segundas são, elas próprias, governadas por um número bastante limitado de *causas primeiras*. O estudo das causas primeiras é inteiramente desdenhado pelas ciências modernas, as quais, ocupadas com o domínio das verdades perceptíveis, relegaram seu estudo aos sonhadores de todas as escolas e religiões. No entanto, é aí que reside a Ciência.

Não diremos por enquanto quem está certo e quem está errado; basta-nos constatar que há uma tríplice gradação.

1) O domínio infinito dos FATOS.
2) O domínio mais restrito das LEIS ou causas segundas.
3) O domínio ainda mais restrito dos PRINCÍPIOS ou causas primeiras.

Resumamos isso em um diagrama:[51]

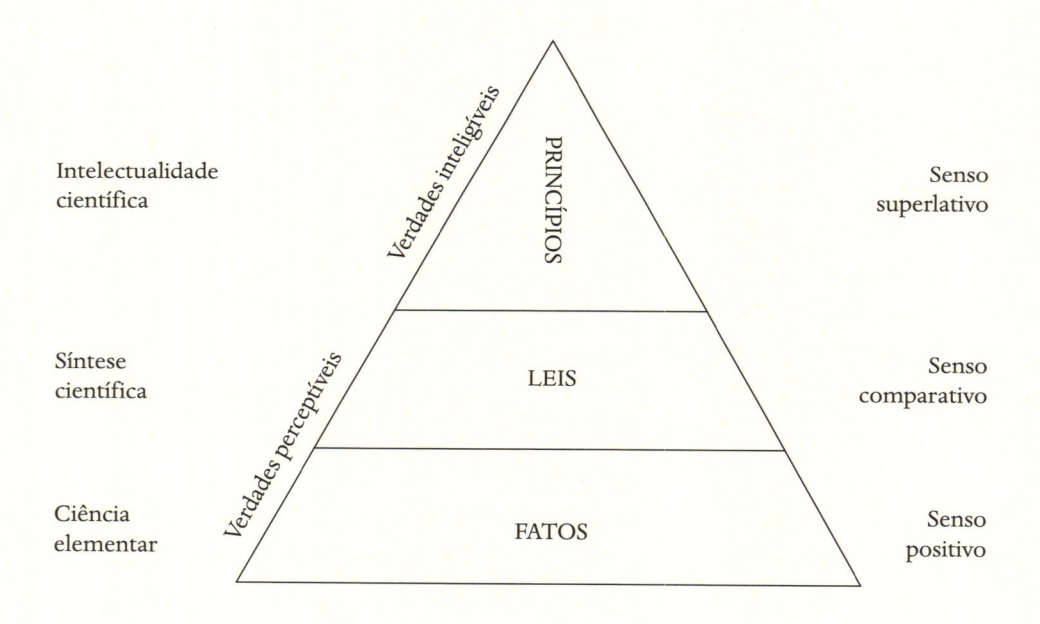

```
                          /\
                         /  \
                        /    \
Intelectualidade       / PRIN \        Senso
científica            / CÍPIOS \       superlativo
                     /_____\
                    /            \
Síntese            /    LEIS      \    Senso
científica        /                \   comparativo
                 /_____\
                /                    \
Ciência        /       FATOS          \  Senso
elementar     /                        \ positivo
             /_____\
```

(Verdades inteligíveis / Verdades perceptíveis)

Essa gradação, baseada no número 3, desempenha papel considerável na ciência antiga. O campo da analogia depende em grande parte dela, e devemos dar-lhe um pouco de atenção.

Esses três termos são encontrados no homem, no corpo, na vida e na vontade.

Qualquer parte do corpo, um dedo, por exemplo, pode ser afastada da influência da vontade sem morrer (paralisia radial ou cubital); pode até mesmo ser extirpada da influência da vida devido à gangrena e ainda continuar se movendo.

Temos aqui, pois, três domínios distintos: o domínio do corpo; o domínio da vida, que atua por meio de uma série de condutores especiais (sistema simpático, nervos vasomotores) e se localiza nos glóbulos sanguíneos; e o domínio da vontade, que também atua por meio de condutores especiais (nervos voluntários) e não exerce influência nos órgãos imprescindíveis para a manutenção da vida.

Antes de ir além, podemos constatar a utilidade do método analógico para esclarecer certos pontos obscuros. Assim:

Se duas coisas são análogas, todas as partes de uma são análogas às partes correspondentes da outra.

Por isso, os antigos afirmavam que o homem é análogo ao Universo. Por isso, chamavam o homem de "microcosmo" (mundo pequeno) e o Universo de "macrocosmo" (mundo grande). Segue-se que, para compreender a circulação da vida no Universo, basta estudar a circulação vital no homem e, reciprocamente, a fim de compreender os detalhes do nascimento, do crescimento e da morte do homem, estudar os mesmos fenômenos no mundo.

Tudo isso parecerá muito místico a alguns e muitíssimo obscuro a outros. Peço-lhes que tenham paciência e leiam o próximo capítulo, onde encontrarão todas as explicações necessárias sobre esse assunto.

Mas, como devemos provar o que afirmamos, sobretudo em relação a questões como essas, ouçam as duas citações seguintes, muito interessantes, uma relativa às três hierarquias (FATOS-LEIS-PRINCÍPIOS), mencionadas pelos antigos como OS TRÊS MUNDOS, e a outra relativa ao microcosmo e ao macrocosmo: foram extraídas da doutrina de Pitágoras, tal como apresentada por Fabre d'Olivet:

> A aplicação (do número 12) ao Universo não foi uma invenção arbitrária de Pitágoras, pois já era conhecida dos caldeus e dos egípcios, que a aprenderam daqueles, bem como de todos os povos importantes da Terra; ela deu origem ao zodíaco, cuja divisão em doze casas existiu por toda parte, desde tempos imemoriais.
>
> A distinção dos três mundos e sua evolução para um número maior ou menor de esferas concêntricas, habitadas por Inteligências de pureza diferente, também era conhecida antes de Pitágoras, o qual apenas

disseminou a doutrina que recebeu em Tiro, Mênfis e Babilônia. Essa doutrina era a dos indianos.

Pitágoras via o homem com três principais modificações, tal como o Universo, e por isso deu a ele o nome de microcosmo, ou mundo pequeno.

Era bastante comum, entre as nações antigas, comparar o Universo ao homem grande e o homem ao universo pequeno.

O Universo, considerado um grande Todo animado, feito de inteligência, alma e corpo, era chamado de Pã ou Fanes.[52] O homem se compunha das mesmas coisas, mas de maneira inversa – corpo, alma e inteligência –, e cada um desses três aspectos era concebido com três modificações, de sorte que o ternário presente em toda parte estava presente também nas menores subdivisões. Segundo Pitágoras, cada ternário, do que abrange a imensidade até o que constitui o menor indivíduo, é entendido como uma unidade absoluta ou relativa, formando, assim, o quaternário ou tétrade sagrada dos pitagóricos. O quaternário é universal ou particular.

Pitágoras não inventou essa doutrina: ela se espalhou da China aos confins da Escandinávia. Encontramo-la expressa elegantemente nos oráculos de Zoroastro:

O ternário brilha em toda parte no universo
E na Mônada reside seu princípio.

Assim, segundo essa doutrina, o homem, considerado uma Unidade relativa contida na Unidade do absoluto e grande Todo, pode se apresentar como o ternário universal sob os três aspectos, corpo, alma e mente ou inteligência. A alma, sendo a sede das paixões, apresenta-se, por sua vez, sob as três faculdades da alma: racional, irascível e desejosa. Segundo Pitágoras, o vício da faculdade desejosa da alma era a intemperança ou a avareza; da faculdade irascível, a covardia; e da faculdade racional, a loucura. O vício que contamina as três faculdades era a injustiça. Para evitar esses vícios, o filósofo recomendava aos discípulos quatro virtudes principais: temperança para a faculdade desejosa, coragem para a faculdade irascível e prudência para a faculdade racional; para as três juntas, recomendava a justiça, que via como a mais perfeita das virtudes da alma. Digo "da alma" porque o corpo e a inteligência, também desenvolvidos por meio das três faculdades instintivas ou espirituais, eram, como a alma, suscetíveis a virtudes e vícios próprios.[53]

Novos problemas surgiram em nossa caminhada. Mal abordamos a analogia quando os três mundos irromperam, e agora seus números é que precisam de esclarecimento.

De onde veio o uso do Três na Antiguidade?

De onde veio este uso, que passou do significado de seus escritos[54] para sua metafísica[55] e que, atravessando os séculos, pode ser encontrado nas obras de um de nossos mais famosos escritores, Balzac?[56]

Ele derivou do emprego de uma linguagem especial que se perdeu completamente para a ciência moderna: a linguagem dos números.

> Platão, que via na música mais coisas do que veem os músicos de hoje, também via nos números um significado que escapa aos nossos matemáticos. Ele aprendeu a ver significado neles, como Pitágoras, que aprendeu essa técnica com os egípcios. Entretanto, os egípcios não foram os únicos a atribuir aos números significados misteriosos. Quem abre um livro antigo pode ver, dos confins orientais da Ásia até as fronteiras ocidentais da Europa, a mesma ideia dominando o tema.[57]

Talvez sejamos incapazes de reconstituir inteiramente essa linguagem dos números, mas é possível reconhecer vários elementos dela que nos serão de grande ajuda mais tarde. Primeiro, em qualquer fenômeno da natureza que estudarmos, descobriremos o número 3 e reconheceremos seu significado.

Depois, estudaremos as operações de números desconhecidas pelos modernos, mas praticadas por todos os antigos.

Por fim, tentaremos descobrir algo sobre sua geração.

Vejamos se a fórmula dos antigos alquimistas ("tudo está em tudo") é verdadeira em suas aplicações.

Tomemos o primeiro fenômeno que nos ocorrer, a luz do dia, por exemplo, e procuremos descobrir leis relativamente gerais que se apliquem a ele e também, de maneira exata, a fenômenos de ordem muito diversa.

O dia se opõe à noite a fim de constituir os períodos de atividade e repouso que encontramos na natureza inteira. O mais intrigante desse fenômeno é a oposição entre luz e trevas que se manifesta por si mesma.

Mas essa oposição será mesmo tão absoluta?

Se examinarmos o problema mais de perto, notaremos que entre luz e trevas, que parecem sempre separadas, existe algo que não é nem luz nem trevas e que em física chamamos de crepúsculo. O crepúsculo pertence tanto à luz quanto às trevas.

Quando a luz diminui, as trevas aumentam. As trevas dependem da quantidade maior ou menor de luz. As trevas são uma modificação da luz.

Esses são os FATOS que podemos observar.

Vamos resumi-los:

Luz e trevas não estão totalmente separadas uma da outra. Existe algo intermediário entre elas: o crepúsculo, que as relaciona.

Trevas são menos luz.

Para descobrir as LEIS escondidas nesses FATOS, precisamos esquecer o particular (o estudo da luz) e abordar o geral; precisamos *generalizar* os termos que foram aqui *particularizados*. Para tanto, empreguemos o termo mais geral de nossa língua, a palavra *coisa*, e digamos:

Duas coisas em aparente oposição sempre têm entre si um ponto intermediário comum. Esse ponto resulta da interação dos dois opostos e participa de ambos.

Duas coisas aparentemente opostas são apenas graus diferentes de uma só é coisa.

Se essas LEIS são realmente *gerais*, então devem se aplicar a numerosos fenômenos, pois, como vimos, o que caracteriza uma lei é sua capacidade de explicar vários FATOS.

Tomemos opostos de várias classes e vejamos se nossas leis se aplicam a eles.

Na classe dos sexos, dois opostos são bem caracterizados: o macho e a fêmea.

Na classe física, poderíamos escolher energias opostas (quente-frio, positivo-negativo etc.), mas, como já usamos uma energia como exemplo, consideremos dois estados opostos da matéria: o sólido e o gasoso.

LEI

Dois opostos têm um intermediário entre si, que é o resultado de ambos.

FATOS

Primeiro Fato	Segundo Fato	Terceiro Fato
Macho-Fêmea	Estado sólido-Estado gasoso	Pai-Filho
resultado intermediário:	intermediário:	intermediário:
Criança	Estado líquido	Espírito Santo

Acrescentei um fenômeno da classe intelectual, o conceito de Deus segundo os cristãos, para demonstrar a aplicação da lei na esfera mais ampla.

OUTRA LEI

Os opostos são apenas a concepção de uma única coisa em diferentes graus.

FATOS

Macho ⎫
Fêmea ⎬ Concepção da Família em diversos graus
Criança ⎭

Sólido ⎫
Gás ⎬ Matéria
Líquido ⎭

Pai ⎫
Filho ⎬ DEUS
Espírito Santo ⎭

Se estudarmos melhor nosso exemplo da luz e das trevas, veremos que a luz age e as trevas se opõem, enquanto o crepúsculo neutro flutua entre os dois.

Usemos esse fato para resumir nossa lei.

O ativo (luz) e o passivo (trevas) produzem, por ação recíproca, o neutro, que participa de ambos (crepúsculo).

Para apresentar claramente os FATOS acima mencionados em sua inteireza, digamos:

O ATIVO	O PASSIVO	Produzido por suas ações recíprocas	O NEUTRO
Macho	Fêmea	–	Criança
Estado gasoso	Estado sólido	–	Estado líquido
O PAI	O FILHO	–	O ESPÍRITO SANTO
Luz	Trevas	–	Crepúsculo
Calor	Frio	–	Tépido
Positivo	Negativo	–	Neutro
Atração	Repulsão	–	Equilíbrio
Ácido	Base	–	Sal

Ampliei a lista com novos FATOS para demonstrar a verdade da LEI.

Com o nome de lei das séries, essa lei forma a base para os trabalhos de Louis Lucas,[58] que a aplica a praticamente todos os fenômenos químicos, físicos e mesmo biológicos da ciência contemporânea.

Jamais chegaríamos ao fim se quiséssemos citar todos os autores antigos e modernos que falaram sobre o assunto usando o nome dos TRÊS termos que a constituem.

LEI DO TERNÁRIO

Basta examinar os exemplos acima para concluir que os três termos constituintes do ternário são:

1) um termo ativo;
2) um termo passivo;
3) um termo neutro, resultante da ação recíproca dos outros dois.

Como essa lei deve ser aplicável em toda parte, vejamos os números que, em ação recíproca, produzem o 3.

Esses números são o 1 e o 2, pois 1 + 2 = 3.

Ao mesmo tempo, podemos entender o significado dos três primeiros números.

Número 1	representa	o ativo
Número 2	–	o passivo
Número 3	–	a reação do ativo ao passivo

Se você substituir a palavra ATIVO por qualquer termo que quiser, listado nas tabelas apresentadas sob essa palavra, verá imediatamente que, pelo método analógico, o número 1 representa todas as ideias governadas pelo princípio ativo, ou seja, o homem, o pai divino, a luz, o calor etc., dependendo de a qual dos três mundos ele pertença.

	I
O mundo Material:	A luz, estado gasoso
O mundo Metafísico ou Arquetípico:	Deus, o Pai

Dá-se o mesmo com as palavras para PASSIVO, que você pode substituir por 2, e para NEUTRO, substituível por 3.

Já se vê que os cálculos aplicados aos números se aplicam matematicamente a ideias na ciência antiga, o que torna seus métodos muito gerais e, ao mesmo tempo, bastante diferentes dos métodos modernos.

Apenas forneci os elementos para a explicação da ROTA, de Guillaume Postel.[59]

Agora será mostrado que o que eu disse sobre os números até este ponto era realmente aplicado na Antiguidade e não deve ser considerado fruto de minha imaginação.

Encontramos pela primeira vez essas aplicações em um livro hebraico cuja antiguidade não é contestada nem mesmo por Franck:[60] o *Sepher Yetzirah*, do qual fiz a primeira tradução para o francês.[61] Entretanto, como se trata de uma obra eminentemente cabalística, prefiro citar os filósofos antigos:

> Dado que a essência divina é inacessível aos sentidos, não empreguemos a linguagem dos sentidos para caracterizá-la e sim a do espírito; convém, pois, dar à inteligência, ou princípio *ativo* do universo, os nomes de mônada, ou unidade, já que ela é sempre a mesma; à matéria, ou princípio *passivo*, chamemos de díade, ou multiplicidade, porquanto está sujeita a todos os tipos de mudança; finalmente, chamemos o mundo de tríade, considerando-se que ele é o resultado da inteligência e da matéria.[62]
>
> Direi apenas que, como Pitágoras designou Deus pelo número 1 e a matéria pelo número 2, ele expressou o Universo pelo número 12, resultado da união dos dois outros.[63]

Vemos nas inúmeras passagens acima que a doutrina de Pitágoras resume a de seus mestres egípcios, hebreus e indianos, portanto toda a Antiguidade. É por isso que prefiro citar esse filósofo toda vez que é necessário esclarecer algum ponto sobre a ciência antiga.

Sabemos o significado que os antigos atribuíam aos números 1, 2 e 3; examinemos agora alguns dos outros números.

Como podemos ver na nota de Fabre d'Olivet sobre o Microcosmo e o Macrocosmo, o Quaternário reinsere os termos 1, 2 e 3 na unidade de que falamos.

Eu daria a impressão de estar escrevendo em chinês caso não esclarecesse isso com um exemplo.

O pai, a mãe e o filho são três termos nos quais o pai é ativo e corresponde ao número 1; a mãe é passiva e corresponde ao número 2; e o filho não tem sexo, é neutro, e corresponde a 1 mais 2, isto é, 3.

Qual é a Unidade que contém em si os três termos?

A família.

$$\left.\begin{array}{l}\text{Pai}\\\text{Mãe}\\\text{Filho}\end{array}\right\}\text{Família}$$

Eis a composição do Quaternário: um ternário e a Unidade que o contém.

Quando dizemos "Família", pronunciamos com uma única palavra os três termos que a compõem e, por isso, Família leva o 3 ao 1 ou, na linguagem do oculto, o Ternário leva à Unidade.

A explicação que acabei de dar é, a meu ver, de fácil compreensão. No entanto, Deus sabe como é pequena a quantidade de pessoas que, antes de eu fornecer esse exemplo, entenderiam a seguinte frase, extraída de um livro hermético: *para reduzir o Ternário, por meio do Quaternário, à simplicidade da Unidade.*[64]

Se entendemos bem o que precede, fica claro que 4 é uma repetição da unidade e deve agir como a unidade age.

Como então, na formação de 3 por meio do 1 mais o 2, o 2 se forma?

Por uma unidade que se opõe a si mesma, como $\frac{1}{1} = 2$

Vemos assim, na progressão 1, 2, 3, 4:

Primeiro a unidade 1

Depois, a oposição $\frac{1}{1} = 2$

Em seguida, o efeito dessa oposição sobre a unidade $1 + 2 = 3$

Finalmente, se assim me posso exprimir, um retorno à unidade de uma ordem diferente, de outra oitava, $\dfrac{\overparen{1.2.3.}}{4}$

O que estou elaborando me parece compreensível; contudo, dado que o conhecimento dessa progressão é um dos pontos mais obscuros das ciências ocultas, vou repetir o exemplo da família.

O primeiro princípio que aparece na família é o Pai, a unidade ativa. = 1
O segundo princípio é a Mãe, que representa a unidade passiva. = 2
A ação recíproca de oposição produz um terceiro termo, o Filho. = 3
Por fim, tudo volta a uma unidade ativa de ordem superior, a Família. = 4

A família agirá como um pai, um princípio ativo, sobre outra família, para dar origem não a um filho, mas a uma casta da qual será formada a tribo, a ordem superior de unidade.[65]

A gênese dos números pode, assim, ser reduzida a essas quatro condições; e como, de acordo com o método analógico, os números expressam ideias com precisão, essa lei é aplicável às ideias.

Eis o que são os quatro termos:

Unidade ou Retorno à Unidade	Oposição Antagonismo	Efeito da Oposição sobre a Unidade
1	2	3
4	–	–
–	5	6
7	8	9
10	11	12
–	–	–
(1)	(2)	(3) etc.

Separei a primeira série das outras a fim de demonstrar que ela é completa com quatro termos e que todos os termos seguintes são apenas repetições da mesma lei *em outra oitava*.

Como descobriremos nessa lei uma das melhores chaves para abrir os antigos mistérios, vou explicá-la melhor aplicando-a a um caso particular – o desenvolvimento social do homem, por exemplo:

Unidade ou retorno à Unidade	Oposição/Antagonismo	Efeito da Oposição na Unidade
1 A primeira molécula social – Homem	2 Oposição a esta molécula – Mulher	3 Filho resultante
4 Unidade de ordem Superior – a Família, que resume os três termos anteriores	5 Oposição entre famílias – rivalidades Interfamiliares	6 Distinção entre famílias – Castas
7 Unidade de ordem superior – a Tribo, que resume os três termos anteriores	8 Oposição entre Tribos	9 Distinção entre Tribos – Nacionalidades
$\frac{10}{1}$ A Nação		

A lei que apresentei em números, isto é, como fórmula geral, pode ser aplicada a vários casos particulares.

Mas não há algo de especial nesses números?

O que significam os símbolos $\frac{10}{1} \frac{11}{2} \frac{12}{3}$, colocados no fim de meu primeiro exemplo?

Para entender isso, devemos falar um pouco sobre as operações com números feitas pelos antigos.

A compreensão de duas dessas operações é indispensável:

1) *Redução teosófica*
2) *Adição teosófica*

1) A *redução teosófica* consiste em reduzir todos os números compostos de dois ou mais dígitos a números de um único dígito, ao somar os dígitos que o compõem até que reste apenas um dígito.

Assim: 10 = 1 + 0 = 1
                11 = 1 + 1 = 2
                12 = 1 + 2 = 3

e, para números mais complexos, por exemplo 3,221 = 3 + 2 + 2 + 1 = 8 ou 666 = 6 + 6 + 6 = 18, como 18 = 1 + 8 = 9, o número 666 é igual a 9.

Decorre daí uma importante consideração: todos os números, não importa quais sejam, são representações dos nove primeiros dígitos.

Considerando que os nove primeiros dígitos, como vimos no exemplo precedente, são representações dos quatro primeiros, todos os números são representações dos quatro primeiros dígitos.

No entanto, esses quatro primeiros dígitos são apenas diferentes estados da Unidade. Todos os números, não importa quais sejam, são meras manifestações diferentes da Unidade.

2) *Adição teosófica*

Essa operação, empregada para entender o valor teosófico de um número, consiste em adicionar aritmeticamente todos os números da unidade até esse número.

Assim, na adição teosófica, o número 4 é igual a $1 + 2 + 3 + 4 = 10$.

O número 7 é igual a $1 + 2 + 3 + 4 + 5 + 6 + 7 = 28$.

28 é imediatamente redutível a $2 + 8 = 10$.

Se você quiser impressionar um matemático, apresente-lhe a seguinte operação teosófica:

$$4 = 10$$
$$7 = 10$$

Logo, $4 = 7$

Essas duas operações, a redução e a adição teosófica, não são difíceis de entender. E é indispensável conhecê-las para compreender os escritos herméticos: segundo os grandes mestres, elas representam a ordem seguida pela natureza em suas criações.

Verifiquemos matematicamente a frase que citamos anteriormente.

Reduza o ternário, por meio do quaternário, à simplicidade da unidade.

$$\text{Ternário} = 3 \qquad \text{Quaternário} = 4$$
$$3 + 4 = 7$$

pela redução teosófica;

$$7 = 1 + 2 + 3 + 4 + 5 + 6 + 7 = 28 = 10$$

pela adição teosófica e redução do total;

Finalmente: $10 = 1 + 0 = 1$

Portanto, a operação seria escrita assim:

$$4 + 3 = 7 = 28 = 10 = 1$$
$$4 + 3 = 1$$

Vejamos agora o exemplo numerado fornecido primeiro:

1.	2.	3.
4.	5.	6.
7.	8.	9.
<u>10.</u>	<u>11.</u>	<u>12.</u>
(1)	(2)	(3)

e teçamos alguns comentários sobre o assunto usando cálculos teosóficos.

Primeiro, notamos que a unidade reaparece, ou seja, o ciclo começa de novo após três progressões; $\frac{10}{1} \frac{11}{2}$; 10, 11, 12 etc., reduzidos teosoficamente, dão outra vez 1, 2, 3 etc.[66]

Essas três progressões representam OS TRÊS MUNDOS nos quais tudo está contido.

Então, notamos que a primeira coluna 1, 4, 7, 10, que considerei representativa da Unidade em diferentes Oitavas, na verdade a representa porque:

$1 = 1$
$4 = 1 + 2 + 3 + 4 = 10 = 1$
$7 = 1 + 2 + 3 + 4 + 5 + 6 + 7 = 28 = 10 = 1$
$10 = 1$
$13 = 4 = 10 = 1$
$16 = 7 = 28 = 10 = 1$

Podemos ir adiante com essa progressão até o infinito e verificar essas famosas leis matemáticas que serão, estou certo, consideradas místicas por falta de compreensão de seu significado.

Recomendo àqueles que as considerem devaneios nebulosos a leitura das obras sobre física e química de Louis Lucas,[67] onde encontrarão as leis citadas com o nome de *séries*, para uso em demonstrações experimentais em química e biologia.

Também lhes recomendo, caso a química e a física não sejam suficientemente positivistas para eles, que leiam a obra matemática de Wronski,[68] considerada a uma luz muito favorável pelo Instituto, uma obra cujos princípios foram inteiramente extraídos da ciência antiga ou ciência oculta. Segue-se uma tabela da geração de números que explica perfeitamente o sistema de Wronski:

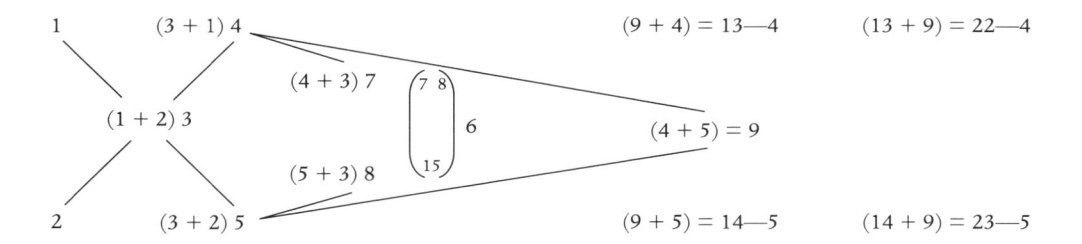

```
1         (3 + 1) 4                              (9 + 4) = 13—4      (13 + 9) = 22—4
                        (4 + 3) 7   ⎛ 7  8 ⎞
    (1 + 2) 3                       ⎜    6 ⎟              (4 + 5) = 9
                        (5 + 3) 8   ⎝  15  ⎠
2         (3 + 2) 5                              (9 + 5) = 14—5      (14 + 9) = 23—5
```

Vemos a aplicação da lei numerada 1, 2, 3, 4 etc., sobre a qual falei.

Um e 2 dão origem a 3, e, desses três números, surgem todos os outros até 9, segundo os mesmos princípios. Começando de 9, todos os números, não importa quais sejam, são reduzidos, pela redução teosófica, a números de um único dígito.

Para o restante, os números são dispostos em três colunas principais e duas secundárias, que indiquei usando números maiores.

Coluna principal   1 —— 4 —— (13) 4 —— (22) 4 —— (31) 4
    +
Coluna secundária 7 (16) = 7 (25) = 7 (34) = 7
Coluna principal   3——6——9 –
    ∞
Coluna secundária 8 (17) = 8 (16) = 8 (35) = 8
Coluna principal   2 —— 5 —— (14) = 5 —— (23) = 5 —— (32) = 5
    –

Prosseguindo e estendendo consideravelmente o estudo que esboçamos aqui, nosso amigo e mestre F.-Ch. Barlet[69] conseguiu elaborar a seguinte tabela, que pode ser considerada a *chave definitiva* do sistema numeral.

O conhecimento dessas tabelas, porém, não é importante para compreendermos o que se segue; digo mesmo que quem se sentir assustado por tantos números não se preocupe e vá em frente.

Antes de concluir este capítulo, que já está bem extenso, devo salientar algo da máxima importância para a compreensão do tetragrama sagrado dos hebreus, de que falarei adiante.

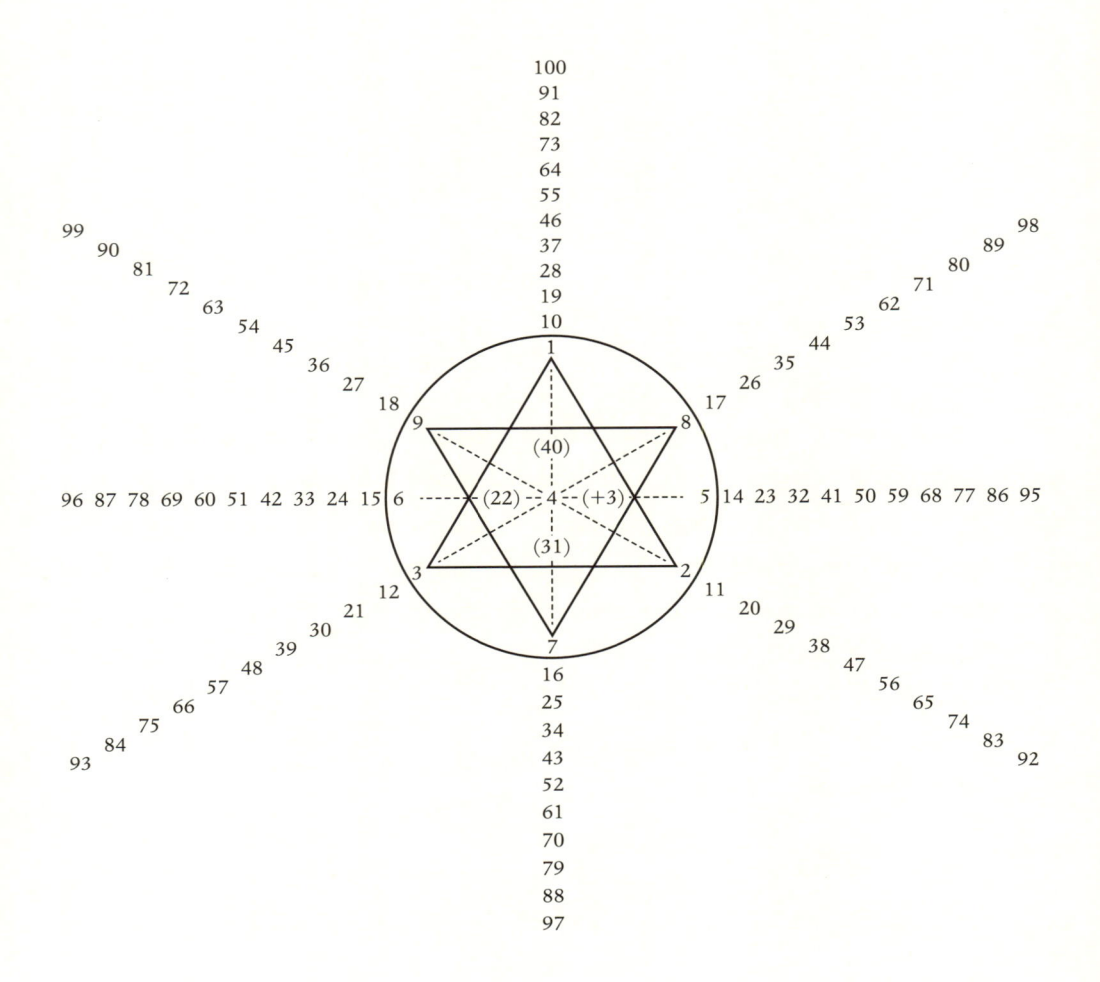

A progressão: 1. 2. 3.
      4. 5. 6.
      7. etc.

é formada por quatro dígitos dispostos em apenas três colunas, porque o quarto dígito é mera repetição do primeiro, como se tivéssemos 1. 2. 3. 1 etc. Os hebreus exprimiam o nome augusto da divindade com quatro letras, uma das quais aparece duas vezes, reduzindo o nome divino a três: IEVE = IVE. Essa observação é relevante para o que se segue.

  Chegados a esse ponto, lancemos um rápido olhar ao caminho percorrido para resumir os aspectos sob os quais a antiga ciência se apresenta hoje aos nossos olhos.

  Depois de determinar a existência dessa ciência, encerrada nos santuários, vemos que, para chegar às suas conclusões, ela empregava um método especial que chamamos de método analógico.

Em seguida, descobrimos que esse método se baseia em uma hierarquia natural composta de três grandes divisões: a dos fenômenos, a das causas segundas e a das causas primeiras. De acordo com Saint-Yves d'Alveydre, elas são o domínio dos FATOS, das LEIS e dos PRINCÍPIOS, chamados de OS TRÊS MUNDOS pelos antigos.

O uso desses três números inevitavelmente nos conduziu ao estudo de uma ideia especial com que os antigos concebiam os números, e, pelo modo como o ternário é formado, descobrimos a lei cíclica que preside a evolução dos números e, consequentemente, toda a natureza.

A análise dessa lei exigiu o estudo de duas formas de cálculo desconhecidas dos matemáticos modernos. Tais procedimentos foram empregados por toda a Antiguidade, de Homero aos alquimistas, incluindo Moisés, Pitágoras e a Escola Alexandrina: a redução e a adição teosófica.

Conhecemos agora os métodos que talvez nos permitam ir além. Portanto, não hesitemos em utilizá-los a fim de penetrar os antigos mistérios e descobrir que grande segredo os iniciados mantiveram escondido por baixo do tríplice véu.

CAPÍTULO TRÊS

Vida Universal • O Grande Segredo do Santuário •
A Luz Astral (Energia Universal) • Involução e Evolução •
O Homem Segundo Pitágoras

Em última instância, o corpo humano pode ser reduzido à célula; a humanidade pode ser reduzida à molécula social que é o homem; o mundo pode ser reduzido a um corpo celeste;[70] e o Universo pode ser reduzido ao mundo.

Entretanto, célula, humanidade, corpo celeste, mundo e Universo são apenas diferentes *oitavas* da Unidade, que é sempre a mesma.

Não vemos células se agrupando para formar órgãos; órgãos se organizando hierarquicamente para formar sistemas, que, por sua vez, se juntam para formar o indivíduo?

Célula,
Órgão,
Sistema,
Indivíduo,

tal é a progressão, fisicamente falando, que constitui o humano.

Mas o que é o indivíduo senão a célula da humanidade?

A lei a que a natureza obedece é tão verdadeira que funciona em toda parte, não importa o objeto considerado.

Os homens se agrupam para formar a família; as famílias se agrupam para formar a tribo; as tribos estabelecem um agrupamento hierárquico para constituir a nação, um reflexo da humanidade.

Homem,
Família,
Tribo,
Nação,
Humanidade.

Mas o que é a humanidade senão a célula da animalidade? A animalidade exprime apenas um grau das esferas que existem no planeta.

Observe os satélites que se agrupam em volta dos planetas; os planetas que se agrupam em volta dos Sóis para constituir mundos; e os mundos que são apenas células do Universo, exprimindo as leis eternas da natureza em movimentos possantes.

Essa progressão misteriosa se revela em toda parte; esse arranjo de unidades inferiores antes da unidade superior, essa seriação universal[71] que começa pelo átomo e ascende do corpo celeste até o mundo vai daí para a UNIDADE PRIMEIRA em torno da qual o Universo gravita.

Todas as coisas são análogas, e a mesma lei que regula os mundos também regula a vida dos insetos.

Estudar a maneira como as células se agrupam para formar um órgão é estudar a maneira como os reinos da natureza se agrupam para formar a Terra, o órgão de nosso mundo; é estudar a maneira como os indivíduos se agrupam para constituir a família, o órgão da humanidade.

Estudar a formação de um sistema por intermédio dos órgãos é aprender sobre a formação de um mundo por intermédio de seus planetas e a formação de uma nação por intermédio de suas famílias.

Aprender sobre a constituição do homem por intermédio de sistemas é entender a constituição do universo por intermédio de seus mundos e a constituição da humanidade por intermédio de suas nações.

Todas as coisas são análogas: saber o segredo da célula é saber o segredo de Deus.

O absoluto está em toda parte. Tudo é tudo.

Aqui, o método analógico se revela em todo o seu esplendor.

Por que, se o homem é a célula da humanidade, a humanidade não seria o sistema inferior de um ser animado chamado Terra?

Por que a Terra não seria o órgão de um ser superior chamado Mundo, cuja mente é o Sol?

Por que esse mundo não constituiria a série inferior do Ser dos Seres do Macrocosmo do qual os Universos são os sistemas?

Tais são as perguntas que surgem como outras tantas esfinges quando se investiga a Antiguidade. E se o postulante não tem conhecimento suficiente para mergulhar, com a força da intuição, no centro dos centros do Universo, se não consegue seguir o conselho de Pitágoras:

> Quando, por fim, subires para o éter radiante,
> Para junto dos Imortais, tu também serás Deus,

deve se apossar do único instrumento sólido a seu alcance e, fortalecido por seu método, lançar-se ao estudo do Infinito.

Mas de onde vêm a vida que circula na célula e a vida que circula no homem?

A célula humana está incrustada no órgão, mas aqui a circulação vital do sangue entra em cena; a célula retira aquilo de que precisa do fluxo sanguíneo para desempenhar sua função; essa corrente é a mesma em toda parte, mas cada célula a transforma de maneira diferente.

Aqui, a célula de uma glândula retira sua energia da vitalidade que o sangue leva até ela, sendo então secretados saliva, suco gástrico ou bile.

Ali, a célula de um músculo retira o meio de se contrair da mesma corrente que no exemplo prévio resultara em diversas secreções.

Finalmente, a célula nervosa transforma o mesmo agente, que produz tão variados fenômenos, em Inteligência.

Será possível que a mesma força vital se transforme em tantas ordens diferentes de energia, considerando-se as diferentes formas de nossos órgãos?

Para responder a essa pergunta, o egípcio se fechou em seu laboratório do templo e observou um raio de luz branca que, após atravessar um prisma, se dividia em várias cores.

As cores dependiam da espessura do vidro que a luz atravessava. O ensaio foi suficiente: ele agora compreendia.

A força vital que circula no homem, sempre a mesma, pode ser comparada à luz branca, e cada órgão é parte diferente do prisma. O fluxo de luz branca passa pelos órgãos e interage com eles. Um órgão feito de material grosseiro representa a base do prisma, e as cores inferiores – ou, antes, as secreções grosseiras – aparecerão.

Um órgão constituído do material mais perfeito representa o ápice do prisma, onde as cores superiores se formam e onde a inteligência nasce.

Esses são os fundamentos da medicina oculta.[72] Mas de onde vem a corrente vital?

Do ar, que o corpúsculo do sangue capta e leva para o organismo.

Agora, a magnífica Unidade das criações de Osíris-Ísis aparece ainda mais brilhante.

A corrente que circula pelo Planeta é a mesma que todo indivíduo desse planeta usa para sustentar sua vida.

O homem inala a força vital terrestre e a transforma em força humana, assim como seu cérebro transforma a força humana em força cerebral e o fígado a transforma em força hepática[73] etc.

Os animais transformam a força vital terrestre na própria força vital animal, segundo sua espécie.

As plantas também injetam em suas folhas a força vital retirada de nossa mãe comum, a terra.

Os minerais, como todos os seres, transformam a energia terrestre em energia pessoal.

Observamos por toda parte a mesma analogia matematicamente precisa da luz branca e do prisma, onde cada ser representa um fragmento do prisma.

Mas a Terra não retira sua força vital, e a das vidas de tudo o que nutre, da corrente luminosa e vivificante que a banha?

O Sol derrama sua força vital em grandes ondas sobre os planetas de seu sistema, e cada um destes transforma a força solar para uso próprio. A Terra engendra a força vital terrestre; Saturno engendra uma força saturnina triste e fria; Júpiter engendra sua força própria, e assim por diante, para os outros planetas e seus satélites.

Mas o próprio Sol não recebe sua força solar, essa luz-calor-eletricidade que projeta, do Universo do qual faz parte?

Assim, o sacerdote egípcio, compreendendo a síntese da vida em toda a augusta inteireza, se prosterna e reverencia.

Reverencia a vida dentro de si, a vida que a Terra lhe deu, a vida que o Sol deu ao nosso mundo depois de recebê-la do Universo, e que o Universo recebeu do misterioso e inefável Ser dos Seres, o Universo dos Universos, a VIDA-UNIDADE, OSÍRIS-ÍSIS, plasmada na eterna união.

Ele se prosterna e reverencia DEUS dentro dele próprio, DEUS no mundo, DEUS no Universo, DEUS em DEUS.

A vida que vemos por toda parte escapa às leis comuns?

Um fenômeno, qualquer que seja ele, sempre revela sua origem ternária. Toda série, não importa sua extensão, pode ser disposta segundo essa lei misteriosa:

Ativo	Passivo	Neutro
Positivo	Negativo	Equilibrado
+	−	∞

O homem que comanda como chefe de família, onde representa o positivo, se curva ante a lei da tribo e, assim, torna-se negativo.

A Terra, atuando como princípio ativo que atrai e reúne em sua unidade absorvente todos os seres e objetos encontrados em sua superfície, obedece passivamente à atração do Sol, seu superior.

Notamos aqui a absorção da série inferior pela superior e da superior por uma mais superior ainda etc., *ad infinitum*.[74]

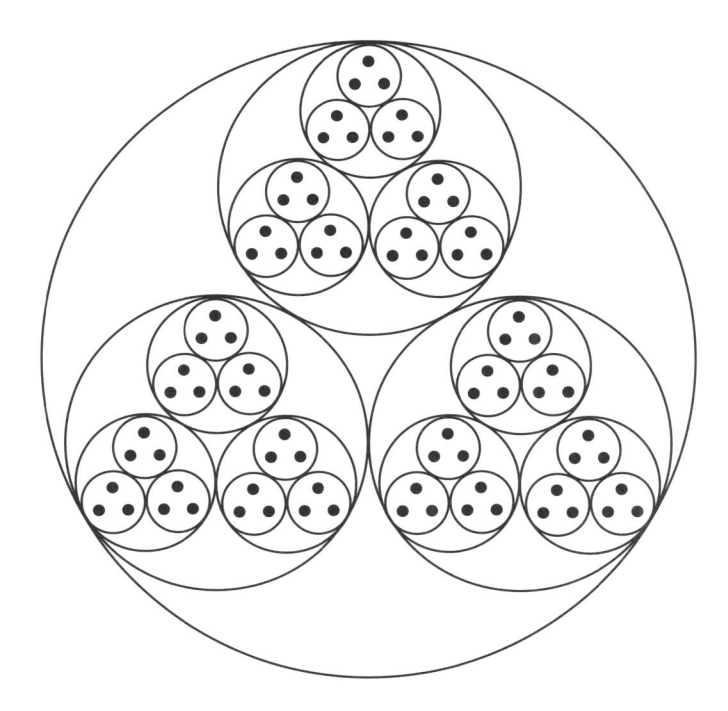

O calor aparece positivamente como quente, negativamente como frio e em equilíbrio como morno.

A luz aparece positivamente como brilho, negativamente como escuridão e em equilíbrio como crepúsculo.

A eletricidade é vista positivamente como positiva, negativamente como negativa e em equilíbrio como neutra.

Mas calor, luz e eletricidade não representam três fases de algo superior?[75]

Esse algo, em que o calor representa o positivo, a luz o equilibrado e a eletricidade o negativo, é a energia de nosso mundo.

Reexaminemos esses fenômenos experimentalmente. Depois de considerar a física, usemos a química em um experimento conhecido: o oxigênio vai para o polo do movimento, o hidrogênio para o polo da resistência e o nitrogênio para um ou outro desses polos, dependendo do papel que desempenha nas combinações.[76] Podemos observar que isso se dá em todos os outros corpos metálicos e metaloides; encontramos por toda parte um movimento acidificante, um repouso alcalinizante e um equilíbrio entre os dois, representado pelo nitrogênio e suas diferentes gradações.[77] Quando, de progressão em progressão e de Universo em Universo, subimos até a abstração mais elevada, encontramos uma única força em oposição a si mesma para criar o movimento com sua atividade, a matéria com sua passividade[78] e, dentro de seu equilíbrio, tudo o que se acha entre a divisibilidade e a unidade; os infinitos escalões pelos quais a energia ascende do estado sólido[79] até as formas superiores de energia, de gênio, e finalmente até sua origem divina, cuja atividade se chama Pai ou Osíris, cuja passividade se chama filho ou Ísis e cujo equilíbrio, causa de tudo, se chama Espírito Santo[80] ou Hórus.

Desvendamos agora um dos maiores segredos do Santuário, a chave para todos os milagres do passado, do presente e do futuro, o conhecimento do agente que é sempre o mesmo e sempre designado por nomes variados: o Telesma de Hermes, a Serpente de Moisés e dos hindus, o Azoth dos alquimistas, a Luz Astral dos martinistas e de Éliphas Lévi e, finalmente, o magnetismo de Mesmer e o Movimento de Louis Lucas, que descobriu as três leis que o regem e revelou suas aplicações na ciência positiva contemporânea.

Já conhecemos as várias modificações por meio das quais esse agente universal é transformado na vida de cada ser. Estudemos agora sua evolução.

Essa emanação sempre segue três fases de desenvolvimento:

Na primeira fase, o passivo prevalece sobre o ativo, e o resultado é a passividade, uma materialização, um distanciamento da unidade rumo à multiplicidade.[81]

Na segunda, o ativo e o passivo se equilibram; a hierarquia e as séries aparecem, o termo inferior gravita em torno do superior.

Finalmente, na terceira fase, o ativo prevalece sobre o passivo, ocorrendo a evolução da multiplicidade rumo à unidade.

Involução, ou materialização progressiva.

Equilíbrio.

Evolução, ou espiritualização progressiva.

São essas as três leis do movimento.

Do misterioso centro que contém o inefável, o inconcebível *Ain Soph-Parabrahm*,[82] uma energia emana para o Infinito.

Esta força, constituída como ativa-passiva, tal como aquela que lhe deu origem, produzirá resultado diferente conforme a predominância do ativo ou do passivo.

Se a força se afasta da unidade em direção à multiplicidade e à divisão, o passivo, criador do múltiplo, predomina, e a criação é feita quase toda de material passivo; a energia se materializa.

A inteligência vai se incrustando aos poucos e recobre-se de membranas que, a princípio, representam o estado da matéria mais próximo da essência das coisas: matéria radiante.

Nesse momento, uma massa, enorme pelo padrão humano, minúscula aos olhos do Infinito, viaja pelo espaço. Nos planetas inferiores dos mundos que ela impele em sua trajetória, instrumentos são erguidos, e, de seus observatórios, os mortais informam que um cometa está percorrendo nosso sistema.

Nos planetas superiores desses mundos, os imortais se inclinam e reverenciam a luz divina encarregada do sacrifício que resultará em seu retorno à unidade. Eles se inclinam e apregoam que o Espírito de Deus atravessa seu mundo.

No entanto, quanto mais essa massa se distancia da Unidade, mais essa materialização é acentuada. Surge a matéria em estado gasoso, preenchendo a massa, que desacelera até alcançar um ponto no espaço. O estudioso que detecta esse fenômeno anuncia aos mortais o nascimento de uma nebulosa, de um sistema planetário; o imortal vê aí o nascimento de um Deus.

Um estado extremamente passivo surgiu, dando origem a aglomerações de sólidos; contudo, ao mesmo tempo, a força ativa se destaca lentamente para equilibrar a força passiva. A vida se concentra no interior de um sistema dominado por um Sol e, quanto menos materiais forem os planetas, mais pesadamente eles caem sob a influência desse Sol e mais perto ficam dele, da mesma maneira que o Sol recebe influência mais ativa quando está bem próximo do PRINCÍPIO VITAL do qual emanou.

É então que, em definitivo, a força ativa prevalece sobre a força passiva e os planetas se agrupam em volta de um centro dominante; nasce o ser vivo a que damos o nome de mundo. Uma vez organizado, ele evolui rumo à Unidade de onde veio.

A lei que deu origem ao mundo se repete de maneira idêntica em cada um dos planetas. O Sol está para os planetas assim como a VIDA-UNIDADE está para o Sol. O planeta é tanto mais material quanto mais longe está do Sol.

Primeiro em estado incandescente, depois gasoso e, em seguida, líquido, surgem algumas aglomerações de sólidos nessa massa líquida e os continentes se formam.

Começa nesse ponto a evolução do planeta em relação a seu sol e organiza-se a vida planetária. Aqui, de novo, a força ativa prevalece sobre a força passiva, material.

As criações que surgem no planeta seguem as mesmas fases pelas quais passou o Sol.

Solidificando-se, os continentes condensam em si a energia incandescente que formou o primitivo planeta. A energia vital terrestre, que é apenas a emanação da energia vital solar, atua sobre a Terra, e os rudimentos vitais se desenvolvem com a constituição dos metais inferiores.[83]

Da mesma forma que o mundo evolui para a vida de seu Universo ao criar uma alma,[84] que é o conjunto de todas as almas planetárias em seu interior, cada planeta evolui para a alma de seu mundo ao criar sua alma planetária, que é o conjunto das almas no planeta. Assim também o metal, primeiro tipo de vida no planeta, evolui ao longo das eras para a alma da Terra. Esse metal, a princípio inferior, aperfeiçoa-se aos poucos, tornando-se capaz de fixar mais força ativa; depois de séculos, essa força ativa, que no passado circulava em chumbo, agora circula em uma massa de ouro,[85] o Sol dos metais, atuando em relação aos outros metais como o Sol atua em relação à Terra.

A Vida progride da mesma forma no reino vegetal, e, em alguns milhares de anos, a criação mais elevada dos continentes aparece: o homem, que representa o Sol da animalidade assim como Deus representa o Sol da mineralidade.

A lei do progresso se encontra tanto no homem quanto no restante da natureza, mas aqui são necessárias umas poucas considerações a respeito da similaridade das evoluções.

Voltemos um pouco e lembremos que, no instante do nascimento do mundo, já existem outros; estes passaram por diferentes etapas de evolução rumo à Unidade, isto é, há mundos mais ou menos velhos.

Até mesmo os planetas possuem diferentes idades relativamente à sua criação. Quando um planeta engendra pela primeira vez os vestígios do reino mineral, outro planeta, mais avançado nas produções vitais, já terá engendrado o primeiro reino animal e outro ainda mais antigo já terá engendrado o primeiro reino do homem.

Assim como há planetas com diferentes idades, há continentes mais ou menos velhos em um mesmo planeta.

Cada continente é distinguido por uma raça de homens, do mesmo modo que cada mundo é distinguido por um Sol.

Como o progresso existe também entre os homens, segue-se que, quando a segunda raça aparece no segundo continente, a primeira, já em evolução no primeiro, se encontra em pleno desenvolvimento intelectual, ao passo que a segunda ainda é primitiva.[86]

A mesma situação é claramente verdadeira na família, na qual o fundador, o bisavô superexperiente, está desgastado pela idade, enquanto o último a nascer é tão ignorante quanto cheio de vida. Entre ambos, há todas as gradações: o pai representa a virilidade plena, o avô estabelece a transição entre o pai e o bisavô.

Filho, pai, avô e bisavô representam, assim, no seio da família, a evolução que encontramos na natureza inteira.

Em última instância, os seres, quaisquer que sejam eles, são constituídos de três partes: corpo, vida (ou espírito) e alma.

A evolução de um corpo produz a vida; a evolução de uma vida produz uma alma.

Verifiquemos essa informação aplicando-a ao homem.

Cada continente é, repito, distinguido por uma raça diferente de homens, representando a fase superior da evolução material no planeta.

Há três seções no homem: o ventre, o peito e a cabeça. A cada uma delas se ligam os membros. O ventre produz o corpo; o peito produz a vida; a cabeça produz a alma.

O objetivo de cada ser que a natureza engendra é produzir uma energia superior àquela que recebe. O mineral recebe vida terrestre e a transforma em vida vegetal por meio da evolução; o vegetal engendra a vida animal, e a vida animal engendra a vida humana.

A vida é dada ao homem para que ele a transforme em energia superior: a alma. A alma é uma resultante.[87]

Assim, antes de tudo, o objetivo do homem é desenvolver a alma que traz dentro de si e está apenas em forma de semente; e, se uma existência não for o bastante para tanto, muitas podem ser necessárias.[88]

Essa ideia, oculta dos profanos graças às iniciações, encontra-se em todos os autores que compreenderam profundamente as leis da natureza. Trata-se de um dos princípios divulgados pelo estudo do budismo esotérico[89] nos tempos modernos, mas a Antiguidade, bem como alguns escritores ocidentais, não o ignoraram.

> Com efeito, é assim que o próprio Deus, em sua sabedoria e graças ao conhecimento íntimo do absoluto (sua essência), perpetuamente identifica o ser que corresponde a ele nessa essência; e é sem dúvida assim que Deus atua incessantemente sobre sua própria criação ou sua imortalidade. Em consequência, como foi criado à imagem de Deus, é pelo mesmo meio que o homem deve conquistar sua imortalidade, ou seja, atuando sobre sua própria criação por intermédio da descoberta da essência do absoluto, que são as condições reais da verdade.[90]

Fabre d'Olivet, no admirável resumo da doutrina de Pitágoras, dá-nos o panorama, em poucas páginas, de uma antiga psicologia. Basta lê-lo e compará-lo às doutrinas do budismo esotérico para desvendar um dos maiores segredos guardados nos santuários.

Eis o resumo:

> Pitágoras reconheceu duas motivações para a ação humana: o poder da vontade e a inelutabilidade do destino. Submeteu ambos a uma lei fundamental chamada Providência, da qual eles emanam.
>
> A primeira motivação é livre, a segunda coercitiva, de tal maneira que o homem se vê colocado entre duas naturezas opostas, mas não contrárias, e indiferentemente boas ou más, de acordo com o modo como são usadas. O poder da vontade atua sobre coisas a fazer ou sobre o futuro; a inelutabilidade do destino atua sobre as coisas feitas ou sobre o passado; e ambas se alimentam incessantemente com os materiais que uma fornece à outra.
>
> Como, segundo esse admirável filósofo, o futuro nasce do passado, o passado é constituído do futuro, e a reunião dos dois engendra o presente eterno, ao qual também devem sua origem: ideia das mais profundas que os estoicos adotaram. Assim, de acordo com essa doutrina, a liberdade reina no futuro, a necessidade no passado e a Providência no

presente. Nada que existe ocorre por acaso, mas se deve à união da lei fundamental e providencial com a vontade humana, que a segue ou transgride diante da necessidade.

A harmonia entre vontade e Providência resulta no bem; o mal resulta de sua oposição. A fim de tomar o caminho que deve seguir na Terra, o homem recebeu três forças condizentes com as três modificações do ser, todas ligadas à sua vontade.

A primeira, associada ao corpo, é o instinto; a segunda, devotada à alma, é a virtude; a terceira, pertencente à inteligência, é a ciência ou sabedoria. Essas três forças, indiferentes em si, assumem seus nomes apenas pelo bom uso que a vontade faça delas, pois o mau uso as torna embotadas, coagindo-as a degenerar no vício e na ignorância. O instinto percebe o bem ou o mal físico que resultam dos sentidos; a virtude identifica o bem ou o mal moral pelo sentimento; a ciência avalia o bem ou o mal inteligível pelo consenso. Nos sentidos, bem e mal são chamados de prazer e dor; nos sentimentos, amor e ódio; pelo consenso, verdade ou erro.

Sensação é o sentimento existente no corpo, na alma e no espírito, formando um ternário que, avançando rumo à unidade, constitui o quaternário humano, ou homem considerado abstratamente.

Os três elementos que formam o ternário atuam e reagem entre si, iluminando ou obscurecendo um ao outro; o homem, unidade que os liga, torna-se mais perfeito ou degenerado quando se junta à Unidade universal ou dela se separa.

Juntar-se ou separar-se, aproximar-se ou distanciar-se da Unidade universal depende inteiramente da vontade do homem, por intermédio de instrumentos fornecidos pelo corpo, pela alma e pelo espírito. Ele se torna instintivo ou embotado, virtuoso ou pervertido, sábio ou ignorante, capaz de receber mais ou menos energia, de compreender ou julgar com maior ou menor acerto o que é bom, belo e justo nas sensações, nos sentimentos e no consentimento; de distinguir com maior ou menor lucidez e precisão entre o bem e o mal; e de nunca se enganar sobre o que realmente é prazer ou dor, amor ou ódio, verdade ou falsidade.

O homem, tal qual acabo de descrevê-lo segundo a ideia que dele fazia Pitágoras; o homem, colocado sob o domínio da Providência, entre o passado e o futuro, dotado por natureza do livre-arbítrio que o conduz à virtude ou ao vício com base em suas próprias escolhas; o homem, repito, precisa conhecer a fonte dos infortúnios de que padece e, longe de culpar essa Providência, que distribui o bem e o mal a cada pessoa conforme seu mérito e suas ações anteriores, deve culpar a si mesmo caso sofra inevitavelmente em consequência de erros passados. Com efeito, Pitágoras aceitava a ideia de muitas vidas sucessivas e ensinava que o presente, magoando-nos, e o futuro, ameaçando-nos, são a expressão de um passado que nós mesmos fizemos em vidas pregressas. Dizia que a maioria dos homens, voltando à vida, esquece as existências anteriores, mas conservara sua memória devido a um favor especial dos deuses.

Assim, segundo a doutrina de Pitágoras, a necessidade fatal da qual o homem sempre se queixa é um fato criado por seu livre-arbítrio; à medida que avança no tempo, ele percorre o caminho que traçou para si mesmo, e, dependendo da circunstância de modificá-lo para o bem ou para o mal, de semear virtudes ou vícios, achará esse caminho mais fácil ou mais difícil quando o percorrer da próxima vez.[91]

Acrescento a seguinte tabela a essa importante citação para conseguirmos ver o sistema na totalidade. Dei o melhor de mim buscando ser claro; caso algum erro tenha se insinuado neste trabalho, será facilmente corrigido consultando-se o texto.

O lado esquerdo da tabela representa os princípios positivos, designados pelo sinal (+).

O lado direito representa os sinais negativos, designados pelo sinal (−).

O meio representa os sinais equilibrados ou superiores, designados pelo sinal (∞).

No canto esquerdo inferior está o resumo do ternário humano ALMA, INTELIGÊNCIA, CORPO, indicado pelos sinais supramencionados.

```
           (+)                    (∞)                     (−)
    LIBERDADE (Vontade)       PROVIDÊNCIA         NECESSIDADE (Destino)
         Futuro                   ↑                      Passado
                               Presente
```

VONTADE

```
                         INTELIGÊNCIA
                     Ciência      Ignorância
                      (+)            (−)
            ALMA                              CORPO
       Virtude    Vício              Instinto     Estupefação
        (+)       (−)                  (+)            (−)
                                              Sensações
       Sentimentos
       Amor      Ódio                Prazer         Dor
       (+)       (−)                  (+)           (−)
                        Consenso
                    Verdade    Erro
                      (+)       (−)
```

```
        ∞
   +         −
        ∞
            − −
   +
            − −
```

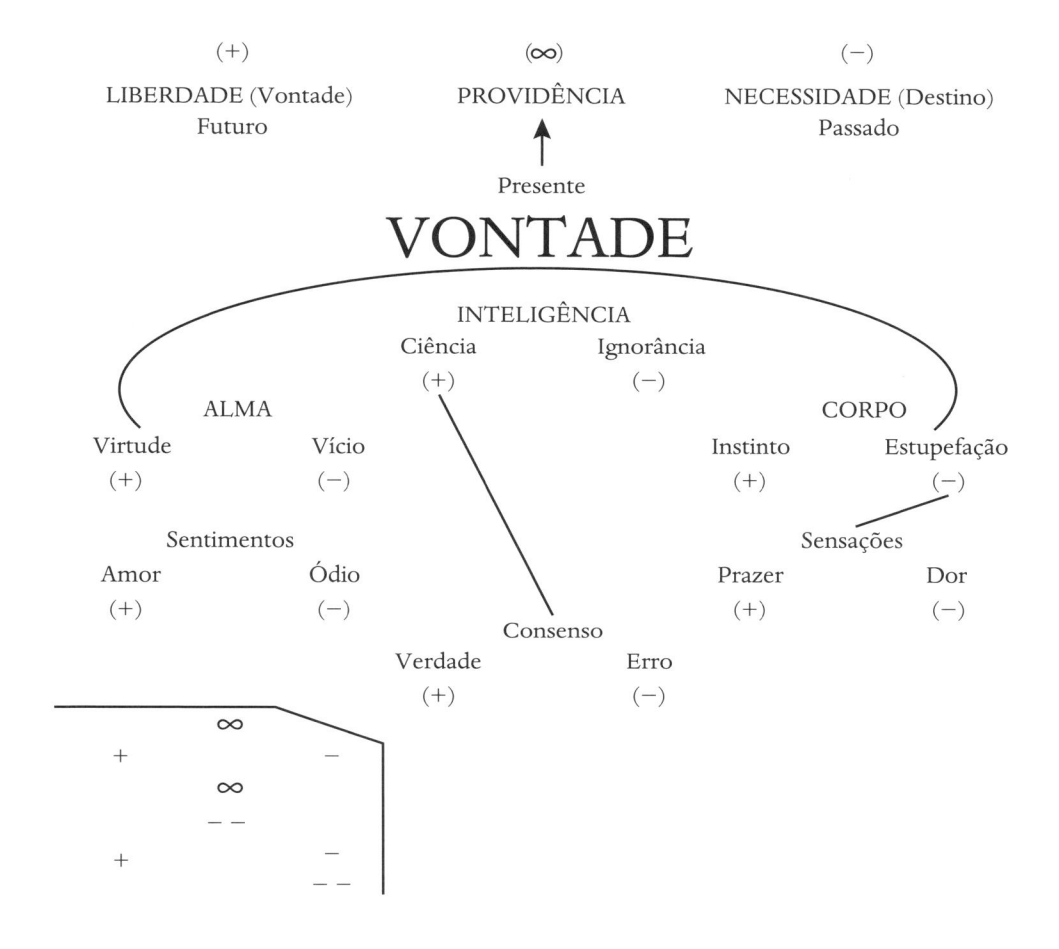

Os ensinamentos do Templo se consubstanciam no estudo único da força universal em todas as suas manifestações.

O aspirante à iniciação estuda primeiro a natureza e a essência dos fenômenos, aprendendo, assim, as ciências físicas e naturais. Depois de constatar que todos esses efeitos naturais dependem de uma série de causas e de reduzir a multiplicidade dos fatos à unidade das leis, sua iniciação abre as portas para o mundo das causas. É então que passa a investigar como se naturaliza a natureza pelo aprendizado das leis da vida, que são sempre as mesmas nas diferentes manifestações. O conhecimento da vida dos mundos e dos Universos lhe fornece as chaves para a astrologia; o conhecimento da vida terrestre lhe fornece as chaves para a alquimia.

Subindo mais um degrau na escada da iniciação, o aspirante descobre que as duas naturezas, a natural e a naturalizante, se mesclam no homem, podendo ascender à ideia de uma única força cuja natureza dupla representa os dois polos.

Poucos homens já atingiram a prática e o conhecimento das ciências superiores, que conferem poderes quase divinos. Entre as ciências que tratam da essência divina e sua atuação na natureza por intermédio de uma aliança com o homem estão a teurgia, a magia, a cura sagrada e a alquimia, de cuja existência o aspirante tomou conhecimento no segundo grau da iniciação.

> A antiga ciência não estudava uma ordem única, a ordem natural: havia quatro ordens, conforme já esclareci nos capítulos anteriores.
>
> As três primeiras tratavam da naturalização da natureza, da natureza natural e, finalmente, da natureza humana, que funciona como vínculo entre as duas, e seu hierograma[92] era EVA, que significa vida.
>
> A quarta, representada na religião de Moisés pela primeira letra do nome IAVÉ, ou YHWH,[93] correspondia a uma hierarquia de conhecimento totalmente diferente, indicada pelo número 10.[94]

> Não há nenhuma dúvida de que, durante o ciclo anterior de civilização, a unidade da humanidade no Universo, a unidade do Universo em Deus e a unidade de Deus nele mesmo não eram ensinadas como superstições primitivas, obscuras e reacionárias. Ao contrário, eram ensinadas como o coroamento brilhante e magnificente da quádrupla hierarquia das ciências que energizava um culto biológico sob a forma de sabeísmo.[95]
>
> O nome do Deus supremo desse ciclo – Ishvara, Esposo de Prakriti, a Sabedoria viva da natureza naturalizante[96] – é o mesmo que Moisés tomou, quase cinco séculos depois, da tradição caldaica[97] dos semitas e dos santuários de Tebas, para formar o símbolo cíclico de seu movimento: Ishvara-El ou, por contração, Israel, isto é, inteligência dos reis ou Espírito de Deus.[98]

Conforme o exposto, notamos que o ensino da antiga ciência era simplificado nos quatro graus seguintes:

1) O estudo da força universal em suas manifestações biológicas.
   As ciências fisiogônicas ה
2) O estudo dessa força em suas manifestações humanas.
   As ciências androgônicas ו
3) O estudo dessa força em suas manifestações astrais.
   As ciências cosmogônicas ה
4) O estudo dessa força em sua essência e na aplicação dos princípios descobertos.
   As ciências teogônicas י

PARTE DOIS

CAPÍTULO QUATRO

A Expressão de Ideias • Os Signos • A Origem da Linguagem •
Histórias Simbólicas e sua Interpretação • A Tábua de Esmeralda
de Hermes e sua Explicação • O Telesma • Alquimia •
Explicação dos Textos Herméticos • Geometria Qualitativa •
Nomes Próprios e sua Utilidade

Mergulhemos mais fundo no santuário com o estudo da ciência antiga, cujas ideias apenas esboçamos até agora.

Nosso trabalho não deve, definitivamente, parar por aqui.

Uma ideia, enquanto permanece no cérebro do criador, é invisível ao restante da humanidade.

A maioria das pessoas, incapaz de se comunicar exceto pelos sentidos, só percebe uma ideia depois de senti-la.

As ideias são o invisível; para tornar o invisível visível, é preciso empregar signos.

Os signos são os meios exteriores que o homem usa para transmitir ideias.

Os elementos do signo são: a voz, os gestos e os caracteres escritos.

Sua matéria-prima são: o som, o movimento e a luz.[99]

Devemos agora empreender o estudo dos signos a fim de descobrir como o sacerdote egípcio expressava as ideias que recebia pela iniciação.

Que objeto de pesquisa seria mais maravilhoso para o filósofo que a origem das linguagens humanas?

É curioso observar como dois homens de notável erudição e intuição – Claude de Saint-Martin, o filósofo desconhecido, e Fabre d'Olivet – chegaram por diferentes caminhos a conclusões quase idênticas sobre essa importante questão.

Ambos se revoltaram contra o sistema materialista, há pouco retomado pelos cultores do positivismo, segundo os quais as línguas são o resultado de um capricho humano arbitrário. E ambos foram guiados em seus estudos por um profundo conhecimento da língua hebraica.

Em quem devemos acreditar? Naqueles que mal conhecem um ou dois idiomas modernos, sem saber suas origens, ou naqueles que cresceram estudando os idiomas antigos e eram proficientes nas três línguas-mães – o chinês, o sânscrito e o hebraico –,[100] proclamando, desde a origem das raças humanas, a existência de uma RAZÃO superior?

> Não importa de que forma consideremos a origem da espécie humana, a semente radical de pensamento não poderia ser transmitida a ela exceto por meio de um signo, e esse signo supõe um signo-mãe.[101]
>
> Sim, se não fui enganado pela fraqueza de minha capacidade, demonstrarei que, em geral, as palavras constituintes das línguas, as do hebraico em particular, estão longe de terem sido formadas por acaso e por um capricho arbitrário, como se alega: elas são, ao contrário, produto de uma razão profunda. Conforme provarei, não existe uma só palavra que não possamos, por meio da análise gramatical adequada, remontar aos elementos fixos cuja natureza profunda é imutável, embora sua forma varie ao infinito.
>
> Esses elementos, da maneira como os examinaremos aqui, constituem a parte do discurso que chamei de *signos*. Compreendem, conforme afirmei, voz, gestos e caracteres escritos.[102]

Voltemos ainda mais no tempo para surpreender a origem desses signos.

Enumerei os elementos da fala como voz, gestos e caracteres escritos, que têm como veículos o som, o movimento e a luz. Mas esses elementos e esses veículos existiriam em vão caso uma força criadora, independente deles, motivada para usá-los e pô-los a funcionar, não existisse também ao mesmo tempo. Essa força é a vontade.

Abstenho-me de nomear o princípio dessa força porque, além de ser um conceito de difícil compreensão, aqui não é o lugar certo para tratar do assunto. Entretanto, a existência da vontade não pode ser negada, mesmo pelo cético mais empedernido, pois ele não poderia pô-la em dúvida sem querer fazê-lo, ou seja, reconhecendo-a.

A voz articulada e os gestos positivos ou negativos são, e não poderiam deixar de ser, a expressão da vontade. É a vontade que, utilizando-se do som e do movimento, força-os a tornarem-se seus intérpretes e, exteriormente, a refletir seus sentimentos.

Mas, se a vontade é singular, todos os seus sentimentos, embora diversos, devem ser idênticos, ou seja, respectivamente os mesmos para todos os indivíduos que os experimentam. Assim, um homem que quer e afirma sua vontade pelo gesto ou pela inflexão vocal não experimenta outro sentimento que não o de todos os homens que querem e afirmam a mesma coisa. O gesto e o som da voz que acompanham a afirmação não são os mesmos que acompanham a negação, e não existe um único homem na Terra que não consiga se fazer entender pelo gesto ou pela voz, quer ele seja amado ou odiado e quer desejemos ou não a coisa que nos apresenta. Isso não se faz por convenção. Trata-se de um poder idêntico, manifestado espontaneamente, que, irradiando-se de uma fonte de vontade, é refletido em outra pessoa.

Eu gostaria que fosse igualmente fácil demonstrar que também não é uma convenção, mas um produto da vontade, o fato de o gesto ou a inflexão vocal usados na afirmação ou negação serem transformados em palavras diferentes; e o motivo de as palavras *sim* e *não*,[103] tendo o mesmo significado[104] e envolvendo a mesma inflexão ou o mesmo gesto, não soarem de modo igual. Contudo, se isso fosse muito fácil, por que a origem da fala teria permanecido desconhecida até hoje?

Por que tantos eruditos, armando-se alternadamente de síntese e análise, não conseguiram resolver um problema de tamanha importância para a humanidade? Não existe nada de convencional na fala, como espero provar aos leitores que me seguirem atentamente, mas não prometo demonstrar uma verdade desse tipo à maneira de um geômetra; sua posse é importante demais para ficar contida numa equação algébrica.

Como dissemos, som e movimento, postos em uso pela vontade, são por ela modificados; assim, ao empregar certos órgãos apropriados a esse efeito, o som é articulado e transformado em voz, o movimento é realizado e transformado em gesto. Mas voz ou gesto duram apenas um instante fugaz, e é importante para a vontade humana que a lembrança dos sentimentos por ela manifestados sobreviva aos próprios sentimentos, como quase sempre é o caso. Não encontrando um recurso capaz de fixar ou descrever o som, a vontade faz uso do movimento e, após muitos esforços, descobre, com a ajuda da mão, seu órgão mais expressivo, o segredo de desenhar o gesto primitivo em cascas de árvores ou em pedras.

Essa é a origem dos caracteres gráficos, os quais, como imagem do gesto ou símbolo da inflexão vocal, se tornaram um dos elementos mais férteis da linguagem, ampliando rapidamente seu domínio e provendo o homem de uma fonte inexaurível de combinações. Não há nada de convencional em seu princípio porque *não* é sempre não e *sim* é sempre sim: um homem é um homem. Todavia, como sua forma depende bastante do desenhista que sentiu primeiro a necessidade de escrever seus sentimentos, muita arbitrariedade pode se insinuar, variando a tal ponto que surge a necessidade de uma convenção para garantir sua autenticidade e autorizar seu uso. Por isso, somente em povos civilizados, sujeitos à lei de um governo organizado, é que encontramos a escrita, qualquer que seja ela. Podemos estar certos de que, onde encontrarmos caracteres escritos, encontraremos também formas civilizadas. Todos os homens falam e comunicam suas ideias, por mais primitivos que sejam e enquanto permanecem seres humanos, mas nem todos escrevem, porque não sentem a necessidade de uma convenção para criar uma linguagem, ao passo que as convenções são imprescindíveis para a escrita.

Entretanto, a despeito do fato de os caracteres escritos pressuporem uma convenção, conforme dissemos, não se deve esquecer que eles são o símbolo de duas coisas que não pressupõem convenção alguma: a inflexão vocal e o gesto, que nascem de um impulso espontâneo da vontade. As outras são fruto da reflexão.[105]

De posse dos signos capazes de exprimir sua ideia, o iniciado deve curvar-se a outra consideração: quem escolherá como seu futuro leitor.

Era preciso criar uma linguagem previamente adaptada à inteligência da pessoa a quem ela se destina. Uma palavra que para o vulgo não passava de um conjunto de rabiscos era uma revelação para o vidente:

> Os sábios do Egito agiam de modo muito diferente nos tempos antigos ao escrever as letras que chamavam de hieróglifos, que quem não

podia ouvir não ouvia, mas eram ouvidas por quem podia ouvir a VIRTUDE, os ATRIBUTOS e a NATUREZA das coisas figuradas.

Sobre esse assunto, Hórus Apolo[106] escreveu dois livros em grego, e Polífilo explicou-o mais pormenorizadamente em seu sonho de amor.[107]

A ideia teórica que presidiu à escolha dessa linguagem foi a da gradação hierárquica Ternária dos TRÊS MUNDOS, mencionada por Rabelais na citação acima.

A ideia de encerrar certos tipos de conhecimento em um círculo especial é muito comum em todas as épocas de que se tem notícia, e mesmo neste século de difusão e divulgação amplas as ciências comuns, matemática, história natural e medicina se cercam de uma muralha de palavras especializadas. Como estranhar que a mesma coisa acontecesse entre os antigos?

Voltando ao triângulo das três palavras FATOS-LEIS-PRINCÍPIOS, veremos o iniciado na posse de três diferentes meios de expressar uma ideia no *sentido positivo*, no *sentido comparativo* ou no *sentido superlativo*.

1) O iniciado pode usar palavras compreensíveis por todos simplesmente mudando o valor delas, dependendo da classe de inteligências que deseja instruir.

Tomemos um exemplo simples, como a ideia seguinte:

Um filho requer um pai e uma mãe.

Dirigindo-se a todos, sem distinção de classe, o escritor dirá, no sentido positivo:

Um filho requer um pai e uma mãe.

Se quiser afastar da compreensão dessa ideia pessoas de inteligência material, designadas pelo termo coletivo vulgo, falará em sentido comparativo, passando do domínio dos FATOS para o das LEIS:

O neutro requer um positivo e um negativo.

O equilíbrio requer um ativo e um passivo.

As pessoas versadas no estudo das leis da natureza, que em geral designamos por *eruditos* em nosso tempo, entenderão perfeitamente essas leis, que são ininteligíveis para o camponês.

Todavia, quando quer afastar eruditos que se tornaram teólogos e perseguidores do conhecimento, o escritor sobe mais um degrau, adentrando por inteiro o domínio do simbólico e o MUNDO dos PRINCÍPIOS. Diz então:

A coroa requer sabedoria e inteligência.

O erudito, acostumado a resolver problemas, entende as palavras isoladamente, mas não logra captar a relação que as une. Não consegue atribuir sentido à frase; carece de fundamentos sólidos; não está seguro de poder interpretá-la corretamente. Então, dá de ombros quando lê frases semelhantes em livros herméticos e ignora-as, resmungando: "Misticismo e tapeação!".

Não era exatamente isso que o escritor pretendia?

2) O iniciado pode usar diferentes signos, dependendo daquele a quem se dirige.

Esse era o método preferido dos sacerdotes egípcios que escreviam em hieróglifos, em caracteres fonéticos ou ideográficos, conforme a situação.[108]

Mas esclareçamos isso melhor com um exemplo, retomando, para ficar mais claro, a mesma ideia do primeiro:

Um filho requer um pai e uma mãe.

Dirigindo-se às massas, o sacerdote apenas desenhará uma criança entre seu pai e sua mãe ou dirá a frase em voz alta.

Caso pretenda restringir o número de leitores, penetrará no mundo das leis, e os signos algébricos entendidos pelo erudito se alinharão da seguinte maneira:

Considerando que o signo ∞ designa a criança neutra, ele escreve:

$$\infty \text{ requer } + \text{ e } - \text{ ou } (+) + (-) = \infty$$

Se quiser restringir a compreensão ainda mais, usará signos ideográficos correspondentes àqueles princípios. Assim:

$$\text{astrologicamente: } \odot + ☽ = ☿$$
$$\text{ou geometricamente: } | + - = \times$$

Como veremos mais tarde, esses signos, que ainda têm a capacidade de exasperar os curiosos, não eram escolhidos arbitrariamente: ao contrário, uma razão profunda determinava sua escolha.

3) A geometria qualitativa enseja ainda outro método: o uso de um só e mesmo signo para diferentes acepções, dependendo da compreensão do leitor.

Assim, o signo ⊙ representará um ponto dentro de um círculo para o iletrado.

O erudito entenderá que o signo representa uma circunferência com seu centro ou, astronomicamente, o Sol e, por extensão, a verdade (é raro que um erudito vá além desse grau).

O iniciado verá nele o Princípio e seu desenvolvimento, a ideia em sua causa e Deus na Eternidade, acima e além dos significados precedentes. Mais adiante, veremos a origem dessas interpretações.

Os métodos de que falei eram usados, sobretudo, para tratar dos assuntos de iniciação mais ocultos; nós os vemos em uso nos livros herméticos e nos ritos da magia. Há outro método empregado em toda a Antiguidade para transmitir as verdades descobertas nos santuários; aqui, desejo falar de histórias simbólicas.

Haverá modo melhor de transmitir uma verdade que apelar para a imaginação em vez da memória? Conte uma história a um camponês; ele se lembrará dela, e, noite após noite, as aventuras de Vulcano e Vênus alcançarão a posteridade. É possível dizer o mesmo em relação às Leis de Kepler?

Para mim, é difícil imaginar um camponês honesto sentado junto à lareira recitando leis astronômicas. A história simbólica, por outro lado, contém verdades bem mais importantes.

O camponês a encara simplesmente como um agradável voo de imaginação. O erudito descobre, para sua surpresa, as leis do movimento do Sol. O iniciado, decompondo os nomes próprios, encontra a chave para a grande obra e compreende o significado que a história encerra.[109]

Agrupei esses métodos de modo especial, para permitir que o leitor os entenda ao primeiro olhar.

Agora, trataremos de cada um deles e forneceremos certos detalhes que nos permitirão ver mais claramente como são usados.

I

O primeiro método está relacionado a um admirável resumo teórico e prático da ciência oculta, uma síntese brilhante diante da qual os iniciados sempre se curvaram respeitosamente. Refiro-me à Tábua de Esmeralda, atribuída a Hermes Trismegisto.

Analisemos essa tábua, onde nos depararemos com as ideias aventadas nos capítulos anteriores. Mas, antes, convém reproduzir seu texto completo.

A TÁBUA DE ESMERALDA, DE HERMES

É verdade, sem falsidade alguma, verdade absoluta.

O que está embaixo é como o que está em cima; o que está em cima é como o que está embaixo, para realizar milagres a partir de uma única coisa.

E, assim como todas as coisas vieram do Um, assim todas as coisas se tornam únicas, por adaptação.

O Sol é seu pai, a Lua é sua mãe, o vento o carregou no ventre, a Terra é sua ama. O pai de tudo, o Telesma[110] do mundo inteiro, está aí; seu poder é inteiro quando convertido em terra.

Deves separar a terra do fogo, o sutil do grosseiro, delicadamente e com grande perícia. Ele sobe da terra para o céu e volta para a terra, recebendo o poder das coisas superiores e inferiores. Desse modo, alcançarás a glória do mundo inteiro e todas as trevas se distanciarão de ti.

É o poder dos poderes, pois vence as coisas sutis e penetra as coisas sólidas.

Assim foi criado o mundo.

Dele surgirão inumeráveis adaptações, tais quais mostradas aqui.

Por isso fui chamado Hermes Trismegisto, pois tenho as três partes da filosofia do mundo.

O que eu disse da Obra Solar está feito.

É verdade
Sem falsidade alguma
Verdade absoluta

A Tábua de Esmeralda começa com uma trindade. Desse modo, Hermes afirma logo de início a lei que rege toda a natureza. Sabemos que o Ternário pressupõe uma hierarquia designada pelo nome de *Três Mundos*. Trata-se, pois, da mesma coisa considerada sob três aspectos diferentes, que as palavras acima nos levaram a examinar.

Essa coisa, essa verdade e sua tríplice manifestação em três mundos, é:

É verdade – A verdade sensível correspondente ao mundo físico. – É o aspecto estudado pela ciência contemporânea.
Sem falsidade alguma – A oposição ao aspecto anterior. Verdade filosófica, certeza correspondente ao mundo metafísico ou moral.
Verdade absoluta – A união dos dois aspectos anteriores, a tese e a antítese para constituir a síntese. – Verdade inteligível, correspondente ao mundo divino.

Vemos que a explicação dada anteriormente do número 3 se aplica perfeitamente aqui.

Mas continuemos:

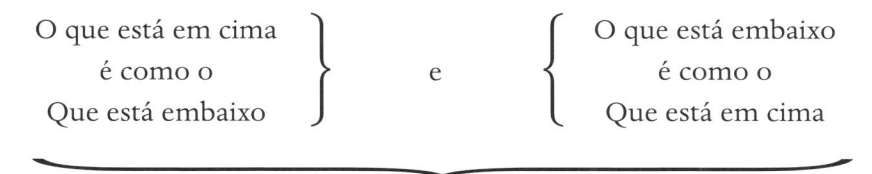

$$\left.\begin{array}{c}\text{O que está em cima} \\ \text{é como o} \\ \text{Que está embaixo}\end{array}\right\} \text{ e } \left\{\begin{array}{c}\text{O que está embaixo} \\ \text{é como o} \\ \text{Que está em cima}\end{array}\right.$$

Para realizar milagres a partir de uma única coisa

Dispondo a frase assim, vemos de novo dois ternários ou, antes, um ternário considerado sob dois aspectos, *positivo* e *negativo*:

$$\text{positivo} \left\{\begin{array}{c}\text{em cima} \\ \text{é como o} \\ \text{embaixo}\end{array}\right. \quad \bigg| \quad \text{negativo} \left\{\begin{array}{c}\text{embaixo} \\ \text{é como o} \\ \text{em cima}\end{array}\right.$$

Novamente, vemos aqui a aplicação do método da ciência oculta, a analogia. Hermes diz que o positivo (em cima) é *como* o negativo (embaixo). Tem todo o cuidado em afirmar que são similares.

Por fim, podemos ver a constituição do quatro pela redução do três à unidade:[111]

Para realizar milagres a partir de uma única coisa.

Ou o *sete* pela redução do seis (os dois ternários) à unidade.

O quatro e o sete exprimem a mesma coisa,[112] e podemos estar certos de qualquer uma das duas aplicações.

Se aproximarmos a explicação da segunda frase da explicação da primeira, veremos:

Que se deve, antes de tudo, considerar uma verdade em seu tríplice aspecto: físico, metafísico e espiritual.

Só depois se aplica o método analógico a esse conhecimento, que permite o aprendizado das leis.

Finalmente, deve-se reduzir a multiplicidade das leis à unidade, graças à descoberta do Princípio da Causa Primeira.

Hermes aborda, em seguida, o estudo das relações dos muitos com a unidade ou da Criação com o Criador dizendo:

E assim como todas as coisas vieram do UM, assim todas as coisas se tornam únicas, por adaptação.

Aqui, em poucas palavras, estão todos os ensinamentos do santuário referentes à criação do mundo por meio da adaptação ou do quaternário, tal qual desenvolvido no *Sepher Yetzirah*[113] e nos dez primeiros capítulos do Bereshith de Moisés.[114]

A coisa única da qual tudo deriva é a força universal, cuja geração Hermes descreve:

O Sol	(positivo)	é o Pai
A Lua	(negativo)	é a Mãe
O Vento	(receptor)	carregado em seu ventre
A Terra	(materialização / crescimento)	é a ama

Aquilo que ele chama de Telesma (vontade) é de tal importância que, frente ao risco de estender demais esta explicação, citarei a opinião de vários autores sobre o assunto:

> Existe um agente misto, um agente natural e divino, corpóreo e espiritual, um mediador universal elástico, um receptáculo comum às vibrações do movimento e às imagens da forma, um fluido e uma força que, de certo modo, podemos chamar de imaginação da natureza.
>
> Todos os sistemas nervosos se comunicam secretamente por intermédio dessa força, e da comunicação nascem a simpatia e a antipatia; os sonhos vêm dela; por meio dela se produzem os fenômenos da segunda visão e da visão sobrenatural. Esse agente universal das obras da natureza é o *od* dos hebreus[115] e o cavaleiro de Reichenbach;[116] é a luz astral dos martinistas.
>
> A existência dessa força e o possível uso dela são o grande segredo da magia prática.
>
> A luz astral magnetiza e aquece; ilumina e magnetiza; atrai, repele; vivifica, destrói; coagula, separa; separa e reúne todas as coisas por meio do impulso de vontades poderosas.[117]

Falamos de uma substância que se espalha pelo infinito.

A substância que é céu e terra, ou seja, de acordo com seu grau de polarização, sutil ou fixo.

A essa substância Hermes Trismegisto chama de grande *Telesma*. Quando produz esplendor, recebe o nome de luz.

É ao mesmo tempo substância e movimento. Fluido e vibração perpétua.[118]

O grande agente mágico é revelado por quatro tipos de fenômenos e foi submetido aos ensaios da ciência profana com quatro nomes: calor, luz, eletricidade e magnetismo.

O grande agente mágico é a quarta emanação do princípio vital, cuja terceira forma é o Sol.[119]

Esse agente solar vive por meio de duas forças contrárias, uma de atração e outra de projeção, motivo pelo qual Hermes diz que ele sempre sobe e desce.[120]

נ ח ש

A palavra usada por Moisés, lida cabalisticamente, nos dá a definição e a descrição desse agente universal mágico, simbolizado em todas as teogonias pela serpente e a que os hebreus também chamavam de:

$$OD = +$$
$$OB = -$$
$$Aour = \infty$$

א י ו[121]

A luz universal, quando magnetiza os mundos, recebe o nome de luz astral; quando forma os metais, recebe o nome de azoto ou mercúrio do sábio; quando dá vida aos animais, recebe o nome de magnetismo animal.[122]

O movimento é a respiração de Deus em ação entre as coisas criadas; é o princípio todo-poderoso que, sendo um e uniforme por natureza, e talvez por origem, é nada menos que a causa e o gerador da infinita variedade dos fenômenos que formam as inefáveis categorias dos mundos. Como Deus, anima ou deprime as coisas, organiza e desorganiza segundo as leis secundárias que promovem todas as combinações e permutas observadas à nossa volta.[123]

O movimento é um estado INDEFINIDO da força geral que anima a natureza; o movimento é uma força elementar, a única que compreendo e que, a meu ver, deve ser usada para explicar *todos* os fenômenos da natureza. Isso ocorre porque o movimento é capaz de agir como o *plus* e como o *minus*, ou seja, condensação e dilatação, eletricidade, calor, luz.

Ele é ainda mais capaz de COMBINAR condensações. Finalmente, encontramos no movimento a ORGANIZAÇÃO dessas combinações.

O movimento *materialmente* e *intelectualmente* ATIVO, conforme se supõe, nos fornece a chave para todos os fenômenos.[124]

Na fluida e pervasiva alma do mundo, que penetra todas as coisas, existe uma corrente de amor ou atração e uma corrente de ira ou repulsão.

Esse éter eletromagnético que nos magnetiza, esse corpo abrasador do Espírito Santo que, incessantemente, renova a face da Terra, é imobilizado pelo peso de nossa atmosfera e pela força de atração do globo.

A força de atração se localiza no centro dos corpos e a força de projeção se localiza em seu entorno. Essa força dupla age em espirais de movimentos contrários que nunca se encontram. É o mesmo movimento do Sol que constantemente atrai e repele os corpos celestes de nosso sistema. Toda manifestação de vida na ordem moral, tanto quanto na física, é produzida pela extrema tensão dessas duas forças.[125]

Espero que o leitor curioso não me censure por todas essas notas, que esclarecem o assunto melhor que as mais belas dissertações do mundo.

Após afirmar a existência de uma força universal, Hermes esboça o tema do ocultismo prático, a regeneração do homem por esforço próprio e a regeneração da matéria por meio do homem regenerado.

Encontramos bastante informação sobre esse tema em *The Elixir of Life* [O Elixir da Vida], publicado por um *chela*[126] hindu, nas obras de Madame Blavatsky[127] e no *Dogma e Ritual da Alta Magia*,[128] de Éliphas Lévi.

Há um assunto, porém, que sou forçado a discutir antes de explicar algumas outras histórias: a filosofia hermética.

SOBRE A ALQUIMIA

Foi graças aos alquimistas que a antiga informação científica pôde, em grande medida, ser preservada. Não é possível abordar os princípios que regem essas pesquisas sem estudar, na totalidade, a ciência oculta. Por isso, neste esboço, vou me limitar a oferecer uma ideia geral da prática em que se baseiam as histórias simbólicas.[129]

Algumas pessoas acreditam ser inviável tomar conhecimento da prática da grande obra sem saber produzir a pedra filosofal. Grande equívoco. Os alquimistas descreveram minuciosamente as operações que realizavam. Elas são completamente obscuras apenas em um aspecto: a verdadeira matéria que empregavam nessas operações.

No entanto, antes de entrar no assunto, devemos responder a duas perguntas:

1) O que é a pedra filosofal?
2) Temos provas irrefutáveis de sua existência ou trata-se de uma mistificação?

Busquei por muito tempo uma prova convincente da existência da transmutação, sem conseguir encontrá-la. Certamente, não faltam informações, tantas quantas se possam desejar, mas foram dadas por alquimistas, e eles talvez sejam acusados de escamoteação ou de fornecer dados sem valor científico.

Pesquisando a notável obra de Figuier,[130] na qual o autor tenta demonstrar que a transmutação jamais existiu, descobri três fragmentos de informação que constituem uma prova científica irrefutável da transmutação de metais impuros em ouro. A operação foi executada sem que nenhum alquimista estivesse presente para que pudesse ter manipulado algum instrumento, e, em todos os casos, o operador era inimigo declarado da alquimia, negando a existência da pedra filosofal.

De resto, apresentei uma crítica dessa informação no terceiro número de *Le Lotus*,[131] que recomendo ao leitor interessado. Pedi para que aquele que quisesse negar a existência da transmutação me oferecesse primeiro uma refutação científica desses experimentos, que ainda acredito serem irrefutáveis.

A pedra filosofal é um pó que pode assumir diferentes cores, dependendo do grau de pureza, mas que, na prática, tem apenas duas cores: branca ou vermelha.

A verdadeira pedra filosofal é *vermelha*. Esse pó vermelho tem três virtudes:

1) Transforma o mercúrio ou o chumbo em ouro em fusão com uma pitada de pólvora aspergida por cima. Digo *ouro* e não um metal mais ou menos parecido com ele, conforme acreditava, não sei por que, um erudito contemporâneo.[132]
2) É um purgativo eficiente para o sangue, que cura rapidamente qualquer doença quando ingerido.
3) Também age nas plantas, fazendo-as crescer, amadurecer e frutificar em poucas horas.

Esses três fatos podem parecer excessivamente místicos a muitas pessoas, mas todos os alquimistas concordam sobre o assunto.

De resto, basta refletir um pouco para perceber que essas três propriedades são, na verdade, uma só: o reforço da atividade vital.

A pedra filosofal é, portanto, apenas uma condensação da energia da vida[133] em uma pequena quantidade de matéria, agindo como fermento sobre os corpos que entram em contato com ela. Basta uma pequena quantidade de fermento para "fazer crescer" grande quantidade de pão; da mesma forma, basta uma pequena quantidade da pedra filosofal para desenvolver a vida contida em qualquer tipo de matéria – mineral, vegetal ou animal. Por isso, os alquimistas chamam sua pedra de "remédio dos três reinos".

Agora já sabemos o suficiente sobre a pedra filosofal para reconhecer sua descrição nas histórias simbólicas, e é a esse conhecimento que devemos restringir nossas ambições.

Vejamos como ela é feita.

Aqui estão as três operações essenciais:

Extraia do mercúrio comum um fermento especial chamado pelos alquimistas de *mercúrio dos filósofos*.

Faça com que esse fermento atue sobre a prata, para obter outro fermento.

Faça com que o fermento mercurial atue sobre o ouro para também obter um fermento.

Misture o fermento extraído do ouro, o fermento extraído da prata e o fermento mercurial em um frasco de vidro verde e grosso, em formato oval, feche-o hermeticamente e leve-o a um forno especial, chamado pelos alquimistas de *atanor*. Este difere dos fornos comuns apenas pelos métodos empregados para aquecer o vidro supramencionado por muito tempo e de modo especial.

É durante o aquecimento, e só então, que certas cores são produzidas (dando origem a todas as histórias alquímicas). A matéria dentro do ovo primeiro se torna preta e tudo parece putrefato; esse estado recebe o nome de *cabeça de corvo*. Súbito, o preto se transforma em branco brilhante. A mudança do preto para o branco, das trevas para a luz, é um meio excelente de reconhecer uma história simbólica sobre a alquimia. A matéria, assim fixada na cor branca, é usada para transmutar metais impuros (chumbo, mercúrio) em prata.

Se o aquecimento continuar, veremos o branco desaparecer lentamente e a matéria assumir diversos matizes, começando pelas cores inferiores do espectro (azul, verde) e passando pelas cores superiores (amarelo, laranja) até o vermelho-rubi. A pedra filosofal está, então, quase terminada.

Digo "quase terminada" porque, nesse estado, dez gramas de pedra filosofal não transmutarão mais que vinte gramas de metal. A fim de aperfeiçoar a pedra, é preciso recolocá-la no vidro ovalado com um pouco de mercúrio dos filósofos e aquecê-la novamente. A operação prévia, que demanda um ano, agora demanda apenas três meses, e as cores reaparecem na mesma ordem verificada na primeira fase.

Nessa etapa, a pedra transmuta uma quantidade de ouro equivalente a dez vezes seu peso.

Recomeçamos a operação. Dessa vez, ela dura apenas um mês, e a pedra transmuta mil vezes seu peso de metal.

Refazemos tudo pela última vez e obtemos, então, a verdadeira e perfeita pedra filosofal, que transmuta dez mil vezes seu peso de metal em ouro.

Essas operações são designadas pelo nome de *multiplicação da pedra*.

Quando lemos a obra de um alquimista, precisamos saber a que operação ele se refere:

1) Se ele trata da produção do mercúrio dos filósofos, sabe que, com certeza, os profanos não o entenderão.
2) Se trata da produção da própria pedra, ele é claro.
3) Se trata da multiplicação, fala com clareza ainda maior.

Munido desses fatos, o leitor pode abrir o livro de Figuier e, caso não seja inimigo do bom humor, lê-lo da página 8 à página 52. Prontamente decifrará o significado das histórias simbólicas que permanecem obscuras para Figuier e levam o autor a arriscar explicações engraçadas. Veja-se a história seguinte, que ele simplesmente chama de grimório (página 41):

"Deve-se começar com o sol poente, quando o marido Vermelho e a esposa Branca se unem no espírito da vida para viver em amor e tranquilidade em iguais proporções de água e terra."	Os dois fermentos, o ativo, ou Vermelho, e o passivo, ou Branco, são colocados no frasco em forma de ovo.
"Do Oeste, avance por entre as sombras até o Norte."	Os vários graus do fogo.
"Altere e dissolva o marido entre o inverno e a primavera, transforme a água em terra negra e avance através das variadas cores para o Leste, onde nasceu uma lua cheia.	Cabeça do corvo, cores da obra.
Após o purgatório, o sol aparece branco e Radiante."*	Branco.

*Sir George Ripley

Diante de uma história simbólica, devemos sempre buscar o significado hermético, oculto, que certamente lá está. Como a natureza é igual em toda parte, a mesma história que conta os mistérios da grande obra pode também significar o curso do Sol (mitos solares) ou a vida de um herói mítico. Somente o iniciado está, pois, capacitado a entender o terceiro significado (hermético) dos mitos antigos,[134] ao passo que o erudito verá apenas o primeiro e o segundo (físico e natural, curso do Sol, o zodíaco etc.), e o camponês compreenderá unicamente o primeiro sentido (a história de um herói).

Desse ponto de vista, as aventuras de Vênus, Vulcano e Marte são famosas entre os alquimistas.[135]

Após o que dissemos, fica claro que são necessários tempo e paciência para fabricar a pedra filosofal. Quem não sufocou o desejo de ouro em seu íntimo[136] jamais será rico do ponto de vista alquímico. Para se convencer disso, o leitor não precisa fazer mais que consultar as biografias de dois alquimistas do século XIX, Cyliani[137] e Cambriel.[138]

II

Já concedemos tempo suficiente à descrição do primeiro modo com que o iniciado transmitia suas ideias.

Voltemos agora ao segundo modo e descrevamos, conforme prometido, o uso dos signos geométricos ou astrológicos.

Não há nada mais entediante que a lista, que encontramos por toda parte, das relações entre figuras geométricas e números, elaborada por autores de obras sobre ciência oculta. Essa sensação de tédio tem origem no fato de eles não julgarem útil explicar a razão por trás das relações.

A fim de estabelecer o vínculo entre ideias e figuras geométricas, precisamos partir de uma base sólida e já conhecida: os números.

Basta voltar ao final do Capítulo 2 para entender o desenvolvimento que se segue.

Todos os números vêm da Unidade e são apenas aspectos diferentes dela, que é sempre igual a si mesma.

É do ponto que vêm todas as figuras geométricas, e essas figuras são apenas aspectos diferentes do ponto.[139]

A *unidade* [1] é analogicamente representada pelo ponto •.

O primeiro número que o 1 gera é o 2. A primeira figura que o ponto gera é a linha.

O *dois* [2] é representado pela linha ——

por uma linha única ou dupla – –

Com a linha, outra consideração entra em cena, e esta é a direção.

Os números podem ser divididos em pares e ímpares, assim como as linhas têm duas direções principais.

A linha vertical | representa o ativo.

A horizontal – representa o passivo.

O primeiro número que reúne os opostos 1 e 2 é o Ternário 3. A primeira figura completa e fechada é o triângulo.

O *três* [3] será analogicamente representado pelo △.

Começando pelo número 3, aprendemos que os números recomeçam a série universal; 4 é uma oitava diferente de 1.[140]

As figuras seguintes são combinações dos termos precedentes e nada mais.

O *quaternário* [4] é representado por duas vezes duas forças opostas, isto é, por linhas em direções opostas duas a duas.

$$4 \begin{cases} 2 \text{ forças ativas} & || \\ 2 \text{ forças passivas} & = \end{cases} = \square$$

Quando queremos expressar uma criação do número 4, cruzamos as linhas ativa e passiva de modo a determinar um ponto central de convergência; esta é a figura da cruz, a imagem do Absoluto.

$$+$$

O número *cinco* [5] produz a estrela de cinco pontas, símbolo da inteligência (a cabeça humana) que comanda as quatro forças elementares (os quatro membros).

Seis (6) = 3 + 3 = △▽ = ✡

Os dois ternários, um positivo, o outro negativo.

Sete (7) = 4 + 3 = □△

Oito (8) = 4 + 4 = □□ ou ✳

Nove (9) = 3 + 3 + 3 = △△△

Dez (10) o ciclo eterno = ○

Cada número, como vimos, representa uma ideia e uma forma. Agora podemos estabelecer as relações entre eles:

NÚMERO	IDEIA	FORMA
1	O Princípio	•
2	Antagonismo	— —
3	A Ideia	△
4	A Forma. Adaptação	□ +
5	O Pentagrama	☆
6	Equilíbrio de ideias	△ ▽
7	Realização. Aliança de ideias e forma	△ sobre □
8	Equilíbrio de formas	✳ sobre □
9	Perfeição de ideias	△ sobre ✡
10	O eterno ciclo	○

Outros signos são usados pelos iniciados, por isso devemos conhecê-los também; esses signos designam planetas. São muito importantes porque cada um deles se explica pela geometria qualitativa de que falamos.[141] Limito-me a indicar sua origem porque um estudo mais aprofundado nos tomaria tempo demais, sem resultados imediatos.

O ativo e o passivo são representados nos planetas pelo Sol (☼) e pela Lua (☽).

A ação recíproca deles dá origem aos quatro elementos simbolizados pela cruz (✝).

(♄) Saturno é a Lua dominada pelos elementos.

(♃) Júpiter são os elementos dominados pela Lua.

(♂) Marte é o aspecto violento do signo zodiacal Áries agindo sobre o Sol.

(♀) Vênus é o Sol dominando os elementos.

Finalmente, a síntese de todos os signos precedentes é Mercúrio, que contém o Sol, a Lua e os elementos.

☿

Voltaremos a esse assunto no Capítulo 6, quando tratarmos do grande pentáculo alquímico.

A utilidade desses signos talvez não seja aparente de imediato, mas veremos suas aplicações mais adiante.

Para fazer uso dessa informação, começaremos por traduzir as primeiras frases da Tábua de Esmeralda em linguagem geométrica:

A verdade dos três mundos

Verdade Moral — Verdade Intelectual — Verdade Física

O que está em cima

é como

o que está embaixo

Para realizar milagres a partir de uma única coisa

E assim como todas as coisas vieram do Um

Assim todas as coisas se tornam únicas, por adaptação
(a cruz é o signo da adaptação)

III

Se pretendêssemos falar com mais profundidade sobre as histórias simbólicas, o terceiro método usado na Antiguidade, precisaríamos rever toda a mitologia. À parte o fato de esse trabalho já ter sido feito,[142] a estrutura de nosso livro não nos permite isso.

No entanto, não quero concluir este capítulo sem citar diversos trechos que mostram a maneira como os tradutores da Bíblia cometeram erros ao interpretar os textos em sentido puramente material. Fabre d'Olivet, acertadamente, se queixou dessas pretensões; e Saint-Yves d'Alveydre esclarece as coisas ainda melhor quando reabilita a filosofia de Moisés:

> A fim de proteger o legislador dos hebreus das calúnias a que ficou sujeito relativamente ao Pai da Raça Humana, convido o leitor a erguer comigo o tríplice véu de que falei.
>
> Sendo similar ao masculino e feminino IEVÉ, Adão tem significado bem mais amplo do que aquele que os naturalistas formularam a despeito de si mesmos, quando, querendo explicar o poder cosmogônico próprio do homem como indivíduo físico, chamaram esse poder de Reino Hominal.
>
> Adão é o hierograma desse princípio universal; representa a alma inteligente do Universo, a Palavra Universal que anima a totalidade dos sistemas solares não apenas na ordem visível, mas também, e principalmente, na Ordem invisível.
>
> Pois, quando Moisés fala do princípio que anima nosso sistema solar, já não menciona Adão, e sim Noé.
>
> Sombra de IEVÉ, pensamento vivo e Lei Orgânica dos Elohim, Adão é a essência celeste da qual todos os tipos humanos, passados, presentes e futuros, emanam – e não apenas aqui, mas também na imensidade dos céus.
>
> É a Alma da Vida universal, Nephesh Chayyah,[143] a substância que Moisés chama de Adamah[144] e Platão chama de Terra superior.[145]
>
> Não estou dando aqui minha própria interpretação, estou comunicando, literalmente, a filosofia cosmogônica de Moisés, pois esse é o Adão dos santuários de Tebas e do Bereshith, o grande Homem celestial dos templos antigos, espalhados da Gália aos confins da Índia.[146]

A famosa "serpente" do jardim das delícias significa apenas, no texto egípcio de Moisés, aquilo que Geoffroy Saint-Hilaire[147] ensinou (a atração do eu pelo eu): Nahash é a Atração original, cujo hieróglifo era uma serpente desenhada de determinada maneira.

A palavra Haroum, posta pelo legislador hebreu após o hierograma acima, é a conhecida divindade Hariman do primeiro Zoroastro e exprime a atração universal da Natureza animada, originária do princípio já mencionado.[148]

Quanto ao chamado Éden, eis o que significa no texto hermético de Moisés, sacerdote de Osíris:

Gan-Bi-Heden, a residência temporária de Adão-Eva, representa o Organismo da esfera universal do Tempo, a Organização da totalidade de tudo que é temporal.

Os célebres rios, que são 4 e 1 em número, ou seja, que formam um quaternário orgânico, não se referem mais ao Tigre e ao Eufrates do que ao Tibre, ao Sena e ao Tâmisa, pois, repetimos, os dez primeiros capítulos de Moisés são uma cosmogonia e não uma geografia.

Esses pretensos rios são, na realidade, os fluidos universais que, correndo do Gan, o Poder orgânico por excelência, preenchem a Esfera temporal de Heden, o tempo ilimitado de Zoroastro, que se situa entre duas Eternidades: a Kaedem anterior e a Ghôlim posterior.[149]

Por fim, mostrarei, utilizando a etimologia fenícia e alguns nomes mitológicos gregos, a importância dos nomes próprios para a expressão racional da maioria dos mitos antigos.

EURÍDICE

Eurídice (ευρυòικη)   האר (rohe) Visão, Clareza, Evidência.
שוד (dich) o que mostra ou ensina, precedido de ευ (bom).

O nome dessa esposa misteriosa, que quer em vão voltar à luz, significa tão somente a doutrina da verdadeira ciência, o ensino do belo e verdadeiro com que Orfeu tentou povoar a terra. Mas o homem nunca consegue enxergar a verdade, antes de ter alcançado a luz intelectual, sem perdê-la; quando procura contemplá-la na escuridão, sua razão se esvai. É esse o significado da conhecida fábula de Eurídice, que é achada e perdida.[150]

HELENA – PÁRIS – MENELAU

Helena (a Lua) { ללה ideia de esplendor, glória, elevação*

Páris Παρις { רב ou רפ (Bar ou Phar) toda geração, propagação, extensão
ש׳ (Ish) O Ser princípio.

Menelau {
מן (Men) o que determina, regula, define uma coisa. Faculdade racional, razão, medida (em latim: Mens e Mensura).
שיא (Aosh) O Ser princípio ativo; diante do qual colocamos o prefixo ל (L) para exprimir o princípio gerador.
MENEH-L-AOSH A faculdade racional ou reguladora do Ser em geral e do homem em particular.

* Essa Helena, cujo nome significa "resplandecente" quando aplicado à Lua, essa mulher que Páris roubou do marido Menelau, é o símbolo da alma capturada pelo princípio da Geração e pelo princípio do Pensamento, avassalados pelas paixões morais e físicas.

ALGUNS SIGNIFICADOS DE NOMES PRÓPRIOS

θεος — שיא (Aos) um Ser princípio precedido pela letra hemântica ת (θ th), símbolo de perfeição.

Ηρωας — שיא precedido por זרה (Herr), exprime tudo que domina.

Δαιμων — (Δημ) a Terra, unida à palavra ων, existência.

Εον — (Αιων) יא (Aï) um princípio de força de vontade, ponto central de desenvolvimento.
יון (Ion) a faculdade geradora.

Essa última palavra significa, em sentido estrito, "pomba" e era o símbolo de Vênus. Trata-se da famosa *Yoni* dos indianos e mesmo da *Yn* dos chineses, isto é, a natureza plástica do Universo. Jônia (Iônia), na Grécia, recebeu seu nome com base nessa acepção.

Poesia (ποιησις)	{	האפ (*Phohe*) boca, voz, linguagem, discurso. שי (*Ish*) ser superior; ser principal, simbolizando Deus.
Apolo	{	בא (*Ab* ou *Ap*) juntado a Wôlon. O pai universal eterno e infinito.
Dionísio (Διονυσος)	{	Διος o deus vivo (genitivo). νοος o espírito da Compreensão. A Compreensão do Deus vivo.
Orfeu	{	רוא (*Aour*) Luz. אפר (*Rophoe*) o que mostra ou ensina, precedido de ευ (bom). O que mostra ou ensina a Luz.
Hércules	{	ררח ou ררש (*Harr* ou *Sharr*) excelência, soberania. לכ (*Col*) tudo.

(Fabre d'Olivet)

CAPÍTULO CINCO

A Expressão Analítica de Ideias • Tabelas Analógicas • Magia • Dez Sugestões de *Ísis sem Véu*, de H. P. Blavatsky • A Tábua Mágica do Quaternário de Agrippa • Astrologia • Adaptação do Ternário

Entre todos os métodos empregados pelo iniciado para exprimir suas ideias, nunca notamos nenhuma variação no formato geral de suas exposições. O valor dos signos usados varia, mas esse é o limite do método.

O que se deve fazer para analisar o conjunto harmonioso das relações existentes entre os temas em questão?

Muitas vezes nos deparamos, em uma obra ocultista, com frases deste tipo:

A águia está relacionada ao ar.

Trata-se de uma frase incompreensível quando não se tem a chave.

E a chave se encontra inteiramente no método de exposição estabelecido de acordo com o método geral da ciência oculta: a analogia.

Esse método consiste em exprimir ideias de modo tal que o leitor possa entender, de relance, a relação existente entre a lei, o fato e o princípio de um fenômeno observado.

Assim, para determinado fato, ele pode descobrir imediatamente a lei que o regula e a relação existente entre essa lei e um conjunto de outros fatos.

Dado que duas coisas (FATOS) análogas a uma terceira (LEI) são análogas entre si, pode-se determinar a relação existente entre o fato observado e qualquer outro dos fenômenos observados.

Podemos ver que esse método ajuda a analisar e a esclarecer histórias simbólicas, tendo sido empregado apenas nos templos, entre discípulos e mestres. Baseava-se na elaboração de tábuas dispostas de determinada maneira.

Para descobrir a chave do sistema, tentemos reconstruí-lo do começo ao fim. Depois de ler uma história simbólica, constatei que ela tinha três significados. Primeiro, no sentido positivo expresso pelos fatos da narrativa: o filho é produto do pai e da mãe; segundo, no sentido comparativo expresso pelas relações entre as pessoas, a relação entre luz, trevas e crepúsculo; finalmente, no sentido hermético e bastante geral, a lei da produção da natureza, em que o Sol e a Lua geram Mercúrio.

A lei que prevalece sobre tudo isso é a lei do Três. Os princípios são o ativo, o passivo e o neutro.

A fim de descobrir a relação entre esses três fatos: *a produção de um filho*, *a produção do crepúsculo* e *a produção do Mercúrio*, coloquei-os em colunas com os sinais ativo (+), passivo (−) e neutro (∞):

+	−	∞
Pai	Mãe	Filho
Luz	Trevas	Crepúsculo
Sol	Lua	Mercúrio

Basta um olhar para essa tabela para perceber as conexões perfeitamente indicadas. Todos os princípios ativos dos fatos observados estão sob o sinal "+", que os governa. O mesmo pode ser dito a respeito dos princípios passivos e neutros.

Todos esses fatos estão dispostos da mesma maneira, seguindo uma linha horizontal: assim, lendo a tabela verticalmente, ↓, constatamos a relação entre os princípios; lendo-a horizontalmente, →, constatamos a relação entre os fatos e os princípios; e, examinando o conjunto, constatamos a lei geral que dele deriva.

Um resultado importante dessa disposição é que todos os fatos agrupados pela mesma lei são análogos e intercambiáveis, desde que, na substituição de uma palavra por outra, ambas sejam governadas pelo mesmo princípio.

Muitas pessoas se sentem confusas ao ver dois fatos aparentemente discordantes unidos, como na seguinte frase:

Nosso Mercúrio andrógino é o filho do Sol barbado e de sua companheira, a Lua.

Que relação haverá entre esse metal, os planetas e a geração criadora que lhes atribuímos? No entanto, temos aqui a mera aplicação das tabelas analógicas, pois

Mercúrio andrógino (Filho) { é o Neutro

Sol barbado (Pai) { é o Ativo

Lua, a companheira (Mãe) { é o Passivo

e suas relações são:

+	−	∞
Sol	Lua	Mercúrio
Pai	Mãe	Filho
Ouro	Prata	Azougue

Assim, o que o alquimista quis dizer foi: se substituirmos o Sol por seu equivalente, o ouro, e a Lua por seu equivalente, a prata:

Nosso Mercúrio andrógino é o filho do Ouro e da Prata.

Relembrando as poucas palavras que dissemos sobre a alquimia no capítulo anterior, podemos entender tudo isso facilmente.

Outras frases semelhantes são também fáceis de entender por quem conhece as relações, embora estas permaneçam incompreensíveis para o profano.

Assim, o alquimista jamais dirá *transforme o sólido em líquido*, mas, sim, *converta a terra* (sólido) *em água* (líquido).

Por isso, muitos desavisados tomam as frases alquímicas literalmente quando leem:

Tu converterás a água em terra e *separarás a terra do fogo*,

e não encontram a forma de transformar a água em solo ou de separar a terra do fogo. Contribuem grandemente para o descrédito da ciência oculta nos dias de hoje. Não é preciso ir muito longe para encontrar pessoas cultas afirmando doutoralmente que a física dos antigos pode ser reduzida ao estudo dos quatro elementos, Terra-Água-Ar-Fogo. São as mesmas pessoas que consideram os textos herméticos totalmente obscuros – e com razão.

Quem domina o uso do método analógico percebe imediatamente a importância das tabelas que mostram as relações entre objetos diversos.

Essas relações eram muito úteis na prática de algumas ciências antigas, como a magia e a astrologia.

Há tantos preconceitos contra essas ciências que são necessárias umas poucas explicações aqui.

SOBRE A MAGIA

A magia era a aplicação prática das capacidades psíquicas adquiridas ao longo dos vários graus iniciáticos.

Os antigos, observando a existência de vida em toda parte, notaram também a influência universal exercida pela vontade.

O desenvolvimento da vontade é, pois, o objetivo de todo homem destinado a dominar as forças da natureza.

Podemos dominar essas forças?

Certamente. Mas, como isso é demasiadamente chocante para nossos pontos de vista contemporâneos, fornecerei as notas seguintes como simples curiosidades, sem defendê-las nem atacá-las.

O mundo perceptível é penetrado em todos os pontos por outro mundo puramente espiritual, que escapa aos nossos sentidos; o mundo visível tem, por contrapartida, o mundo invisível.

Esse mundo invisível é povoado por seres espirituais de várias classes.

Alguns seres se mostram indiferentes tanto ao bem quanto ao mal, mas podem se tornar instrumentos de um ou de outro e são chamados de espíritos elementares ou elementais.

Há também seres, vestígios vitais de homens pouco evoluídos, de vontade perversa ou que cometeram suicídio, que recebem o nome de larvas.[151] São movidos por um único objetivo: o desejo insaciável.

Finalmente, o mundo invisível também é povoado por nossas ideias, que se comportam como seres reais.

Todo pensamento do homem, depois de elaborado, passa para o mundo interior e se torna uma entidade ativa, associando-se – aderindo, seria a palavra – a um ELEMENTAL, isto é, a uma das forças semi-inteligentes dos reinos. Sobrevive como inteligência ativa – criatura gerada pela mente – por maior ou menor período, conforme a intensidade original do impulso cerebral que a produziu.

Assim, um bom pensamento é perpetuado como poder ativo, benéfico; um mau pensamento, como um demônio maléfico. Portanto, o homem está sempre povoando sua correnteza no espaço com um mundo próprio, com o produto de suas fantasias, desejos, impulsos e paixões, uma correnteza que reage a qualquer organização sensível ou nervosa que entre em contato com ela, na proporção de sua intensidade dinâmica. O budista chama a isso de "SKANDHA"; o hindu, de "KARMA".[152] O adepto manipula essas formas conscientemente, ao passo que outros homens as descartam inconscientemente.[153]

O agente por cujos meios agimos sobre essas forças intelectuais é a vontade! Pudemos ver no Capítulo 3[154] que as faculdades humanas são, em si, indiferentes ao bem e ao mal, e seu efeito varia de acordo com o impulso que a vontade lhes imprime. Exatamente o mesmo ocorre com os seres elementares.

Sucede às vezes que os seres humanos renunciem completamente ao uso de sua vontade na tentativa de entrar em contato com o mundo invisível. É então que as criações perversas, as larvas, encontram meios de aumentar suas débeis vidas sugando a vida dos homens chamados nos tempos antigos de feiticeiros e que hoje, entre os espíritas, são chamados de médiuns.

A diferença entre um mago e um feiticeiro é que o primeiro sabe o que faz e qual resultado vai obter, enquanto o segundo ignora tudo isso.

Dessa forma, o que importa é a Vontade, e todas as tradições são unânimes quanto a esse assunto, como escreve Fabre d'Olivet:

Hiérocles,[155] após apresentar essa primeira maneira de explicar os versos que tratam do tema, aborda de passagem a segunda explicação ao afirmar que a Vontade do homem pode influenciar a Providência quando, agindo por intermédio de uma alma forte, é assistida pelo céu, que opera em conjunção com ela.

Essa era parte da doutrina ensinada nos mistérios e sonegada ao profano. Segundo essa doutrina, da qual podemos encontrar traços marcantes em Platão, a vontade, robustecida pela fé, pode subjugar a própria necessidade, governar a natureza e operar milagres. É o princípio sobre o qual se baseava a magia dos discípulos de Zoroastro. Quando Jesus, falando em parábolas, disse que a fé remove montanhas, apenas seguia a tradição filosófica conhecida por todos os sábios. "A pureza do coração e da fé triunfa de todos os obstáculos", ensinou Kong-Zi;[156] "Todo homem pode se tornar igual aos sábios e heróis cuja memória as nações reverenciam", assegurou Meng-Zi;[157] o que falta não é capacidade, é fé: quem quer uma coisa, consegue-a.

Essas ideias dos teósofos chineses são encontradas em escritos indianos e mesmo em alguns europeus, os quais, conforme eu já disse, não tinham erudição suficiente para ser imitadores.

"Quanto maior a vontade", disse Böhme,[158] "maior a pessoa e mais poderosa sua inspiração." Vontade e liberdade são uma só coisa.[159]

A magia, fonte da luz, é o que cria algo do nada. A vontade que avança resolutamente é a fé; ela cria a própria forma na mente e subjuga todas as coisas; por meio da fé, a alma adquire o poder de influenciar outra alma e de penetrar sua mais íntima essência. Quando atua com Deus, pode mover montanhas, despedaçar pedras e confundir os malfeitores semeando o medo e a desordem entre eles; pode operar todos os milagres, governar céus e mares, acorrentar a própria morte; domina tudo. Nada que tenha um nome se subtrai a uma ordem dada em nome do Eterno. A alma que realiza essas grandes façanhas está apenas imitando os profetas e santos, Moisés, Jesus e os apóstolos. Todos os eleitos têm poder similar. O mal desaparece diante deles. Nada pode ferir aquele que abriga Deus dentro de si.[160]

A relação entre os mundos visível e invisível se aplica a todos esses seres espirituais, e os magos aprenderam nomes pelos quais alegavam invocá-los.

Sua ajuda tinha por único objetivo concentrar a maior quantidade de força e movimento universais em torno do adepto, que podia então produzir resultados proporcionais à intensidade de suas faculdades psíquicas.

> O cérebro humano é gerador inexaurível de força cósmica da mais fina qualidade, que ele extrai da energia inferior da natureza; o adpeto consumado se faz centro das potencialidades irradiantes das quais surgirão correlações e mais correlações no futuro. Tal é o segredo de seu misterioso poder para projetar e materializar no mundo as formas que constrói no invisível com material cósmico inerte. O adepto não cria nada novo; simplesmente emprega o material primário de que a natureza o cerca e que passou por todas as formas ao longo da eternidade, manipulando esse material. Ele só precisa escolher o material de que necessita e chamá-lo à existência objetiva. Isso não parece, aos olhos dos ERUDITOS em biologia, um sonho desvairado?[161]

As relações do invisível com o visível se estenderam aos limites máximos, a tal ponto que se conhece a cadeia ao longo da qual um objeto, qualquer que seja, ascendeu à inteligência a que devia sua forma. Deriva daí o uso de objetos de determinado tipo para canalizar a vontade em operações mágicas.

Esses objetos serviam apenas como ponto de apoio para a vontade do adepto, a qual atuava como poderoso ímã sobre a força universal. Um adepto não pode produzir efeito contrário à natureza, um milagre, pela simples razão de que tais efeitos não existem.

Não sei como explicar isso sem citar as conclusões de Madame Blavatsky em *Ísis sem Véu*:

> Primeira. Não há milagre. Tudo que acontece é resultado da lei – eterna, imutável, sempre atuante. O milagre aparente é apenas a operação de forças antagônicas ao que o dr. W. B. Carpenter, F. R. S. – homem de muito estudo, mas pouco conhecimento – chama de "bem conhecidas leis da natureza". Como muitos de seu tipo, o dr. Carpenter ignora o fato de que talvez existam leis outrora "conhecidas" e que a ciência não conhece mais.

Segunda. A natureza é tríplice: há uma natureza visível, objetiva; há uma natureza invisível, interior, energizadora, o exato modelo da outra e seu princípio vital; e, acima dessas duas, o espírito, a fonte de todas as forças, eterna e indestrutível. As duas inferiores estão sempre mudando; a superior não muda nunca.

Terceira. O homem também é tríplice: tem um corpo objetivo, físico; um corpo astral vitalizante (ou alma), que é o homem real; e esses dois são nutridos e iluminados pelo terceiro – o espírito soberano, imortal. Quando o homem real consegue se fundir com este último, torna-se uma entidade imortal.

Quarta. A magia, como ciência, é o conhecimento desses princípios e o conhecimento do modo pelo qual a onisciência e a onipotência do espírito, bem como seu controle das forças da natureza, podem ser adquiridos pelo indivíduo ainda no corpo. A magia, como arte, consiste na aplicação desse conhecimento à prática.

Quinta. Esse conhecimento, quando mal aplicado, é feitiçaria; quando bem aplicado, é a magia verdadeira ou SABEDORIA.

Sexta. Ser médium não é a mesma coisa que ser adepto: o médium é o instrumento passivo de influências estranhas; o adepto tem controle ativo sobre si mesmo e sobre as potências inferiores.

Sétima. Todas as coisas que existiram, existem e existirão estão gravadas na luz astral, ou tábua do universo invisível; e o adepto iniciado, valendo-se da visão do próprio espírito, pode conhecer tudo quanto já se conheceu e tudo quanto haverá de ser conhecido.

Oitava. As raças humanas diferem nos dons espirituais tanto quanto na cor, na estatura ou em qualquer outra qualidade externa; entre alguns povos, a vidência prevalece naturalmente; entre outros, a mediunidade. Alguns se entregam à feitiçaria e transmitem suas regras e práticas secretas de geração em geração, tendo como resultado um leque de fenômenos psíquicos mais ou menos amplo.

Nona. Uma fase da capacidade mágica é o afastamento voluntário e consciente do homem interior (forma astral) do homem exterior (corpo físico). No caso de alguns médiuns, o afastamento ocorre, mas é inconsciente e involuntário. Seu corpo fica mais ou menos cataléptico às vezes; com o adepto, porém, a ausência da forma astral não é notada, pois os sentidos físicos estão alerta e a pessoa parece ter tido uma crise de ausência – um "transe", como se diz.

Aos movimentos da forma astral errante, nem o tempo nem o espaço oferecem obstáculos. O taumaturgo, bastante versado na ciência oculta, pode fazer com que seu corpo físico *dê a impressão* de desaparecer ou assumir qualquer forma que ele queira. Pode tornar sua forma astral visível sob variadas aparências. Em ambos os casos, esses resultados são obtidos graças à alucinação hipnótica simultânea dos sentidos das testemunhas. Essa alucinação parece tão perfeita que o indivíduo é capaz de jurar que viu uma realidade, quando aquilo não passou de um quadro da própria mente, impresso em sua consciência pela vontade irresistível do hipnotizador.

Todavia, enquanto a forma astral pode ir a qualquer lugar, penetrar qualquer obstáculo e ser vista a qualquer distância do corpo físico, este depende dos métodos comuns de transporte. Pode levitar sob determinadas condições magnéticas, mas não pode ir de um lugar a outro por meios que não sejam os usuais. Portanto, desacreditamos todas as histórias de voos de médiuns no corpo, pois isso seria um milagre, e repudiamos milagres. A matéria inerte pode, em certos casos e sob determinadas condições, desagregar-se, atravessar paredes e recombinar-se; mas organismos animais vivos, não.

Os discípulos de Swedenborg acreditam, e a ciência oculta ensina, que o abandono do corpo vivo pela alma ocorre frequentemente e que encontramos todos os dias, em quaisquer condições de vida, esses cadáveres vivos. Diversas causas, entre as quais o pânico, a dor, o desespero, uma crise violenta de doença ou a excessiva sensualidade, podem provocar esse fenômeno. A carcaça vazia pode ser invadida e habitada pela forma astral de um feiticeiro adepto ou de um elementar (uma alma humana desencarnada e presa à terra) e ainda, muito raramente, por um elemental. Um adepto da magia branca possui, é claro, o mesmo poder, mas, a menos que um objetivo excepcional e importante deva ser alcançado, ele jamais consentirá em poluir a si mesmo ocupando o corpo de uma pessoa impura. Na insanidade, o ser astral do paciente ficou semiparalisado, atormentado e sujeito à influência de qualquer espírito de passagem, ou então se foi para sempre. Nesse caso, o corpo é invadido por alguma entidade vampiresca perto da própria desintegração e apegado desesperadamente à terra, cujos prazeres sensuais consegue gozar por breve tempo.

Décima. A pedra angular da MAGIA é o profundo conhecimento prático do magnetismo e da eletricidade, de seus atributos, suas correlações e potências. Imprescindível é a familiaridade com seus efeitos no reino animal e no homem. Existem propriedades ocultas em muitos outros minerais, tão estranhas quanto as da magnetita, que todos os praticantes de magia *precisam* conhecer, mas a chamada ciência exata ignora. As plantas também possuem propriedades místicas em grau muito elevado, e os segredos das ervas dos sonhos e encantamentos se perderam para a ciência europeia – a qual, nem é preciso dizer, não as conhece, com exceção de algumas, como o ópio e o haxixe. Contudo, até os efeitos físicos dessas poucas ervas sobre o sistema humano são vistos como prova de distúrbios mentais passageiros. Os segredos das mulheres da Tessália e do Epiro ou das hierofantes dos ritos de Sabázio não se perderam após a ruína de seus santuários: foram preservados, e quem conhece a natureza de Soma também conhece as propriedades de outras plantas.

Em suma, a MAGIA é a SABEDORIA espiritual; a natureza, aliada natural, é a discípula e a serva do mago. Um princípio vital comum permeia todas as coisas e pode ser controlado pela vontade humana aperfeiçoada. O adepto pode estimular movimentos das forças naturais em plantas e animais, em grau sobrenatural. Esses experimentos não são obstruções da natureza, mas acelerações de processo, estando presentes condições de ação vital mais intensa.

O adepto consegue controlar as sensações e alterar as condições dos corpos físico e astral de outras pessoas, mas não de adeptos; só lhe é dado governar e empregar, à vontade, os espíritos dos elementos.[162] Não logra controlar o espírito imortal de nenhum ser humano, vivo ou morto, pois todos os espíritos são fagulhas da Essência Divina e não se sujeitam à dominação de estranhos.[163]

Essa notável passagem esclarece bem o segredo da prática da magia, tanto quanto os fenômenos que os espíritas conseguiram provocar em nossa época. Vale a pena, entretanto, investigar a origem dessas teorias referentes aos intermediários entre o homem e o invisível; de novo, recorro a Fabre d'Olivet:

> Pitágoras, designando Deus com 1 e a matéria com 2, exprimiu o Universo com o número 12, resultado da união dos outros dois. Esse número é formado pela multiplicação de 3 por 4, ou seja, esse filósofo concebia o mundo universal como composto de três mundos particulares que, ligados um ao outro por meio de quatro modificações elementares, se desenvolveram em doze esferas concêntricas.
>
> O Ser inefável, que preenche essas doze esferas sem ser capturado por nenhuma delas, é DEUS. Pitágoras atribuía a verdade à sua alma e a luz a seu corpo. As inteligências que povoavam os três mundos eram, em primeiro lugar, os deuses imortais, propriamente falando; em segundo, os heróis glorificados; e em terceiro, os demônios terrestres.
>
> Os deuses imortais, emanações diretas do Ser incriado e manifestações de suas infinitas faculdades, eram assim chamados porque nunca poderiam ser esquecidos por seu Pai e baniam as sombras da ignorância e da impiedade; já as almas dos homens, que produziam, segundo seu grau de pureza, heróis glorificados e demônios terrestres, podiam, às vezes, se afastar da vida divina devido a voluntário distanciamento de Deus, pois a morte da essência intelectual eram, como afirmou Pitágoras e Platão repetiu, apenas ignorância e impiedade.
>
> De acordo com o sistema de emanações, eles concebiam a unidade absoluta de Deus como a alma espiritual do Universo; acreditavam que essa unidade criadora, inacessível aos próprios sentidos, produzia, por emanação, uma difusão de luz que, avançando do centro para a circunferência, ia perdendo o brilho e a pureza à medida que se distanciava do centro para os confins da escuridão, com a qual acabava se confundindo. Assim, esses raios divergentes, tornando-se cada vez menos espirituais e sendo incidentalmente repelidos pela escuridão, se condensavam, misturando-se com esta, e, assumindo forma material, engendravam todas as espécies de seres encontrados no mundo.
>
> Aceitavam, pois, que entre o Ser supremo e o homem existia uma incalculável cadeia de seres intermediários cuja perfeição decrescia na medida de seu distanciamento do Princípio criador.

Todos os filósofos e seguidores que admiravam essa hierarquia espiritual identificavam os diferentes seres de que ela era composta, graças às relações que lhes eram próprias. Os magos persas, que viam gênios mais ou menos perfeitos, davam-lhes nomes referentes às suas perfeições e depois usavam esses nomes para evocá-los: essa é a origem da magia dos iranianos e judeus, que, de acordo com a tradição, a receberam durante seu cativeiro na Babilônia, chamando-a de cabala. A magia se combinava com a astrologia entre os caldeus, para quem as estrelas eram seres animados, pertencentes à cadeia universal de emanações divinas; no Egito, associava-se aos mistérios da natureza e permanecia encerrada nos santuários, onde os sacerdotes a ensinavam disfarçada em símbolos e hieróglifos. Pitágoras, concebendo essa hierarquia espiritual como progressão geométrica, imaginou os seres que a compunham sob a forma de relações harmônicas e, recorrendo à analogia, baseou as leis do Universo nas leis da música. Deu o nome de harmonia ao movimento das esferas celestes e empregou números para exprimir as faculdades dos diferentes seres, suas relações e suas influências. Hiérocles menciona um livro sagrado, atribuído a Pitágoras, no qual a Divindade é chamada de Número dos Números.

Platão, que séculos mais tarde considerou esses mesmos seres como ideias e tipos, tentou entender sua natureza por meio da dialética e do poder do pensamento.

Sinésio, unindo as doutrinas de Pitágoras e Platão, às vezes chamava Deus de Número dos Números, outras de Ideia das Ideias. Para os gnósticos, esses seres intermediários eram Éons. Esse nome, que em egípcio significa Princípio de Vontade e se desenvolve por meio de uma faculdade plástica inerente, foi usado pelos gregos para significar um período infinito.[164]

Para mostrar a que ponto essas relações eram estudadas pelos antigos mestres do oculto, reproduzirei uma das tábuas mágicas de Agrippa, a do Quaternário.

O leitor descobrirá, graças a esse estudo, a maneira como fatos, leis e princípios são dispostos em tábuas analógicas. Verá, por exemplo, por que, a fim de governar os espíritos do AR, é necessário possuir uma pena de ÁGUIA,[165] segundo a relação analógica existente entre o elemento e a ave. Todas essas práticas, repito, servem apenas para consolidar a vontade.

	FOGO	AR	ÁGUA	TERRA	
Arquétipo	י	ה	ו	ה	Arquétipo
Animais Consagrados	Leão	Águia	Homem	Bezerro	
As Triplicidades dos Signos	Áries	Gêmeos	Câncer	Touro	Macrocosmo A Lei da Gravitação e Corrupção
	Leão	Libra	Escorpião	Virgem	
	Sagitário	Aquário	Peixes	Capricórnio	
Estrelas e Planetas	Marte + Sol	Júpiter + Vênus	Sat. + Merc.	Estrelas Fixas + Lua	
Qualidades dos Elementos Celestes	Luz	Translucidez	Agilidade	Solidez	
Elementos	Fogo	Ar	Água	Terra	
Tipos de Corpos Mistos	Animais	Plantas	Metais	Pedras	
Tipos de Animais	Andam	Voam	Nadam	Répteis	
Elementos de Plantas	Sementes	Flores	Folhas	Raízes	
Metais	Ouro + Ferro	Cobre + Estanho	Azougue	Chumbo + Prata	
Pedras	Brilhante + Ardente	Luz + Transparência	Claro + Gelado	Pesado + Opaco	
Elementos de Homem	Intuição	Espírito	Alma	Corpo	Microcosmo A Lei da Prudência
Poderes da Alma	Intuição	Razão	Fantasia	Os Sentidos	
Poderes de Julgamento	Fé	Ciência	Opinião	Experiência	
Virtudes Morais	Justiça	Temperança	Prudência	Força	
Os Sentidos	Visão	Audição	Paladar + Olfato	Tato	
Elementos do Corpo Humano	Mente	Carne	Humores	Ossos	
Mente Quádrupla	Animal	Vital	Sexual	Natural	
Humores	Colérico	Sanguíneo	Fleumático	Melancólico	
Aspectos	Impetuosidade	Alegria	Preguiça	Lentidão	

	FOGO	AR	ÁGUA	TERRA
Rios dos Infernos	Flegetonte	Cocito	Estige	Aqueronte
Demônios Maléficos	Samael	Azazel	Azael	Mahazael
Demônios Mestres	Orien	Pagnus	Egyen	Amaco

(A coluna TERRA para as linhas "Demônios Maléficos" e "Demônios Mestres" é ocupada por uma célula única mesclada com o texto: *Microcosmo — A Lei da Prudência*.)

Outra questão que quero abordar antes de prosseguir é a da predição de acontecimentos futuros. A ciência da divinação é, por excelência, a astrologia. Se nos lembrarmos dos elementos da doutrina de Pitágoras concernente à liberdade e à necessidade, compreenderemos sem esforço as razões teóricas que orientam as pesquisas nesses estudos. Como tudo é analógico na natureza, as leis que regem os mundos em seu curso também devem reger a humanidade, que é o cérebro da Terra, e os homens, que são as células da humanidade. Não obstante, o império da vontade é tão grande que, como acabamos de ver, pode chegar ao ponto de prevalecer sobre a necessidade. Desse fato deriva a fórmula que constitui o fundamento da astrologia:

Astra inclinant, non necessitant.

(As estrelas se inclinam, mas não necessitam.)

A necessidade, para o homem, provém de suas ações anteriores, daquilo que os hindus chamam de Karma. Essa ideia é partilhada por Pitágoras e, subsequentemente, por todos os antigos santuários. Eis como o Karma é gerado:

> Nirvana significa a certeza da imortalidade pessoal em *espírito*, não em *alma*, a qual, como emanação finita, deve certamente se desintegrar nas partículas que compõem as sensações humanas, as paixões e o anseio por algum tipo de existência objetiva, antes que o espírito imortal do *ego* se liberte por completo e fique, portanto, imune a novas transmigrações de qualquer forma. E como pode o homem alcançar esse estado enquanto o *Upadana*,[166] o desejo de *vida*, mais e mais vida, não desaparece do ser senciente, do *Ahancara*,[167] envolvido, no entanto, num corpo sublimado?

> É o "Upadana", ou desejo intenso, que produz a VONTADE, e é a *vontade* que gera a *força*, a qual, por sua vez, gera a *matéria* ou um objeto dotado de forma. Portanto, o *ego* desencarnado, devido a esse desejo único e insaciável, fornece inconscientemente as condições de suas sucessivas autoprocriações em variadas formas, dependentes de seu estado mental e do *Karma*, do bem ou do mal praticado na existência anterior, a que, em geral, se dão os nomes de "mérito" e "demérito".[168]

Assim, para o homem, o conjunto dos méritos e deméritos é que constitui a necessidade. Poucas são as pessoas que sabem dirigir sua vontade e evoluir de modo a influenciar o destino. Assim, as inclinações das estrelas se transformam em necessidade para a maioria dos homens.

> O futuro é composto do passado, ou seja, a estrada que o homem percorre e modifica por meio do livre-arbítrio de sua vontade ele já a percorreu e modificou da mesma maneira que, para empregar uma imagem física, a Terra, segundo o sistema moderno, descreve sua órbita anual em volta do Sol, cruzando os mesmos espaços, povoados mais ou menos pelos mesmos aspectos. Desse modo, seguindo uma rota que já traçou, o homem pode não apenas reconhecer os vestígios de suas pegadas como predizer os objetos que vai encontrar, pois já os viu, caso sua memória tenha conservado essa imagem e caso essa imagem não tenha sido totalmente apagada devido ao necessário desenvolvimento de sua natureza e às leis providenciais que a governam.
>
> O princípio em que nos baseamos para afirmar que o futuro é apenas uma volta ao passado não bastou para visualizarmos o quadro inteiro: tivemos de recorrer a um segundo princípio, com o qual estabelecemos que a natureza é igual em toda parte. Em consequência, sendo suas ações as mesmas na menor e na maior esfera, na mais alta e na mais baixa, podemos deduzir uma da outra e chegar a conclusões por meio da analogia.
>
> Esse princípio decorre de uma antiga doutrina referente à animação do Universo, no geral e no particular: uma doutrina, vigente em todas as nações, segundo a qual não apenas o Grande Todo, mas também os inumeráveis mundos que podem ser considerados seus membros, os Céus, o Céu dos Céus, as Estrelas e todos os seres que as

habitam, até as plantas e mesmo os metais, são permeados pela mesma alma e transformados pelo mesmo espírito. Stanley atribui esse dogma aos caldeus; Kirchner, aos egípcios; e o sábio rabino Maimônides o faz remontar aos sabeus.[169]

Se quisermos descobrir a origem dessas ideias relacionadas à astrologia, veremos que, como todas as grandes ciências cultivadas na Antiguidade, elas se espalharam por toda a superfície da Terra, conforme demonstrado pelo autor que não me canso de citar:

> Deixe que os tolos ajam sem objetivos nem causa.
> Tu deves, no presente, contemplar o futuro.

Ou seja, considere quais serão os resultados de uma ação ou outra, sabendo que estes dependem de sua vontade, enquanto ainda não nasceram; eles entrarão no domínio da necessidade no momento em que a ação for executada e voltarão ao passado logo depois de nascer, a fim de tomar parte na formação do quadro do futuro.

Peço que o leitor interessado nesses tipos de associação reflita um momento sobre a ideia de Pitágoras. Nela está a verdadeira fonte da ciência astrológica dos antigos. Sem dúvida, Pitágoras estava bem cônscio do grande poder que essa ciência exercera no passado, no mundo inteiro. Os egípcios, os caldeus e os fenícios não separavam a astrologia das regras que governavam o culto dos Deuses. Seus templos eram uma imagem em ponto menor do Universo, e a torre que servia de observatório foi erguida ao lado do altar dos sacrifícios. Sob esse aspecto, os peruanos seguiram os mesmos costumes dos gregos e romanos. Por toda parte, o grande pontífice unia a ciência genetlíaca[170] ou astrológica ao sacerdócio e, cuidadosamente, ocultava os princípios dessa ciência no coração do santuário. Era um segredo de Estado entre os etruscos e os romanos, como ainda é na China e no Japão. Os brâmanes só ensinavam seus elementos àqueles que julgavam merecedores da iniciação.

No entanto, basta remover por um instante a venda do preconceito para constatar que uma ciência universal, associada em toda parte ao que os homens sempre consideraram mais sagrado, não poderia ser produto da loucura e da estupidez, como o bando de moralistas não cessa de repetir.

A Antiguidade certamente não era, toda ela, louca ou estúpida, e a ciência que cultivava se baseava em princípios que, embora desconhecidos hoje, existiam.[171]

O ALFABETO ASTROLÓGICO

O leitor há de compreender que, neste tratado elementar, não poderemos ir a fundo em um assunto tão vasto e complexo como a astrologia. Mas forneceremos aos estudiosos das ciências várias tabelas bem simples que os capacitarão a se sentir à vontade com obras mais técnicas. Pedimos a esses estudiosos que *decorem* essas poucas tabelas, então muitas obscuridades serão eliminadas.

Aqueles que desejarem empreender um estudo completo dessa ciência encontrarão todas as informações necessárias no *Traité d'Astrologie Judiciaire* [Tratado de Astrologia Judiciária], de Abel Haatan,[172] e no resumo de Selva.[173] Com respeito às relações entre astrologia e magia, consultem nosso *Traité Élémentaire de Magie Pratique* (Tratado Elementar de Magia Prática)*, pp. 228 e ss.[174]

PLANETAS	SÍMBOLOS	CORES	DIAS DA SEMANA	METAIS
Saturno	♄	Preta	Sábado	Chumbo
Júpiter	♃	Azul	Quinta-feira	Estanho
Marte	♂	Vermelha	Terça-feira	Ferro
Sol	☉	Amarela	Domingo	Ouro
Vênus	♀	Verde	Sexta-feira	Cobre
Mercúrio	☿	Várias	Quarta-feira	Mercúrio
Lua	☽	Branca	Segunda-feira	Prata

Planetas masculinos: Saturno, Júpiter, Marte, Sol

Planetas femininos: Vênus, Lua

Planeta neutro (masculino para homens, feminino para mulheres): Mercúrio

---

* Publicado pela Editora Pensamento, São Paulo, 1979.

Planetas benéficos: Júpiter, Vênus, Sol
Planetas maléficos: Saturno, Marte
Planetas neutros: Mercúrio, Lua

SEÇÕES DO CÉU QUE ALOJAM OS PLANETAS

	Casa principal ou diurna	Casa secundária ou noturna
Saturno	Capricórnio	Aquário
Júpiter	Sagitário	Peixes
Marte	Áries	Escorpião
Sol	Leão	—
Vênus	Touro	Libra
Mercúrio	Virgem	Gêmeos
Lua	Câncer	—

SIGNOS DO ZODÍACO

Ver as duas tabelas de Abel Haatan na p. 51 de sua obra.[175]

Signos de Fogo	Áries	Leão	Sagitário
Signos de Terra	Touro	Virgem	Capricórnio
Signos de Ar	Gêmeos	Libra	Aquário
Signos de Água	Câncer	Escorpião	Peixes

POSIÇÕES RELATIVAS DOS PLANETAS	
(Signos comuns)	
☌	Conjunção ou reunião de planetas.
⚺	Semissextil, ângulo de 30° entre os planetas.
⚹	Sextil, ângulo de 60° entre os planetas.
□	Quadratura, ângulo de 90° entre os planetas.
△	Trígono, ângulo de 120° entre os planetas.
⚻	Quincunce, ângulo de 150° entre os planetas.
☍	Oposição, ângulo de 180° entre os planetas.

Quando, devido a perseguições do poder arbitrário, os iniciados foram forçados a preservar os princípios de sua ciência, escreveram um livro misterioso das estrelas, resumo e chave para toda a ciência antiga, e entregaram-no aos profanos sem lhes confiar o segredo. Os alquimistas entenderam o significado misterioso do livro, e muitos de seus tratados, as doze chaves de Basil Valentine[176] entre eles, se basearam em sua interpretação. Guillaume Postel descobriu seu significado e chamou-o de *A Gênese de Enoque*;[177] a Rosa-Cruz também o possuía,[178] e os graus superiores não perderam o segredo, como se vê pelas obras do teósofo Saint-Martin,[179] escritas com base nessa informação. Encontraremos mais explicações sobre esse assunto nos últimos capítulos da obra *Dogma e Ritual da Alta Magia*, de Éliphas Lévi.

Eu quis lançar um breve olhar sobre as ciências para as quais as tabelas analógicas são indispensáveis e espero que o leitor não se aborreça muito comigo.

As histórias simbólicas representam o significado positivo das verdades anunciadas; as tabelas de correspondências são o significado comparativo e a análise dessas verdades. Mais adiante, estudaremos os signos que correspondem à síntese.

Para elaborar uma tabela analógica, primeiro determinamos o número (1, 2, 3, 4 etc.) a partir do qual ela se desenvolverá. Assim, a tabela mágica abaixo foi construída de acordo com o número 4. Acima de tudo, é importante que haja tantas colunas quantos princípios a estudar, ou seja, tantas colunas quanto o número de unidades que esse número representa. Tomemos como exemplo quatro fatos aleatórios e determinemos sua posição de acordo com o número 3.

Osíris	Ísis	Hórus
Pai	Mãe	Filho
Sol	Lua	Mercúrio
Luz	Trevas	Crepúsculo
Fogo	Água	Ar

Vemos claramente um padrão nessa tabela, mas não sabemos a origem dos fatos. É, pois, necessário acrescentar uma coluna às outras, onde escreveremos o que falta.

1ª COLUNA ADICIONAL	COLUNA POSITIVA	COLUNA NEGATIVA	COLUNA NEUTRA
Deus Segundo os Egípcios	Osíris	Ísis	Hórus
A Família	Pai	Mãe	Filho
As Três Estrelas	Sol	Lua	Mercúrio
Claridade	Luz	Trevas	Crepúsculo
Os Elementos	Fogo	Água	Ar

Mas esses fatos, por numerosos que sejam, estão dispostos segundo a hierarquia dos três mundos; precisamos, então, acrescentar outra coluna, que deve ser inscrita em qualquer tabela analógica. Eis a tabela definitiva:

1ª COLUNA ADICIONAL	+ COLUNA POSITIVA	− COLUNA NEGATIVA	∞ COLUNA NEUTRA	2ª COLUNA ADICIONAL
Deus Segundo os Egípcios	Osíris	Ísis	Hórus	Mundo Arquetípico
A Família	Pai	Mãe	Filho	Mundo Moral
As Três Estrelas	Sol	Lua	Mercúrio	
Claridade	Luz	Trevas	Crepúsculo	Mundo Material
Os Elementos	Fogo	Água	Ar	

Basta recorrer à tabela de Agrippa para entender o uso dessa coluna dos três mundos.

A leitura e a prática das tabelas analógicas se baseiam, em grande parte, na leitura das antigas tabelas numéricas, entre as quais a de Pitágoras. Essa leitura se faz de acordo com o seguinte triângulo retângulo:

1.	2.	3.	4.
2.	4.	6.	8.
3.	6.	9.	12.
4.	8.	12.	16.

Em seguida, procura-se o número resultante da multiplicação de 3 por 4. O resultado estará no ângulo reto de um triângulo retângulo cujos outros dois ângulos serão formados pelos elementos da multiplicação. Assim:

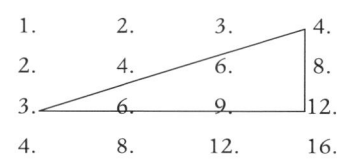

```
1.    2.    3.    4.
2.    4.    6.    8.
3.    6.    9.    12.
4.    8.    12.   16.
```

Vemos que o resultado de 12 está no ângulo reto de um triângulo retângulo.

Agora, basta aplicar esses fatos a uma tabela analógica para formar sentenças que soam muito estranhas aos ouvidos de quem não possui a chave:

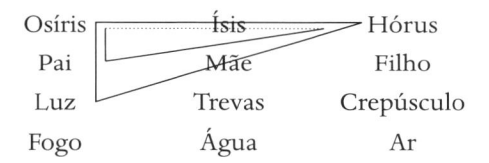

```
Osíris    Ísis      Hórus
Pai       Mãe       Filho
Luz       Trevas    Crepúsculo
Fogo      Água      Ar
```

Primeira sentença: *Osíris é o* PAI *de Hórus*.

Segunda sentença: *Osíris é a* LUZ *de Hórus*.

Terceira sentença: *Osíris é o* FOGO *de Hórus*.

Penso ser inútil insistir nas muitas combinações que resultam dessa maneira de escrever. Podemos deslocar o ângulo reto do triângulo, fazer com que vá para a palavra Hórus, por exemplo, e ler a seguinte frase:

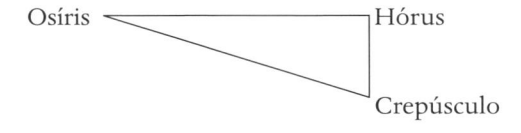

```
Osíris              Hórus
                    Crepúsculo
```

Hórus é o crepúsculo de Osíris, frase muito obscura para quem não tem a chave.

No início deste capítulo, mencionamos bom número de diferentes aplicações do método e não parece necessário repeti-las.

Esclarecemos, pois, os misteriosos procedimentos com que os antigos exprimiam suas ideias e citamos alguns fatos concernentes às duas maiores ciências do Santuário: a magia e a astrologia. Prossigamos nosso caminho e vejamos se seremos igualmente bem-sucedidos no estudo da maneira mais secreta com que as ciências ocultas foram cercadas: os pentáculos ou figuras simbólicas. Mas, antes, vamos resumir em uma única tabela do Três um pouco de nosso conhecimento contemporâneo. Esta tabela poderia ser bastante ampliada, mas achamos que os exemplos dados serão suficientes para edificar o leitor.

VÁRIAS ADAPTAÇÕES DO TERNÁRIO PARA O CONHECIMENTO CONTEMPORÂNEO

OS TRÊS MUNDOS	RELAÇÕES Redução à Unidade	POSITIVO--ATIVO +	NEGATIVO--PASSIVO −	NEUTRO--Participando de ambos ∞
Mundo divino	DEUS segundo os cristãos	Pai	Filho	Espírito Santo
	DEUS segundo os egípcios	Osíris	Ísis	Hórus
	DEUS segundo os hindus	Brahma	Shiva	Vishnu
Mundo intelectual	Silogismo	Maior	Menor	Conclusão
	Causalidade	Causa	Meios	Efeito
	Povo da Palavra	Quem fala	Para quem falamos	De quem falamos
	Multiplicação	Multiplicador	Multiplicando	Produto
	Divisão	Divisor	Numerador	Quociente
	Espaço	Comprimento	Largura	Profundidade
	Tempo	Presente	Passado	Futuro
	Música	Terceiro	Quinto	Mediante
	Divisão das Estrelas	Sol	Planeta	Satélite
Mundo físico ou menor	Homem	Cabeça (Vontade)	Ventre (Corpo)	Peito (Vida)
	Família	Pai	Mãe	Filho
	Reinos da Natureza	Reino Animal	Reino Mineral	Reino Vegetal
	Reino Vegetal	Dicotiledôneas	Acotiledôneas	Monocotiledôneas
	Cores Básicas	Vermelho	Azul	Amarelo
	Química	Ácido	Base	Sal
	Forças em geral	Movimento	Descanso	Equilíbrio
	Magnetismo	Atração	Repulsão	Equilíbrio
	Eletricidade	Positivo	Negativo	Neutro
	Calor	Quente	Frio	Tépido
	Luz	Luz	Trevas	Crepúsculo
	Matéria	Gás	Sólido	Líquido

CAPÍTULO SEIS

A Expressão Interativa de Ideias • Os Pentáculos • A Serpente e seu Significado • O Método para Explicar os Pentáculos • A Cruz • O Triângulo • O Selo de Salomão • O Esquema de Cagliostro • (הוהי) • A 21ª Chave de Hermes • As Três Línguas Primitivas • A Esfinge e seu Significado • As Pirâmides • O Pentagrama • O Triângulo Retângulo e o Livro Chinês *Tchen-Pey*

O iniciado pode se dirigir a qualquer pessoa exprimindo suas ideias por meio de histórias simbólicas correspondentes a FATOS no sentido positivo.

Muitos ainda compreendem senão o significado, pelo menos as palavras que compõem as tabelas analógicas correspondentes a LEIS no sentido comparativo.

A compreensão *total* da última linguagem usada pelo iniciado é reservada exclusivamente aos adeptos.

No entanto, com os elementos que agora possuímos, podemos arriscar uma explicação parcial desse método interativo, que é o último e mais refinado das ciências ocultas. Consiste, precisamente, em resumir em um único signo os fatos, as leis e os princípios correspondentes à ideia que se pretende transmitir.

Esse signo, verdadeiro reflexo dos signos naturais, chama-se *pentáculo*.

A compreensão e o uso dos pentáculos correspondem aos PRINCÍPIOS, no sentido superlativo, da hierarquia ternária.

É preciso que saibamos duas coisas a respeito desses signos misteriosos: como são construídos e, mais importante, sua explicação.

Já fornecemos a redução da Tábua de Esmeralda a signos geométricos. O que construímos foi um pentáculo autêntico; contudo, para maior clareza, vamos construir outro.

O segredo mais oculto, o santuário mais inacessível era, como sabemos, a demonstração da existência de um agente universal conhecido por muitos nomes, além da prática dos poderes adquiridos em seu estudo.

Como designar essa força por meio de um signo?

Comecemos pela análise de suas propriedades.

Acima de tudo, essa força única apresenta, como Criador (do qual é elemento constituinte), dois aspectos polarizáveis: é ativa e passiva, atrativa e repulsiva, positiva e negativa.

Temos diversas maneiras de representar o ativo; podemos designá-lo pelo número 1 e atribuir ao passivo o número 2, o que nos dará 12 para o ativo-passivo. Esse é o procedimento pitagórico.

Vamos designá-lo também por uma barra vertical, representando o passivo por uma barra horizontal; assim, teremos a cruz, outra imagem do ativo-passivo. Esse é o procedimento empregado pelos gnósticos e pela Rosa-Cruz.

Todavia, essas duas designações, que realmente significam o *ativo-passivo*, não fazem menção ao positivo e ao negativo nem ao atrativo e ao repulsivo.

Para alcançar nossa finalidade, buscaremos essa representação no domínio das formas, na própria natureza, onde o positivo é representado pelo pleno, e o negativo, por seu contrário, isto é, o vazio. Por causa dessa maneira de pensar o ativo é que surgiram todas as imagens fálicas do passado.

O pleno e o vazio são os elementos com os quais expressamos as primeiras características da força universal.

Mas essa força é também dotada de movimento perpétuo, termo pelo qual Louis Lucas chegou a designá-la. A ideia de movimento cíclico corresponde, em geometria qualitativa, ao círculo e ao número 10.

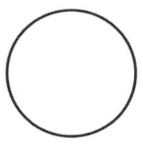

O pleno, o vazio e um círculo.

Esse é o ponto de partida para nosso pentáculo.

O pleno será representado pela cauda de uma serpente; o vazio, por sua cabeça; e o círculo, por seu corpo. Esse é o significado do antigo ουροβορος.[180]

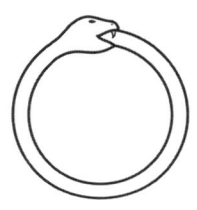

A serpente enrola-se em torno de si mesma, de modo que sua cabeça (vazio-atrativo-passivo) procura devorar continuamente a própria cauda (pleno-repulsivo-ativo), que foge dela em um movimento eterno.

Tal é o símbolo da força. Como exprimimos suas leis?

Estas, como sabemos, são harmônicas e, portanto, equilibradas. São simbolizadas no mundo pelo Oriente de luz positiva, equilibrado pelo Ocidente de luz negativa ou treva positiva; pelo sul de calor positivo, equilibrado pelo norte de calor negativo ou frio positivo. As duas forças, luz e calor, opondo-se no negativo e no positivo, constituem um quaternário, que é a imagem das leis do movimento indicadas por essas forças equilibradas. Seu símbolo será a cruz.

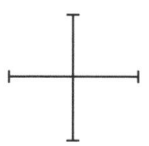

Acrescentaremos, pois, entre a boca e a cauda da serpente, ou em volta dela, a imagem da lei que governa o movimento: o quaternário.

Agora conhecemos a força universal e seu símbolo tanto quanto o símbolo de suas leis. Como exprimiremos seu funcionamento?

Sabemos que essa força emite constantemente correntes vitais que se materializam e depois se espiritualizam, saindo da unidade e voltando para ela o tempo todo. Uma dessas correntes, a que vem da Unidade e vai para a multiplicidade, é o passivo descendente; a outra, que vem da multiplicidade e vai para a Unidade, é o ativo ascendente.

Temos agora, pois, vários meios de simbolizar esse funcionamento da força universal.

Podemos designá-lo por dois triângulos, um preto descendente, o outro branco ascendente. Esse é o processo empregado no pentáculo martinista.

Também podemos simbolizá-lo com duas colunas, uma branca, outra preta[181] (processo usado na maçonaria com as colunas de JOAQUIM e BOAZ), ou pelas posições dos braços de uma figura, um erguido para representar a corrente ascendente, o outro abaixado para a terra para representar a corrente descendente.[182]

Se unirmos todos esses elementos, veremos surgir diante de nós a figura da 21ª chave do tarô, a imagem do absoluto.

A serpente representa a força universal, os quatro animais simbólicos representam a lei das quatro forças equilibradas da força universal, as duas colunas no centro da serpente representam a operação do Movimento, e a mulher jovem é a criação resultante da vida.[183]

O ουροβορος considerado em si, sem seu desenvolvimento, expressa um dos princípios mais gerais que existem. É a imagem:

No Mundo Divino:	Do efeito do Pai sobre o Filho.
No Mundo Intelectual:	Do efeito da liberdade sobre a necessidade.
No Mundo Físico:	Do efeito da força sobre a resistência.

Essa figura pode ter inúmeras aplicações. Em uma palavra, é um pentáculo, uma imagem do absoluto.

Explicação dos pentáculos – Essas figuras, que à primeira vista parecem tão misteriosas, são, na maioria dos casos, fáceis de explicar. Eis as regras mais gerais que podemos empregar para sua explicação.

I) *Analise a figura e seus elementos.*
II) *Examine a posição que esses elementos ocupam na figura no que se refere à relação deles entre si.*
III) *Descubra que tipo de conhecimento pode ser mais estreitamente associado ao pentáculo.*

I
Análise da figura e seus elementos

Todo pentáculo, por mais complexo que pareça, pode ser decomposto em certo número de elementos graças ao emprego da geometria qualitativa (ver Capítulo 4).

Vamos rever alguns desses elementos para facilitar nossa tarefa.

Mas, antes, quero sugerir o meio que sempre deve ser empregado quando a determinação dos elementos se torna difícil: contá-los. Assim, ficarão dispostos por três, sete ou doze.

Se forem dispostos por três, a referência será ao Ativo-Passivo-Neutro e suas consequências.

Se forem dispostos por sete, a referência será aos sete planetas ou às cores da obra hermética, e a terceira consideração (o tipo de conhecimento associado à figura) esclarecerá o quadro.

Por fim, se forem dispostos por doze, expressarão o movimento do zodíaco e o do Sol em particular.

Superada essa dificuldade, examinemos alguns dos principais elementos.

A *cruz* exprime a oposição de forças, duas a duas, para dar origem à quinta-essência. É a imagem do efeito do ativo sobre o passivo, do espírito sobre a matéria.

Naturalmente, a cabeça domina o corpo, o espírito domina a matéria; quando os feiticeiros querem exprimir suas ideias em um pentáculo, formulam suas maldições destruindo a harmonia da figura e pondo a cruz *de cabeça para baixo*. Por esse meio, comunicam as seguintes ideias:

A Matéria domina o Espírito;
O Mal é superior ao Bem;
As Trevas são preferíveis à Luz;
O homem deve ser guiado apenas por seus instintos inferiores e fazer tudo para destruir sua inteligência etc.

Sabemos que a cruz exprime essas ideias porque é formada por uma barra vertical (imagem do ativo) e uma barra horizontal (imagem do passivo), com todas as analogias associadas a esses termos.

O *quadrado* exprime a oposição das forças ativas e passivas a fim de produzir equilíbrio; por isso, é a imagem característica das formas.

O *triângulo* exprime diferentes ideias, dependendo da posição do vértice.

Em si, o triângulo é formado por duas linhas opostas, imagem do número 2 e do antagonismo, e essas linhas se perderiam no infinito se não fossem encontradas por uma terceira, que as liga e as devolve à Unidade, produzindo a primeira figura fechada.

O *triângulo com a ponta para cima* representa tudo que sobe.

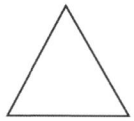

△

É, caracteristicamente, o símbolo do fogo, do calor.[184]

Temos nele o mistério hierárquico da luz e da matéria radical do fogo elementar, o princípio formal do Sol, da Lua, das estrelas, de toda vida natural.

Essa luz primitiva conduz todos os fenômenos de sua virtude para o alto porque foi purificada pela Unidade da luz incriada e sempre flutua rumo à Unidade da qual recebe seu calor.[185]

O *triângulo com a ponta para baixo* representa tudo que desce.

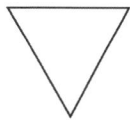

▽

É, caracteristicamente, o símbolo da água, do úmido.

É a água supraceleste ou matéria metafísica do mundo, originária do espírito prototípico; a mãe de todas as coisas, que produz o quaternário a partir do binário.

Todos esses movimentos são descendentes e, por isso, individualizam a matéria particular e os corpos de todas as coisas, dando-lhes existência.[186]

A *União dos dois triângulos* representa a combinação de calor e umidade, Sol e Lua, o princípio de toda criação, a circulação da VIDA do céu à Terra e da Terra ao céu, a "evolução" dos hindus.

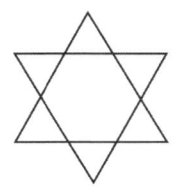

✡

Essa figura, conhecida como SELO de SALOMÃO, representa o Universo e seus dois ternários: DEUS e NATUREZA; é a imagem do macrocosmo.

Explica as palavras de Hermes na Tábua de Esmeralda: "Ele sobe da terra para o céu e volta para a terra, recebendo o poder das coisas superiores e inferiores".

Também representa as virtudes (η βασιλεια, και η δωξα, και η δυναμις)[187] deixadas para trás pelos ciclos geradores (εις τους αιωνας)[188] do verso oculto do *Pai-Nosso* de São João que os padres ortodoxos ainda recitam.[189]

> É durante o aperfeiçoamento do Universo, no sexto dia místico da obra,[190] que situamos o mundo com o alto e o baixo, o Oriente e o Ocidente, o sul e o norte.

> Assim, esse hieróglifo do mundo desvela as sete luzes dentro do mistério dos sete dias da criação, pois o centro do senário evoca o setenário sobre o qual a natureza se move e repousa e que Deus escolheu para santificar seu amorável Nome. Por isso digo que a LUZ do mundo emana do setenário, pois daí nos alçamos ao denário, que é o horizonte, e à eternidade, de onde provêm todo gozo e toda virtude das coisas.[191]

Após as indicações precedentes, o leitor estará capacitado a entender essas passagens, escritas na mais pura forma mística.

II
Posição dos Elementos

Determinar os elementos que compõem um pentáculo é importante, mas o pesquisador não deve parar por aí.

A posição que eles ocupam lança uma luz intensa nos pontos mais obscuros, e essa posição é relativamente fácil de ser determinada graças ao uso do método de oposição, que consiste em tomar um elemento de significado obscuro e atribuir-lhe significado contrário ao do elemento encontrado na posição oposta.

Como no exemplo seguinte:

P...

L∴   **D·.·**

Essas são as três letras que formam o esquema de Cagliostro.[192] Suponhamos que eu tenha conseguido descobrir o significado da primeira letra, *Liberdade*; minha suposição é confirmada por um triângulo com o vértice para cima, representado pelos três pontos situados logo depois dele, e agora procuro o significado da letra *D*.

Segundo o método de oposição, sei que essa letra, sendo oposta à primeira, terá significado contrário ao da primeira letra, Liberdade; esse significado deve, portanto, referir-se à ideia de *necessidade*. Entretanto, o triângulo apontando para baixo, ·.·, indica que essa necessidade é passiva em sua manifestação, e a ideia de Dever toma logo o lugar da letra *D*. A reação entre o *L* e o *D* resulta em *Poder*.

Esse exemplo simples nos permite entender o método de oposição, tão útil para explicar figuras misteriosas. O método é aplicado designando-se opostos com diferentes cores, como as duas colunas *J* e *B* dos maçons, uma vermelha e outra azul; ou empregando formas diferentes, como a boca e a cauda da serpente, que são imagens do ativo e do passivo, ou os símbolos da fertilidade dispostos nas colunas maçônicas; ou, ainda, atribuindo-lhes direções diferentes, como no caso do Selo de Salomão (dois triângulos com vértices opostos) e a cruz (linhas opostas).

Cores
Formas } em oposição
Direções

Essas são as três maneiras pelas quais antagonistas são designados em um pentáculo.

Também encontramos a aplicação desse método nos vários modos com que o quaternário, imagem do absoluto, é representado. (Ver o ciclo de números, Capítulo 2).

O quaternário é literalmente designado por quatro letras hebraicas: הוהי.

A primeira, י (*Yod*), representa o ativo.

A segunda, ה (*He*), é a imagem do passivo.

A terceira, ו (*Vau*), representa o vínculo que liga os dois.

Por fim, a quarta, ה (*He*), é a repetição da segunda letra e indica a perpetuidade das criações de Osíris-Ísis.

A fim de escrever essas letras à maneira dos iniciados, devemos posicioná-las em cruz:

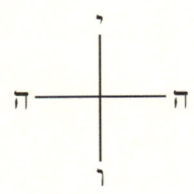

```
          ׳
    ה ─┼─ ה
          │
          ו
```

Nesse caso, a direção indica o significado dos elementos porque os elementos ativos (*Yod* e *Vau*) estão na mesma linha vertical. Os elementos passivos estão na mesma linha horizontal.

Também podemos designar o quaternário com outras formas.

A Vara	imagem do ativo, representando o *Yod* (׳)
A Taça	côncava, imagem do passivo, representando o primeiro *He* (ה)
A Espada	representa o *Vau* (ו)
O Disco	representa duas taças sobrepostas e, portanto, 2 vezes 2, indicando a repetição do *He* (ה)

Vara ou Bastão
Taça ou Coração ⎫
Espada ou Sabre ⎬ Esses são os elementos, imagens do absoluto, que ilustram cartas de jogo
Disco ou Diamante ⎭

Esses elementos têm duas cores opostas (*vermelha* ou *preta*) para mostrar que o quaternário é formado pela oposição duas a duas de duas forças primordiais, uma ativa, a vermelha, e outra passiva, a preta.[193]

Eis o resumo geométrico dessa maneira de considerar o quaternário:

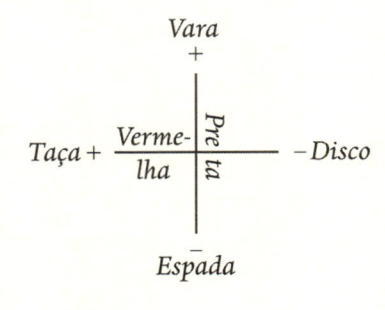

```
              Vara
               +
               │  Pre
       Verme-  │  ta
Taça + ─────── ┼ ──── −Disco
        lha    │
               │
              ‾
            Espada
```

Examine a 21ª chave do Livro de Hermes e encontrará tudo que foi apresentado anteriormente nos quatro animais simbólicos.

Em suma, o segundo método de explicação consiste em opor a parte superior da figura à parte inferior, a direita à esquerda, a fim de obter o esclarecimento necessário para a explicação.

É raro que o significado de uma figura, por mais misterioso que seja, não venha à tona pela combinação do primeiro método (separação dos elementos) com este.

Todas essas considerações relativas à explicação de figuras podem parecer um tanto fúteis a alguns leitores, mas eles devem ter em mente que as ciências antigas residem quase por completo nos pentáculos e, então, vão, sem dúvida, me perdoar pela monotonia dessas discussões.

Não vemos tais procedimentos aplicados no modo como os três idiomas primitivos – o chinês, o hebraico e o sânscrito –, são escritos?[194]

O chinês é escrito de cima para baixo, isto é, verticalmente, e da direita para a esquerda.

O hebraico é escrito horizontalmente, da direita para a esquerda.

O sânscrito é escrito horizontalmente, da esquerda para a direita.

Segundo Saint-Yves d'Alveydre,[195] a direção da escrita revela a origem dos ensinamentos de seus povos. Se aplicarmos essa ideia aos estilos de escrita previamente mencionados, descobriremos que:

Todos os povos que escrevem como os chineses, ou seja, do céu para a terra,[196] têm origem muito próxima das fontes mais primitivas (os chineses são o único povo que ainda possui escrita ideográfica).

Todos os povos que escrevem como os hebreus, do Oriente para o Ocidente, receberam seus conhecimentos de uma fonte oriental.

Por fim, todos os povos que escrevem como o sânscrito, do Ocidente para o Oriente, receberam seu conhecimento dos primitivos santuários metropolitanos do Ocidente, sobretudo dos druidas.

Dito isso, podemos considerar os chineses a raiz primitiva que, proveniente do céu, deu origem ao hebraico e ao sânscrito, dependendo de a considerarmos ativa ou passiva, Oriente ou Ocidente. Tudo isso pode ser resumido na figura a seguir:

SÂNSCRITO CHINÊS HEBRAICO

III
O conhecimento ao qual o pentáculo está ligado

Já é algo bastante significativo termos analisado a figura com seus elementos e descoberto o significado desses elementos graças ao método de oposição. Mas, evidentemente, o trabalho do pesquisador não deve se deter aqui.

Vamos supor que tenhamos conseguido ligar os sete planetas a sete elementos após uma análise difícil: devemos ficar satisfeitos?

O sentido geral do pentáculo é a única coisa que pode esclarecer esse assunto. Em se tratando de astrologia, o significado positivo atribuído aos planetas é o bastante; em se tratando de alquimia, só o sentido comparativo pode ser usado, e os planetas designam as cores do trabalho;[197] finalmente, em se tratando de magia, os planetas farão referência ao nome das inteligências que os governam.

Percebemos agora a importância de determinar o sentido de um pentáculo, o que só se pode obter pela combinação dos dois primeiros métodos: *Análise dos elementos-Oposição dos elementos*.

Por fim, convém dizer que a determinação do sentido dessas misteriosas figuras quase nunca é possível em figuras antigas e que elas indicam, analogicamente, os três significados correspondentes aos três mundos.

Apliquemos os fatos precedentes à explicação das figuras simbólicas mais simples que podemos encontrar no estudo das ciências ocultas.

Vou me abster quase sempre de aprofundar a análise dessas explicações, pois isso o leitor poderá fazer tão facilmente quanto eu empregando os métodos supramencionados.

A Esfinge

As religiões vão se sucedendo na Terra, as gerações passam, e as mais recentes acreditam, em seu orgulho, que podem desprezar as ciências da Antiguidade. Acima de todas as seitas, acima de todas as querelas, acima de todos os erros posta-se a Esfinge imóvel, que responde ao ignorante blasfemador da Ciência com uma pergunta perturbadora: "Quem sou eu?".

Templos podem ser destruídos, livros podem desaparecer sem que se perca o alto conhecimento dos antigos. A Esfinge permanece, e isso basta.

Símbolo de Unidade, ela resume as formas mais diversas entre si.

Símbolo da verdade, ela revela o motivo de todos os erros pelos próprios contrastes.

Símbolo do Absoluto, ela manifesta os mistérios do quaternário.

"Só minha religião é verdadeira", brada o cristão fanático.

"Ela é obra de um impostor, a minha vem de Deus", replica o judeu.

"Todos os seus livros sagrados são cópias de nossa revelação", irrita-se o hindu.

"Todas as religiões são falsas, nada existe fora da matéria. Os princípios de todos os cultos vêm da contemplação das estrelas. A ciência é a única verdade", clama o erudito moderno.

E a Esfinge, resumo da Unidade de todos os cultos e de todas as ciências, permanece imóvel diante de todas essas disputas.

Mostra ao cristão o anjo, a águia, o leão e o touro que acompanham os evangelistas; o judeu reconhece o sonho de Ezequiel; o hindu vislumbra os segredos de Adda-Nari;[198] e o erudito vai passando, desdenhoso, quando descobre que por baixo de todos esses símbolos estão as quatro forças elementares: magnetismo, eletricidade, calor e luz.

Confuso quanto ao rumo a tomar na vida, o futuro iniciado questiona a Esfinge, e ela responde:

"Olhe para mim. Tenho cabeça humana, a sede da Ciência, conforme indicado pelos ornamentos iniciáticos que a decoram.

A Ciência guia meus passos na vida, mas isso, por si só, é uma fraca ajuda. Tenho garras de Leão se projetando de meus quatro membros; estou armada para a ação e abro espaço à direita e à esquerda, na frente e atrás. Nada resiste à audácia insuflada pela Ciência.

Mas essas patas só são sólidas porque estão ligadas aos meus flancos de Touro. Quando inicio uma ação, persigo-a laboriosamente, com a paciência de um touro que abre um sulco no chão.

Em momentos de fraqueza, quando o desânimo está prestes a me dominar, quando minha cabeça já não se sente forte o bastante para dirigir meu ser, bato minhas asas de águia. Alço-me à esfera da intuição, leio os segredos da Vida universal no Coração do Mundo e depois volto, para continuar meu trabalho em silêncio.

>Minha *cabeça* recomenda que *conheças*.
>Minhas *garras* recomendam que *ouses*.
>Meus *flancos* recomendam que *queiras*.
>Minhas *asas* recomendam que *permaneças em silêncio*.

Segue meu conselho, e a vida te parecerá justa e bela.

A fronte humana da Esfinge fala de inteligência.
Seus seios falam de amor; suas garras; de combate.
Suas asas são fé, sonho e esperança.
Seus flancos de touro são a obra cá embaixo.

Se souberes trabalhar, acreditar, amar, defender-te,
Não serás atormentado por necessidades mesquinhas;
Se teu coração souber como desejar e teu espírito compreender,
Eu te saúdo, rei de Tebas, e eis aqui tua coroa!".[199]

    CABEÇA
        ASAS
            FLANCOS
   PATAS   PATAS

Nesse símbolo da Esfinge, notamos duas grandes oposições:
Na frente: A *cabeça* (*Ciência*) oposta às *patas* (*audácia*).
Atrás: Os *flancos* (*trabalho*) opostos também às *patas* (*audácia*).
Entre ambos: A *intuição* (*asas*) que os regula.

A audácia, nas ações, será eficaz
   (patas   dianteiras)
se a Ciência as dominar o suficiente para dirigi-las.
   (CABEÇA)
A audácia nos estudos será coroada de sucesso
   (patas   traseiras)
se aceitar o controle do trabalho e da perseverança.
   (flancos do touro)

Finalmente, o excesso nas ações ou nos estudos deve ser compensado pelo uso da imaginação (asas da águia).

Outra oposição é a do Acima e do Abaixo equilibrada pelo Meio.

EM CIMA	–	CABEÇA	ASAS
MEIO	–		FLANCOS DO TOURO
EMBAIXO	–	PATAS DIANTEIRAS	PATAS TRASEIRAS
		+	–

Em cima ficam a Ciência e a imaginação; embaixo ficam a prática, a prática da Ciência (patas dianteiras) e a prática da imaginação (patas traseiras).

A teoria deve sempre dominar e promover a prática. Aquele que deseja descobrir as verdades da natureza apenas por meio da experiência material lembra o homem que deseja mover seus membros sem a ajuda da cabeça.

$$\left.\begin{array}{l}\text{Nenhuma teoria sem prática}\\ \text{Nenhuma prática sem teoria}\\ \text{Nenhuma teoria}\\ \text{Nenhuma prática}\end{array}\right\} \text{Sem trabalho}$$

É o que a Esfinge nos diz.

Sintetizemos tudo isso em uma figura de acordo com as indicações que acabamos de descobrir.

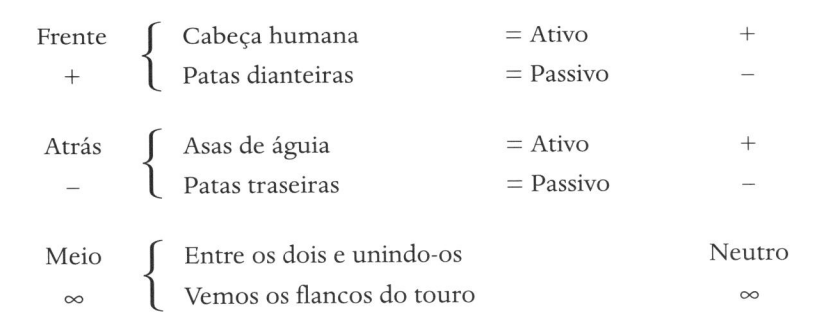

Frente	{ Cabeça humana	= Ativo	+
+	{ Patas dianteiras	= Passivo	−
Atrás	{ Asas de águia	= Ativo	+
−	{ Patas traseiras	= Passivo	−
Meio	{ Entre os dois e unindo-os	Neutro	
∞	{ Vemos os flancos do touro	∞	

Designamos a frente da Esfinge como ativa por uma barra vertical.

A parte de trás, passiva, é designada por uma barra horizontal. Obtemos, então, a seguinte figura:

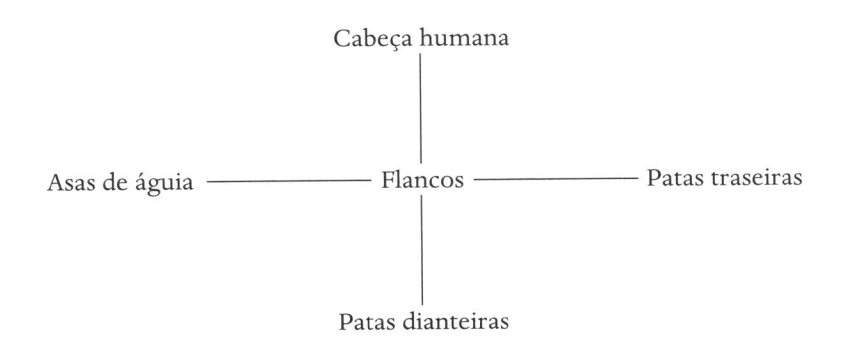

```
                    Cabeça humana
                         |
                         |
Asas de águia ────── Flancos ────── Patas traseiras
                         |
                         |
                   Patas dianteiras
```

Ou, resumindo:

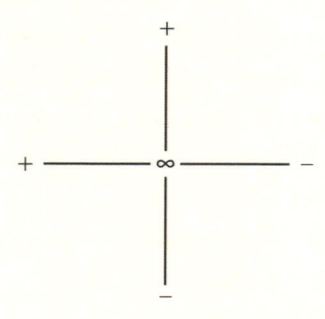

```
        +
        |
        |
+ ——————∞—————— −
        |
        |
        −
```

Esta última figura indica as leis das forças elementares que emanam da força universal:

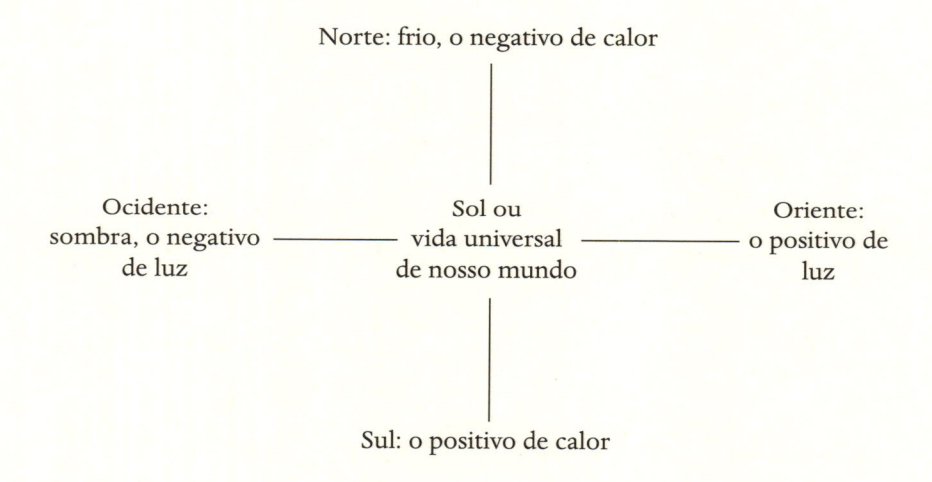

```
              Norte: frio, o negativo de calor
                          |
                          |
Ocidente:              Sol ou              Oriente:
sombra, o negativo ——— vida universal ——— o positivo de
   de luz              de nosso mundo        luz
                          |
                          |
              Sul: o positivo de calor
```

Outro significado da Esfinge.

As Pirâmides

A Esfinge não é o único monumento simbólico que o Egito nos legou. Traços dos antigos centros de iniciação sobrevivem nas Pirâmides.

Diante do Cairo, a planície de Gizé, que se projeta da cadeia de montanhas da Líbia, ostenta três monumentos que desafiam os efeitos tanto do tempo quanto do homem: são as Pirâmides.

Essas três massas de base quadrada, um pouco diferentes no tamanho, formam, pela posição relativa, um triângulo do qual um dos lados se volta para o norte, outro para o oeste e o terceiro para o leste. A maior de todas, situada no ângulo norte e de frente para o Delta, simboliza a força da natureza; a segunda, erguida no sudoeste, a um tiro de flecha da primeira, é o símbolo do movimento; e a terceira, construída no sudeste, a um arremesso de pedra da segunda, simboliza o tempo. Ao sul desta última, a uma distância menor e em uma linha que corre de Oriente para Ocidente, assomam três outras consideravelmente menores; a seu lado, vemos montes de incontáveis pedras gigantes que talvez sejam as ruínas de uma sétima pirâmide. Com efeito, pode-se supor que os egípcios quiseram representar, com sete picos ou cones em forma de labaredas, os sete mundos planetários cujos espíritos governam nosso universo e foram revelados por Hermes.[200]

As pirâmides são construídas sobre uma base quadrada, significando, portanto, matéria, forma, signo e adaptação.

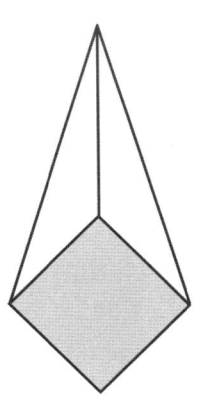

A elevação dos lados é ternária e simboliza a esfera da ideia e da teoria. O que quer dizer essa supremacia do ternário sobre o quaternário?

O ternário domina o quaternário, ou seja:

Ideia — Signo
Espírito — Matéria
Teoria — Prática

O corpo da Pirâmide é formado por 4 e 3, isto é, 7, símbolo da aliança entre a ideia e o signo, entre o espírito e a matéria, entre a teoria e a prática. É realização.

O vértice da pirâmide é um ponto matemático, do qual se originam quatro ideias (quatro triângulos). As quatro ideias, por sua vez, se baseiam em uma única forma (o quadrado) e, assim, exibem sua solidariedade.

No estudo dessas pirâmides, encontramos o misterioso tetragrama.

O Pentagrama

O Pentagrama, ou estrela de cinco pontas, a flamejante estrela dos maçons, é outro pentáculo e um dos mais completos que se pode imaginar.

Seus significados são muitos, mas todos revertem à ideia primordial da aliança do quaternário com a Unidade.

Acima de tudo, essa figura simboliza o homem, e é com base nessa interpretação que a estudaremos.

O ponto superior representa a cabeça. Os outros quatro pontos representam os membros do homem. Também podemos considerar o pentáculo como símbolo dos cinco sentidos, mas esse significado excessivamente positivista não deve nos deter.

Mesmo sem querer explicar todos os segredos dessa figura, cabe mostrar quão facilmente ela pode ser interpretada, o que orientará o leitor a colocá-la em prática. Na verdade, os magos recorrem a ela para agir sobre os espíritos, com a cabeça do Pentagrama apontando para cima, e os feiticeiros usam o Pentagrama com a cabeça voltada para baixo.

O Pentagrama com a cabeça apontada para cima indica o homem cuja vontade (a cabeça) controla as paixões (os membros).

O pensamento é simbolizado pelo 3, e a matéria (díade), pelo 2; podemos, analisando assim o Pentagrama, demonstrar o predomínio do espírito sobre a matéria.

O Pentagrama com a cabeça voltada para baixo representa o mesmo que a cruz invertida. É o homem cujas paixões conduzem à vontade; é o homem passivo, que permite a sujeição de sua vontade aos maus espíritos; é o médium.

Nessa situação, o Pentagrama indica a materialização do espírito, o homem que põe a cabeça para baixo e fica de pernas para o ar.

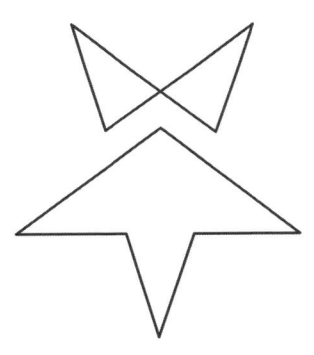

O Pentagrama pode, pois, simbolizar o bem ou o mal, dependendo da direção, por isso é o símbolo do homem, do microcosmo capaz de praticar o bem ou o mal de acordo com sua vontade.

O Triângulo Retângulo

Há outro pentáculo conhecido na China desde a alta Antiguidade: é o triângulo retângulo, cujos lados têm comprimento peculiar.

São 3, 4 e 5, respectivamente, de modo que o quadrado da hipotenusa, $5 \times 5 = 25$, é igual à soma do quadrado dos outros dois lados, $3 \times 3 = 9$ e $4 \times 4 = 16$; $16 + 9 = 25$.

Mas o significado atribuído a esse pentáculo não se esgota aqui; os números, de fato, possuem conteúdo misterioso, que pode ser interpretado assim:

3, a ideia, aliado a 4, forma, equilibra 5, o Pentagrama ou homem; ou, em outra interpretação:

A essência absoluta, 3, mais o homem, 4, equilibra o mal, 5. Vemos que essa última interpretação difere da primeira apenas pela aplicação dos mesmos princípios a um mundo inferior, como se observa na seguinte disposição.

Ideia-Essência
Forma-Homem
Homem-Mal

O estudo do Pentagrama basta para explicar essas aparentes contradições.

Transcrevemos aqui, como curiosidade, o livro chinês *Tchen-Pey*, baseado na informação acima. Trata-se de um excerto das *Lettres Édifiantes*.[201] O missionário que o traduziu declara que ele provém de um texto anterior à grande queima de livros de 213 a.C. Louis-Claude de Saint-Martin publicou um comentário místico sobre o texto em seu *Traité des Nombres* [Tratado dos Números].[202]

Como podemos notar, essa obra se baseia nas 22 chaves do livro de Hermes.

OS 22 TEXTOS DO LIVRO CHINÊS *TCHEN-PEY*

1

Nos tempos idos, Tcheou-Kong disse a Chang-kao: Ouvi que és versado nos números e que Pao-hi te ensinou as regras para medir o céu.

2

Não podemos subir ao céu, não podemos medir a terra com pés e dedos; peço-te que me transmitas os princípios subjacentes aos números.

3

Chang-kao disse:

4

O Yu-en (redondo) origina-se do Fang (quadrado), 4 = 10.

5

O Fang origina-se do Ku.

6

O Ku origina-se da multiplicação de 9 por 9, que dá 81.

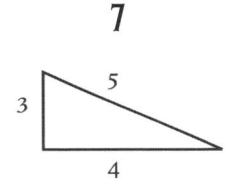

7

Se dividirmos o Ku em dois, teremos um Keou com três de largura e um Kou com quatro de comprimento. Uma linha King une os dois lados Keou, Kou forma os ângulos, e o King é cinco.

8

Temos metade do Fang.

9

O Fang, ou plano, dá os números 3, 4 e 5.

10

Os dois Ku formam um Fang com 25 de comprimento, total Tsi-ku do Ku ($5 \times 5 = 25$).

11

Foi graças ao conhecimento dos princípios subjacentes a esses cálculos que Yu pôs o Império em boa ordem.

12

Tcheou-King disse: Agora, temos algo grande. Gostaria de saber como usar o Ku.

Chang-kao respondeu: O Ku achata-se e se une para nivelar o nível.

13

O Yen-ku é para ver a altitude.

14

O Fou-ku é para medir a profundidade.

15

O Go-ku é para conhecer a distância.

16

O Ouan-ku é para o redondo.

17

O Ho-ku é para o Fang.

18

O Fang é o recurso da Terra. O Yu-en é o recurso do céu; o céu é Yu-en; a terra é Fang.

19

O cálculo do Fang fica a teu encargo. Do Fang vem o Yu-en.

20

A figura Ly serve para representar, descrever e observar o céu. Desenhamos a terra com tinta marrom ou preta. Desenhamos o céu com tintas amarela e carmesim misturadas.

Na figura Ly estão os números e o cálculo do céu. Este é como uma membrana, e usamos a figura ou instrumento para reconhecer a verdadeira situação do céu e da terra.

21

Aquele que conhece a terra é chamado de sábio ou capaz. Aquele que conhece o céu é chamado de muito sábio e sem paixões. O conhecimento do Keou-Ku proporciona sabedoria, e, com ela, conhecemos a terra; graças a esse conhecimento, podemos conhecer o céu, o que nos torna muito sábios e sem paixões; somos Ching. Os lados do Keou e Ku têm seus números; o conhecimento desses números dá prova dos números de todas as coisas.

22

Tcheou-Kong disse: Não há nada melhor que isso.

PARTE TRÊS

INTRODUÇÃO À PARTE TRÊS

Os capítulos anteriores forneceram ao leitor a chave para abrir a misteriosa porta que separa o mundo visível do mundo invisível. Vimos de que maneira a Ciência permaneceu escondida e de que maneira ela esconde suas descobertas. Tentemos agora desvelar o objeto real de todas essas preliminares: o mundo invisível.

Ao abrir a porta, procuremos não ficar ofuscados pela luz que dela escapa e não hesitemos em dizer *o que deve ser dito*, pois os mestres quiseram que alguns mistérios fossem revelados no século XIX (tudo que vier à luz ficará, de qualquer modo, oculto aos olhos das mentes profanas e preconceituosas). O que o leitor viu nesse lado oculto do Universo?

Uma história oculta, que precedeu e criou a história aparente dos historiadores, como a seiva oculta sob a casca que precede e cria as folhas e flores aparentes da árvore.

Uma ciência oculta, que domina as ciências profanas assim como o Sol domina seu cortejo de planetas no ensinamento exotérico: a ciência da alma que surge para iluminar a ciência do corpo.

Uma arte oculta, que conecta e desconecta as almas. O ponto mais alto que o homem encarnado pode atingir. Mas, sobre isso, devemos falar com prudência.

Digamos, porém, tudo que pode ser dito relativamente ao invisível e seus mistérios.

Entre outros mistérios, a iniciação trata:

Da história da Terra e suas transformações, revelando as causas reais da evolução e da involução dos continentes, das raças e dos povos.

Da história da alma humana e suas transformações.

Da história do Universo e das forças naturais, divinas e humanas, em ação no Universo.

Cada ensinamento compreende três graus:

O grau positivo, ou estudo físico.

O grau superlativo, ou estudo metafísico.

O grau comparativo, ou estudo analógico, entre os dois primeiros.

Tomemos um exemplo:

O estudo dos céus compreende:

1) Seu estudo físico, similar ao que hoje chamamos de *astronomia*.
2) Seu estudo metafísico, similar ao que se tornou *astrologia no aspecto teórico mais apurado*: GENEALOGIA.
3) Seu estudo analógico ou estudo das *influências* pelas quais a astrologia liga a ciência do temperamento à história natural e à medicina.

É fácil encontrar, mesmo hoje, essas duas divisões em todas as ciências verdadeiramente gerais, pois foi só durante o Renascimento que todas as ciências humanas foram separadas em duas.

A parte física e material de cada ciência tornou-se um todo à parte e foi batizada com o nome pomposo de *ciência exata,* ou *positiva.*

As partes metafísica e analógica de cada ciência passaram a ser desdenhadas e rejeitadas, recebendo o nome de *ciências ocultas.*

Alguns historiadores tiveram mesmo a audácia de declarar que a parte metafísica constituiu o início e a infância de cada ciência. Hoje, porém, mais e mais fatos vão surgindo para denunciar os erros crassos desses pretensos historiadores.

Seguem-se alguns nomes dessas ciências mutiladas.

VISÍVEIS		INVISÍVEIS	
Parte corpórea ou material da Ciência		Parte viva ou animista	Parte espiritual ou metafísica
Parte positiva		Parte analógica	Parte causal
Física		Magia natural	Metafísica

VISÍVEIS		INVISÍVEIS	
Química		Alquimia	Filosofia hermética
Astronomia		Astrologia (estudo das influências)	Genealogia (estudo das causas espirituais)
Matemática	Números (aritmética)	Influência e relações vivas entre números – magia	(*Mitologia aplicada*)
	Formas (geometria)	Influência e relações vivas entre formas – matemática	Criação de números Criação de formas – Torá
	Signos (álgebra e figuras)	Influência e relações vivas entre signos – hieróglifos	Criação de signos – (Pitagorismo)
História natural	Zoologia	Natureza viva – Terapia sagrada	Princípio de natureza
	Botânica		
	Geologia		
Anatomia	*Fisiologia*	*Psicurgia*	*Teurgia*
	Psicologia		

Aqueles que observarem essa tabela com atenção perceberão que seria necessário muito espaço para tratar com mais amplitude de cada um dos elementos dela constantes. Não queremos fornecer aqui essa elaboração, mas apenas mostrar ao leitor até que ponto ele foi enganado quando lhe apresentaram a *parte visível* de cada ciência como totalidade, sonegando-lhe, sistemática e inteiramente, a *parte invisível*: a única viva, da qual lhe recomendaram desdenhar.

Isso levou ao desenvolvimento de todas essas ciências mortas que colocam o engenheiro recém-formado em constante posição de inferioridade perante as invenções dos operários ou das pessoas sem estudo guiadas unicamente pelas faculdades intuitivas. Todos os iniciados apontaram a causa desse erro, e Saint-Martin, o filósofo desconhecido, explica em O Crocodilo[203] como as chaves de ouro se perderam para os eruditos. Malfatti de Monteregio, na obra *Mathèse*,[204] ensina como reatar o vínculo rompido, e, na França, um simples fazendeiro chamado Louis Michel (de Figanières) aprimorou, em estado de inspiração, as mais elevadas ideias sobre a verdade viva e a ciência da vida universal.

Independentemente do que aí ficou dito, a ciência oculta é a síntese dessas ciências e é preciso não confundi-la com o que os dicionários chamam de *as ciências ocultas*, que compreendem as duas áreas superiores de cada ciência, mas não a síntese unitária da ciência oculta.

Acho que será útil acrescentar um resumo dos mais elevados ensinos tradicionais, pelo menos com referência aos aspectos mais importantes que convêm conhecer. Abordaremos apenas os temas a seguir, deixando o restante para estudo posterior mais aprofundado:

1) A Terra e sua história secreta.
2) A raça branca e a formação de suas tradições.
3) A evolução do espírito imortal do homem e seus diferentes planos de existência.
4) Os seres invisíveis com os quais o homem está em contato nos diferentes planos.

CAPÍTULO SETE

A Terra e sua História Secreta

Se examinarmos um globo terrestre que reproduza o estado atual dos continentes e mares e nos limitarmos à descrição *física* do que virmos, seremos como aquele analista que descreve o exterior de um livro, seu peso etc., sem conhecer o que está dentro dele.

Se, querendo ir mais longe, pedirmos a opinião de um geólogo, ele nos contará a história física e química dos *materiais* usados na confecção de nosso livro. Isso será um pouco mais interessante, mas não será mais completo.

Perguntemos ao iniciado qual é a chave para o que está escrito no livro colossal chamado globo terrestre. Ele responderá: IEVÉ.

IEVÉ significa o ciclo do número Quatro, escrito em linguagem física e astronômica, como Leste-Oeste-Sul-Norte.

A Terra é atualmente formada por um único continente, mas que está longe de ser completo: Europa. *Todas as outras terras são apenas o que restou de continentes perdidos ou em processo de transformação.*

No entanto, Europa significa o norte e a raça branca, ou seja, essa raça foi precedida por outras raças humanas e por outros continentes inteiros, *pois cada raça humana é bem diversa e produto da evolução de um continente* muito pessoal e diverso.

Assim, há a raça sulista, a raça negra, com lugar de origem na África.

Há a raça ocidental, a raça vermelha, com lugar de origem na América.

E há, enfim, a raça oriental, a raça amarela, com lugar de origem na Ásia. Tudo isso está de acordo com o ciclo L. S. O. N, mais bem traduzido como LO-SN (Leste-Oeste, Sul-Norte) do ponto de vista da História.

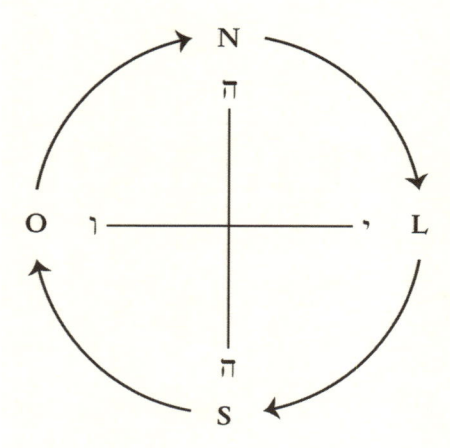

Com efeito, é necessário lembrar uma observação importantíssima:

Para cada desaparecimento ou evolução de um continente, o local desse continente, origem da raça humana que o caracteriza, sobrevive e permanece como testemunha no planeta.

Tal é a razão verdadeira e filosófica da existência dessas massas na Terra. Enquanto o geógrafo nos fala apenas sobre o corpo, e o geólogo, sobre a vida do corpo, o iniciado nos revela seu espírito.

A Terra, portanto, foi sucessivamente dominada por quatro grandes raças:

A raça amarela.

A raça vermelha.

A raça negra.

A raça branca.

Cada uma delas, *do ponto de vista pessoal*, passou por uma revolução intelectual coroada por uma ciência e uma tradição e confirmada por uma INVOLUÇÃO DA DIVINDADE em seu seio. Além disso, cada uma utilizou procedimentos particulares a fim de se elevar acima do estado instintivo rumo ao estado de iluminação divina. Tal é o motivo da aparente diferença entre tradições diversas, sob as quais sempre existe uma *unidade* que apenas o iniciado, graças à completude de seu conhecimento, pode compreender.

Falaremos adiante dessas tradições, mas, por ora, voltemos à história da terra.

Tudo na natureza vive. A terra é um ser vivo tal como um cão, uma árvore, um homem, um mineral ou o Sol.[205]

As leis da vida da Terra são vagamente percebidas pela ciência positiva sob o nome de magnetismo terrestre e eletromagnetismo, com seus efeitos e suas causas.

A inclinação da Terra na eclíptica e os deslocamentos periódicos do polo terrestre determinam o ano platônico (25 mil anos).

Se o equador e a eclíptica se unissem, o planeta ficaria em estado de perfeita harmonia física, do ponto de vista das estações e do clima, da qual a Terra é totalmente inconsciente.

Porém, essa harmonia não existe, e os polos oscilam de tempos em tempos. Por causa dessas oscilações é que os continentes são transformados e gravados na memória dos homens sob a forma de cataclismas geológicos e grandes inundações.

Cada polo pode, de acordo com a tradição secreta (mas em desacordo com a ciência contemporânea), ocupar *oito posições sucessivas* em relação ao equador. Essa é a *lei dos oito polos terrestres* que apenas nomearemos, sem ir além.

De onde vem a inclinação da eclíptica em relação ao equador? Todos os iniciados são unânimes a esse respeito: vem da LUA.

A Lua, que originalmente deveria ser parte integral da Terra, foi projetada no espaço, e essa projeção causou um terrível cataclisma conhecido como dilúvio universal, por causa da inclinação da eclíptica que ocorreu, e as águas do polo tragaram todos os continentes habitados.

Louis Michel forneceu a *chave* para esse mistério explicando que a Terra foi formada por quatro planetas desintegrados, que se tornaram os continentes terrestres, e que a Lua, destinada a também formar um continente, se recusou a ficar inserida entre os outros e foi condenada, pela própria vontade, a ser um simples satélite. Convém não esquecer que houve povos cujos nomes revelam que eles não conheciam a Lua.[206]

Ao leitor, basta um vislumbre desse mistério, cujo estudo não levaremos adiante.

Cada continente conduziu a própria raça à civilização, e, em todas as oportunidades, a raça evoluída redescobriu as grandes leis secretas da natureza.

Entre elas, as que tratam da vida terrestre e suas fases, dando origem à revelação dos *ciclos*.

Exteriormente, o ser humano manifesta suas funções vitais pelas pulsações do coração (60 a 70 por minuto) e pelas inspirações e expirações (20 por minuto). Os batimentos cardíacos também formam os dois períodos de contração (sístole) e dilatação (diástole) do coração. Além disso, o ser humano atravessa quatro fases – infância, juventude, maturidade e velhice – ao longo de períodos de vigília e sono, que geralmente correspondem ao dia e à noite. Esse é um breve resumo do que podemos chamar de ciclos da vida humana, começando com a pulsação e terminando com longo período de vinte anos que delimita cada uma das quatro fases da vida (infância, juventude etc.) do ser humano.

Os iniciados, sabedores de que o homem encarnado apenas *reflete em miniatura* as grandes leis do homem celeste, foram levados a procurar períodos cíclicos em analogia primeiro, com os do ser humano em cada raça; depois, em analogia com os da humanidade terrestre; e, finalmente, em analogia com os períodos cíclicos do próprio universo. Acolheram o conceito de ciclo em suas teorias da evolução da Terra, dos povos e de cada uma das raças.

Assim, a reação entre dia e noite, provocada pela situação respectiva da Terra e do Sol, reproduz a diástole e a sístole do planeta, delimitando cada manhã, dia, tarde e noite, e retrata as pulsações locais do corpo terrestre contadas em horas, minutos e segundos.

As posições respectivas da Terra e da Lua geram um período que está para a Terra assim como a inspiração e a expiração estão para o homem: *um mês* dividido em quatro semanas, duas inspirações (L.N. e L.C.) e duas expirações (L.C. e L.N.).[207]

O movimento da Terra em volta do Sol (segundo as teorias atuais) reproduz para a Terra, com o nome de *ano*, aquilo que é dia para o homem, e o ano compreende um período de atividade (primavera-verão) correspondente ao período da meia-noite ao meio-dia e um período de produção e repouso (outono-inverno) correspondente ao período do meio-dia à meia-noite.

A esses períodos convém acrescentar o período eletromagnético de 520 anos (redescoberto na época atual por Brück),[208] que é para a Terra o que o ano é para o homem, e o grande ano platônico de 25 mil anos, que é para a Terra o que corresponde a uma das quatro fases da vida para o ser humano.

Permitam-me agora uma breve digressão concernente a essa lei quaternária, de que já falamos no curso de nossa obra e da qual estamos aqui promovendo uma *adaptação*.

A lei geral apresenta-se consubstanciada em dois grandes períodos, um de subida e outro de descida, cada qual separado por um período característico que anuncia que o período atual está prestes a mudar de direção. Assim, para o dia do homem, temos a seguinte figura:

```
              MEIO-DIA
                ↑
      ╭─────────────────╮
      │                 │
6h/ascensão          declínio/18h
      │                 │
      ╰─────────────────╯
                ↓
             MEIA-NOITE
```

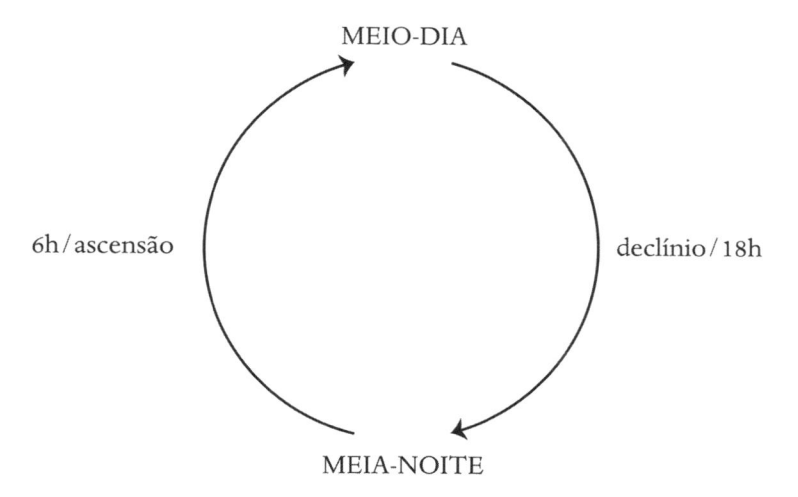

Essa figura se aplica a todos os períodos, mesmo o menor deles, como a circulação sanguínea.

Com efeito, a diástole e a sístole são separadas pelo repouso do coração.

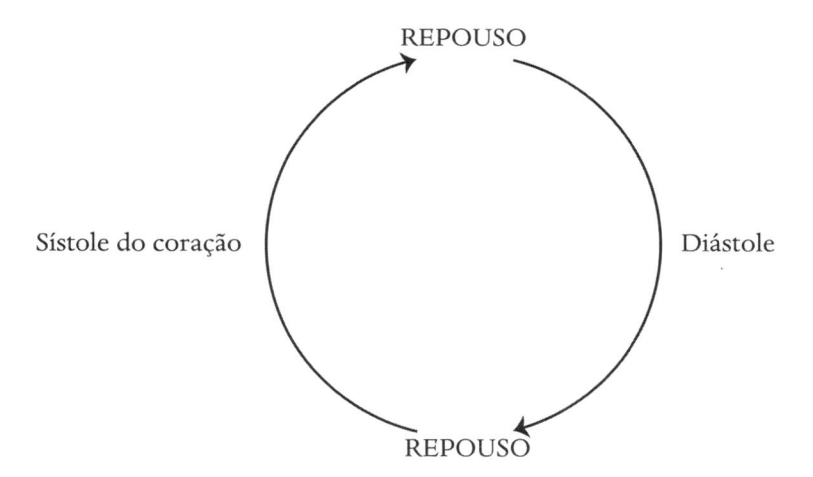

```
              REPOUSO
                ↑
      ╭─────────────────╮
      │                 │
Sístole do coração    Diástole
      │                 │
      ╰─────────────────╯
                ↓
              REPOUSO
```

A lei é verdadeiramente universal e aplica-se à evolução e à involução da força divina nos Universos da mesma forma como se aplica à circulação da força vital conduzida pelo sangue no organismo humano.

As antigas escolas iniciáticas estabeleceram também, para cada raça humana e para cada povo, períodos cíclicos durante os quais eles passaram pelas próprias fases de infância, juventude, maturidade e velhice.

Os brâmanes indianos, herdeiros da tradição negra e de parte da tradição amarela, possuem períodos maiores, de 432 mil anos, aplicáveis às raças humanas.

Mas não se deve esquecer que, em uma família, quando o avô está prestes a morrer, o neto ainda é uma criança. Se quisermos aplicar a esse neto as leis aplicáveis ao avô, cometeremos um erro grave.

No entanto, *os hemisférios terrestres têm suas leis reciprocamente complementares de evolução e involução*, de sorte que, quando a humanidade de um se encontra em estado de velhice experiente, a de outro está na infância, e vice-versa.

Hoje (1896), o Oriente, e sobretudo a Ásia, acha-se em período de sabedoria e velhice, enquanto a Europa, que é o centro, caminha para o fim da adolescência, e a América se ergue do túmulo em estado de infância, quase de juventude.

Os brâmanes indianos sabem muito bem que a Europa teve o próprio messias há cerca de vinte séculos, e a Ásia, há mais de oitenta e sete; contudo, alguns escritores ocidentais insistem em aplicar as leis cíclicas do Oriente ao nosso hemisfério e alegam que estamos em um período de *obscurantismo* e *involução* (Kali-Yuga).[209] Esse é um erro crasso que os ocultistas ocidentais não devem cometer, pois acarretaria grandes perigos para o intelecto de nossa raça.

Quando um continente da Terra entra em colapso, outro nasce no hemisfério oposto; e aplicar ao continente que surge as leis do continente que se vai é interpretar mal todas as leis da criação. Isso é verdadeiro tanto para uma raça quanto para um povo e para o homem. Evitemos cuidadosamente, pois, esse erro e não acreditemos que os ciclos bramânicos sejam aplicáveis à Europa ou à América, pelo menos não da maneira como o fazem alguns.

Hoje, os próprios brâmanes invocam uma Satya-Yuga[210] (a idade negra) e depreciam a idade atual, apesar dos próprios registros, segundo os quais a terceira idade é a mais brilhante e feliz de todas. Foi a era da maturidade; agora estão decrépitos, e seus olhos, como os de um ancião, muitas vezes se voltam para trás, para os tempos da infância.[211]

Munidos desses fatos, podemos agora, sem receio, abordar o tema da história das raças que dominaram a Terra.

Terão as raças amarela, vermelha, negra e branca completado sua evolução no mesmo planeta onde cada continente é apenas a cristalização de outro planeta? Terão os restos desses quatro planetas formado a Terra, conforme as altas revelações de Louis Michel de Figanières?[212] Terá a Lua sido um dos continentes destinados a formar a Terra, mas se separado voluntariamente dos outros, provocando a desarmonia terrestre e tornando-se não um satélite normal, mas um câncer para a Terra? Trata-se de questões muito profundas e muito sérias para serem abordadas em algumas poucas páginas. O leitor interessado no assunto deverá recorrer às obras de Louis Michel de Figanières, apesar da aparente dificuldade, e permitir que nós simplesmente consideremos o problema como resolvido e comecemos nossa história no ponto em que os continentes terrestres já estavam formados, seguindo, para isso, o método de Fabre d'Olivet, sem ir muito mais longe.

Assim, deixaremos de lado a história da raça amarela, raça oriental cujos vestígios podemos encontrar facilmente em Fuxi.[213]

Da raça ocidental, raça vermelha que empunhou o cetro da civilização na Terra antes da negra, lembramos as belas colônias na Grã-Bretanha, na Bretanha, na Espanha (e no País Basco), na Itália, onde os *etruscos* eram uma colônia vermelha, e finalmente no Egito, onde a raça vermelha fundou a colônia atlântica após a grande catástrofe e transmitiu às outras raças as altas verdades da iniciação. Só agora nós no Ocidente estamos começando a entender que o Egito era uma colônia de vermelhos, cujas mais belas realizações foram encontradas no Peru.[214]

O colapso de Atlântida fez com que o cetro do poder passasse para as mãos da raça negra, que logo conquistou toda a terra habitada. Nasceu, então, a raça branca, nas proximidades do Polo Norte.

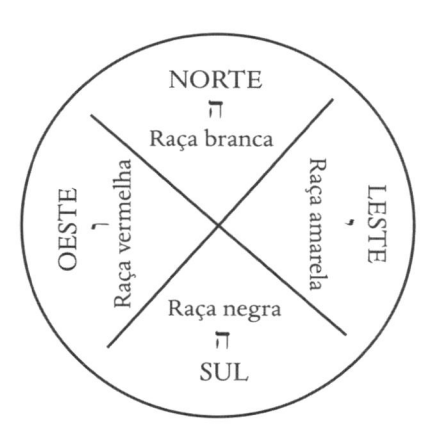

Vou me transportar para uma época bem distante da que conhecemos; e, fechando os olhos, olhos esses que um preconceito obstinado talvez tenha enfraquecido, fixarei, através da obscuridade dos séculos, o momento em que a raça branca, da qual somos parte, apareceu no

> palco do mundo. Nessa época, cuja data investigarei em outra oportunidade, a raça branca ainda era fraca, selvagem, sem lei, sem arte, sem cultura de qualquer tipo, privada de memória e, portanto, incapaz de compreender que nem sequer poderia alimentar esperanças. Vivia nas imediações do polo boreal, de onde se originou.
>
> A raça negra, bem mais antiga que a branca, dominava a terra nessa ocasião e empunhava o cetro da ciência e do poder: possuía toda a África e grande parte da Ásia, onde escravizara e imobilizara a raça amarela. Poucos remanescentes da raça vermelha definhavam na obscuridade das montanhas mais altas da América, suportando uma horrível catástrofe que acabara que desabar sobre eles: esses frágeis remanescentes eram desconhecidos; a raça vermelha, a que tinham pertencido, possuíra, outrora, todo o hemisfério ocidental do globo; a raça amarela era oriental, e a então soberana raça negra se estendia para o sul, para a linha do equador; e, como mencionamos, havia a raça branca, que nascera havia pouco perto do polo boreal.[215]

Aqui, devemos render justiça, com toda nossa admiração, ao iniciado que, antecipando as descobertas da história crítica contemporânea, conseguiu extrair a história da nossa raça do plano astral, onde estivera fixada. Todas as escolas iniciáticas do Ocidente deveriam homenageá-lo como um dos maiores mestres que a Providência nos enviou. Trata-se de Fabre d'Olivet, o autor de *L'Histoire Philosophique du Genre Humain* [A História Filosófica do Gênero Humano]. Diante do desempenho de uma mente tão magnífica, o estudioso se detém, dividido entre o temor e a admiração, e o iniciado paga tributo, na linguagem dos espíritos, àquele que considerou a prece e o êxtase as chaves que seus predecessores perderam e das quais desdenharam. Venerável mestre, quaisquer que sejam as calúnias que assaquem contra ti as instituições e os acadêmicos, fica certo de que encontrarás para sempre, no coração de todo estudioso autêntico da tradição ocidental, um abrigo seguro!

Fabre d'Olivet foi a luz cintilante da corrente pitagórica, e sua obra magnífica expôs apenas um lado da revelação: o enciclopédico. É a outro grande iniciado, um homem de coração imenso, Saint-Yves d'Alveydre, que devemos a revelação e a justificação de outra corrente: a da Igreja dos Patriarcas, dos Profetas e de Jesus, ou seja, o lado vivo, o polo do amor responsável pela revelação, que discutiremos no fim deste tratado.

Resumirei agora, da melhor maneira que puder, a história de nossa raça, tal qual nos foi transmitida por Fabre d'Olivet, cujas obras devem ser o *vade mecum* para todo ocultista verdadeiro, logo no início de seus estudos.

A raça branca, nascida perto do Polo Norte, era, a princípio, selvagem e nômade, ignorante da existência de outros seres humanos na terra. Protegidos pelo clima onde viviam, os brancos foram crescendo em número e força. Iniciaram, então, sua descida progressiva em direção ao sul, atravessando as densas florestas da Terra dos Cavalos (*Ross-Land,* a atual Rússia) e chegando ao Altiplano (*Poll-Land,* Polônia), de onde partiram para as Terras Altas (*Teuts-Land*, Europa Central), limitadas ao norte pela Fronteira das Almas, D'AHN-Mark, e a oeste pelas Terras Baixas (*Holl-Land* e *Ghôll-Land*, Gália). Foi na Gália que a raça branca encontrou a raça negra.

Os brancos, fracos e mal armados, acabaram se tornando escravos, e grandes quantidades deles foram enviadas às minas e coagidas a edificar fortalezas para os negros. Mas, durante seu sofrimento, os brancos aprenderam a usar as armas aperfeiçoadas pelos inimigos e, sob a proteção das florestas impenetráveis, aprimoraram a arte de lutar contra os negros.

No entanto, apesar disso, os brancos não teriam feito nenhum progresso rápido se dependessem unicamente de força física, se não contassem com a ajuda da Providência divina, que depunha grandes esperanças em sua raça.

Desde o começo, as mulheres foram escolhidas pelo Invisível para profetizar entre os representantes da raça branca, e estes deverão sua salvação à profecia de uma delas, quando em estado de êxtase, a *Völuspá*.[216] Quando estavam a ponto de lutar entre si, dois grandes chefes brancos foram advertidos pela *Völuspá* de que guerreiros negros, emboscados em grande número nas imediações, apenas aguardavam o *fim* das disputas entre os brancos para irromper e aniquilar os sobreviventes. Essa revelação sobrenatural alarmou os dois chefes, que se uniram e exterminaram os negros.

Depois disso, profundamente gratos à profetisa, fundaram colégios de sacerdotisas, e a autoridade das druidisas aumentou a olhos vistos. Todavia, elas logo perderam a conexão com o Invisível celestial e, para camuflar sua fraqueza, introduziram o sacrifício humano, implantando um reino de terror entre a raça branca. Foi assim que as mulheres, então todo-poderosas, provocaram uma terrível reação que iria, por muito tempo, lhes tirar toda a liberdade. Já alguns celtas, que haviam se expatriado para fugir ao despotismo das druidisas (por volta de 10 mil a.C.), cruzaram as regiões ocupadas pelos negros até uma região que mais tarde ser tornaria a Arábia. "Parte desses celtas ou bodones errantes é que constituiria, mais tarde, após inúmeras vicissitudes, o povo hebreu."[217] Essa é a razão da situação inferior das mulheres entre os judeus. E agora voltemos aos nossos celtas, que permaneceram na Europa sob a tirania das druidisas.

A raça branca quase foi aniquilada de novo por uma terrível peste: a *lepra*, contraída devido às relações com os negros, e progrediu rapidamente entre eles, apesar da multiplicação dos sacrifícios oferecidos pelas druidisas ao deus Thor e à deusa Freya. Então, a Providência recorreu a um homem de gênio para pôr fim a essa calamidade: o druida Ram.

A alma de Ram sofria ao ver tanto as devastações causadas nos corpos dos brancos pela lepra quanto a degradação de seu espírito provocada pelos abusos das druidisas. Imbuído desses pensamentos sombrios, o jovem druida adormeceu à sombra de um carvalho, e logo o plano astral se revelou àquele ser iluminado. Ram viu surgir à sua frente a alma coletiva da raça branca, o grande Hermann; e este lhe ensinou que o visco do carvalho,[218] preparado de determinada maneira, era um remédio para a lepra e o meio de devolver ao colégio dos druidas a autoridade que lhe fora arrebatada pelas druidisas.

Ram comunicou essa visão, cuja verdade foi mais tarde confirmada pelos fatos, ao chefe de seu colégio. Os druidas guardaram para si o segredo do preparo do visco, e um festival, transmitido ao longo das gerações, comemorava esse grande acontecimento. O festival consistia na coleta do visco, realizada anualmente por ocasião da renovação das forças da Terra (na época do Natal).

Fabre d'Olivet relata (com base nas próprias visões astrais) que as druidisas fizeram um esforço desesperado para reter a autoridade que lhes escapava.

Foi pedido a Ram que "levasse uma mensagem aos ancestrais", isto é, que fosse sacrificado no altar. Ram recusou-se e, para impedir uma guerra civil, exilou-se, com milhares de celtas que haviam ligado seu destino ao dele (por volta de 6700 a.C.). Ram dirigiu-se para o sudeste, ao longo das margens do mar Cáspio; deteve-se por vários anos ao pé dos montes Urais, onde fortaleceu seu exército com os brancos que já estavam na região havia muito tempo e, depois de organizar bem suas forças, iniciou a conquista da Índia, que na época era governada pelos negros.[219] Para isso, cruzou os Urais e montou seu primeiro acampamento entre o mar Cáspio e o mar de Aral.

Ali, Ram (ou um de seus oficiais) repeliu os negros para a ilha de Lanka (Ceilão), onde o negro Pha-Row[220] foi definitivamente derrotado e morto.[221] O poema hindu *Ramayana* conta parte da história dessas grandes façanhas. Foi por essa época que surgiu o Império de Ram, que muito influenciou todas as tradições da raça branca.

Eu mal poderia ousar dizer aqui quantos séculos os cronologistas contam.

Já mostrei que é possível, por meio de cálculos astronômicos, situar a época de Ram em 5 mil anos antes de nossa era, supondo-se que não houve equívocos no calendário rúnico; mas quem pode afirmar que não houve? Arriano, que sem dúvida tratou do tema recorrendo às tradições originais, relata que, de Teócrates a Sandrocotes, vencido por Alexandre, se contam 6.402 anos. Plínio concorda plenamente com Arriano, embora não pareça tê-lo copiado. Ora, todos sabem que a expedição de Alexandre às Índias ocorreu em 326 a.C., ou seja, podemos contar 8.550 anos de Ram até o presente ano de 1821.[222]

Deste ano a Cristo	1.896
De Cristo a Alexandre	326
De Alexandre a Ram	6.402
	8.624

Portanto, 6728 a.C.

Como senhor do mundo e chefe da civilização de toda sua raça, Ram organizou o império segundo formas teocráticas e religiosas. No Tibete, estabeleceu a sede do Soberano Pontífice e trocou seu nome de guerra, Ram (carneiro), pelo de um sacerdote chamado Lam (cordeiro) e fundou o culto lâmico, culto do *cordeiro místico,* traço distintivo da raça ariana.

É aqui que os historiadores profanos iniciam seus trabalhos. Registram que a raça branca ou ariana partiu da Índia a fim de levar a tradição branca a toda a Terra, mas ignoram que os brancos estiveram primeiro em algum ponto do Ocidente antes de rumar para a Índia.

O que sustentamos aqui talvez passe por pura ficção; mas estamos certos de que, em trinta anos, todos os livros sérios de história não terão outra base senão a fornecida pelo grande mestre Fabre d'Olivet.[223]

Poderíamos, sem mais, interromper aqui nossa digressão histórica e deixar o restante para os historiadores, mas preferimos resumir em algumas páginas os pontos mais importantes que o verdadeiro ocultista deve considerar.

Ram influenciou o mundo de tal maneira, graças à sua conduta verdadeiramente providencial, que todos os povos brancos e muitos outros inseriram o herói em seus registros, onde ele é reconhecido com facilidade com os seguintes nomes:

VÁRIOS NOMES DADOS A RAM

Hindus	Rama
Tibete	Lama
China	Fô
Japão	Pa
Norte da Ásia	Pa-pa / Pa-di-Shah ou Pa-si-pa
Persas	Giam-Shyd
Iranianos	Giam-Shyd
Arianos	Dionísio

Esses nomes bastam para constatar a unidade, em meio à diversidade, das histórias míticas concernentes a Ram.

A eles, acrescentemos o *zodíaco*, cujos signos são influenciados pela história de Ram, como sucederia mais tarde a Moisés com a história da Terra. Encontramos também aí a adaptação do aspecto mítico da astronomia.

Os signos do zodíaco, doze em número, são os mais notáveis na esfera celestial; os outros só têm utilidade em se tratando da tríplice expressão. Foi ao inventar esses signos que Ram exibiu ao máximo o poder de seu gênio. O que recebeu seu nome, o Carneiro (Áries), deve ser considerado o primeiro. Mas a que parte do ano ele corresponde? Se está no início, como parece certo, devemos colocá-lo no solstício de inverno, na noite da mãe chamada *Modra-Nicht*[224] pelos celtas. Entretanto, ao examinar o estado de nosso céu, descobrimos que essa noite cai em Sagitário, o que significa um recuo de aproximadamente quatro signos, ou vinte graus. Mas, calculando esses vinte graus, encontramos, em relação à idade do zodíaco, exatamente 8.640 anos, o que não está muito distante da cronologia de Arriano, já mencionada.

Prosseguindo com essa hipótese, temos que o signo de Libra caía no solstício de verão e dividia o ano em duas partes iguais. Dado que Ram foi confundido com o sol, também designado pelo símbolo do Carneiro, era muito fácil, como fez grande número de escritores, afirmar que o curso do sol e suas diversas influências caracterizavam os doze signos que ele atravessava; entretanto, refletindo sobre a história do famoso Teócrates, conforme a relatei, vemos que ela é relativamente bem expressa pelas figuras que acompanham os signos.

Primeiro, temos o Carneiro (Áries) fugindo com a cabeça voltada para trás e os olhos fixos no país que está deixando. É quando Ram deixou sua terra natal. Um Touro furioso parece querer bloquear seu caminho, mas, com metade do corpo atolado na lama, não consegue executar esse plano e cai de joelhos. São os celtas, designados por seu próprio símbolo, que apesar de todos os esforços acabam submetidos a Ram. Os Gêmeos, em seguida, exprimem razoavelmente bem a aliança de Ram com os selvagens turanianos. Câncer significa suas meditações e sua introspecção; Leão simboliza suas batalhas e a ilha de Lanka; a Virgem alada, segurando uma folha de palmeira, indica sua vitória. Por Libra, não exprimirá ele a igualdade que estabeleceu entre vencidos e vencedores? Escorpião talvez se refira a uma revolta ou traição, e Sagitário, à vingança que se seguiu. Capricórnio, Aquário e Peixes têm mais a ver com o aspecto moral da história, recordando acontecimentos de sua velhice; e, com os dois Peixes, ele pode ter desejado exprimir a maneira pela qual acreditava ter a alma ligada à do sucessor.

Como é perto de Balkh, que está a cerca de 37 graus de latitude,[225] que se inventaram os símbolos emblemáticos da esfera,[226] os astrônomos deveriam perceber que o círculo traçado no lado do polo austral pelas constelações de Navis, Cetus, Ara e Centauro, bem como o espaço deixado acima delas nas velhas esferas, delineiam precisamente o horizonte dessa latitude e, em consequência, indicam o lugar de sua invenção.[227]

A iniciação ortodoxa da raça branca sempre foi expressa pela cor *branca*, símbolo da força do macho.

O império de Ram durou aproximadamente trinta e cinco séculos. Depois disso, iniciou-se o longo deslocamento do polo da civilização, da Índia, para onde Ram a levou, até o polo céltico, onde primeiro ela se fixara.

Fabre d'Olivet não quis revelar o segredo desse cisma feminino, embora o soubesse.

Com efeito, a causa *visível* do deslocamento do império de Ram foi a separação daqueles que, baseados na música, decidiram colocar o passivo acima do ativo. Mas a causa *invisível* foi muito mais grave. Nós a tocamos apenas de passagem.

Esses rebeldes escolheram a cor *vermelha* para seu emblema como sinal de protesto; a cor *carmesim*, como sinal de poder, originou-se daí. Eram designados por vários nomes: pastores, yonis, yonijas, palifenícios. Deixando a Índia por volta de 3200 a.C., chegaram ao Egito em torno de 2700 a.C. (Invasão dos Pastores[228]), depois de conquistar a Arábia e quase toda a Ásia Menor, lançando os alicerces dos grandes impérios da Fenícia e da Assíria.

Qual era a situação do Egito nessa época?

O Egito, conforme veremos adiante, preservou quase intacta a antiga tradição atlântica da raça vermelha transmitida à raça negra. Além disso, o império Ram exercera profunda influência sobre o país, onde o governo, sob os Pha-Rows teocráticos, prosperara; até a época a que nos referimos o país já tivera catorze dinastias.

O Antigo Império terminou com a décima dinastia; durara de 5004 a 2064 a.C., isto é, até a época da dissolução do Grande Império de Ram.

Talvez mesmo a esse deslocamento é que possamos atribuir o nascimento do império diospolitano (décimo primeiro do Egito).

Qualquer que seja o caso, a horda de invasores asiáticos deve ter ameaçado o Egito por volta de 2600 a.C., durante a décima terceira dinastia. Com efeito, foi então que os sacerdotes, percebendo o perigo e antevendo suas consequências, *criaram os grandes mistérios, a fim de impedir que a pura tradição vermelha fosse corrompida.*

No entanto, foi só por volta de 2200 a.C. que os pastores invadiram o Egito, onde provocaram terrível carnificina e espantosas devastações. Mas, temendo represálias dos ortodoxos que haviam permanecido na Índia, os asiáticos fortificaram suas novas conquistas na Arábia, fato surpreendente para os historiadores profanos que não possuem a chave do mistério, por mais simples que ele seja. A esse respeito, cabe ouvir o que Marius Fontane[229] tem a dizer:

> A lenda fez dessa invasão um teatro de horrores. Por muito tempo, afirmou-se, sem hesitação, que o Egito foi sistematicamente pilhado, arruinado e destruído a ferro e fogo; que metade da população masculina, à mercê do furor dos "ignóbeis asiáticos", sucumbiu nesse massacre. "A outra metade" foi reduzida à escravidão...
>
> Que houve uma invasão, é certo e indiscutível; o reinado de Shalif, que inaugurou uma nova dinastia, a décima quinta, bem mais sólida, é a origem desses invasores, os quais, denunciados como "ignóbeis

asiáticos" por Mâneto, iriam logo, segundo o mesmo historiador, *defender o Egito dos asiáticos*.[230]

Devido à ignorância quanto ao fato de que esses asiáticos eram rebeldes temerosos de represálias por parte *de outros asiáticos* apegados à ortodoxia, esse acontecimento permaneceu obscuro para os historiadores.

Ouçamos agora Mâneto, que confirma nossa opinião.

Mâneto dá nome aos invasores: "Todo esse povo", diz ele, "era chamado de *hycsos*, ou seja, reis pastores, pois *hyk*, na língua sagrada, significa *rei*, e *sos*, no dialeto vulgar, quer dizer *pastor* ou *pastores*; daí a palavra composta *hyksos*".[231] Alguns, acrescenta Mâneto, acham que eles eram árabes.

Sabemos o motivo para que acreditassem que eram árabes, pois vieram da Arábia após conquistar esse país e *repelir para o deserto* os árabes verdadeiros, parte dos quais tomou o nome de "hebreus", isto é, "errantes". Isso é tão importante que vamos citar Fabre d'Olivet diretamente do texto: "Os indianos dissidentes, como se vê por todas as lendas sânscritas, jamais fizeram muito progresso na própria Índia, o que, no entanto, não os impediu de se tornarem extremamente poderosos em outros lugares".[232]

Seu primeiro povoamento significativo era localizado perto do Golfo Pérsico; daí, invadiram o Iêmen, onde venceram os celtas bodones, a despeito da vigorosa resistência que encontraram. Os celtas bodones, que por muito tempo haviam sido senhores da Arábia, resistiram quanto puderam, mas agora precisavam ceder ao destino, preferindo o exílio à submissão. Boa parte deles foi para a Etiópia e o restante se espalhou pelo deserto, dividindo-se em povos nômades que, por essa razão, passaram a ser chamados de *hebreus*.[233] No entanto, os fenícios, assumindo o domínio do mar que separava a Arábia do Egito, deram-lhes o próprio nome e conseguiram ocupar a costa mediterrânea, como diz Heródoto, da qual fizeram a sede de seu império.[234]

Por essa época, o império caldeu havia desmoronado. Um dos líderes fenícios, conhecido como Bâlli, conquistou Plaksha, na Ásia Menor, e ali construiu a famosa cidade de Babel, à qual deu seu nome, nas margens do Eufrates. Esse Bâlli, chamado *Belos* ou *Belus*[235] pelos gregos e latinos, foi o fundador do famoso império conhecido como *babilônico*, *sírio* ou *assírio*.

Os hebreus – inimigos implacáveis dos fenícios, porque descendiam dos celtas bodones expulsos pelos pastores da Arábia e obrigados a vaguear pelo deserto – deram a Bâlli o nome de Nimrod[236] para exprimir a violência e a tirania dos usurpadores. Mas foi em vão que tentaram estancar a corrente prestes a desabar sobre eles. Do Nilo ao Eufrates, todos se curvaram em poucos séculos ao jugo dos formidáveis pastores, os quais, mesmo sentados no trono, conservaram o nome que lhes fora dado como insulto.

O Alto Egito resistiu-lhes por muito tempo graças aos vigorosos guerrilheiros que representavam a faculdade masculina com os nomes de *Ishvara*, *Israel* ou *Osíris*; mas, no fim, prevaleceu por toda parte a faculdade oposta, e a deusa Ísis, entre os tebanos, e a deusa Milita, entre os babilônios, se sobrepuseram a Adon. Na Frígia, a deusa-mãe Mâ, chamada *Dindymen* ou *Cibele* pelos gregos, despojou Átis, o pai soberano, de sua virilidade; os sacerdotes de Átis só conseguiram se salvar oferecendo em sacrifício aquilo que sua ortodoxia transformara em símbolo de seu culto.[237]

Veremos agora todos os esforços feitos pelos iniciados a fim de reparar as consequências desse cisma feminino, cujos seguidores assumiram a cor vermelha.

Deixemos de lado a Índia, onde Krishna (Gopala; 2600 a.C.) e depois Foë[238] (Sakya; 1600 a.C.) conseguiram restaurar a unidade perdida, e viajemos para o Leste, para os países antes povoados pela raça amarela.

Ali, um iniciado de gênio reuniu os bandos dispersos e não apenas salvou a raça amarela da extinção como lhe deu o impulso necessário a uma nova e frutífera carreira. Esse homem, conhecido como Fuxi, estabeleceu seu centro de atividade na mesma época em que Krishna trabalhava na Índia e os Grandes Mistérios eram criados no Egito, ou seja, por volta de 2700 a 2600 a.C.[239], e também na época em que o primeiro Zoroastro aparecia na Pérsia.

Sobre esse assunto, Fabre d'Olivet diz: "Entre os povos que viviam acima do Ganges, outro teósofo, não menos audacioso (que Zoroastro), chamado Fo-Hi, esclareceu que o primeiro cisma dos Pallis se devera à incompreensão e poderia ter sido evitado caso eles percebessem que as duas faculdades sexuais estavam pobremente situadas nos dois princípios cosmogônicos Ishvara e Prakriti.[240]

A partir desse momento, qualquer bom historiador analítico pode retomar o assunto, e não trataremos mais dele. Retomaremos o relato, mas em forma mais geral e principalmente com respeito à *tradição esotérica*.

OS GRANDES MENSAGEIROS DIVINOS[241]

As antigas civilizações amarela, vermelha e negra legaram à raça branca o conhecimento de história, ciência e religião, que no todo constituem uma tradição transmitida de várias maneiras e por diferentes meios, dependendo dos povos encarregados dessa missão. Vimos nos primeiros capítulos deste livro os principais processos empregados para *velar* e *desvelar* o ensinamento esotérico; façamos agora a *adaptação* de nossas lições precedentes.

O homem nunca fica abandonado a si mesmo. Se o destino o obriga, às vezes, a submeter-se à humilhação e ao sofrimento, seu livre-arbítrio pode, ainda assim, colher conhecimentos preciosos da Providência.

A Providência só pode agir no homem por meio de homens, e são os *grandes iniciados*, oriundos das fraternidades que preservam a tradição ou de ascensão pessoal devida à prece e ao êxtase, que se encarregam de lembrar às pessoas suas origens divinas e o objetivo de sua existência na terra, em épocas de dúvida e perturbação. Em relação à alma humana e sua história, estudaremos mais adiante a origem *invisível* dos grandes iniciados, de que consideramos aqui apenas o lado efetivo e visível.

O que impede a maioria dos historiadores de reconhecer esse florescimento de iniciados é o hábito de considerar separadamente a história de cada povo, sem atentar para a história da Terra inteira em determinado período. Esse último método nos proporciona informações preciosas.

Começaremos, deixando de lado a época anterior, com a chegada de Ram à Ásia (por volta de 6700 a.C.).

O império de Ram durou trinta e cinco séculos, e, em 3200 a.C., irrompeu o grande cisma na Índia, que resultou na volta da civilização celta ao polo original.

A corrente jônica de pastores, *uma corrente essencialmente esotérica*, requer o florescimento de iniciados cuja missão é reconduzir à unidade a dualidade criada pelos jônios. Esse florescimento aconteceu cerca de 2700 a.C., dando origem a FUXI na *China*, a KRISHNA, KRISCHEN ou GOPAL nas *Índias*, ao primeiro ZOROASTRO no *Irã* e a SANCONÍATON[242] em *Tiro*, ao mesmo tempo que os Grandes Mistérios se estabeleciam no *Egito*.

Por que, então, nenhum historiador se deu conta desse esplêndido movimento providencial que uma simples tabela nos permite ver com clareza?

E teria sido este o único? Claro que não. Por volta de 1600 a.C., o ânimo da raça chega a um nível tão baixo e as castas se veem por toda parte às voltas com uma autoridade tão excessiva que o Espírito providencial se manifesta de novo, a fim de iluminar a Terra com seus raios.

FOË (SAKYA) na *Índia*, o segundo ZOROASTRO no *Irã*, MOISÉS no *Egito* e ORFEU na *Trácia* voltam para lembrar à raça suas origens celestes e restaurar entre os homens o verdadeiro reino de Deus, do qual se haviam desviado.[243]

O que as divinas adaptações, dadas na revelação que se origina do mesmo plano celeste, importam para nós? De que nos valem os diferentes meios usados por cada iniciado para traduzir a revelação única? Sabemos que a esfinge tinha quatro formas, em cada uma das quais podemos confiar para decifrar o enigma que adorna o santuário.

Foë era, principalmente, intelectual; Zoroastro, mago e naturalista; apenas Moisés levou de volta a raça à ortodoxia dos vermelhos e de Ram, graças ao jugo de ferro que impôs a seu povo. Orfeu, iniciado e companheiro de Moisés, criado no mesmo templo de Osíris que ele, encantou a Trácia ocultando a unidade da *ideia* esotérica sob a multiplicidade da *forma* com suas infinitas manifestações e revelando a hierarquia das forças do Princípio, da qual Sanconíaton só permitira um vislumbre. Isso resultou no assassinato de Orfeu pelos sobreviventes da iniciação celta das druidisas; mas sua ideia se tornou ainda mais bela e constituiu, daí por diante, o farol que guiou a Grécia nascente ao futuro glorioso.

Todavia, a era das grandes mudanças se aproxima a passos largos; apenas seis séculos nos separam do Cristianismo, e a Providência já prepara seu caminho.

Em 500 a.C., ocorre o mais extenso e magnífico florescimento divino. Os Grandes Mensageiros celestes se multiplicam, e a Terra inteira ouve as vozes do alto.

Na *China*, temos LAOZI e KONGZI;[244] no *Japão*, JIMMU; na *Índia*, o quarto BUDA (que não deve ser confundido com Sakya, o anterior); na *Pérsia*, o principal autor do Zend-Avesta; no *Egito*, o ÚLTIMO ZOROASTRO, com a Grande Universidade revelada sob o nome de Hermes; entre os judeus, ESDRAS,[245] que restabeleceu o Sepher graças ao caldeu Daniel; na *Grécia* e em todo o Ocidente, a voz poderosa de PITÁGORAS, que forneceu aos ocidentais a base de sua futura evolução; e na própria Roma futura, NUMA,[246] que associou a tradição vermelha etrusca aos mitos trazidos pelos próximos senhores do mundo. Haverá algum historiador tão cego a ponto de não ver nem entender?

Devemos falar dos anos que precederam o Cristianismo? Recordaremos às pessoas que as missões budistas, aportando na ESCOLA DE ALEXANDRIA, criaram raízes ali e chegaram até os ESSÊNIOS? Será conveniente nomear, entre estes, HILEL e JOÃO BATISTA, as duas grandes vozes que precederam o Verbo feito carne? Citaremos os divinos SÓCRATES e PLATÃO, gênios sobre-humanos, e o sábio ARISTÓTELES, todos empenhados em revelar o grande mistério por vir?

Mas então todos os oráculos se calam de súbito, a Grande Serpente corruptora parece envolver a humanidade em suas espirais sombrias, e, enquanto isso, os profetas e videntes tremem, enquanto a secreta luz da natureza se acende na chama divina. As misteriosas imagens anunciadas há muito tempo surgem no plano astral, e todo o mundo invisível vibra freneticamente porque a rainha das Constelações, que preside a união das almas celestes e dos mensageiros, a Virgem do céu, criou sua imagem terrestre, e o Verbo do Pai vai, aos poucos, tomando forma, cobrindo-se de carne para descer à Terra... Mistério dos mistérios; Ieou Sabaoth, o Bom, projeta sua luz celeste; os arcanjos e os tronos, as dominações e os anjos tomam consciência deste mundo, tão distante de sua essência, e se mostram à luz Virgem... Então os iniciados da Caldeia, os magos, se põem a caminho, e seus corpos luminosos seguem a trilha da centelha divina que cai sobre a Terra... A luz intelectual, como se fosse a principal luz física, se revela; aqui, entre nós, nasce o messias da raça branca... o CRISTO ESTÁ ENCARNADO.

Nenhuma comparação pode ser feita entre o Verbo e os salvadores das outras raças que, no mistério, se postam à sua direita. Porém, apenas os verdadeiros iniciados compreendem esse mistério, e aqui não é o lugar de discorrermos mais sobre o assunto.

Quando o Verbo desceu à Terra, os Grandes Mensageiros fizeram o mesmo; e, se Cristo, humanizando o divino (ao colocar o ש no meio do הוהי, formamos o nome cabalístico הושהי), aperfeiçoou o mapa intelectual da humanidade, dois grandes espíritos contribuíram para a totalidade da obra humana de APOLÔNIO DE TIANA, que aperfeiçoou o mapa instintivo, e de ODIN, que aperfeiçoou o mapa da alma da mesma humanidade terrestre.

Esse rápido olhar à história facilitará a compreensão do que agora temos a dizer sobre a tradição em si.

Entretanto, para aqueles que queiram ir mais longe, daremos um esboço geral, cujos detalhes serão desenvolvidos apenas em uma obra futura, *A História da Tradição Esotérica*.

Chave do ternário e do denário para o estudo da cabala*

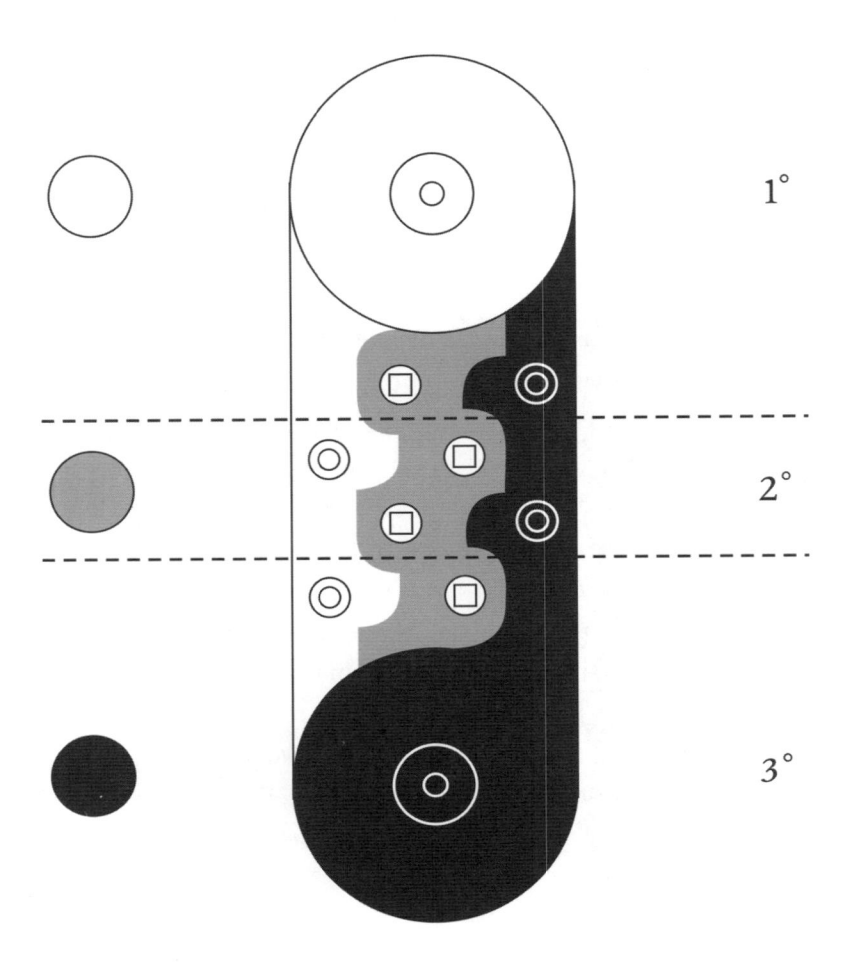

1°

2°

3°

---

* [N.T.] Esse diagrama aparece nas edições originais francesas do livro em forma tosca, desenhado à mão – como se Papus o houvesse esboçado em um guardanapo. O livro no qual ele prometeu explicar o diagrama, *A História da Tradição Esotérica*, nunca foi publicado. Essa reconstrução do diagrama se baseia nos escritos de Papus, principalmente em suas referências a fontes chinesas, pois a Chave é uma expressão do diagrama chinês yin-yang. Nesta expansão – que tem estreito paralelo com a literatura taoista chinesa –, os dois poderes primitivos de yang (o círculo branco no alto) e yin (o círculo preto embaixo) se manifestam, cada um, sob forma tríplice. Da interação de yin e yang, surge uma área intermediária (cinza, no diagrama), contendo quatro manifestações adicionais que refletem as energias de yin e yang. Os dez centros assim surgidos formam a Árvore da Vida cabalística. Um estudo cuidadoso do diagrama, à luz dos princípios discutidos neste livro, é necessário para resgatar os muitos significados aqui incluídos.

CAPÍTULO OITO

A Raça Branca e a Formação de sua Tradição

§ 1. Preliminares

A tradição que possuímos hoje vem de duas fontes muito diferentes.

1ª Sob o nome de filosofia hermética, cabala e outras designações do mesmo tipo, temos uma tradição vinda diretamente dos vermelhos e dos negros, adaptada para o Ocidente por Moisés, os iniciados egípcios, Pitágoras, a escola alexandrina, os gnósticos, os cabalistas judeus, os alquimistas e a Rosa-Cruz.

2ª Sob o nome de tradição oriental, taoismo, bramanismo, budismo e outras designações do mesmo tipo, podemos também estudar certos aspectos da tradição negra, associada à amarela e modificada pelos celtas estabelecidos na Índia. Essa associação, adaptada para as raças orientais por Ram, Krishna e os budas, por um lado, e Fuxi, Kongzi, Jimmu e os Zoroastros, por outro, ensina as mesmas verdades que a tradição do Ocidente, mas de modo cuja compreensão pela mente ocidental é um tanto difícil.

3ª Finalmente, essas duas grandes correntes ficaram, muitas vezes, em contato ao longo da história, como acontece de novo hoje. Desse contato derivaram várias correntes secundárias, entre as quais: Odin, iniciado por Zoroastro e fundador da tradição teutônica, popularizada atualmente por Wagner, certas seitas gnósticas, os Templários etc.

4ª Por último, vamos acrescentar às correntes tradicionais: a memória popular (folclore), as tradições druídicas, as fontes antigas, os precursores da raça branca que lhe transmitiram novas informações, o messias e seus pósteros, isto é, todo o Cristianismo, a gnose, o islã e o babismo,[247] para não mencionar revelações secundárias como as de Louis Michel e pessoas iguais a ele. Vemos como é preciso muito cuidado para reconhecer as correntes que formam a *verdadeira seiva* da árvore histórica da raça branca. Convém constatar o valor recíproco dessas diversas tradições relativamente à nossa mentalidade atual.

A tradição mais adequada à nossa psique, dos celtas e ocidentais, é a cabalística, regenerada pelo Cristianismo e, desde sua origem, assimilada e facilitada para nosso intelecto por centenas de enviados e iniciados. Essa tradição tornou-se acessível, e todos os seus ensinamentos podem ser ministrados em qualquer língua europeia graças aos esforços daqueles que a revelaram.

Esses ensinamentos formam a base de todas as iniciações ocidentais, mas não quer dizer que o estudo de outras tradições seja inútil, embora se deva empreendê-lo *só depois que conhecermos muito bem a tradição ocidental*.

Se quisermos seguir outro caminho, se insistirmos em ensinar apenas a tradição oriental em lugar da tradição da nossa raça, seremos como um orador falando chinês para uma assembleia de franceses. Seremos entendidos por dois ou três orientalistas, e os demais sairão da sala. Devo acrescentar que as tradições orientais, estranhas ao Cristianismo, não percebem a verdadeira grandeza de Cristo e sua contribuição; em consequência, conduzem muita gente por falsos caminhos.

Quanto a alegar que uma tradição é anterior à outra, isso é obra do ignorante e do sectário.

Ambas as tradições provêm da raça vermelha, da negra ou da amarela e resultam de uma mistura mais ou menos antiga. Não bastasse isso, uma tradição só tem valor quando regenerada após alguns séculos por um novo enviado celeste, e também aí a tradição ocidental leva vantagem.

O resumo que ofereceremos tratará principalmente dessa tradição.

Não devemos esquecer que o Egito foi o último país a permanecer sob o domínio dos atlantes. Assim, sempre conservou a memória desses povos e, mesmo depois de cair sob a influência dos pastores fenícios, manteve-se na posse de duas tradições importantes: a primeira veio da raça sulista, da qual seus habitantes haviam feito parte, e a segunda foi adquirida da raça boreal, a cujos cultos e leis se submeteu mais tarde. Pode mesmo, graças à primeira tradição, ter remontado a uma ainda mais antiga e preservado ideias da raça austral, que precedeu a sulista. A primeira raça, que talvez ostentasse o primitivo nome de Atlântida, sucumbiu totalmente no terrível dilúvio que cobriu a terra, devastando-a de um polo a outro e submergindo a imensa e magnífica ilha onde essa raça vivia, no meio do oceano. Ao mesmo tempo que a ilha e seu povo desapareciam, a raça austral controlava um império universal e dominava a raça sulista, que mal saíra do estado de barbárie e estava na infância em termos de organização social. O dilúvio que a aniquilou foi tão violento que só deixou vaga lembrança na mente dos sulistas sobreviventes. Estes se salvaram devido à posição equatorial e aos picos das montanhas que habitavam, pois só quem se achava nos pontos mais altos teve a sorte de escapar à inundação.

As tradições que ficaram quase exclusivamente na posse dos sacerdotes egípcios lhes deram notória superioridade sobre os outros.[248]

Antes de tudo, lembremo-nos da natureza e das características distintivas de cada tradição.

A tradição vermelha sempre se revelava por meio de números. A forma era sujeita aos números e à geometria, e até os desenhos de pessoas eram triangulares e geométricos (figuras triangulares dos primitivos etruscos, hieróglifos, pirâmides etc.).

A tradição amarela nutria-se de ideias que dominavam tudo, até a forma (escrita ideográfica, China, Egito).

A tradição negra, ao contrário, privilegiava a forma e a imaginação; ornamentos, adjetivos e descrições caracterizam todas as criações dessa raça.

Por fim, os brancos, esses retardatários, elaboraram sua tradição com peso, números e medidas, sobrepondo-os a todas as tradições anteriores.

A tradição do Ocidente foi criada por Moisés, que uniu todas as tradições puras da raça vermelha, tiradas dos Grandes Mistérios egípcios, e as mais secretas tradições da raça negra em uma magnífica síntese obtida de Jetro, no templo do deserto.

§ 2. MOISÉS – *A Cabala*

Moisés, criado na corte do faraó como iniciado egípcio nos mistérios sagrados, fugiu para a Etiópia devido a um assassinato que cometera. Foi ali que aprendeu a primitiva tradição dos atlantes relacionada à Unidade divina e redescobriu parte dos povos árabes que os pastores fenícios haviam expulsado do Iêmen, como já dissemos. Esses árabes, descendentes de uma mistura de atlantes e celtas bodones, tinham muitos motivos para odiar os pastores, que chamavam de filisteus. Espalhados pela Etiópia e pelo Egito, eram muito infelizes. Moisés encontrou nova vida entre eles. Estava sem rumo, e eles o acolheram. O infortúnio os unia. Sabemos bem como esse homem divino, que a Providência elegeu para grandes façanhas, se viu reduzido à função de apascentar o rebanho de Jetro, cuja filha, Séfora, ele acabou desposando.

Jetro era um dos sacerdotes dos árabes expatriados aos quais já me referi, chamados hebreus pelos motivos que expus antes. Jetro conhecia as tradições dos ancestrais e transmitiu-as a Moisés. Mantinha, talvez, alguns registros genealógicos referentes aos atlantes e os confiou ao genro. Os livros *As Gerações de Adão*, *Guerras de Ihoa* e *Profecias* são citados por Moisés. O jovem teocrata estudou todas essas coisas e refletiu maduramente sobre elas. Por fim, teve sua primeira inspiração no deserto. O Deus de seus pais, que se dava o nome de Ihoa, O Ser--Que-É, falou a Moisés no meio de uma sarça ardente.

Não insistirei no significado misterioso e no segredo do Sepher de Moisés, pois já discorri o suficiente sobre esse assunto em outra parte.[249] O que acrescentarei aqui em relação direta com o tema em apreço é que Moisés, após restaurar a lenda de Elohim, o Ser dos Seres, restaurou depois a lenda de Noé, o Repouso da Natureza; a de Abraão, o Pai Sublime; e a de Moisés, o Salvo, ao qual associa habilmente à sua própria, deixando que Josué, o Salvador, a quem escolheu teocraticamente como sucessor, completasse sua obra. Como resultado, as origens que parece ter atribuído a seu povo e a si próprio, pelo modo como liga essas lendas à sua história pessoal, são puramente alegóricas e evocam objetos cosmogônicos infinitamente mais importantes, de épocas imensuravelmente mais antigas.

Esse foi o método seguido pelos sábios antigos, o método de Moisés. O Sepher desse homem extraordinário chegou inteiro até nós graças ao tríplice véu que ele ergueu, outorgando-nos *a mais antiga tradição que existe na terra*. Ela não remonta apenas aos primitivos atlantes, mas à época anterior à catástrofe da qual eles foram vítimas, atravessando a imensidade dos séculos até o primeiro princípio das coisas, que descreve sob a forma do Mandamento Divino oriundo da sabedoria eterna.[250]

A CABALA

Moisés dividiu seu ensinamento em dois aspectos, ligados a um terceiro.

1º Um aspecto escrito: a letra, formada por caracteres ideográficos com três significados e constituindo o *corpo*.

2º Um aspecto oral: o *espírito*, constituindo a chave para a seção anterior.

3º Entre esses dois aspectos, há um código de normas relativas à cuidadosa conservação do texto, que forma a *vida* da tradição e tem seu fundamento na jurisprudência.

O corpo da tradição recebeu o nome de *Massorah*, o Texto Massorético.

A vida da tradição foi dividida na *Mishná* e na *Guemará, cuja união forma o Talmude*.

Por fim, o espírito da tradição, a parte mais secreta, constituiu o *Sepher Yetzirah* e o *Zohar*, com o *Tarô* e as *Clavículas de Salomão* como anexos.

Tudo isso forma a CABALA.

A cabala (ou tradição oral) é, portanto, a parte esclarecedora de um ser místico criado por Moisés no plano dos seres criados. É, pelo que sabemos, a única tradição dotada de caráter tão elevado e sintético. A isso se deve sua unidade e fácil aceitação pela mente ocidental.

A cabala é a ciência da alma e de Deus, com todas as suas correspondências. Ensina e prova que TUDO É UM e que UM ESTÁ EM TUDO, permitindo, graças à analogia, subir da imagem ao princípio ou descer novamente do princípio à forma. Para o cabalista, uma letra hebraica é um universo em miniatura, com todos os planos de correspondência, assim como o Universo é um alfabeto cabalístico com cadeias de relações vivas. Além disso, nada é mais fácil de entender e nada é mais difícil de estudar que a Santa Cabala, o verdadeiro cerne de todas as iniciações ocidentais.

Três planos de existência, chamados os três mundos, externam a Unidade criativa. Encontramos esses três mundos por toda parte, tanto em Deus quanto no Universo ou no homem, e cada um deles manifesta o plano tríplice de existência. Podemos vê-los, na totalidade, em um grão de trigo ou em um planeta, em um verme ou em um sol, em uma palavra humana falada ou em um signo gráfico.

Seria uma surpresa o fato de que, ao longo dos séculos, os cabalistas tenham sido considerados fantasistas pelos pedantes e obtusos, mas grandes eruditos pelos iniciados?

A posse das chaves cabalísticas abre as portas do futuro, do sucesso e dos céus para qualquer religião ou fraternidade de iniciados.

A perda dessas chaves condena à morte aqueles que deixaram sua luz preciosa se extinguir.

Na época de Ptolomeu, os judeus já não sabiam interpretar o Sepher de Moisés; logo iriam perder sua independência, e apenas os essênios, que ainda possuíam os segredos da cabala, perpetuaram seu espírito graças ao Cristianismo.

Hoje, o Apocalipse está fechado para os católicos romanos assim como está para os protestantes evangélicos; está fechado para os ortodoxos, assim como está para os armênios. As chaves se perderam.

Nas lojas maçônicas, a acácia[251] já não é conhecida, e o coração de Hiram não foi conservado no vaso místico: ateus e simplórios ambiciosos dizem INRI e removem IAVÉ do frontão de seus templos. Muitos mais se queixam do clero e o difamam porque esse clero conservou pelo menos a devoção que faz um santo, embora haja perdido a tradição que faz um iniciado.

Por isso, é necessário falar um pouco mais sobre a cabala, além dos poucos vislumbres que dela tivemos em um capítulo anterior.

Vamos pela ordem: alguns detalhes sobre os três mundos, isto é, os princípios que os constituem, e seu tríplice plano de manifestação.

As imagens ideais de suas leis, suas relações e seus princípios são simbolizados pelas letras ideográficas da língua hebraica, as dez numerações secretas, ou *sephiroth*, e as operações da aritmética sagrada.

Em primeiro lugar, a cabala estabelece uma lei geral da qual a criação inteira é apenas uma aplicação. Essa lei se revela na trindade derivada de uma unidade primordial quando estudamos sua origem; aspira a uma fusão com a Unidade quando estudamos seu objetivo; ou evolui para um ciclo quaternário quando estudamos a vida ou as fases de um império.

A trindade existe originalmente no primeiro princípio de toda criação e tem o seguinte desenho:

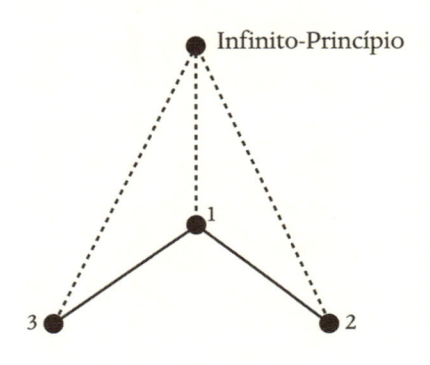

Cada um dos elementos constituintes dessa Trindade tem poderes de criação e geração como o Primeiro Princípio; mas em cada elemento ela se torna um derivativo, dotado de determinado aspecto, chamado afinidade ou sexo, e segue outros planos de ação.

Existem, com efeito, três planos de ação, e somente eles, nos quais ocorre a atividade de toda criatura. Esses três planos ou hierarquias recebem o nome de *três mundos* na cabala e são representados tanto nas maiores quanto nas menores criaturas.

Assim, uma letra hebraica é uma criatura intelectual que contém os três mundos sob o aspecto dos três significados hierárquicos; uma célula do sangue é uma criatura viva que manifesta os três mundos por meio de três centros (membrana, substância média, núcleo); o corpo físico de um homem é uma criação física que também manifesta os três mundos por sua constituição (cabeça, tronco, abdome).

Esses três mundos são feitos de:

1) Um mundo superior.
2) Um mundo médio.
3) Um mundo inferior.

Eles recebem nomes bem diferentes conforme a criatura nos quais os consideramos. Isso gera muita confusão e erros para os estudantes, erros contra os quais os cabalistas tentaram advertir da melhor maneira que puderam.

Desse modo, em uma célula do sangue, os três mundos são representados pela alma da célula, que atua no núcleo; pela vida da célula, que atua na substância média; e pelo corpo da célula, limitado pela membrana.

No homem, o mundo superior é o espírito, ou ser imortal, que usa o sistema nervoso consciente; a vida, ou princípio animador, usa o sistema nervoso simpático e os vasos sanguíneos; finalmente, o corpo renova e sustenta todo o material físico.

Porém, é fácil observar que o corpo possui a própria representação dos três mundos; a vida também reflete uma trindade, como sucede ao espírito imortal. Mas como descrever tudo isso de modo a evitar confusão e erros de interpretação?

Cada mundo é descrito por um espaço limitado por duas linhas horizontais. A linha superior toca o mundo imediatamente acima dele, a inferior toca o mundo imediatamente abaixo dele, e os três mundos ficam assim superpostos:

Mundo Superior
Mundo Médio
Mundo Inferior

Cada mundo, no entanto, possui seu próprio reflexo no outro. Dessa maneira, embora centralizado na cabeça, o sistema nervoso consciente projeta emanações no tronco e no abdome. O sistema simpático e sanguíneo está centralizado no peito, mas envia suas artérias e veias para todos os lados nos outros mundos humanos, ocorrendo o mesmo com os sistemas digestório e linfático, que põem vasos e células a circular pelo organismo, apesar de ficarem centralizados no abdome.

Três novas subdivisões em cada mundo podem facilmente esclarecer o que foi dito acima.

MUNDO SUPERIOR	Localização do Superior
	Reflexo do Médio
	Reflexo do Inferior
MUNDO MÉDIO	Reflexo do Superior
	Localização do Médio
	Reflexo do Inferior
MUNDO INFERIOR	Reflexo do Superior
	Reflexo do Médio
	Localização do Inferior

Contudo, para explicar melhor como esses três mundos e seus reflexos se interpenetram, os cabalistas adotaram linhas verticais ou *colunas* que cruzam cada um dos três mundos e mostram, num relance, as relações desses diversos centros hierárquicos uns com os outros. É o que podemos ver na figura a seguir:

MUNDO SUPERIOR			Localização do Superior	Reflexo do Superior
		Reflexo do Superior		
MUNDO MÉDIO			Reflexo do Médio	Localização do Médio
		Reflexo do Médio		
MUNDO INFERIOR			Reflexo do Inferior	Reflexo do Inferior
	Localização do Inferior			

Esse é o campo de ação dentro do qual as criaturas operam, e é óbvio que ele muda de nome, dependendo da criatura considerada.

Assim, para o homem, vemos o seguinte no plano superior, ou mundo (cabeça):

1) Espírito ali localizado.
2) Vida ali refletida.
3) Corpo também ali refletido.

O mesmo se aplica ao plano mediano ou tronco. Veremos:

1) O reflexo do espírito consciente.
2) A localização da vida.
3) O reflexo do corpo material.

Por fim, no plano inferior do abdome, encontraremos também a tríplice divisão. Com os círculos indicando cada elemento, podemos elaborar facilmente a figura a seguir:

Cabeça Nervos	ESPÍRITO	Ser Psicológico Vida Intelectual
Peito Sangue	SENTIMENTO	Vida Orgânica
Abdome Vida	INSTINTO	Vida Celular

Não nos esqueçamos, porém, de que esses centros nervosos emanaram do grande Princípio infinito que deu vida à primeira trindade. Portanto, nossa figura não ficaria completa sem desenharmos esse primeiro Princípio criador acima do mundo superior e, embaixo do mundo inferior, o reflexo direto do primeiro princípio, por meio do qual a segunda criação ou geração pode se realizar. Isso nos dá (sempre usando o homem como imagem) a seguinte figura:

	Princípio Criador DEUS	
Cabeça	ESPÍRITO	Ser Psicológico
Peito	SENTIMENTO	Vida Orgânica
Abdome	INSTINTO	Vida Celular
	GERAÇÃO Reflexo do Princípio Criador na Matéria	

Devemos nos lembrar de que essa figura, que aplicamos ao homem na inteireza, aplica-se também a uma análise anatômica, ou seja, às partes constituintes do homem. Isso mostra que a figura é, de fato, a expressão absoluta da lei geral de constituição, e que basta mudar o nome dos elementos para obter imediatamente o nome e os planos dos mundos reciprocamente correspondentes. E, graças a essa figura, podemos usar a chave do dez (três ternários tonalizados) para analisar as menores divisões da célula tão facilmente quanto analisamos o homem inteiro.

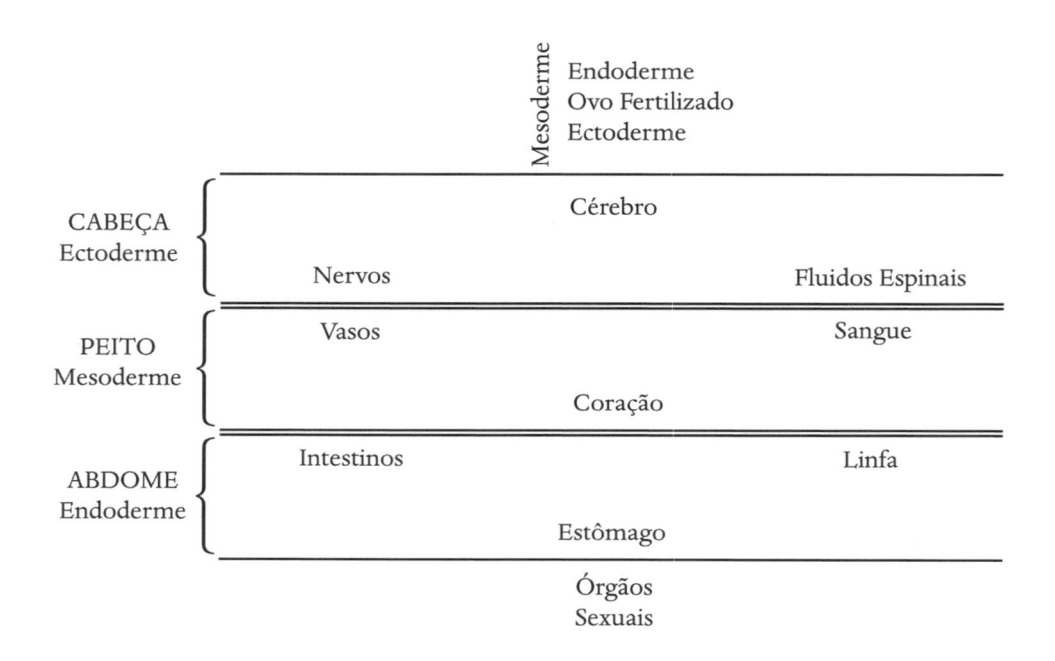

```
                          Endoderme
              Mesoderme   Ovo Fertilizado
                          Ectoderme
              ┌─────────────────────────────────────────────
              │                    Cérebro
   CABEÇA    ┤
  Ectoderme   │   Nervos                      Fluidos Espinais
              └─────────────────────────────────────────────
              ┌   Vasos                              Sangue
   PEITO     ┤
  Mesoderme   │                    Coração
              └─────────────────────────────────────────────
              ┌   Intestinos                         Linfa
  ABDOME     ┤
  Endoderme   │                    Estômago
              └─────────────────────────────────────────────
                          Órgãos
                          Sexuais
```

Depois de determinar essa lei geral, os cabalistas resolveram não obscurecê-la, servindo-se apenas de um exemplo; tinham de dar a cada termo um nome geral o suficiente para evitar qualquer confusão. Desse modo, na figura, que serviria de exemplo a todas as outras figuras aplicadas, cada termo foi numerado, pois não há termo mais geral que um número.

Tal é a origem daquilo que chamamos na cabala de:

AS DEZ SEPHIROT OU AS DEZ NUMERAÇÕES

Cada uma dessas Sephiroth ou numerações foi aplicada às qualidades de Deus no primeiro exemplo, que resultou no mapa clássico cuja gênese e chave de construção fornecemos, pela primeira vez a nosso ver, nas páginas precedentes.

Contudo, esses dez elementos de análise, aplicáveis a qualquer realidade, não estão isolados entre si. Além das relações ao longo das colunas, existem *caminhos de união* entre eles, chamados CANAIS, que unem os elementos uns aos outros.

Cada canal é constituído de uma *realidade criada* por um ser intelectual, vital ou material, dependendo do mundo a que pertença a criatura à qual for aplicada a numeração.

Assim como as *Numerações* indicam cada elemento constituinte de nossa figura geral, as *letras hebraicas* indicam cada caminho místico que une os elementos.

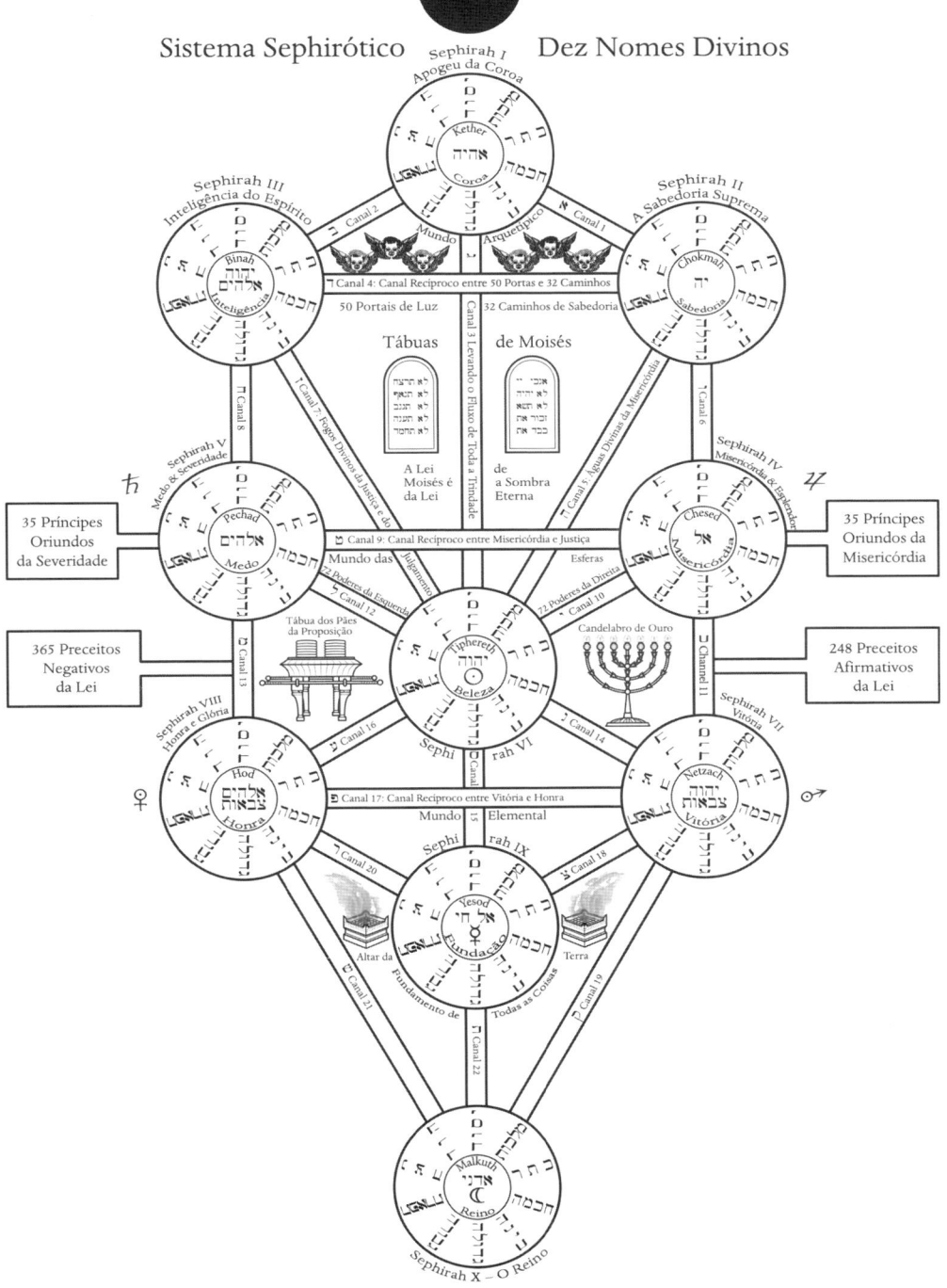

Sistema Sephirótico — Dez Nomes Divinos

Ain Soph
O Horizonte da Eternidade

Sephirah I — Apogeu da Coroa — Kether — Coroa

Sephirah III — Inteligência do Espírito — Binah — Inteligência

Sephirah II — A Sabedoria Suprema — Chokmah — Sabedoria

Canal 1 — Mundo Arquetípico
Canal 2
Canal 4: Canal Recíproco entre 50 Portas e 32 Caminhos
50 Portais de Luz — 32 Caminhos de Sabedoria
Canal 3: Levando o Fluxo de Toda a Trindade

Tábuas de Moisés

A Lei de Moisés é a Sombra da Lei Eterna

Canal 7: Fogos Divinos de Justiça e Jo...
Canal 8
Canal 5: Águas Divinas da Misericórdia
Canal 6

Sephirah V — Medo & Severidade — Pechad — Medo
Sephirah IV — Misericórdia & Esplendor — Chesed — Misericórdia

35 Príncipes Oriundos da Severidade
35 Príncipes Oriundos da Misericórdia

Canal 9: Canal Recíproco entre Misericórdia e Justiça
Mundo das Esferas
72 Poderes da Esquerda — 72 Poderes da Direita

Canal 12 — Canal 10
Tábua dos Pães da Proposição — Candelabro de Ouro

Canal 13 — Channel 11

365 Preceitos Negativos da Lei
248 Preceitos Afirmativos da Lei

Sephirah VIII — Honra e Glória — Hod — Honra
Sephirah VI — Tiphereth — Beleza
Sephirah VII — Vitória — Netzach — Vitória

Canal 16 — Canal 15 — Canal 14
Canal 17: Canal Recíproco entre Vitória e Honra
Mundo Elemental

Sephirah IX — Yesod — Fundação

Canal 20 — Canal 18
Altar da Terra
Canal 21 — Canal 19
Canal 22
Fundamento de Todas as Coisas

Sephirah X – O Reino — Malkuth — Reino

183

Também aqui a lei trinitária deve ser seguida, e os cabalistas não se esqueceram de fazê-lo ao criarem o maravilhoso instrumento, que é o alfabeto hebraico.

O alfabeto hebraico é composto de 22 letras hieroglíficas, sendo cada uma delas uma criatura intelectual sujeita a profundas interpretações. Essas letras se relacionam com os três mundos da seguinte maneira:

Três letras-mães, o A (Aleph), nº 1, o M (Mem), nº 13, e o SH (Shin), nº 21, representam o mundo superior.

Sete letras duplas representam o mundo médio.

Doze letras isoladas representam o mundo inferior.

Como cada mundo está representado nos outros, encontramos cada tipo de letra em cada mundo. Assim é que:

O Mundo Superior tem uma letra-mãe, três duplas e quatro isoladas, que constituem seus canais.

O Mundo Médio tem uma letra-mãe, duas duplas e seis isoladas.

O Mundo Inferior tem uma letra-mãe, duas duplas e duas isoladas.

O leitor encontrará uma tabela dos nomes e números de cada uma dessas letras na página 187. Essa é a lei da constituição estática do sistema das Sephiroth.

O que une os diversos centros são o triplo ternário com suas duas tonalidades, uma superior e outra inferior, e os canais místicos manifestados pelas letras hebraicas.

Essa, porém, é a anatomia estática do sistema, e não convém esquecer que ele é a figura exata da Lei da Vida, espalhada por todo o Universo; assim, os diversos elementos que acabamos de ver gerarão, por meio de várias combinações, uma infinidade de novas leis que regularão os detalhes da repartição da força central nas divisões finais dos diferentes mundos.

Toda vez que o grande padrão sephirótico é aplicado a um novo sistema de realidades, imediatamente todos os significados dos centros e caminhos mudam de caráter, e essa é a trilha que os cabalistas seguiram para confundir os preguiçosos e os profanos.

O significado simbólico dessas letras hebraicas foi usado em *vários sistemas diferentes*, em *várias aplicações a realidades em diferentes planos*, e é por isso que algumas letras se relacionam com o homem, como *Kaf*, que parece um punho cerrado, enquanto outras se relacionam com a natureza, como *Samekh*, que designa a serpente astral. Na verdade, não existe uma *chave completa e escrita* para o valor real das letras hebraicas em um único plano de aplicação, e cada estudante deve fazer sua própria chave desse tipo, partindo do zero para cada sistema de realidade;

dessa forma, o pesquisador aprenderá, de fato, a usar a analogia e será capaz de abrir o livro fechado com sete selos.

COMO SE DEVE ESTUDAR A CABALA?

O leitor compreenderá que não podemos, em uma exposição breve, entrar em muitos detalhes sobre a cabala, que forma a verdadeira base da iniciação ocidental. Apenas descrevemos com clareza a construção das Sephiroth e dissemos algumas palavras a respeito das letras hebraicas; agora, precisamos dar algumas informações àqueles que pretendem aprofundar seus estudos. Em primeiro lugar, eis aquilo que se deve saber com alguma certeza e que representa o ABC do tema.

1) *As dez Sephiroth* aplicáveis à manifestação divina.
2) *As 22 letras*, seus nomes, suas posições, seus números e seus hieróglifos no alfabeto tradicional.
3) *O Shemoth* ou nomes divinos que formam a *alma das* Sephiroth e são considerados virtudes divinas.
4) Isto não seria nem preciso dizer: convém estudar o Livro de Formação, chave analógica para a Lei da Vida, ou o *Sepher Yetzirah*.[252]
5) A esta altura, o estudante é capaz de entender Agrippa (*Filosofia Oculta*, vol. 2) e, em seguida, os clássicos; a arte das transposições ou *Gematria*, para determinar o caráter dos signos ou *Notarikon*; e finalmente a arte das substituições e combinações, ou *Temurah*.
6) Esses estudos preparatórios são necessários para ler com proveito o misterioso e sublime livro que é *o Livro da Luz, o Livro da Carruagem Celeste, o Zohar*, que inicia o estudante nos mistérios da Digestão do Universo pelo Homem Celestial e na constituição de Adão Kadmon.
7) As obras de *Éliphas Lévi* e as de *Louis Michel de Figanières* (*A Chave da Vida, Vida Universal*) são particularmente recomendáveis pelos comentários e resumos de todos os ensinamentos.

Vemos agora por que o estudo da cabala sempre foi considerado um dos mais belos esforços da inteligência humana. O leitor encontrará os elementos do que aí ficou dito nas tabelas seguintes e em alguns trechos de nosso *Methodical Treatise of Occult Science* [Tratado Metódico de Ciências Ocultas], como também nas obras notáveis e muito pessoais de Stanislas de Guaita.[253]

AS SEPHIROTH

na aplicação à manifestação divina

AIN SOPH
O Absoluto

KETHER
A Coroa

BINAH
Inteligência

CHOCKMAH
A Sabedoria

GEBURAH
A Força

CHESED
A Misericórdia

TIPHARETH
A Beleza

HOD
O Esplendor

NETZACH
A Vitória

YESOD
O Fundamento

MALKUTH
O Reino

As 22 Letras

POSIÇÃO no alfabeto e caráter	NOME	FIGURA	HIERÓGLIFO-PADRÃO	VALOR
MÃE	1 Aleph	א	Homem	1
Dual	2 Beth	ב	Boca do homem	2
Dual	3 Gimel	ג	Dar as Mãos	3
Dual	4 Daleth	ד	Peito	4
Simples	5 He	ה	Respiração	5
Simples	6 Vau	ו	Olho, Ouvido	6
Simples	7 Zain	ז	Flecha	7
Simples	8 Cheth	ח	Um Campo	8
Simples	9 Teth	ט	Um Teto	9
Simples e Princípio	10 Yod	י	O Indicador	10
Dual	11 Kaph	כ	Aperto de Mãos	20
Simples	12 Lamed	ל	Braço Estendido	30
MÃE	13 Mem	מ	Mulher	40
Simples	14 Nun	נ	Uma Fruta	50
Simples	15 Samekh	ס	Serpente	60
Simples	16 Ayin	ע	Vínculo Materializado	70
Dual	17 Peh	פ	Boca e Língua	80
Simples	18 Tzaddi	צ	Telhado	90
Simples	19 Qoph	ק	Machado	100
Dual	20 Resh	ר	Cabeça de Homem	200
MÃE	21 Shin	ש	Flecha	300
Dual	22 Tau	ת	Peito	400

Os 10 Nomes Divinos

1. Ehieh
2. Iah
3. Iehovah
4. El
5. Eloha
6. Elohim
7. IAVÉ Sabaoth
8. Elohim Sabaoth
9. Shadaï
10. Adonaï

ALGUMAS NOTAS SOBRE A ALTA CABALA

O tratado cabalístico *Transmigration of Souls* (Transmigração das Almas), em tradução inédita e comentários pelo dr. Marc Haven,[254] um dos mais profundos cabalistas modernos, fala dos aspectos superiores dessas doutrinas, das quais alguns ensinamentos são tanto mais úteis quanto muitas vezes foram apresentados de maneira incompleta por comentadores da cabala. Ao resumir esses ensinamentos conforme apresentados na obra do dr. Marc Haven, manteremos, contudo, o véu sobre algumas questões, véu esse que só a paciência e o esforço pessoal poderão erguer. Também continuaremos fornecendo notas separadas.

OS MUNDOS[255]

Existem três mundos cabalísticos, influenciados por um quarto. São eles:

Mundo da emanação ou ATZILUTH
Mundo da criação ou BRIAH
Mundo da formação ou YETZIRAH
Mundo da ação ou ASSIAH

OS SERES

Em cada um desses mundos, há cinco seres místicos, posicionados da seguinte maneira:

MACRPRÓSOPO
ou o paciente

O PAI   A MÃE

O MICROPRÓSOPO   A ESPOSA
ou o irascível

O reflexo de cima para baixo desses seres místicos gera as dez Sephiroth. Dentro do homem, os seres são assim representados:[256]

CHAYA	YECHIDA
NESHAMAH (Inteligência)	RUACH (Epitimia)

NEFESH
(Psique)

ADÃO

Adão se manifesta em três planos:

ADÃO KADMON
ADÃO BELIAL
ADÃO PROTOPLÁSTICO

Adão Kadmon é o Adão anterior à Queda; *Adão Belial* é o Adão de Husks; e *Adão Protoplástico* é o Princípio das almas diferenciadas (que Fabre d'Olivet chama de Homem Universal).

Adão Kadmon manifesta-se nos cinco princípios retificados dos mundos, e Adão Belial, nos cinco princípios invertidos (isso é um mistério).

ALMAS

As almas nascem da diferenciação de Adão Protoplástico; seu número é de sessenta miríades,[257] geradas pelos seguintes números místicos:

3-12-70-613-60 miríades

Essa, e não outra, é a origem dos 613 preceitos da lei.

A *incubação das almas* ou Ibbur (רוביע) é dual, na dependência de a alma ser nova ou reencarnada.

A *revolução das almas* ou Gilgul (לוגליג) completa o mistério do destino humano. Quem está familiarizado com esse mistério conhece o homem que tem 13 anos e 1 dia de idade.

§ 3. HELENISMO

Enquanto Moisés aperfeiçoava os aspectos unitário e dórico da tradição, o aspecto masculino da Divindade, Orfeu, na Trácia, trabalhava o aspecto múltiplo e jônico dessa tradição, a manifestação feminina da Divindade e, em consequência, o *Politeísmo*.

Não obstante, os *Mistérios* se estabeleceram por toda parte a fim de ensinar aos iniciados ambos os aspectos, sintetizados em uma Unidade sublime. Ao mesmo tempo que o caminho intuitivo, por meio dos mistérios de Ísis, era desvendado aos vigorosos discípulos do Deus Masculino, o caminho da unificação psíquica, por meio dos Mistérios de Mitra e Apolo, também era passado aos imaginativos seguidores do Deus Feminino.

Deve-se levar em conta que a história transmitiu os mistérios egípcios com mais fidelidade que os jônicos. E isso apesar da profunda beleza oculta sob o véu gracioso dos mitos helenísticos.[258]

A FUNDAÇÃO DA GRÉCIA – POLITEÍSMO

Assim como o restante do hemisfério, uma Europa apenas parcialmente civilizada ainda dependia do Império Indiano quando o cisma dos pastores irrompeu. Então, a Europa se separou subitamente da Índia e caiu sob o domínio dos fenícios e das regiões asiáticas e africanas próximas à costa mediterrânea.

Esses audaciosos navegadores e hábeis comerciantes percorriam as costas, tomavam colônias já existentes e instalavam outras, penetrando pelo interior das terras o mais que podiam. Os nomes que davam a essas colônias eram todos tirados das mitologias e dos simbolismos de sua religião. As maiores e mais prósperas colônias eram as dos trácios, dácios, tosks[259] e etruscos, todas com nomes que diferem apenas por variações dialetais e podem ser reduzidos a um só: foram tirados do nome primitivo de Trácia, que significa "lugar etéreo".

A Grécia, a princípio, não se distinguia da Trácia. O nome era o mesmo, mas mais restrito e menos enfático pelo fato de a primeira letra ser diferente. O nome Jônia (Iônia), dado mais tarde à Grécia e que se refere ao símbolo distintivo da religião jônica, era comum a todas as possessões fenícias na Europa e na Ásia.[260]

AUTONOMIA GREGA

Os jônios, compreensivelmente alarmados por uma doutrina (arranjo do Tetracórdio[261]) que começava a restringir sua influência e temerosos de ver seu império enfraquecido ou mesmo arruinado por tantas divisões, quiseram opor-se à sua disseminação, mas já era tarde. Os sacerdotes, em vão, lançaram anátemas. A Grécia inteira se ergueu e começou a se afastar da Trácia propriamente dita, que permaneceu fiel à metrópole. Altares se erigiram contra altares, e, recusando-se doravante a reconhecer o sumo pontífice que residia na montanha sagrada da Trácia, os rebeldes escolheram o monte Parnaso como substituto da montanha Trácia e nele construíram a cidade de Delfos, que se tornaria a cidade sagrada de Píton. Foi ali que a nova seita, dizendo-se inspirada pelo espírito universal *Oleu*, instalou o famoso umbigo,[262] símbolo do divino hermafroditismo, e escolheu para objeto de culto o sol e a lua, unidos em um único ser, que primeiro se chamou *Oetolnios*. Essa revolução, que separou para sempre a Grécia da Frígia e isolou a Frígia da Trácia, exerceu enorme influência sobre o destino da Europa. Sua história merece ser escrita algum dia.[263]

ORFEU

Quem mais influenciou os gregos de sua época foi Orfeu. Ele se colocou no centro de um círculo moral cuja influência se sente ainda hoje, após trinta e três séculos. Foi educado pelos egípcios e iniciado em seus mais secretos mistérios; na Grécia, tornou-se profeta e sumo pontífice. Conseguiu reunir vinte povos inimigos, divididos tanto por opiniões religiosas quanto por leis civis, em uma única religião e fundou a admirável Liga Anfictiônica,[264] cujos decretos eram submetidos ao soberano pontífice de Delfos. Deve-se a ele a criação da magnífica mitologia grega, a qual, apesar dos esforços incansáveis de uma seita fanática e intolerante, ainda brilha através dos farrapos de ridicularização com que foi envolvida, animando todas as nossas artes e reinando em nossa poesia.[265]

AS MUSAS

Os egípcios, ao que parece, reconheciam apenas três musas: *Melete*, *Mneme* e *Aoide*, isto é, aquela que produz ou gera, aquela que conserva ou elabora e aquela que idealiza e torna compreensível. Os gregos elevaram o número das musas a nove, distinguindo mais atributos. Eram filhas de Zeus e *Mnemósine*, que significa um ser eternamente vivo e a faculdade da memória, e chamavam-se: *Clio*, a que celebra; *Melpômene*, a que canta e reverencia a memória; *Tália*, a que floresce e nutre a simpatia; *Euterpe*, a que deleita; *Terpsícore*, a que saboreia e cultiva o lazer; *Érato*, a que ama; *Calíope*, a que conta histórias envolventes; *Urânia*, a que contempla o céu; e *Polímnia*, a que explica as diferentes artes.

As nove musas reconheciam *Apolo*, o gerador universal, como líder e às vezes se valiam de *Hércules*, o senhor e governante do Universo, como guia.[266]

PITÁGORAS – A TRADIÇÃO SECRETA

Quando Pitágoras apareceu na Grécia, munido de toda luz da África e da Ásia, aproximadamente nove séculos depois de Orfeu, descobriu que a lembrança deste estava praticamente banida da memória dos homens, que desconheciam seus mais belos ensinamentos ou atribuíam-lhes origens fantásticas. O vão orgulho de privilegiar a própria nacionalidade em detrimento das contribuições dos vizinhos havia pervertido as ideias antigas. Dizia-se que a tumba de *Zeus*, o deus vivo, estava em Creta; insistia-se que *Dionísio*, o espírito divino, nascera em um vilarejo da Beócia, e que *Apolo*, o pai universal, viera ao mundo numa ilhota do Arquipélago. Contavam-se milhares de extravagâncias desse tipo, e o povo, agora soberano e acreditando em tais tolices, arrogantemente exigia que as pessoas de melhor tirocínio concordassem com elas. Os mistérios estabelecidos para revelar a verdade a um grande número de iniciados já não tinham influência alguma; os hierofantes, intimidados ou corrompidos, se calavam e sancionavam as mentiras. Por essa época, a verdade se perderia por completo caso não achasse outra maneira de preservar-se.

Pitágoras era o homem a quem esse segredo fora revelado. Fez pela ciência o que Licurgo[267] fizera pela liberdade.

Licurgo, como legislador, fundara uma confraria de guerreiros numa parte da Grécia que os déspotas persas não haviam conseguido dominar; Pitágoras, como filósofo, instituiu uma assembleia secreta de homens sábios e religiosos que, espalhando-se pela Europa, Ásia e mesmo África, lutaria contra a ignorância e a impiedade, já então quase universais. Os serviços que ele prestou à humanidade são inestimáveis.

A seita que Pitágoras fundou e que ainda hoje não está completamente extinta depois de atravessar, como um raio de luz, as trevas lançadas pela irrupção dos bárbaros, a queda do Império Romano e a criação inevitável de uma religião intolerante e supersticiosa permitiu a restauração das ciências milhares de vezes mais facilmente do que se ela não existisse e poupou-nos muitos séculos de esforço.[268]

Não nos esqueçamos dessa afirmação de Fabre d'Olivet: além da pura corrente cabalística vinda do Egito por obra de Moisés, encontramos, mais tarde, uma corrente iniciática pitagórica. A primeira será sempre reconhecida pelas elevadas aspirações religiosas; ela faz *cohens* e sacerdotes; a segunda, ao contrário, deve ser respeitada pelas tendências científicas, de natureza igualmente sublime; ela faz eruditos e sábios. Foi graças à fusão dessas duas correntes, em certas épocas e por meio da iluminação recíproca, que as mais belas fraternidades iniciáticas do Ocidente conseguiram aumentar seu poder e seus meios de ação tanto no tempo quanto no espaço.

§ 4. CRISTIANISMO – A Corrente do Amor Vivo

Embora conservando o maior respeito pelas correntes da luz e da ciência derivadas da cabala e do helenismo via Orfeu, Pitágoras, Platão e, até certo ponto, Aristóteles, devemos evitar o grave equívoco de não atribuir pelo menos igual importância à grande corrente de iluminismo religioso que se baseia no puro cultivo das faculdades divinas do homem, permanecendo fora de toda ciência e acima de todo ensinamento dedutivo. Os patriarcas, os profetas de Israel, o Cristo, os apóstolos, alguns eminentes filósofos gnósticos, os santos cristãos e os teosofistas iluminados representam essa esplêndida corrente que nos deu a chave do tesouro celeste, assim como a corrente anterior nos deu a chave para o tesouro terrestre.

É interessante notar que, enquanto Fabre d'Olivet foi o sublime revelador da primeira corrente, Saint-Yves d'Alveydre foi o profundo apóstolo da segunda. Seria grande equívoco considerar que essas duas grandes mentes apenas seguiram as pegadas um do outro. Cada qual revelou, à sua maneira, os dois polos cuja união constitui a verdade eterna.

Ficamos felizes em mostrar Saint-Yves d'Alveydre sob sua verdadeira luz e em seu devido lugar. Ele foi um cavaleiro de Cristo e dos patriarcas que, possuindo todas as iniciações, conseguiu se tornar o paladino da comunhão com Deus por intermédio da vida e do amor, que formam um único princípio no céu: o Amor Vivo.

Ele foi também o autor das "Missões" – *Missão dos Soberanos*, *Missão dos Judeus*, *Missão dos Franceses* – e criou a Sinarquia[269] viva e cristã em oposição ao enciclopedismo da corrente puramente científica, e pode estar certo de que valorizaremos bastante suas obras e seus esforços corajosos.

CRISTIANISMO

Os historiadores não evitaram o erro que acabamos de mencionar, e esse erro se tornou ainda mais prejudicial pela crítica moderna, que, sob a influência de ideias materialistas, quis reduzir as realizações misteriosas do plano divino a quase nada.

Um historiador profissional não deveria deixar de constatar que a mesma causa gera sempre os mesmos efeitos.

Se o Cristianismo foi mera obra de um homem vagamente iluminado, que precisou das valiosas habilidades organizacionais de São Paulo, como explicar que esse homem tenha gerado efeitos diferentes de tudo quanto seus predecessores iluminados lograram produzir?

Os historiadores concordam com o fato de que o profeta judeu *Hilel*, nascido muitos anos antes de Jesus de Nazaré, empreendeu os mesmos esforços que ele. Além disso, segundo consta, Hilel tinha à disposição meios bem mais eficientes que Jesus. Se meios humanos bastam, como explicar o fracasso de Hilel, conforme dito a seguir:

> Hilel chegou a Jerusalém, vindo da Babilônia, trinta e seis anos antes de Jesus. Era pobre, bondoso, e contava-se uma estranha lenda a seu respeito. Certo dia, apareceu em Jerusalém esgotado, confuso e moribundo, sendo trazido de volta à vida "embora fosse sábado". Logo se tornou popular graças à eloquência de seu discurso, à sutileza de seus argumentos, ao encanto de sua voz baixa e fina e à sua incomparável modéstia.
>
> Era impossível irritá-lo; as únicas pessoas que ele condenava eram os mercadores; sustentava que o único "conhecimento" vinha da Torá;

não valorizava nada – não tinha fortuna, mulher ou família –, exceto o "estudo". Dizia que todas as leis se reduziam a uma: "Não faças aos outros o que não queres que te façam". Sua influência se espalhou rapidamente, e ele foi nomeado chefe da Assembleia.[270]

É verdade que, para muita gente, Jesus foi um imitador de Hilel, mas esse hábito de nunca examinar o lado *secreto* da história provocou, novamente neste caso, muitos disparates.

Alguns livros iniciáticos ensinam os segredos dessa descida do céu para a raça branca. O primeiro foi a joia de Valentino, *Pistis Sophia*,[271] que recomendamos a todos os iniciados e do qual tentamos oferecer diversas explicações. Transcrevemos aqui algumas páginas desse livro referentes ao assunto de que estamos tratando.

A CRIAÇÃO DO CRISTIANISMO
A Involução dos Princípios Celestiais que Constituíram os Indivíduos Terrestres Criadores do Cristianismo

O homem possui, em si, o princípio da própria ascensão. Pode, valendo-se de diversos meios, unir seu espírito imortal à virtude celestial que o acompanha ao longo da vida de seu corpo físico e tornar-se o que Valentino descreve como *partícipe do primeiro mistério*, o que os católicos chamam de *santo*, o que as escolas iniciáticas do grau elementar consideram *chrestos* ou *christos*; ele *não renascerá mais* e alcançará o "Nirvana", como diriam as escolas orientais e bramânicas. Mas aqui se esconde uma armadilha que convém denunciar.

Toda evolução pressupõe uma ou duas involuções, e todo homem que se torna Deus precisa, antes, de um Deus que tenha se tornado homem, assim como a evolução do alimento nos intestinos exige a descida de duas forças de origem superior: o sangue e a energia nervosa.

Por ignorar que a *corrente de sacrifício e amor* precede o difícil caminho para a iniciação e a evolução da alma humana é que as iniciações naturalistas orientais levaram muitos de seus adeptos a acreditar que "o estado de Cristo" se situa em um plano psicológico de existência que qualquer homem pode atingir sem o esforço constante do Princípio do Cristo celestial, o único capaz, por meio da involução, de reconduzir para si almas evoluídas.

Assim como os cometas, verdadeiras células do sangue do Omniverso, como diria Michel de Figanières, aparecem em certas épocas para devolver a vida aos centros superiores dos sistemas solares, é preciso que ocorra, *fora da corrente constante* da involução e evolução perenes das almas humanas, uma grande descida Divina em determinados períodos, seguida de uma grande ascensão de almas, para dar a Deus a oportunidade de manifestar seu amor absoluto e acelerar a reintegração de toda a humanidade.

Não conseguir ver a Virgem de Luz, o Cristo e outros princípios como *indivíduos celestiais* é parar no meio do caminho, imobilizar-se no *plano mental* que conduz ao panteísmo materialista; é fechar voluntariamente os olhos para a existência do *plano* celestial, que as virtudes do coração, o amor e a prece alcançam muito mais rapidamente que os poderes mentais, a crítica e o raciocínio.

Unir o amor celestial, manifestado por meio da graça e da redenção, ao amor do homem ao céu, manifestado pela prece e pelo sacrifício, é o segredo do poder dos cristãos, dos brancos iluminados por Cristo, que serão chamados a reinar sobre a Terra inteira no dia em que substituírem a lei da violência pela lei da tolerância e do amor.[272]

Valentino descreve para nós a descida dos princípios celestiais, que chegaram a fim de preparar a salvação da raça branca pela fundação do Cristianismo. Este é um capítulo inteiro da *História Secreta* do Salvador, reservada nos primeiros séculos aos iniciados de nível superior.

A ENCARNAÇÃO DE JESUS

> Sucedeu então, por ordem do primeiro mistério, que eu olhasse de novo para baixo, para o mundo da humanidade; avistei Maria, chamada minha mãe em relação ao corpo material; apresentando-me como Gabriel, falei-lhe também e, quando ela ergueu os olhos para mim, insuflei-lhe a *primeira virtude*, que eu recebera das mãos de Barbelo,[273] e que era o corpo por mim erguido ao Alto; em vez da alma,[274] insuflei-lhe a *virtude* haurida do grande Sabaoth, o Bom, aquele que existe à direita.[275]

A VIRGEM MARIA

Maria, mãe de Jesus, nasceu da *Virgem de Luz*.

> Também tu, ó Maria, tiraste tua forma, segundo a matéria, do Barbelo; e, segundo a luz, também assumiste a aparência da Virgem de Luz,

tu e a outra Maria, a abençoada. As trevas existiram por tua causa e, também de ti, surgiu o corpo hílico,[276] onde vivo e que purifiquei.[277]

Como homem, Jesus viveu uma vida terrena até os 12 anos. Somente nessa idade é que a virtude divina realmente se apossou de seu corpo. Os adeptos das escolas iniciáticas naturalistas veem aí a união dos princípios inferior e superior do homem, que resulta na constituição do Cristo. Diz-se que o doutor gnóstico percebera, ao longo dos séculos, o que devia ser evitado nesse caso, pois foi meticuloso ao descrever, em detalhe, a involução e a descida de cada um dos princípios celestiais que se materializariam para formar um ser terreno.

A ENCARNAÇÃO DO ESPÍRITO DE JESUS
Maria disse:

> Meu Senhor, sobre as palavras que tua virtude profetizou por meio de Davi, de que a misericórdia e a verdade se encontraram, de que a justiça e a paz se beijaram, de que a verdade floresceu na terra e a justiça ficou atenta no alto do céu; em tempos passados, tua virtude profetizou essas palavras a teu respeito.
>
> Quando eras pequeno, antes que o espírito descesse sobre ti, quando estavas na vinha com José, o espírito desceu das Alturas. Veio a mim em minha casa, com tua aparência, e como eu não o conhecia e pensei que fosses tu ele me disse: "Onde está Jesus, meu irmão, que preciso ver?". Depois que me disse isso, fiquei perturbada e supus que fosse um fantasma vindo para me testar: agarrei-o e amarrei-o no pé da cama que havia em minha casa e saí à tua procura na vinha, onde José estava ocupado estaqueando as cepas. Sucedeu então que, ouvindo essas minhas palavras a José, tu entendeste e, em júbilo, disseste: "Onde está ele, pois quero vê-lo? Não, vou esperá-lo aqui". E sucedeu que José, ouvindo-te proferir essas palavras, perturbou-se e, juntos, entramos na casa e encontramos o espírito amarrado à cama, vimos que estavas com ele e percebemos que ambos se pareciam. E aquele que estava amarrado se soltou, abraçou-te, beijou-te, e tu o beijaste, e *os dois se tornaram uma só e mesma pessoa*.
>
> Eis a explicação do que aconteceu: misericórdia é o espírito que desceu das Alturas por meio do primeiro mistério, a fim de se apiedar

da humanidade; enviou seu espírito para perdoar os pecados do mundo inteiro, de modo que os homens pudessem receber o mistério e herdar o reino de luz. A verdade é a virtude que vivia em mim, vinda de Barbelo: tornou-se teu corpo hílico e o arauto do lugar da verdade. Justiça é teu espírito, que trouxe todos os mistérios das alturas para a humanidade. A paz também é a virtude que habitou teu corpo hílico no mundo, o corpo que batizou a humanidade a fim de torná-la estranha ao pecado e em paz com teu espírito, para que ficasse em paz com as emanações de luz, para que se beijassem. E, de acordo com o que foi dito, a verdade desabrochou na terra; a verdade é teu corpo hílico que cresceu em mim na terra dos homens, que se tornou o arauto do lugar da verdade; e, ainda de acordo com o que foi dito, a justiça floresceu fora do Céu; a justiça é a virtude que observa tudo do Céu, que dará os mistérios da luz à humanidade para que os homens se tornem justos e bons, e herdem o reino de luz.[278]

OS DOZE APÓSTOLOS

Assim como as almas de Cristo e Maria, as almas dos doze apóstolos não vieram do mundo dos arcontes, mas do plano celestial, conforme se vê nos seguintes excertos:

> Rejubilai-vos em alegria, pois, quando vim pela primeira vez ao mundo, trouxe comigo doze poderes, conforme vos disse logo no começo; recebi-os das mãos dos doze salvadores do tesouro da luz e, de acordo com a ordem do primeiro mistério, depositei esses poderes no ventre de vossas mães quando cheguei ao mundo. São esses poderes que agora estão em vossos corpos.
>
> E as doze virtudes dos doze salvadores do tesouro da luz, que recebi das mãos dos doze decanos do meio, depositei na esfera dos arcontes, e os decanos dos arcontes com seus ministros pensaram que eram as almas dos arcontes, e seus ministros os trouxeram; atei-os aos corpos de vossas mães e, quando vosso tempo chegou, fostes colocados no mundo sem ter as almas dos arcontes dentro de vós.[279]

O Papel dos Apóstolos

Em verdade, em verdade vos digo: eu vos farei perfeitos em todos os pleromas, dos mistérios do interior aos mistérios do exterior, eu vos encherei com o espírito de modo que vos chamarão de pneumáticos perfeitos de todos os pleromas; e em verdade, em verdade vos digo que vos darei todos os mistérios de todos os céus de meu Pai e de todos os lugares dos primeiros mistérios *para que aquele que admitirdes na terra seja admitido na luz do Altíssimo e para que aquele que repelirdes na terra seja repelido do reino de meu Pai, que está nos Céus.*[280]

A esse respeito, Valentino, o filósofo gnóstico autor da *Pistis Sophia*, é categórico. Todas as manifestações terrestres que presidiram ao nascimento do Cristianismo são *pessoas* vindas do plano celestial. Foi graças a uma sublime involução divina que a evolução das almas se tornou possível.

Esse é o caráter especial e elevado do Cristianismo e essa é a origem de seus mais profundos mistérios. Cada raça humana pode ser objeto de um messianismo especial, mas cada novo messianismo de uma nova raça está em um plano mais alto da espiral evolucionária. A raça branca é a que atraiu a manifestação divina mais recente; não é justo, segundo as leis da evolução no tempo e no espaço, que essa manifestação tenha sido superior às precedentes e que, portanto, haja requerido uma involução também de ordem superior? Deixamos a contemplação dessas ideias para aqueles que verdadeiramente conhecem o método analógico e as leis misteriosas que ele veicula.

Jesus veio de um plano alto demais para se sujeitar aos métodos vis empregados pelo homem a fim de conquistar poderes, e Fabre d'Olivet faz as seguintes observações sobre esse assunto:

> Deve-se notar aqui que, se Jesus quisesse palmilhar a senda de conquistas que se abria diante dele quando o povo da Galileia lhe ofereceu a coroa e o colocou à frente dos judeus que esperavam um messias desafiador, ele teria inevitavelmente conquistado a Ásia; a Europa, porém, lhe teria resistido, e, como era na Europa que ele deveria exercer sua influência, precisou aceitar a escolha de uma vitória inicialmente menos retumbante, que se tornaria maior no futuro, e *decidiu superar a inevitabilidade do Destino em vez de servi-lo*.[281]

No entanto, Fabre d'Olivet afirma que o grande mestre seguiu o caminho histórico – e, mais importante ainda, o caminho crítico – tão escrupulosamente que negligenciou as forças secretas manifestadas por intermédio dos apóstolos: "Os doze apóstolos que Jesus Cristo deixou após si não tinham os poderes exigidos para cumprir seu apostolado. Assim, o Cristianismo deve sua força doutrinária, moral e espiritual a São Paulo. O Cristianismo recebeu seus ritos sagrados e suas formas, mais tarde, de um teósofo da escola alexandrina chamado Amônio".[282]

Sim, deste lado da cortina tudo o que se disse acima é verdadeiro, mas o que deve interessar ao iniciado é algo inteiramente diverso. Foram as forças em ação do outro lado, energias sutis manipuladas pelos primeiros cristãos – homens de pouco conhecimento, mas de fé inabalável –, que provocaram o colapso do gigante científico, filosófico e, convém enfatizar, religioso chamado Politeísmo.

Mais tarde, o poder imperial cobraria sua vingança por obra de alguns bispos de Roma, mas a ideia pura sempre superaria os erros passageiros, e as correntes místicas não deixaram de ser zelosamente cultivadas por certas ordens religiosas.

Foi o helenismo que nos trouxe a Ciência e a arte, mas não podemos nos esquecer de que o Cristianismo nos trouxe o amor vivo. É isso que Saint-Yves d'Alveydre se esforçou para nos ensinar.

§ 5. A INFLUÊNCIA DE ZOROASTRO – Odin

Falamos sobre a constituição gradual da tradição dos brancos, seu débito com as raças antigas e a infusão, nele, da vida pessoal do Cristo. Abordamos o assunto por alto e agora devemos continuar nossa investigação.

O Cristianismo mal iniciava seus trabalhos em Roma quando a devastadora corrente bárbara irrompeu no Império, empurrando toda a tradição científica para o Oriente e adaptando as tradições religiosas mais condizentes com sua mentalidade. Os bárbaros são nossos ancestrais; são os selvagens descendentes dos indomáveis celtas que não foram atrás de Ciência na Índia ou no Egito. Entretanto, a Ciência enviou seus ramos em busca deles.

Um iniciado da tradição de Zoroastro, *Odin*, ou *Frighe*,[283] apareceu entre os celtas para revelar-lhes a verdade dos santuários distantes e adaptou suas revelações ao caráter rude de seus discípulos.

> Frighe era membro do culto de Zoroastro, mas também conhecia todas as tradições caldaicas e gregas, conforme provam, sem sombra de

dúvida, as várias escolas que ele fundou na Escandinávia. Foi iniciado nos mistérios de Mitra.[284]

Dado que isso ocorreu há muito tempo, seria possível pensar que a tradição trazida por Odin exerceu pouca influência em nossa raça. Os trechos seguintes removerão quaisquer dúvidas a esse respeito e mostrarão quanto os povos anglo-saxões ainda são afetados por essa revelação, a qual, nos últimos anos, tem sido altamente glorificada pelo gênio musical de Wagner.

> Não foram muitas as mudanças que ele fez na antiga tradição dos celtas. A mais importante foi substituir Teutates, o grande ancestral dos celtas, por um deus supremo chamado Wôd, ou Goth, de onde toda a tradição gótica tirou seu nome.[285] Era o mesmo deus que Zoroastro chamava de *tempo ilimitado, a grande Eternidade, o Buda* dos hindus que Ram descobriu e ficou conhecido em toda a Ásia. Foi por causa do nome de Deus, o supremo *Wôd*, também chamado de *Pai universal, Deus vivo, o Criador do Mundo*, que Frighe ganhou o nome de *Wodan*, de onde deriva o nome Odin, isto é, o Divino.
>
> As leis escandinavas uniram então, de maneira sábia e vigorosa, a doutrina de Zoroastro à dos antigos celtas. Frighe introduziu na mitologia celta um espírito mau chamado Loki,[286] nome que é a tradução exata de Ahriman;[287] deu à humanidade um ancestral remoto chamado Bore e edificou todas as virtudes sobre os alicerces do culto do guerreiro. Afirmou, e essa foi a principal doutrina de seu culto, que somente heróis gozarão a plenitude da felicidade celeste no Valhala, o palácio do valor.[288]

Não deixemos os reformadores para trás antes de dizer alguma coisa sobre Apolônio.

> Assim, enquanto um culto inteiramente intelectual destinado a privilegiar a razão começava na Judeia, uma doutrina espiritual e violenta se estabelecia na Escandinávia apenas a fim de preparar o caminho para esse culto e facilitar sua propagação. Por essa época, um homem de vontade forte, com poderosa intuição, viajava pelo Império Romano ensinando que a vida não passava de punição, um interregno entre

dois estados indiferentes um ao outro, o nascimento e a morte. Esse homem, chamado Apolônio, aproveitou os aspectos mais positivos da doutrina pitagórica.[289]

§ 6. OS ÁRABES

Quando a torrente de bárbaros tragou o Império Romano, a inteligência da raça branca se deslocou para Constantinopla. Os benefícios dessa lenta evolução intelectual não poderiam ser perdidos. Se a pura semente do Cristianismo precisou da solidão para lançar seus primeiros brotos, quando estes ficaram fortes o bastante foi necessário para a nova corrente, toda ela intuitiva e mística, entrar em contato com a velha corrente enciclopédica e racionalista. Isso seria obra dos árabes. Primeiro, eles devolveram a tradição greco-egípcia ao Ocidente, que a perdera, e assim produziram a primeira fagulha de ciência cristã. Em seguida, como loucos, os cristãos correram para Jerusalém, acreditando-se capazes de reincorporar as terras banhadas com o sangue de Cristo ao patrimônio da raça, mas praticamente só o que encontraram lá foi a antiga iniciação com suas provas e iluminação progressiva. Partindo como Cruzados, muitos voltaram como Templários e infundiram, de novo, na raça, os mistérios da cabala e da gnose.

Assim, os árabes foram os guardiães da corrente racional (quase sempre a despeito de si mesmos) quando os cristãos se mostraram fracos demais para receber essa magnífica herança e, mais tarde, constituíram a barreira contra as invasões asiáticas, pois forçaram os cristãos a permanecer na Europa, que a Providência lhes reservara para sua evolução, de onde muitas vezes quiseram fugir.

> Jesus seguiu a inspiração de Moisés. Maomé seguiu a inspiração de Moisés e de Jesus, aceitando ambos como divinos, embora alegasse que os adeptos de Moisés se afastaram da doutrina e que os discípulos de Jesus entenderam mal as palavras do mestre.[290] Em consequência, restabeleceu a doutrina da Unidade de Deus, tal qual os hebreus a tinham recebido da tradição atlântica, e concentrou toda a sua religião nestas poucas palavras: "Não há Deus senão Deus e Maomé é seu profeta". Restabeleceu também, com muita energia, a imortalidade da alma e a doutrina da futura punição e recompensa, a depender dos vícios e das virtudes do homem.[291]

> Ou seja, se o Povo das Escrituras tiver fé e temer o Senhor, nós perdoaremos seus pecados e o admitiremos no jardim de delícias.
>
> Se observar o Pentateuco e o Evangelho, além dos livros que o Senhor lhe mandou, poderá se beneficiar dos bens que estão sob seus pés e acima de suas cabeças. Alguns deles agem corretamente; mas, ah, quão detestáveis são as ações da maioria![292]
>
> Os que creem: os judeus, os sabeus, os cristãos que acreditam em Deus e no Último Dia, caso tenham sido virtuosos. Esses não precisarão temer nada e não serão desventurados.[293]

Não repetiremos o que nossos leitores já sabem: a influência dos árabes no despertar intelectual da raça. E insistimos em que, se o Cristianismo não tivesse moldado a alma céltica por longo período, esse despertar teria sido impossível.

§ 7. ALGUMAS PALAVRAS SOBRE A TRADIÇÃO ORIENTAL

Em diversas ocasiões, os iniciados que iluminaram o Oriente renovaram seus primeiros laços, por intermédio de seus missionários ou de seus escritos, estabelecidos no passado por Ram. Na Assíria, na Caldeia, no Egito e depois, durante o período cristão, em Alexandria, missionários enviados dos centros orientais fizeram contato com os brancos.

Desde a conquista da Índia pelos cristãos, esse contato se tornou cada vez mais restrito. Vimos, já no início desta obra, que os vencidos quiseram impor os ciclos orientais aos vencedores e que era nosso dever, ao estudar esses ciclos, deixar bem claro que eles só se aplicam ao hemisfério oriental da Terra e que nossa raça tem os próprios ciclos de evolução, os quais são inteiramente opostos no tempo e no espaço em relação aos ciclos indianos.

Seria necessário um livro inteiro para falar com propriedade sobre o Oriente e as revelações que lá surgiram desde Ram. Mais adiante, resumiremos a história relativa a essa questão. Quanto ao lado filosófico das coisas, encaminhamos nossos leitores para as obras de Colebrooke e, principalmente, para o ótimo volume de M. G. de Lafont,[294] o melhor trabalho surgido nos últimos tempos sobre o assunto. Nele, há uma história repleta de erudição a respeito das relíquias indianas que só precisa ser corrigida pelas opiniões de d'Olivet para revelar as mais claras verdades.

Digamos sem receio que a maioria das histórias referentes à fuga de Buda do seio de sua família e de seu palácio de sete muralhas são alegorias. Elas contam apenas que o fundador do budismo se afastou da família iniciática – o supremo Colégio do Bramanismo – antes de completar o ciclo de iniciação. Depois, a revelação budista lançou raízes nas faculdades morais do homem, sem provir da comunhão direta entre o homem e o Divino. Na Índia, existe apenas uma iniciação tradicionalmente pura, a bramânica, cujos centros de ensino existem ainda hoje, embora ocultos aos olhos profanos, sejam eles brancos ou amarelos. A iniciação completa só pode ser conferida nesses centros e nem todos os brâmanes são admitidos – só os iniciados possuem a chave da reversibilidade do sânscrito para o hebraico e do hebraico para o chinês, ou seja, as chaves principais de todas as línguas figurativas, e essas chaves são hieroglíficas e herméticas. Qualquer indivíduo que se diga iniciado em um centro indiano, mas não possua essas chaves, é um simples brincalhão, uma vítima de embuste ou o aluno de um mosteiro budista onde não se conhece nenhuma evolução fora do plano mental – *com a pílula* como agente secreto usado para a bilocação. Garantimos a veracidade de nossas alegações e não temos o menor receio de ser contraditados por aqueles que sabem se reconhecer no mundo luminoso. Quanto aos demais, o tempo falará por nós.

Enquanto isso, eis os principais aspectos da revelação no tocante aos princípios do Universo nas terras do Oriente:

1º período:

ISHVARA
(O Absoluto segundo os atlantes)

{ ISHVARA
ISRAEL
ou
OSÍRIS dos egípcios

2º período: o cisma irschou se baseia na distinção de duas faculdades divinas, seguida da preponderância do princípio feminino:

ISHVARA
considerado a fonte
do poder de
geração e vida
(Bija)

e

PRAKRITI
considerado a fonte
do poder de concepção
e formação
(Shakti)

Todas as iniciações jônicas aceitam essa divisão dual que encontramos no Sanconíaton com os nomes de:

HYPSISTOS		BERUTH
O altíssimo	e	A criação da natureza

e, entre os gregos,[295] com os nomes de:

SATURNO	e	REIA

3º período: os iniciados tentam levar o binário ao ternário e daí à unidade por meio do quaternário (4 = 10 = 1), o que resulta nas seguintes revelações:

Zaratustra, o primeiro Zoroastro, fez a seguinte revelação no Irã:[296]

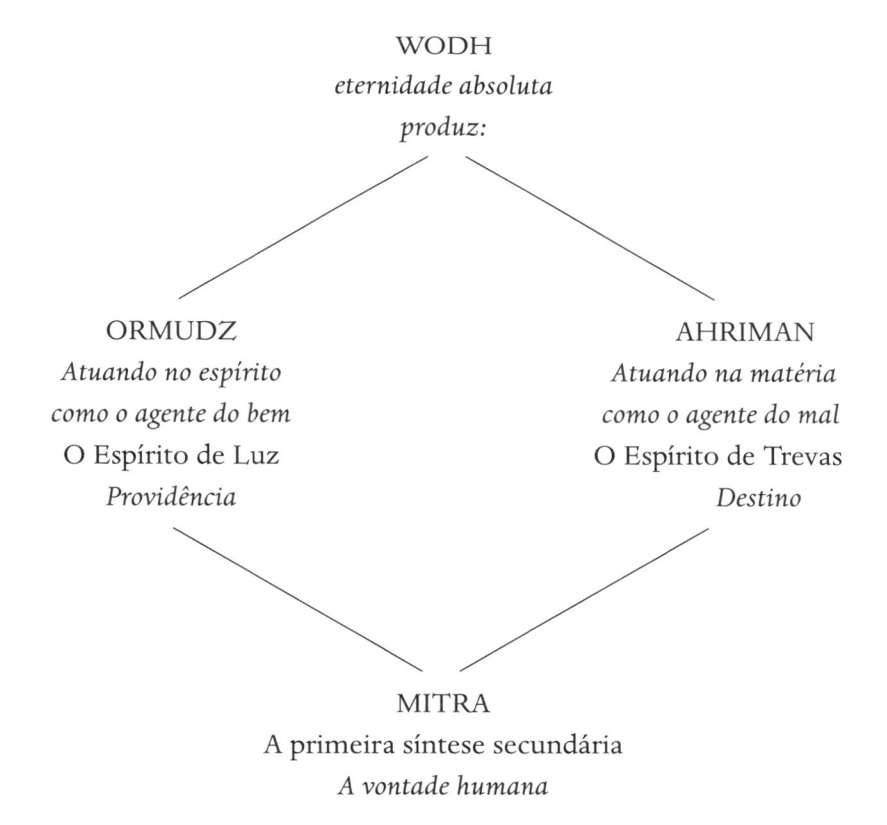

WODH
eternidade absoluta
produz:

ORMUDZ	AHRIMAN
Atuando no espírito	*Atuando na matéria*
como o agente do bem	*como o agente do mal*
O Espírito de Luz	O Espírito de Trevas
Providência	*Destino*

MITRA
A primeira síntese secundária
A vontade humana

Fuxi, o civilizador da China, descrevia assim sua revelação:

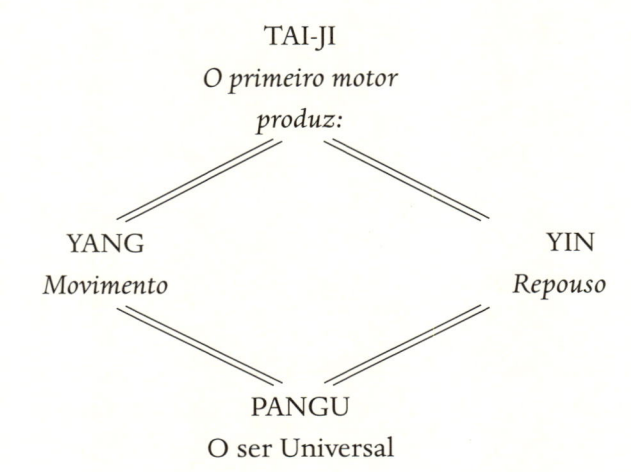

TAI-JI
O primeiro motor
produz:

YANG   YIN
Movimento   Repouso

PANGU
O ser Universal

Segundo Fuxi, os dois princípios iniciadores são *Yin* (repouso) e *Yang* (movimento), ambos originários de um princípio iniciador chamado *Tai-Ji*, o primeiro motor.

Graças à ação recíproca, os dois princípios *Yin* e *Yang* dão origem a um terceiro princípio mediador chamado Pangu, o Ser universal; e há três poderes, chamados *Tian-hoang*, *Ti-hoang* e *Gin-hoang*, com o significado de Reino Celestial, Reino Terrestre e Reino Humano, ou, em outras palavras, Providência, Destino e Vontade do homem, as mesmas que mencionei no início desta obra.

O culto dos ancestrais foi admitido na religião de Fuxi em extensão ainda maior que na de Zoroastro.[297]

Aqui vão alguns trechos intuitivos extraídos dos livros sagrados da China, em apoio das afirmações de d'Olivet:

> O Yi[298] possui o grande termo e produz o duplo Eu;[299] desse duplo derivam quatro imagens, que, por sua vez, dão origem a oito símbolos.
> – *Xici Zhuan*[300]

> O grande termo é a grande unidade e o grande Yi; o Yi não tem nem corpo nem forma; tudo que é corpo e forma foi criado pelo que não tem corpo nem forma.
> – *Comentário de Lo-Pi*[301] *sobre a frase acima de Xici Zhuan*

O grande termo ou grande um é constituído de três Uns, e três e Três são um.

– *Provérbio tradicional*

O Ser que não tem forma nem som é a fonte da qual provêm todos os seres materiais e todos os sons perceptíveis.

– *Huainanzi*[302]

O caractere Yi não indica um livro chamado Yi, mas é preciso entender que no início o grande termo ainda não existia. Existia uma razão ativa e inexaurível que nenhuma imagem pode reproduzir, que nenhum nome pode nomear, que é infinita sob todos os aspectos e à qual nada é possível acrescentar.

– *Vang-Chin*

A fim de demonstrar a universalidade dessa instituição, apenas indicaremos os seguintes quaternários com base em d'Olivet:[303]

Revelação de Krishna:

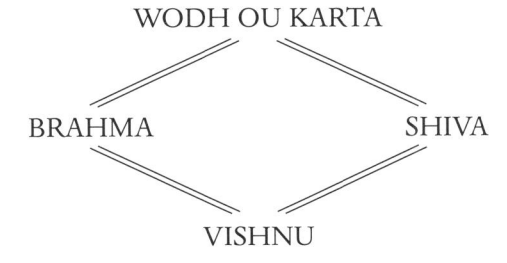

```
          WODH OU KARTA
         /             \
    BRAHMA           SHIVA
         \             /
           VISHNU
```

No Egito:

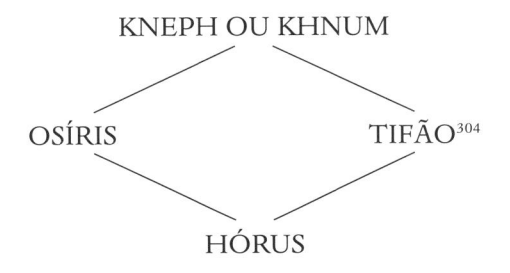

```
          KNEPH OU KHNUM
         /              \
    OSÍRIS            TIFÃO[304]
         \              /
            HÓRUS
```

Entre os gregos:

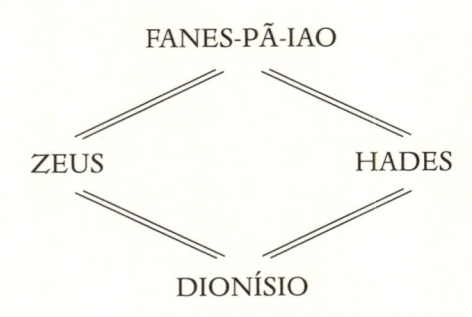

```
          FANES-PÃ-IAO
          /          \
     ZEUS            HADES
          \          /
           DIONÍSIO
```

Entre os romanos:

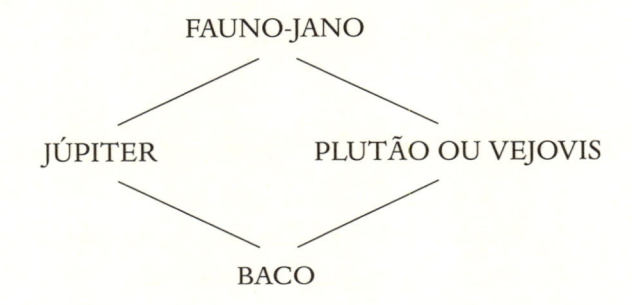

```
          FAUNO-JANO
          /          \
    JÚPITER       PLUTÃO OU VEJOVIS
          \          /
             BACO
```

Não se deve acreditar que os poderes nomeados por Moisés no Gênesis não derivam dos mesmos princípios. A tabela a seguir é mais explícita a esse respeito. Foi tirada da história dos povos antigos por Fourmont (Paris, 1828, in-4).[305]

	HEBRAICO (Moisés)		CALDEU (Buire)	FENÍCIO (Sanconíaton)
1	Adão		1 Alorus	1 Protógono-Aiön
2	Caim-Abel	2 Seth	2 Alasparus	2 Genos-Genen
3	Enoque		3 Henos	3 Amelon	3 Fôs-Pûr-Phlose
4, 5	Omis	4 Cainan	4 Amenon	4 Kassios-Libanos
		5 Malaleil	5 Megaloros { Megaleres / Megalanos }	5 Memroumos-Ousôos
6	Irad	6 Jared	6 Daorus	6 Agios-Alicus
7	Maviavel	7 Enoque	7 Aldorachus	7 Krusor e Ephaïsos
8	Mathusael	8 Malthusaia	8 Amphis	8 Akos-Acteros
8	Jabel Jubal Tubalcaim Pastor/Músico/Ferreiro	9 Lamech	9 Otcarte	9 Amuntis-Magis
		10 Noé	10 Xixouthros ou Sisuthias	10 Misor e Suduka

RESUMO DO CAPÍTULO OITO

Se, por um instante, formos além dos aspectos menores da história, se contemplarmos o relato mais amplo por trás da constituição da tradição branca a fim de reconstituir a gênese lenta dessa tradição, o panorama não deixará de ter grandeza.

Incapazes, devido às próprias falhas, de receber a revelação espiritual e intelectual no lugar de origem, os brancos, ao custo de um duplo êxodo, tiveram de partir e elaborar os elementos de sua tradição no Oriente, no interior da Ásia, tomando-os de empréstimo às raças precedentes. Só com dificuldade os grandes mensageiros divinos conseguiram aprimorar a inteligência da raça; Orfeu disseminou a corrente jônica, enquanto Moisés submetia a uma disciplina férrea os remanescentes dos primeiros brancos que chegaram à Arábia havia muito tempo e, desde então, se misturaram com a população local para formar o povo hebreu, os guardiães da tradição cabalística. No Ocidente, Pitágoras fundou suas fraternidades de iniciados e o trabalho da fermentação começou, secundado por todas as revelações que ele encontrou em Alexandria.

Os missionários se multiplicaram, e um dos maiores discípulos de Zoroastro, Frighe (também chamado de Odin), chegou e lançou as primeiras sementes da inteligência entre os brancos que não haviam deixado sua terra natal.

Agora, a raça estava madura o bastante para a primeira grande revelação pessoal, e Cristo se apresentou, enviando seus apóstolos do verbo para onde em outros tempos Pitágoras mandara seus missionários da ciência e permitindo, graças à devastadora torrente dos vigorosos discípulos de Odin, que a alma da raça fosse lentamente impregnada com a luz do coração.

Quando esse efeito se consolidou e o cérebro, por sua vez, exigiu nutrição, irromperam os árabes, os exilados voluntários de outrora, trazendo as artes, as iniciações e a indústria na esteira de suas conquistas.

A corrente se estabeleceu; a chama brilhou de novo, e a rede de astrólogos e alquimistas renovou seus vínculos secretos, que uniram o mundo antigo ao novo por meio dos gnósticos, dos neoplatônicos e dos herdeiros de Pitágoras.

Os Templários, por sua vez, trouxeram do Oriente as artes e as fórmulas herméticas. Os trovadores foram os elos vivos nessa cadeia de iniciados, e, após o desaparecimento do Templo, os centros iniciáticos do Ocidente nunca mais se fecharam.

Desde o batismo místico, a raça branca teve de passar pela comunhão com as forças materiais; pelas provações de guerras e exércitos; pela ciência materialista e prática e pelo ceticismo. Só assim pôde emergir das profundezas da matéria e pedir a Deus o matrimônio da Virgem e do Cordeiro, além da revelação da terceira pessoa que marcará, após provações novas e ainda mais terríveis, o reino do Espírito Santo.

A tradição branca será, então, a mais magnífica de todas que já surgiram na terra; mas ela está apenas começando e, enquanto isso, precisaremos de boa dose de paciência para acompanhar seu progresso, do início até nosso tempo.

Agora já podemos tratar mais especificamente da vida humana e seu potencial.

CAPÍTULO NOVE

A Constituição do Homem

Nos primeiros capítulos deste tratado, há um resumo relativamente claro dos três princípios que constituem o ser humano.
Essa é a doutrina fundamental e verdadeira.
Contudo, para que o leitor apreenda as sutilezas analíticas encontradas em alguns autores, estudaremos mais a fundo esses três princípios e sua evolução.

O homem é, em essência, constituído de:

1) Um princípio material, oriundo do mundo físico: *o corpo ou cadáver*.
2) Um princípio vital, oriundo da natureza universal: *o corpo astral*.
3) Um princípio espiritual, oriundo do mundo divino: *a mente imortal*, chamada de *alma* em filosofia.

Assim, o homem possui em si mesmo as manifestações dos três mundos, ou três planos: físico, astral e divino; ele contém, portanto, *todas as leis* que atuam nesses três mundos e recebe o nome de MICROCOSMO, ou pequeno mundo, porque é o reflexo exato do MACROCOSMO, ou grande mundo.

Desse modo, *apenas pelo estudo do homem* é possível ter acesso ao conhecimento de todas as leis físicas, astrais e divinas. Desse raciocínio provém o γνωτι σεαυτον ("Conhece-te a ti mesmo") grego e o axioma de Claude de Saint-Martin: "Estuda a natureza por intermédio do homem e não o homem por intermédio da natureza".

A encarnação de cada mente humana retoma, *em miniatura*, a história da queda do Grande Adão em suas duas fases:

1) A queda do mundo Divino para o mundo físico.
2) Uma segunda queda possível, quando a mente encarnada não conseguir resistir às tentações de baixo.

É necessário entender essa chave porque as iniciações naturalistas orientais, que contribuíram com análises adicionais sobre a constituição do homem, perderam a tal ponto a pista das relações analógicas entre o homem e os outros planos que veem apenas *similaridades* entre o mundo astral, o mundo divino e a vida humana, sem se lembrar de que o homem é apenas uma *imagem analógica* das leis universais na forma física.

Vejamos agora como foram analisados esses três princípios constituintes do homem.

Eles agem um sobre o outro como correntes elétricas de cargas opostas, cujo encontro produz uma fagulha. O tempo de duração dessa fagulha é aquele durante o qual existe o contato entre os três princípios, isto é, o período de vida terrestre. Não podemos chamar essa criação transitória de *princípio,* e são os cristãos, com São Paulo, que estão certos ao dizer que o homem é composto *essencialmente* de três princípios: *Spiritus, Anima et Corpus*. O resto são CRIAÇÕES TRANSITÓRIAS engendradas pela reação dos princípios entre si.

As outras seções estão representadas em cada uma das três seções (cabeça-peito-abdome) do corpo físico, assim como cada princípio está representado nos outros dois; quando a encarnação ocorre, os outros princípios também são representados. Assim, no abdome, o peito está representado pelos vasos, e a cabeça, pelo sistema nervoso; eles são os canais da involução do sangue e da energia nervosa que descem para o abdome para ensejar a evolução das substâncias digeridas.

O corpo astral e a mente têm "imagens" de si mesmos no corpo físico, e tal é o caso de cada um dos três princípios.

Se voltarmos ao capítulo sobre a cabala e a criação das Sephiroth, determinaremos a lei dessa ocorrência, que vamos resumir rapidamente aqui.

Análise

PRINCÍPIO
- Mente
  - A própria mente
  - Reflexo do corpo astral na mente
  - Reflexo do corpo físico na mente
- Corpo astral
  - Reflexo da mente no corpo astral
  - O próprio corpo astral
  - Reflexo do corpo físico no corpo astral
- Cadáver
  - Reflexo da mente no corpo físico
  - Reflexo do corpo astral no corpo físico
  - O próprio corpo físico

Desse modo, quando analisados, os três princípios indicam *nove manifestações*, e essa é a análise usualmente feita com a cabala.

Entretanto, essa análise do ser humano é estática. Quando estudamos o humano em movimento, quando essas várias manifestações são vistas em uma perspectiva dinâmica ou fisiológica, percebemos que algumas delas se fundem umas com as outras, e o homem parece ser feito de *sete manifestações* em vez de nove, devido à fusão de vários reflexos.

Para demonstrar a verdade de nossas afirmações, faremos uso de um exemplo muito comum, que deixará tudo simples e claro.

Uma equipagem[306] é composta de três princípios constitutivos: uma carruagem, um cavalo e um cocheiro. A carruagem, passiva e silenciosa, representa o corpo físico; o cavalo, passivo, porém móvel, representa o corpo astral; e o cocheiro, ativo e condutor, representa a mente.

Mas o cocheiro, por sua vez, é composto de três partes: cabeça, braços e corpo. O cavalo também é composto de três partes: cabeça, corpo e cascos.

A carruagem, igualmente, é composta de três partes: assento, carroceria e rodas.

Esses são os nossos nove princípios quando a carruagem está na cocheira, o cavalo no estábulo e o cocheiro em seu quarto.

Mas juntemos esses três primeiros elementos e vejamos o que acontece.

Os braços do cocheiro se tornarão uma só coisa com *a cabeça do cavalo*, a fim de constituir as rédeas, o sistema direcional da equipagem.

Em outro local, o corpo do cavalo se unirá à carroceria por meio dos varais, a fim de constituir o sistema motor da equipagem.

Aqui estão os nove elementos reduzidos a sete:

	Equipagem separada em partes		*equipagem unida*	
COCHEIRO	Cabeça do cocheiro	9	*Cabeça do cocheiro*	7
	Braços do cocheiro	8		
	Corpo do cocheiro	7	*Corpo do cocheiro*	6
			Rédeas-Sistema direcional / *União dos braços do cocheiro com a cabeça do cavalo*	5
CAVALO	Cabeça do cavalo	6		
	Corpo do cavalo	5		
	Cascos do cavalo	4	*Cascos do cavalo*	4
			Varais-Sistema motor	3
			Assento da carruagem	2
CARRUAGEM	Assento da carruagem	3		
	Carroceria	2		
	Rodas da carruagem	1	*Rodas da carruagem*	1

De passagem, uma nota curiosa: as rédeas e os varais, números 5 e 3, podem ser numerados entre 1 e 3 ou entre 2 e 4 para os varais e entre 5 e 7 ou 6 e 8 para as rédeas, dependendo do ponto de vista que se queira adotar. Também é interessante observar quantos problemas os autores que preceituam a composição do homem com *sete princípios* enfrentam quando não levam em conta os reflexos e os princípios reais. É divertido, não nego, ver os problemas que esses autores têm para indicar o lugar de seus 3º e 5º princípios. Esse lugar muda a depender do autor, e nossos leitores encontrarão, agora, a chave para acabar com essas dificuldades.

Voltemos à análise do homem e apliquemos com exatidão o exemplo da equipagem. Assim, simplesmente reduziremos os nove elementos a sete.

	Estáticos		Dinâmicos	
	Mente	9	*Mente*	7
Mente	Reflexo astral	8		
	Reflexo físico	7	*Reflexo físico*	6
			UNIÃO astral-mente	5
	Reflexo da mente	6		
ASTRAL	Astral	5		
	Reflexo físico	4	*Reflexo físico*	4
			UNIÃO astral-físico	3
	Reflexo da mente	3	*Reflexo da mente*	2
FÍSICO	Reflexo astral	2		
	Físico	1	*Físico*	1

Também podemos considerar essa fusão posicionando os princípios unidos da seguinte maneira:

   7 Mente
* 6 UNIÃO ASTRAL-ESPIRITUAL. *Astral superior*
   5 Reflexo físico no divino
   4 Reflexo físico no astral
   3 Reflexo da mente
* 2 UNIÃO ASTRAL-FÍSICO. *Astral inferior*
   1 Físico

Os dois elementos transitórios que unem os três princípios geram as *faíscas* de que falamos acima, cuja existência termina quando a corrente cessa, ou seja, a faísca superior ou "união astral-físico" no momento da primeira morte (ou terrestre), e a faísca inferior ou "união astral-espiritual" no momento da segunda morte (ou morte astral), quando se deixa a corrente da geração e se entra no céu, conforme muitas iniciações insistiram em chamá-lo.[307]

É importante observar com cuidado que não é possível entender a verdadeira constituição do ser humano sem começar por entender o fato de que o homem é um quaternário formado por um ternário, cujo segundo termo se repete, exatamente como no grande tetragrama (הוהי, IEVÉ), cujo segundo termo, *He*, se repete – a repetição do segundo termo leva em conta a complementaridade dos sexos, as aspirações das almas e a maneira pela qual os princípios se unem.[308]

Analisando esses três grandes princípios que formam o homem, podemos determinar sete, nove e até 21 elementos constituintes; mas devemos evitar, a todo custo, tomar o setenário como ponto de partida, pois, desse modo, mostraríamos que não sabemos nada dos ensinamentos da aritmética sagrada, obscureceríamos facilmente os fatos mais claros e nos tornaríamos incapazes de estabelecer uma escala analógica metódica e séria, que é o início de todos os estudos superiores do oculto.

A Constituição do Homem
NA TRI-UNIDADE
os ensinamentos imutáveis da tradição
sobre este tema

Todas as iniciações superiores são unânimes quanto à questão da constituição do homem com base em três princípios pela duplicação do segundo. As citações seguintes elucidarão em definitivo nossos leitores sobre esse ponto.

A constituição do homem segundo os antigos egípcios
(18ª Dinastia, 1500 a.C.)[309]

1	O Corpo	ou	*Khat*
2	O Dual	ou	*Ka*
	A Substância Inteligente	ou	*Khou*
3	A Essência Luminosa	ou	*Ba-Baï*

A constituição do Ser Humano segundo Zoroastro

1. O corpo físico

2.
 - O Djan — Conserva a forma do corpo, mantendo a ordem e a harmonia em todas as partes
 - A Alma FEROUER — Ou a pessoa, compreendendo a inteligência (*Boc*), o julgamento e a imaginação (*rouan*), além da substância real da alma (*Ferouer*)

3. O Akko — Princípio divino e inalterável que nos mostra o bem a ser feito, o mal a ser evitado e nos fala sobre uma vida melhor, a começar por essa existência

A constituição do ser humano segundo a cabala

1. O corpo físico

2.
 - *Nephesh* (imago) — O Mediador Plástico
 - *Ruach* — A Alma

3. *Neshamah* — Espírito Puro

A constituição do ser humano segundo Ovídio

1. *A Carne* — vai para a terra

2.
 - *A Sombra* — flutua em volta da tumba
 - *Os Manes* — estão no inferno (infera)

3. *O Espírito* — voa para o céu

A constituição do ser humano segundo Paracelso

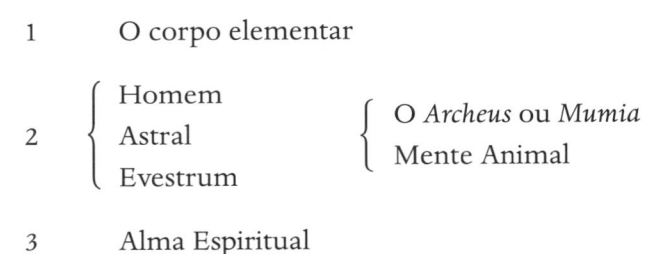

1\. O corpo elementar

2\. { Homem / Astral / Evestrum } { O *Archeus* ou *Mumia* / Mente Animal }

3\. Alma Espiritual

ANÁLISE DOS TRÊS PRINCÍPIOS

Passaremos agora em revista os três princípios do homem com as relações entre natureza e Deus tal como as apresentamos no livro *A Ciência dos Magos*. Isso será útil a nossos leitores.

O MICROCOSMO OU HOMEM

À primeira vista, nada parece mais complicado que o ser humano. Como deveremos analisar todos os detalhes da constituição anatômica e fisiológica desse ser sem falar na psicológica?

O esoterismo sempre busca uma síntese e deixa o estudo dos detalhes para os esforços vigorosos das ciências analíticas. Vejamos, então, se é possível chegar à síntese dos princípios constituintes do ser humano.

Em geral, todos os órgãos do ser humano nos parecem constantemente ativos. Todos eles funcionam, palpitam e se manifestam sob mil aspectos, e só com grande dificuldade podemos determinar as poucas causas com base em seus muitos efeitos.

Mas, com a chegada da noite, o homem dorme: os membros se descontraem, os olhos se fecham, o mundo exterior já não o afeta, e ele próprio também não afeta o mundo exterior. Aproveitemo-nos desse sono para começar nosso estudo.

O homem dorme, mas suas artérias pulsam, seu coração bate, seu sangue circula, seus órgãos digestivos continuam a trabalhar, e seus pulmões inspiram e expiram ritmicamente o ar vivificante. Durante o sono, aquilo que chamamos de homem é incapaz de movimento, sensação ou pensamento; ele não pode amar, odiar, ser feliz ou sofrer; seus membros jazem inertes, seu rosto fica imóvel, mas seu organismo funciona como se nada de diferente tivesse acontecido.[310]

Devemos, pois, considerar no interior do homem:

1) Um aspecto mecânico, que continua funcionando quer ele esteja acordado ou dormindo; trata-se do organismo propriamente dito.
2) Um aspecto intelectual, que só se manifesta quando ele está acordado; a isso chamamos Consciência ou Mente.

O domínio do organismo parece, assim, tão claro quanto o da mente. Mas o que acontece no organismo?

Tudo aquilo que depende da mente – os membros, o rosto e seus órgãos, a voz, os sentidos em geral – está em repouso, como vimos. Mas essas coisas apenas dão formato ao ser humano, ficam na periferia. É dentro do tronco, nos três segmentos que o constituem – abdome, peito ou cabeça –, que ocorrem os fenômenos responsáveis pelo funcionamento automático da máquina humana.

Como acontece em qualquer tipo de máquina, o organismo humano possui órgãos móveis, uma força motriz e uma faculdade que alimenta e renova essa força.

Assim, para dar um exemplo muito material, se considerarmos uma locomotiva, encontraremos órgãos de aço movidos por vapor e a renovação desse vapor sendo mantida por uma liberação contínua de calor.

Da mesma maneira, encontramos órgãos de determinado tipo no organismo humano (órgãos com fibras musculares macias), artérias, órgãos digestivos etc., movidos por energia nervosa, que percorre o sistema simpático. Essa energia, tanto quanto a vida específica de cada uma das células que constituem os órgãos, é mantida pelo fluxo do sangue arterial. Desse modo, os órgãos, centros de atividade de diversas forças, como a nervosa motora e a regeneradora do sangue, são os princípios essenciais que formam a máquina humana em ação.

Mas o homem desperta do sono. Algo mais é acrescentado às forças previamente mencionadas. Os membros, que estavam em repouso, se movem; a face se mexe, e os olhos se abrem; o ser humano, antes deitado, se levanta e conversa. Uma nova vida está se iniciando, enquanto a vida orgânica prossegue mecanicamente.

Esse princípio que acaba de surgir é, em tudo, diferente dos anteriores: tem os próprios órgãos no corpo (órgãos com músculos de fibras estriadas); tem um sistema nervoso específico; usa o corpo como o operário usa uma ferramenta, como um maquinista dirige uma locomotiva; governa todos os centros e órgãos periféricos que antes descansavam. A esse princípio chamamos Mente Consciente.

Se fôssemos resumir o que acabou de ser apresentado, encontraríamos três princípios no homem: *o que sustenta* tudo, que é o CORPO FÍSICO; *o que anima e move* tudo, formando os dois polos a partir de um único princípio, que é a ALMA; e, finalmente, *o que governa* o ser inteiro, a MENTE.

Os três princípios gerais que constituem o ser humano são o corpo físico, a alma, ou mediador plástico duplamente polarizado, e a mente consciente.

Se tivermos o cuidado de observar que o mediador plástico é dual, poderemos dizer que o homem é composto de três princípios orgânicos: *o que sustenta, o que anima* e *o que move*, o corpo, o corpo astral e o ser psíquico, que é condensado e levado à unidade de ação por um princípio consciente: *o que governa*, a mente.

Esse é um exemplo do que chamamos, no ocultismo, a Trindade na Unidade ou Tri-Unidade.

OS TRÊS PRINCÍPIOS

O ser humano é, pois, composto de três princípios: o corpo físico, o mediador, ou alma, e a mente consciente. Este último termo resume os precedentes e transforma a trindade orgânica em uma unidade.[311]

O leitor deve recordar que os ocultistas de todas as épocas e escolas concordam quanto a essa divisão fundamental em três princípios. No entanto, sua análise e o estudo de sua atividade física, emocional ou intelectual, bem como de sua posição anatômica ou psicológica, levaram a *subdivisões* puramente analíticas em várias escolas.[312]

O corpo físico *sustenta* todos os elementos constituintes do homem encarnado. Seu centro de atividade está no abdome e forma o princípio coesivo do ser humano.

O ser psíquico *move* todos os elementos constituintes do homem encarnado, com exceção daqueles que dependem da mente; seu centro de atividade está na nuca.[313]

A mente, ao sintetizar em si os três princípios anteriores, iluminada pela inteligência e servida pela vontade, governa o organismo todo. A mente é sustentada pelo cérebro material, mas, exceto em raras circunstâncias, não está totalmente encarnada no ser humano.[314]

O CORPO FÍSICO

O corpo físico é aquilo que *sustenta* todos os elementos constituintes do ser humano na Terra.

Os elementos constituintes do corpo físico são o esqueleto, os músculos e os órgãos digestivos, com seus auxiliares. O corpo físico fornece ao corpo astral células sanguíneas, órgãos circulatórios e seus auxiliares; ao ser psíquico, todos os principais materiais do sistema nervoso ganglionar; e, à mente, todos os principais materiais do sistema nervoso consciente.

Os elementos materiais do ser humano são renovados pelo alimento que o sistema digestório transforma em *quilo*.[315] O centro de ação e renovação do corpo físico é, portanto, o abdome.

O corpo físico circula no organismo por meio de um sistema de vasos linfáticos ao longo do caminho em que os gânglios (centros de armazenamento de material) estão localizados.

O corpo físico, dirigido na função orgânica pelo *instinto*, manifesta-se na mente consciente como necessidades.

O CORPO ASTRAL

O corpo astral anima os elementos constituintes do ser humano.

O corpo astral é o duplo exato do corpo físico. Forma uma realidade orgânica e possui órgãos físicos, os centros de atividade e as locações.

Os órgãos físicos, especificamente ligados ao corpo astral, são os órgãos respiratórios e circulatórios, com todos os seus auxiliares.

O centro de atividade para o corpo astral é, então, o peito. Suas funções orgânicas são mantidas graças à influência do ar externo, que é transformado pelo sistema respiratório e pela energia vital fixada nas células do sangue (oxiemoglobina).[316]

O sistema circulatório difunde energia vital por todo o organismo e provê o ser psíquico com os ingredientes necessários à produção de energia nervosa.[317]

O corpo astral, dirigido por sentimentos, manifesta-se na mente consciente por meio da emoção.

O Ser Psíquico

O ser psíquico move todos os elementos que constituem o organismo humano.

O ser psíquico é, propriamente falando, o centro da sublimação e da condensação do corpo astral. Possui seus próprios órgãos de circulação e atividade.

Os órgãos físicos especificamente ligados ao ser psíquico são os que constituem o sistema nervoso ganglionar e todos os seus auxiliares (cerebelo – *grande simpático. Nervo vasomotor*).[318]

O centro de atividade do ser psíquico é, pois, a cabeça (a nuca). Suas funções orgânicas são mantidas graças à energia vital conduzida pelo sangue e transformada pelo cerebelo em energia nervosa.[319]

O sistema nervoso da vida orgânica difunde movimento pelo organismo e supre a mente consciente com os elementos necessários à elaboração do pensamento.[320]

O ser psíquico, guiado pela intuição, manifesta-se na mente por meio da inspiração.[321]

A MENTE CONSCIENTE

A mente imortal *governa* o ser humano como um todo, o que sente, o que pensa e o que quer, resultando na trindade orgânica ou na unidade de consciência.

No ser humano, o domínio de atividade da mente é claramente definido por um centro de atividade e por determinados órgãos condutores.

Os órgãos físicos especificamente destinados à mente são aqueles que constituem o sistema nervoso consciente, com todos os seus auxiliares.

Assim, o centro de atividade da mente é a cabeça. O corpo físico fornece a matéria para o sistema nervoso consciente; o corpo astral fornece a energia vital que anima essa matéria; e o ser psíquico fornece a energia nervosa para que ele aja. Além disso, cada um dos três princípios provê a mente com um ou mais órgãos dos sentidos.[322]

O corpo físico fornece à mente os sentidos do tato e do paladar; o astral, o sentido do olfato; e o ser psíquico, os da audição e da visão.

Esses diferentes sentidos fornecem à mente vínculos com o mundo exterior.

A mente também está em contato com o ser interior que se manifesta a ela por meio de impulsos sensoriais, emocionais ou intelectuais.

É por intermédio da medula espinal (parte posterior) que ocorrem as comunicações entre cada um dos três centros orgânicos do ser humano: o abdome, o peito e a cabeça.

A essência da mente consiste na liberdade de ceder ou resistir aos impulsos oriundos do ser interior. Essa faculdade primária é que constitui, em essência, o livre-arbítrio.

A mente, embora independente dos três centros orgânicos, atua sobre eles, mas de maneira indireta.

A mente não pode modificar diretamente as funções dos órgãos digestórios, mas tem poder para escolher seu alimento; a boca, entrada para o abdome, depende por completo da mente e tem o paladar como auxiliar sensorial.

A mente não pode modificar diretamente as funções dos órgãos circulatórios, mas tem o poder de escolher seu meio respiratório; e as narinas, entrada para o peito, dependem da mente, tendo o olfato como auxiliar sensorial.

O resultado é que a mente pode modificar voluntariamente a constituição do corpo físico alterando, de maneira apropriada, seu alimento (primeira fase da prática mágica). E pode agir também sobre o corpo astral afetando o ritmo respiratório e modificando o ar externo, respirado com determinados perfumes (segunda fase da prática mágica).

Por fim, a ação da mente sobre os olhos e e as orelhas permite-nos desenvolver a clarividência e a clariaudiência conscientes (terceira fase da prática mágica).

Por meio do alimento, do ar respirado e das sensações, a mente atua sobre o ser interior; por meio dos membros, atua sobre a natureza.

A laringe e os olhos, considerados órgãos de expressão, e a boca se juntam aos membros na atuação consciente da mente sobre outros homens e o mundo exterior – sobre o não eu.

Em suma, as funções da mente podem ser reduzidas aos seguintes fatos:

Anatomia e fisiologia filosóficas	Devido aos elementos materiais, vitais e psíquicos fornecidos a ela pelos três princípios do ser interior, a mente dispõe de meios especiais de ação.	
Aquilo que sente	Recebe	Impulsos sensoriais, estimulantes e intelectuais do ser interior. Diversas sensações do não eu.
Aquilo que pensa	Recebe as ideias derivadas de diversos estados psíquicos, compara-as, classifica-as, julga-as e finalmente decide conforme seus desejos.	
Aquilo que quer	Atua	Sobre o ser interior por meio das entradas dos três centros, as quais são controladas por ele e pelos elementos introduzidos em cada um dos três centros. Igualmente sobre a *periferia* de seu ser por meio dos membros. Sobre o não eu por meio dos membros, que estão sob seu controle, e alguns outros órgãos de expressão: a voz, as expressões faciais, os gestos etc.

Aquilo que sente e aquilo que quer estão em relação direta com os órgãos corporais, mas, em contrapartida, aquilo que pensa os controla.

As ações do abdome sobre o não eu (alimento) resultam no quilo; as ações do peito sobre o não eu (ar) resultam na energização do sangue; as ações da cabeça sobre o órgão (sensação) resultam nas ideias.

Assim, qual é o resultado da ação da mente consciente sobre o ser interior e o mundo exterior?

Sobre o Destino

Concebido como um todo, o ser humano cria a boa ou a má sorte de sua futura evolução graças ao exercício do livre-arbítrio sobre elementos que lhe são dados. É o livre-arbítrio que regula o destino da mônada humana.[323]

O MACROCOSMO OU NATUREZA

O homem edificou grandes cidades; em volta delas, campos bem cultivados se estendem a perder de vista; nas pradarias, vemos belos rebanhos pastando tranquilos; uma sociedade humana, com seus órgãos sociais e suas instituições nacionais, se estabeleceu no maravilhoso país do Egito.

Mas o eixo magnético das civilizações se deslocou em um grau; guerras e conflagrações varreram as cidades magníficas, que foram substituídas por ruínas; matagais e florestas invadiram os campos; animais ferozes e serpentes venenosas tomaram o lugar dos rebanhos, e nenhuma sociedade humana jamais ressurgirá nesses desertos.

Qual é, então, o tremendo mistério que derrota assim as obras dos homens? Quem é esse adversário oculto que, centímetro por centímetro, vai retomando a posse da riqueza do homem tão logo este deixa de lutar? É a natureza, essa força fatal que controla tudo à volta do homem no Universo, do Sol a uma folha de grama. Somente ao preço de batalhar ininterruptamente, somente usando sem cessar sua vontade é que o homem consegue vencer a natureza e transformá-la em precioso auxiliar em sua marcha para o futuro. A vontade humana é tão poderosa quanto o destino natural; eles são as duas maiores forças cósmicas que se manifestam no seio do Absoluto.

Consideremos qualquer parte de nosso planeta onde o poder da natureza se impõe sem a influência das ações humanas e vejamos se é possível redescobrir os princípios e as leis gerais ocultas sob a multiplicidade de forças aparentes.

Temos aqui uma porção de floresta tropical. A terra e suas camadas geológicas mescladas com veios de metal formam a base para a quase totalidade do que podemos perceber.

Um rio traça silenciosamente sua rota pelo meio das árvores e dos arbustos, que brotam em toda parte. Sem a água fertilizadora atuando para o planeta como o quilo atua para o homem, nada cresceria em um chão ressecado.

Entre essas plantas, os insetos circulam rapidamente, ocupados com a luta pela sobrevivência. Nas árvores, pássaros adejam, e, nas profundezas da floresta, ouvimos o sibilar das serpentes e o rugir das feras.

Sobre todos esses seres, plantas ou animais circula um fluido sutil, invisível e impalpável: o ar atmosférico, fonte do movimento vital da natureza animada. Finalmente, no céu, o Sol lança seus raios incandescentes sobre essa parte da Terra. Os raios solares imprimem movimento a todo o planeta, movimento cujas interações mais ou menos intensas com a matéria geram todas as forças físicas conhecidas. O Sol se condensa na substância das árvores, de onde, mais tarde, o homem o extrairá sob a forma de calor, queimando madeira ou carvão. O movimento vindo do Sol se condensa no interior da Terra sob a forma de magnetismo e se manifesta na superfície sob a forma de atração molecular.

Vamos resumir. A terra que *sustenta*, a água que *anima*, o fogo solar que *move* ao criar todas as forças físicas, e o destino que *governa* a atuação de todas essas forças e seres – eis o que podemos aprender a partir da observação desse canto da Terra. É tudo?

Não. Todas essas forças, todos esses elementos circulam por três reinos. Os minerais são lentamente quebrados pelas raízes das plantas, que os assimilam e transformam em substância vegetal. Os raios do Sol carregam essa substância com princípios dinâmicos, e o ar atmosférico a anima. Então os animais, por sua vez, ingerem a substância vegetal, digerem-na e transformam-na em substância animal. A vida universal, igual para todos os seres, circula por todos esses reinos, animando igualmente a folha de grama e o cérebro de um grande primata.

Existem três reinos que constituem o corpo material de cada um dos continentes de nosso planeta, e cada um desses reinos manifesta um centro específico do organismo terrestre. O reino mineral é o centro ósseo, digestivo e excretor; o reino vegetal é o centro animado que digere os minerais e purifica incessantemente o ar atmosférico, indispensável para todos os seres; por fim, o reino animal é o centro intelectual que impele o instinto e a inteligência em meio à difícil ascensão rumo à consciência.[324]

O que *sustenta* a atividade de todos esses princípios no planeta é a terra, com a tríplice evolução mineral, vegetal e animal.

O que *anima* são a água e o ar. A água atua sobre a natureza como o aspecto líquido do sangue no homem, e o ar, como as células do sangue no homem.

O que *move* são as forças fisioquímicas produzidas pela combinação de raios solares com matéria orgânica e matéria inorgânica; é a essência do movimento, que os antigos chamavam de fogo.

Terra, água, ar e fogo são os quatro princípios que observamos em ação na natureza quando abandonamos o campo analítico e passamos a tratar de generalidades. Por isso, não temos ser acusados de ignorância nem arcar com o peso do ridículo por voltar, no final do século XIX, aos quatro elementos da antiga física dos iniciados.

Entretanto, analisamos aqui apenas um cantinho de nosso planeta. As forças fisioquímicas – ar, água e terra – constituem apenas os princípios que atuam nas partes da natureza localizadas em nossa vizinhança imediata, aquilo que os antigos chamavam de *mundo elementar*. Continuemos nossa análise.

Acabamos de ver o que ocorre em uma pequena parte de nosso planeta. O uso da analogia nos permite esperar que, assim como a mesma lei rege as funções de uma célula ou de um órgão no homem, uma lei idêntica deve reger as funções de um continente e do planeta inteiro, visto como ser orgânico especial.

Nosso planeta, isolado no espaço, banha alternadamente a maior parte de um de seus hemisférios no fluido solar. A existência do dia e da noite deve-se a isso e corresponde a uma inspiração e expiração no ser humano. No organismo humano, o fluido restaurador, o sangue, circula pelos órgãos que se banham nele. No organismo do mundo, ao contrário, são os planetas (órgãos do sistema solar) que circulam no fluido solar restaurador. A Terra inspira esse movimento pelo equador e expira-o pelos polos.[325]

Nosso planeta recebe três influxos específicos do mundo exterior (consideramos que as estrelas fixas estão distantes demais para terem efeito específico sobre nossos planetas):

1) O influxo do Sol.
2) O influxo da Lua, satélite da Terra.
3) O influxo de outros planetas do sistema solar.

O estudo dessas correntes fluídicas e de seu efeito na fisiologia é o que constitui a astrologia.

Mas nossa Terra também produz diversos fluidos.

1) É rodeada de perto por uma camada atmosférica específica.
2) É luminosa quando vista de outros planetas.
3) Possui força de atração própria, que age sobre os corpos existentes em sua superfície e sobre a Lua, além de outros planetas do sistema.

A Lua, sendo dependente cósmica da Terra, entra em sua esfera de atração, e o planeta, unido a seu satélite, forma um sistema planetário. A Lua está para a Terra assim como o sistema nervoso simpático está para o organismo humano: regula e distribui a força dinâmica e, dessa maneira, preside ao aumento e à diminuição de todos os organismos vivos da Terra.

Mas a Terra e seu satélite são apenas um dos órgãos de nosso sistema solar, que é um organismo específico do Universo.

O sistema solar é composto de:
Órgãos materiais classificados em três categorias:

1) Os satélites atraídos por um planeta.
2) Os planetas atraídos pelo Sol.
3) O Sol atraído por determinado centro.

Atuando entre os satélites e os planetas, existem forças e fluidos fisioquímicos ditos elementares.

Atuando entre os planetas e o Sol existem forças e fluidos cósmicos ditos astrais.

Atuando entre o Sol e o maior centro de atração existem forças e fluidos psíquicos ditos iniciadores.

Assim, para um planeta em um sistema solar, seus satélites funcionam como o abdome funciona no homem; o Sol funciona como o coração; e o centro de atração do Sol funciona como a cabeça.

Em suma, um sistema solar compreende três ordens de princípios:
Aquela que sustenta: os órgãos do sistema; satélites, planetas e o Sol.
Aquela que anima: o fluido dinâmico que emana do Sol.
Aquela que move: a força de atração localizada nos satélites do planeta e no Sol, que emana do centro de atração deste.

Aquela que governa: o poder cósmico chamado Natureza, ou Destino.

Os antigos físicos herméticos julgavam que o Universo fosse constituído de três planos, ou *mundos*.

1) O mundo elementar, formado pelas forças atuantes em nosso planeta, também chamado mundo sublunar, cujo domínio se estende da Terra a seu satélite, a Lua (domínio das forças fisioquímicas).
2) O mundo dos orbes, formado pelas forças atuantes no sistema solar e cujo domínio se estende do Sol aos planetas do sistema (domínio das forças astrais).
3) O mundo empírico,[326] formado pelas forças atuantes no Universo inteiro e cujo domínio se estende do centro de atração de nosso Sol, ainda não bem definido cientificamente, até os sóis situados na mesma esfera de atração (domínio das forças dos princípios).

E esses três planos não constituem centros de ação estritamente delimitados. Do mesmo modo que em todas as partes do organismo do homem encontramos linfa, sangue e atividade nervosa (embora o abdome, o peito e a cabeça sejam os planos que centralizam a atividade desses três elementos), assim também encontramos, até no menor dos planetas, forças físicas, vida e forças de atração, manifestações do mundo elementar, do mundo dos orbes e do mundo empírico, respectivamente.

O ARQUÉTIPO

Quando queremos desenhar um homem, é sempre a imagem de seu corpo físico que nos vem primeiro à mente.

No entanto, basta um pouco de reflexão para entendermos que o corpo físico é tão somente aquilo que sustenta e manifesta o homem verdadeiro: a mente que o governa.

Podemos remover milhões de células do corpo físico, amputando um membro, sem que a unidade de consciência sofra a mínima perda. O homem intelectual que existe dentro de nós é independente dos órgãos, que servem apenas de suporte e meio de comunicação.

Porém, não é menos verdade que, para nós, em nosso estado atual, os órgãos físicos são muito úteis e até mesmo indispensáveis, pois nos permitem ter acesso à atividade da mente e compreendê-la. Sem essa base totalmente física, nossas deduções assumiriam caráter vago e místico: seriam fatos exclusivamente metafísicos.

Mas só uma análise muitíssimo superficial nos levaria a confundir o homem intelectual com o homem orgânico ou a tornar a vontade inteiramente dependente das funções orgânicas.

Quando se trata de Deus, contudo, quase sempre caímos no excesso que acabamos de descrever em relação ao homem.

Todos os seres e coisas que existem sustentam e manifestam a Divindade, assim como o corpo físico sustenta e manifesta a mente.

Querer falar de Deus sem recorrer a essas manifestações físicas é arriscar-se a ficar perdido na neblina metafísica, é permanecer incompreensível à maioria dos intelectos. Assim, é baseando-nos na constituição do homem e na constituição do Universo que conseguiremos ter uma ideia mais precisa de Deus.

No homem, vemos um ser físico, ou melhor, orgânico, agindo de maneira automática, acordado ou dormindo. Acima desse ser orgânico, determinamos a existência de outro ser: o intelectual, que entra em ação quando desperto e que se manifesta quase exclusivamente durante o estado de vigília.

O aspecto orgânico do ser humano prende-se à ideia de que fomos feitos pela natureza. A mesma lei fatal e regular controla as ações do homem orgânico, assim como as do Universo, que é formado por órgãos cósmicos em vez de órgãos humanos.

O ser intelectual, no homem, responde, por sua vez, mas de modo bastante elementar, à ideia que temos de Deus. Os vínculos entre o homem físico e o homem intelectual nos esclarecem em relação aos vínculos entre a natureza e Deus, da mesma maneira que os vínculos entre o ser físico e a mente, no homem, podem logicamente nos esclarecer em relação aos vínculos entre o homem e Deus.

Se a analogia acima é verdadeira, podemos agora postular que Deus, embora se manifeste por meio da humanidade e da natureza, e embora atue por meio desses dois grandes princípios cósmicos, nem por isso deixa de ter sua própria existência independente.

Contudo, a Primeira Unidade assim concebida já não tem necessidade de intervir no funcionamento das leis naturais, assim como a mente consciente do homem não intervém, em seu estado normal, no funcionamento de seu coração e de seu fígado.

O homem é o único criador e o único juiz de seu destino. É livre para agir como deseja, dentro do círculo de seu destino, do mesmo modo que um viajante, estando em um trem ou em um navio, pode agir como bem entende em sua cabine ou compartimento. Deus não pode ser acusado de cumplicidade com os erros humanos, assim como o maquinista do trem e o capitão do navio não são responsáveis pelos caprichos dos passageiros que conduzem.

Dessa forma, para evitar quaisquer erros no que se segue, devemos entender bem que Deus é, à primeira vista, a totalidade do que existe, assim como o homem é, à primeira vista, o conjunto de seus órgãos e de suas faculdades.

Todavia, o verdadeiro homem, a mente, se distingue do corpo físico, do corpo astral e do ser psíquico, que ele percebe e domina. Do mesmo modo, o Deus-Unidade se distingue da natureza e da humanidade, que ele percebe e domina. Em palavras simples, a natureza é o corpo de Deus, e a humanidade é a vida de Deus, mas na medida em que o corpo material é o corpo do homem, e os corpos astral e psíquico são os princípios vitais do homem; isso se refere ao homem orgânico e não ao homem-mente, que, repito, apenas usa esses princípios como meio de manifestação.[327]

Não é menos verdade, porém, que a mente do homem possui vínculo interno com as menores partes de seu organismo, partes sobre as quais ele não pode atuar, mas que se manifestam para a mente por meio do sofrimento. Da mesma forma, Deus está direta ou indiretamente presente nas menores partes da criação; está em cada um de nós, tal como a consciência humana, como receptor ou motor consciente, está em cada uma das células de nosso corpo.

Assim, a natureza e o homem agem livremente, cercados pela circunferência da atividade divina que impele o Universo na direção do progresso, sem intervir despoticamente nas leis da natureza ou nas ações dos homens. Desse modo, o capitão do navio, que manobra o leme, avança para o objetivo de sua viagem sem intervir nas máquinas (símbolo da natureza) ou nas ocupações dos passageiros. O capitão se encarrega do âmbito do sistema geral; não dá a mínima para o que ocorre nas cabines.

No entanto, as ações do capitão afetam, pelo menos indiretamente:

1) As máquinas, por meio do alto-falante.
2) Os passageiros, por meio das regras que estabelece a bordo.[328]

Na cabala, damos o nome de *Pai* ao princípio divino que atua sobre as ações gerais do Universo; de *Filho* ao princípio em ação no seio da humanidade; e de *Espírito Santo* ao princípio em ação na natureza. Esses termos místicos se referem às diversas aplicações da força criadora universal.[329]

A UNIDADE

O Universo, concebido como um todo animado, é composto de três princípios: Natureza, Homem e Deus, ou, na linguagem hermética, Macrocosmo, Microcosmo e Arquétipo.[330]

O homem é chamado de microcosmo, ou mundo pequeno, porque contém *analogicamente* as leis que regulam o Universo.[331]

A natureza constitui o fulcro e o centro para a manifestação geral dos outros princípios.

O homem, afetando a natureza por intermédio da ação e outros homens por intermédio do verbo, sobe para Deus por intermédio da prece e do êxtase, constituindo o vínculo entre criação e criador.

Deus, que oculta suas ações providenciais em domínios onde outros princípios atuam livremente, controla o Universo, do qual reconduz todos os elementos para a unidade de direção e ação.

Deus se manifesta no Universo por meio de ações da Providência enviadas para iluminar o homem em sua evolução; mas não pode, dinamicamente, se opor a nenhuma das outras duas forças primordiais.[332]

O homem se manifesta no Universo por meio da ação da vontade, que lhe permite lutar contra o Destino e torná-lo servo de seus desígnios. Na aplicação de sua volição ao mundo exterior, ele tem completa liberdade para invocar a luz da Providência ou rejeitar seus efeitos.

A natureza se manifesta no Universo por meio da ação do destino, que perpetua, de maneira imutável e em ordem estritamente determinada, os tipos fundamentais que constituem a base para sua ação.

Fenômenos são do domínio da natureza; *leis* são do domínio do homem; *princípios* são do domínio de Deus.

Deus só cria princípios. A natureza desenvolve os princípios criados a fim de fazer fenômenos; e o homem, pelo uso que sua vontade faz das faculdades que possui, estabelece as relações que unem os fenômenos aos princípios e transforma e aperfeiçoa esses fenômenos graças à criação de leis.

Mas um fenômeno, por simples que seja, não passa da tradução, pela natureza, de um princípio emanado de Deus; e o homem pode sempre restaurar o vínculo que relaciona o fenômeno visível ao princípio invisível recorrendo a uma lei (a base para o método analógico).

<hr />

Um navio é lançado no imenso oceano e navega rumo ao objetivo que lhe foi designado como termo de viagem.

Tudo que o navio contém vai sendo conduzido para lá.

No entanto, cada um de nós é livre para organizar sua cabine do modo que lhe convém. Cada um de nós é livre para subir ao convés e contemplar o infinito ou descer ao porão. O avanço ocorre todos os dias para tudo o que está no navio; mas cada pessoa é livre para agir como quiser no círculo de ação a ela prescrito.

Todas as classes sociais estão a bordo, do imigrante mais pobre, que passa as noites no saco de dormir, ao norte-americano rico, que ocupa uma cabine luxuosa.

E a velocidade é a mesma para todos: o rico e o pobre, o alto e o baixo chegarão ao fim da jornada no mesmo momento.

Uma máquina indiferente funciona de acordo com leis rigorosas, que movem o sistema inteiro.

Uma força cega (vapor), gerada por um fator especial (calor) e canalizada pelos tubos de metal e órgãos do navio, anima a máquina toda.

Uma vontade, que controla tanto a máquina orgânica quanto os passageiros, governa tudo: o capitão.

Alheio às ações dos passageiros, o capitão, de olhos fixos no objetivo a ser atingido e mãos presas ao leme, move o imenso organismo em direção ao termo da viagem, dando ordens a um exército de inteligências que lhe obedecem.

O capitão não comanda diretamente a hélice que propele o navio; só tem controle sobre o *leme*.

Assim, o Universo pode ser comparado a um imenso navio, com aquele que chamamos Deus manobrando o leme; a natureza é a máquina, resumida pela hélice, que faz cegamente o sistema inteiro trabalhar de acordo com regras estritas; e os humanos são os passageiros.

Há progresso geral para o sistema todo, mas cada humano é absolutamente livre dentro de seu próprio círculo de destino.

Relativamente a esse assunto, existe um retrato que descreve claramente os ensinamentos do ocultismo.

A INVOLUÇÃO E A EVOLUÇÃO DOS PRINCÍPIOS

Cada um dos três princípios provém de um mundo ou plano diferente e volta para ele em maior ou menor tempo após a morte.

O corpo físico, o cadáver, retira seus elementos constituintes do plano material, e estes voltam para ele depois de algum tempo, após a morte física. Podemos apressar essa reintegração com fogo (cremação) ou, ao contrário, retardá-la com substâncias que paralisam as células materiais do cadáver (mumificação). Tudo depende do objetivo perseguido pela pessoa que faz uso de qualquer dessas práticas.

O corpo astral, que vem do mundo dos orbes, do plano do destino, da esfera dos arcontes, conforme diz Valentino em *Pistis Sophia*, desintegra-se após a morte, dependendo de como foi magnetizado durante a encarnação. Se o ser não foi purificado pelo sacrifício ou pelo sofrimento, o corpo astral permanece apegado até a segunda morte do princípio superior.[333]

Esse ser se torna um elementar que pode ser invocado em determinadas condições.[334]

O destino da mente depende da magnetização que recebeu. Se ela esteve constantemente atraída por prazeres materiais e gratificações egoístas, é "descascada" e precisa dissolver suas "cascas" nos vórtices astrais.

Se, ao contrário, evoluiu rumo ao altruísmo, pelos difíceis caminhos do sacrifício e da dor, está totalmente preparada para escapar da *torrente de criações,* a fim de se tornar, pela fusão com a alma gêmea, o primeiro elemento da divina reintegração de uma série de almas.[335]

O REINO HOMINAL

Não devemos achar que o homem esteja em estado de isolamento, pois nesse estado ele seria apenas uma célula na totalidade da Humanidade. A compreensão dos vínculos que unem a célula humana à humanidade (aquilo que Fabre d'Olivet chama de *Reino Hominal*) é que forma a base para as normas morais reguladoras das relações entre os homens e a terra. Isso se verá com clareza nos seguintes excertos dos ensinamentos de Fabre d'Olivet.

Não considero o homem no isolamento individual, mas na universalidade de sua espécie, que chamei de *Reino Hominal*. Vejo sempre esse reino como um único ser que goza de uma existência intelectual perceptível por meio da individuação. Quando os filósofos diziam que a natureza só cria indivíduos, estavam certos ao aplicar esse axioma à natureza física, mas proferiam um absurdo quando o aplicavam também à natureza intelectual: essa natureza superior, ao contrário, só cria Reinos que primeiro se transformam em Espécies, depois em Gêneros e, finalmente, em Indivíduos, pela natureza inferior. No Reino Hominal, as espécies são as raças que se distinguem pela cor, pela fisionomia e pelo local de nascimento; os gêneros são as nações e os povos diversificados pela língua, pela religião, pelas leis e pelos costumes; os indivíduos são os homens individualizados por suas respectivas posições nas nações ou nas raças, preservando nessas posições seus poderes particulares e sua vontade individual. Todos os homens formam um ser racional do qual são os membros perceptíveis; esse ser racional, que chamamos de *corpo político*, *povo* ou *nação*, possui dupla existência, moral e física, e pode ser considerado, como homem individual, sob a óptica da relação tripartite entre corpo, alma ou mente, como corpóreo e instintivo, animado e emocional, espiritual e inteligente. Essa existência dupla nem sempre apresenta proporções harmoniosas, pois frequentemente uma é forte e a outra é fraca, uma está viva e a outra está morta. A mesma desigualdade que existe entre os homens existe também entre os povos: em uns, as emoções são mais desenvolvidas que em outros; há os puramente instintivos e os puramente intelectuais.[336]

Há dois meios principais de elaboração que, embora usados em diversas formas e designados por diferentes nomes, derivam de uma causa única para chegar ao mesmo resultado. São eles:

Unidade e Divisibilidade [atuantes nos *Princípios*]
Atração e Repulsão [atuantes nos *Elementos*]
Formação e Dissolução [atuantes na *Esfera Política*]
Vida e Morte [atuantes nos *Indivíduos*]

> É por meio da *formação* que o Reino Hominal tende a destruir os indivíduos que o constituem, afastando-os da individualização mais absoluta – isto é, do estado de isolamento individual onde o homem só conhece a si mesmo e nem sequer faz ideia dos laços conjugais, os mais importantes de todos – e inserindo-os na universalização social, onde a mesma religião, as mesmas leis e a mesma língua agrupam os homens.
>
> É por meio da *dissolução* que se dá o movimento contrário: o Reino Hominal, após colher os frutos da universalização social, retorna à individualização absoluta, passando por todas as fases políticas, do império universal até a individualização mais estreita do homem não civilizado.[337]

> Portanto, o Reino Hominal contém em si o Universo inteiro. As únicas coisas fora dele são a lei divina que o forma e a causa primeira da qual emana essa lei. A causa primeira se chama Deus, e a lei divina se chama *natureza*. Deus é Um, mas, como a natureza parece apresentar um segundo princípio diferente de Deus, que contém um movimento tripartite onde surgem três naturezas diferentes (providencial, volitiva e fatídica), segue-se que o homem individual não consegue perceber nada que não seja dualista em seus princípios ou tríplice em suas faculdades. Quando, graças a um enorme esforço intelectual, o homem chega a conceber a verdadeira ideia de Deus, contempla o famoso quaternário pitagórico, fora do qual não existe nada.[338]

> A necessidade *providencial* age por consentimento; a necessidade *fatídica* age por meio de sensações. A sensação, que depende da vontade, adere livremente a uma dessas duas necessidades; nós as repelimos igualmente, a fim de permanecer no centro. A vontade pode permanecer no centro que a anima enquanto não se fragmenta.[339]

Fabre d'Olivet estabelece, pois, o fundamento mais sólido que se possa ter em mente para a tradição pitagórica. Reinterpretando a questão dos princípios vivos e esclarecendo-a à luz da Igreja dos Patriarcas e da brilhante revelação cristã, o autor das *Missões*,[340] o marquês Saint-Yves d'Alveydre, revelou aos intelectuais a única rota política compatível com a iniciação: a *Sinarquia*. Foi graças a essa luz inspiradora que nossos amigos Barlet e Lejay[341] lograram determinar com precisão as leis da vida da sociedade, do crescimento inicial ao fim, *considerando-a um organismo capaz de criar e destruir seus órgãos*. Tal o caminho apontado àqueles que desejam conhecer, longe das batalhas estéreis entre partidos, a arte sagrada da organização das comunidades humanas.

CAPÍTULO DEZ

O Plano Astral

Não se deve considerar o homem, como indivíduo ou coletivamente, isolado do restante da natureza visível ou invisível. Esse é o erro que os materialistas cometem. Poderíamos encerrar aqui nosso tratado elementar, sem o acréscimo de novos capítulos, mas achamos indispensável repassar as ideias que todo estudioso deve ter em relação ao plano invisível da natureza e aos seres invisíveis com os quais o homem pode entrar em contato.

Para começar, os interessados encontrarão todos os detalhes referentes a esses pontos na obra notável de Stanislas de Guaita intitulada *A Chave da Magia Negra*,[342] o melhor trabalho publicado até hoje sobre esse assunto, além de nossos próprios ensaios *Tratado Elementar de Magia Prática* e, principalmente, *Magia e Hipnose*. As notas a seguir são um breve apanhado dos pontos essenciais.

O aspecto visível do homem é uma manifestação do aspecto invisível, assim como o receptor do telégrafo reproduz um telegrama enviado de longe.

Segundo o ocultismo, existe também na natureza um aspecto totalmente invisível além dos objetos e das forças físicas que afetam nossos sentidos materiais.

Do mesmo modo que os construtores incessantes do organismo, fluidos e células (sangue e fluidos nervosos, hemácias e leucócitos), circulam no homem invisível, forças e seres que são os fatores incessantes do plano físico circulam na natureza.[343]

O ocultista que observou a existência do corpo astral – construtor e protetor das formas orgânicas – no homem não conseguirá deter seu estudo da natureza na observação das forças fisioquímicas ou nos resultados da evolução. As coisas visíveis, repetimos, são apenas o resultado de princípios invisíveis aos nossos sentidos físicos.

Convém lembrar que o aspecto invisível do homem compreende dois princípios básicos: o corpo astral e o ser psíquico, por um lado, e a mente consciente, por outro.

Quando concebida como entidade especial, a natureza em seu aspecto invisível também compreende um plano astral e psíquico, por um lado, e um plano divino, por outro.

O conhecimento do plano astral é indispensável para a compreensão das teorias que o ocultismo propõe para explicar todos os fenômenos aparentemente estranhos que o homem é capaz de produzir quando cultiva a si mesmo de determinada maneira.

O tema, em si, é muitíssimo obscuro. No entanto, basta confiar, ao máximo, em nossa descrição da constituição do homem para descobrir o que nos resta explicar.

Que queremos dizer com esse termo aparentemente tão estranho, *plano astral*?

Algumas comparações um pouco mais simples, mas altamente sugestivas, nos ajudarão a chegar a uma definição compreensível do termo.

Um artista teve uma ideia para fazer uma estatueta. De que ele precisa para concretizar a ideia? De material, como um pouco de argila, por exemplo. Mas isso é tudo?

À primeira vista, sim, é tudo. Mas suponhamos que esse pobre artista tenha perdido os braços ou seja paralítico.

O que acontece, então?

O artista teve uma ideia absolutamente clara da estatueta em seu cérebro. Em algum lugar, a argila está pronta para receber e manifestar essa forma, mas o INTERMEDIÁRIO, a mão, que já não pode obedecer ao cérebro nem atuar sobre a matéria, não produz nada.

Para que a ideia do artista se manifeste por meio da matéria, é necessária a existência de um intermediário entre a ideia e a matéria.

Voltando a uma de nossas comparações mais conhecidas, a ideia do artista pode ser assimilada à do cocheiro de uma equipagem, e a matéria, à da carruagem.

O intermediário entre o cocheiro e a carruagem é o cavalo. Sem este, o cocheiro, em seu assento, não pode movimentar a carruagem, da mesma forma como o artista sem braços não pode modelar a argila. Tal é o papel do intermediário nas comparações precedentes.

Voltemos ao nosso artista e à sua estatueta.

Suponhamos que a matéria, conquistada pelo trabalho, foi submetida aos movimentos da mão que a moldava e a estatueta surgiu.

O que é, em suma, a estatueta? Uma imagem física da ideia que o artista tinha no cérebro. A mão age como molde onde a matéria é moldada, e isso é tão verdadeiro que, se a estatueta se quebrar por acidente, o artista ainda encontrará a forma original em seu cérebro e poderá refazer a obra, uma imagem mais ou menos perfeita da ideia que serve de modelo.

Há, no entanto, uma maneira de impedir que a estatueta se perca depois de feita: fazer um molde dela. Com esse molde, temos o negativo da coisa a ser reproduzida, de modo que a matéria, ao sair do molde, sempre manifestará sua forma original sem que o artista precise intervir.

Portanto, basta um único negativo da ideia original para obtermos inúmeras imagens positivas dessa ideia, imagens sempre iguais entre si e que surgem devido à interação do negativo com a matéria.

Com efeito, toda forma orgânica ou inorgânica que se manifesta a nossos sentidos é uma estatueta feita por um grande artista chamado Criador, ou melhor, que vem de um plano superior chamado plano da Criação.

Mas nesse plano primordial de criação existem apenas ideias, os princípios, assim como no cérebro do artista.

Entre esse plano superior e nosso mundo físico visível há um *plano intermediário* encarregado de receber a impressão do plano superior e concretizá-la atuando sobre a matéria, do mesmo modo que a mão do artista se encarrega de receber a impressão do cérebro e fixá-la na matéria.

Esse plano intermediário entre o princípio das coisas e as próprias coisas é o que chamamos, no ocultismo, de plano astral.[344]

No entanto, não se deve supor que o plano astral exista em alguma região metafísica só perceptível pela razão. Nunca é demais repetir que tudo está firmemente enraizado na natureza, assim como no homem, e que cada folha de grama traz em si seus planos astral e divino. Separamos coisas absolutamente inter-relacionadas apenas para fins de análise. Determinamos o caráter *intermediário* do plano astral; mas isso não é tudo.

Se o leitor apreendeu bem a comparação, achará mais fácil conceber o que se entende, no ocultismo, pela segunda propriedade do plano astral: a criação de formas.

Todas as coisas são criadas no mundo divino *em princípio*, isto é, com o poder de vir a ser, análogo à ideia no homem.

Esse princípio se transfere em seguida para o plano astral e ali se manifesta como um "negativo" – ou seja, tudo que era luminoso no princípio se torna escuro e tudo que era escuro se torna luminoso; o que se manifesta não é uma imagem exata do princípio, mas o molde dessa imagem. Obtido o molde, a criação "no astral" é concluída.[345]

É então que tem início a criação no plano físico, no mundo visível. A *forma astral* age sobre a matéria, que dá origem à *forma física*, como o molde dá origem às suas estatuetas. E o astral não pode mudar os tipos que cria, do mesmo modo que o molde não pode mudar a imagem que reproduz. Para modificar uma forma, será necessário fabricar um molde novo, coisa que Deus faz de maneira direta e o homem faz de maneira indireta.

OS FLUIDOS

Os agentes: Elementais, Elementares[346]

Além dos fluidos – fluidos criadores do arquétipo e fluidos conservadores do Astral –, existem também certos *agentes* que afetam os fluidos.

Em nossa comparação apresentada, os dedos do operador, os milhares de células que mantêm a vida e o movimento dos dedos, representam os agentes de que falamos.

Como tudo que se faz visível é a manifestação e a concretização de uma *ideia* invisível, o ocultismo ensina que há na natureza uma hierarquia de seres psíquicos existentes também no homem, indo das células dos ossos até as nervosas, passando pelos glóbulos vermelhos do sangue. Isso constitui autêntica hierarquia dos elementos representativos.

Os seres psíquicos que povoam a região onde atuam as forças fisioquímicas são chamados de *elementais*, ou espíritos dos elementais. No homem, são análogos às células do sangue, sobretudo aos leucócitos. Esses elementos atuam nos níveis inferiores do plano astral em contato direto com o plano físico.

A questão dos *elementais*, que obedecem à vontade bem ou mal-intencionada que os dirige, mas não se responsabilizam por suas ações, embora sejam inteligentes, tem provocado estranhas controvérsias hoje. As citações de vários autores antigos que transcrevemos adiante provam que o ocultismo conhece e ensina, há muito tempo, a existência de entidades astrais.[347]

Além disso, basta lembrar que em nosso plano físico temos um animal muito inteligente que desempenha o mesmo papel: o cão. Não é verdade que o cão de um bandido atacará um homem honesto por ordem do dono e que o cão de um fazendeiro se lançará contra um ladrão que tentar invadir sua propriedade? Em ambos os casos, o animal não sabe se está atacando um homem honesto ou um ladrão; não é responsável por seus atos e limita-se a obedecer ao dono, que é o único responsável. Esse é o papel dos elementais no astral.[348]

A domesticação dos elementais pode ser comparada à disciplina militar. O comandante do exército consegue, graças à devoção ou ao medo, reunir à sua volta seres conscientes e responsáveis que foram convencidos ou coagidos a submeter sua vontade à do chefe. Fazer isso é bem mais difícil do que influenciar um cão. Ocorre o mesmo no astral, onde um elemental obedece apenas devido à devoção ou ao medo, mas continua livre para resistir à vontade do necromante.

Os elementais circulam quase o tempo todo dentro dos fluidos astrais. Afora essas entidades, existem outras, na opinião dos videntes. São as *inteligências orientadoras* formadas por espíritos que passaram por considerável evolução. Esses seres, análogos às células nervosas e aos centros simpáticos no homem, receberam grande variedade de nomes em todas as cosmogonias antigas. Aqui, contentamo-nos em reconhecer sua existência.

Há também no plano astral, segundo os ensinamentos da cabala, entidades dotadas de consciência que são os remanescentes de homens recém-falecidos e cuja alma ainda não evoluiu por completo. Os espíritas chamam essas entidades de "espíritos", e os ocultistas, de *elementares*.[349]

Um ponto muito importante a ter em mente é que os elementares são entidades humanas evoluídas, enquanto os elementais ainda não foram humanos.[350]

A IMAGEM ASTRAL

A teoria das "imagens astrais" é uma das mais estranhas que o ocultismo expõe para explicar fenômenos muito bizarros, e precisamos resumi-la da melhor maneira possível.

Em relação ao nosso exemplo do artista e sua estatueta, vimos que uma das funções do "plano astral" é conservar os tipos das formas físicas e reproduzi-las, do mesmo modo como o molde conserva e reproduz a forma da estatueta.

Essa propriedade se deve ao fato de o plano astral poder ser considerado um espelho do mundo divino, que reproduz as ideias dos princípios em negativo, a fonte de futuras forças físicas.

Contudo, segundo os ensinamentos do ocultismo, todas as coisas ou seres projetam um *reflexo* no plano astral da mesma maneira que projetam uma sombra no plano físico.

Quando uma coisa ou ser desaparece, seu reflexo no plano astral persiste e reproduz a imagem dessa coisa ou ser tal como era no exato instante de seu desaparecimento. Assim, todo homem projeta um reflexo "astral" característico, uma imagem. Após a morte, o ser humano sofre uma mudança de estado caracterizada pela ruptura dos *vínculos* que mantinham unidos os princípios muito diferentes de origem e tendência.

O corpo físico, ou membrana carnal, retorna à terra, ao mundo físico de onde veio.

O corpo astral e o ser psíquico, iluminados pela inteligência, pela vontade e pela memória das lembranças e dos atos terrenos, vão para o plano astral, sobretudo para as regiões superiores, onde se tornam elementar ou "espírito".

O conjunto das mais nobres aspirações do ser humano, desligadas da lembrança das coisas terrenas do mesmo modo que o sonâmbulo se desliga das lembranças do estado de vigília – em suma, o *ideal* que o ser humano criou para si em vida torna-se uma entidade dinâmica, que nada tem a ver com o *eu* atual desse indivíduo, e vai para o mundo divino.

Esse ideal, mais ou menos elevado, será a fonte de futuras existências e determinará o caráter delas.

Relacionando-se com essas "imagens astrais", o vidente recupera a história inteira de civilizações desaparecidas e seres mortos. Uma descoberta bem recente, a da *Psicometria*,[351] mostrou que esses conceitos ocultos, às vezes encarados como pura metafísica, correspondem indubitavelmente a realidades.

Suponha que seu reflexo no espelho persista, depois de você se afastar, com cores, expressões e toda a aparência de realidade: assim, você terá uma ideia do que se entende por "imagem astral do ser humano".

Os antigos tinham plena consciência desses fatos e davam à imagem astral no plano astral inferior o nome de *sombra*; à entidade pessoal, o *Eu* no astral superior, o de *manes*; e, finalmente, ao ideal do ser, o de *espírito*.

Os incrédulos ou aqueles que consideram o oculto uma invenção moderna precisam ler Ovídio.[352]

Ao invocar um ser morto, a pessoa deve, portanto, ter o cuidado de determinar se está às voltas com uma "imagem astral" ou com seu verdadeiro *Eu*.

No primeiro caso, o ser invocado agirá como um reflexo no espelho. Ficará visível, esboçará alguns gestos, e poderemos até fotografá-lo, mas NÃO FALARÁ. Será como o fantasma de Banquo em *Macbeth*, que só aparece para o rei e não diz nada.

Shakespeare estava bem a par dos ensinamentos do ocultismo.

No segundo caso, o ser evocado FALARÁ, e vários mortais conseguirão vê-lo ao mesmo tempo. É o caso do fantasma que Shakespeare mostra em *Hamlet*.

Os fenômenos espíritas chamados "materializações" já eram conhecidos na Antiguidade. No século XVI, Agrippa elaborou uma teoria oculta completa referente a isso em *Filosofia Oculta*. Se, no entanto, o século XVI parecer muito recente, o leitor poderá ler todos os detalhes de uma evocação oculta em Homero (*Odisseia*, canto XI), onde a imagem astral é chamada de Εἴδωλον.[353]

RESUMO

Resumindo, podemos dizer que o plano astral, intermediário entre o plano físico e o mundo divino, lida com:

1) Entidades orientadoras que se encarregam do funcionamento de tudo que evolui no plano astral. Essas entidades psíquicas são homens superiores da humanidade antiga que progrediram por iniciativa própria (espíritos orientadores da cabala).
2) Fluidos especiais formados de uma substância análoga à eletricidade, mas dotada de propriedades psíquicas: a luz astral.
3) Diversos seres suscetíveis à influência da vontade humana que circulam nesses fluidos: os elementais, muitas vezes oriundos das *ideias vitalizadas* do homem.
4) Formas futuras prontas a se manifestar no plano físico, formas oriundas do reflexo negativo das ideias criadoras do mundo divino. Essas formas estão além desses princípios, específicos do plano astral.

5) "Imagens astrais" de seres e coisas, reflexos negativos do plano físico.
6) Fluidos emanados da vontade humana ou do mundo divino que atuam sobre o astral.
7) Corpos astrais de seres carregados de materialidade (suicidas), de seres a caminho da evolução (elementares) e de entidades humanas que atravessam o astral a fim de encarnar (nascimento) ou após desencarnar (morte). Podemos encontrar também os corpos astrais de adeptos ou feiticeiros enquanto estão vivenciando o astral.

A fim de desenvolver e aplicar os fatos precedentes, encerraremos este capítulo com a adição de um estudo completo do *Astral* publicado pelo mestre F.-Ch. Barlet, que merece bastante atenção da parte do estudioso sério.

NOTAS SOBRE O ASTRAL
Por F.-Ch. Barlet[354]

Se é dentro do próprio organismo que a alma, após formular um desejo, procura o éter necessário para a manifestação desse desejo, ela o encontra fazendo uso do fantasma, ou parte inferior do corpo astral (*Linga Sarira*, *Than*, *Nephesh*), por intermédio do princípio magnético central (*Kama*, *Chi* ou *Ruach*). Assim, consegue agir, conforme descrevemos, e traduzir seu desejo em ações ou gestos do corpo material com a ajuda da força vital que o impregna, tal como faz o corpo astral.

Mas, porque não quer ou porque não consegue, a alma nem sempre obtém essa realização exterior, ainda que não possa deixar de tentar; nesse caso, logra pelo menos externar em linhas gerais aquilo que quer e suga o éter ambiente com ardor proporcional ao desejo. O éter, instruído pelo verbo da alma, torna-se um vórtice astral sem núcleo e, impregnado pelo magnetismo da alma, é expelido por seu centro intermediário, conforme dissemos (por meio da alma do corpo espiritual;

Kama, Chi, Ruach), na busca de um organismo mais capaz que o seu de concretizar o desejo.[355]

Temos, então, mais um ser na atmosfera astral: é esse tipo de elemental que a filosofia hindu chama pelo nome muito expressivo de *Kama-Manasic*,[356] pois nasce de manas (a alma humana, sede do desejo) com o auxílio do kama (força magnética).[357]

Para se tornar um ser completo, ele precisa do corpo de átomos protolíticos que sua forma aguarda e, devido à origem atual, deseja-o mais ou menos apaixonadamente, criando uma *força móvel potencial*[358] que se traduz em força viva quando encontra as condições ideais para essa transformação de energia.

É isso que queremos dizer quando descrevemos os elementais como seres inocentes, mas ansiosos por existir: eles procuram individualidades encarnadas que possam lhes proporcionar uma realidade corpórea e prendem-se a elas com a tenacidade de uma possessão, sendo, por isso, verdadeiros vampiros da alma.

Esses seres etéricos, conforme as condições, podem ter um objetivo prescrito por seu criador: é o que explica, por exemplo, os efeitos das bênçãos e das maldições, bem como dos encantamentos de todos os tipos. Mas, na maioria das vezes, eles não têm nenhum objetivo preciso, apenas um impulso indefinido que, por assim dizer, os deixa vagando em busca de aventuras em meio às multidões astrais, em meio aos vivos que invejam e prontos, por causa de sua origem, a serem atraídos apenas pelos desejos, pelas forças e pelos elementais do mesmo tipo.

Desse modo, os pensamentos são seres dotados de existência própria a partir do momento em que seu autor os *expressa*, isto é, externaliza.[359]

Reunidos por simpatias analógicas de acordo com a lei mecânica de forças do mesmo vetor, eles se multiplicam e se concentram visando a um objetivo comum. Nessas ocasiões, todos sentimos, com uma consciência mais ou menos clara, que *uma ideia está no ar* ou, pelo menos, as pessoas sensíveis percebem-na e, às vezes, anunciam-na como uma realidade já certa, mas ainda invisível e em processo de vir a ser. Dela, recebemos um pressentimento, uma previsão de coisas futuras, um oráculo.

Não são apenas os desejos humanos que formam esses elementais; inúmeros animais também os expressam de modo condizente com a natureza de seus desejos, talvez inspirados pelos órgãos mais perfeitos que veem em funcionamento em outros seres terrestres. É assim que podemos explicar a abundância de órgãos isolados e combinações monstruosas de órgãos que aparecem flutuando no astral a praticamente todos os iniciantes em clarividência. São os desejos, ainda não completados pelo Universal, de um ser inferior à procura do ideal de novas perfeições; são os esforços da *natureza* para alcançar o poder e a unidade do ser, esforços que se traduzem nas diversas modificações que Darwin revelou com tanta perspicácia.

Enfim, o oceano astral que abriga essa inumerável população também é agitado em todas as direções pelos movimentos ondulatórios oriundos de outra fonte. Os atos e as emoções de seres encarnados, os desejos e os movimentos consequentes dos seres etéricos produzem igualmente vibrações de luz, calor, eletricidade e, sobretudo, magnetismo. Tais vibrações, como sabemos, se propagam nesse meio, entrechocando-se sem se destruir e conservando-se em reflexos parciais na membrana do vórtice superior, onde persistem por algum tempo conforme sua intensidade e definição. Assim, as formas etéricas ou o ato que as molda na matéria têm duração finita: a forças que as criam se exaurem ao agir sobre a massa na qual se insinuaram; perecem, digamos assim, esgotadas pelas ondas do imenso oceano onde nasceram e são reabsorvidas pelo fogo astral. Entretanto, as influências que engendraram sobrevivem a elas e se propagam no astral, assumindo um estado vibratório peculiar; modificam a condição desse meio compartilhado ao gerar *linhas de força*, novos *hábitos* e, com eles, novos desejos. Portanto, não há ser, gesto, ato ou pensamento especial que não contribua para a transformação do corpo astral do planeta e, por intermédio desse corpo, para a transformação das aspirações de seus habitantes.

É desse modo que o astral registra todas as nossas manifestações vitais, atuando na biologia de nosso planeta como sua memória, para benefício da evolução que acabamos de alcançar aqui.

A RELAÇÃO ENTRE A ALMA HUMANA E O ASTRAL DA TERRA

Observemos agora a alma encarnada e mergulhada nesse meio, do qual o planeta inteiro está impregnado, pois é lei comumente aceita que a matéria mais sutil penetre a mais densa à sua volta.

Dissemos que o órgão central de nossa constituição (*Ruach*, *Kama* ou *Chi*) é tão capaz de absorver quanto de emitir qualquer criação, vibração ou condensação etérica. É também o órgão de recepção e emissão do astral terrestre;[360] graças a isso, experimentamos uma verdadeira digestão nutritiva, já que ela difunde imediatamente seus eflúvios para toda a alma animal e para todo o corpo astral. Como energizadores ou vampiros, esses micróbios astrais penetram nosso organismo corporal e espiritual inteiro, dando-lhe vida ou instilando-lhe o veneno do encantamento. É por causa disso que o curador tem acesso aos fluxos vivificantes extraídos das fontes benéficas da natureza e é por isso que o mago negro nos mata de forma infame com forças hostis, inesperadas e invisíveis.

É também por meio desse mesmo órgão magnético que uma hoste inteira de paixões e desejos sedentos de ação nos invade, espalhando-se pela alma excitada até as profundezas do espírito a fim de perturbá-lo com suas inquietudes e subjugá-lo com suas resoluções.

Temos, então, nossa alma humana (*Neshamah*, *Manas*, *Thân*) chamada à ação em três diferentes direções, que correspondem aos três mundos onde vivemos ao mesmo tempo:

As sensações do mundo físico, percebidas por nosso corpo, produzem uma atitude que pode, como vimos, penetrar por meio da alma animal até a vontade e, assim, moldar vigorosamente essa vontade com uma reação reflexa que provoca o movimento desejado. A sugestão hipnótica é simplesmente a produção experimental e exagerada desse mesmo efeito.

No polo oposto, a efervescência de nossa imaginação, povoada com formas etéricas criadas por nossas emoções e até nossas intuições que desceram dos mundos superiores, é transmitida por nossa alma animal e nosso corpo astral às nossas forças vitais a fim de despertá-las.

Por fim, como acabamos de ver, esses fluxos emocionais, recebidos de fora pelo centro magnético, penetram em nossos outros dois centros e engendram outras forças, outras potencialidades em busca de realização.

São as paixões que o poder de nossa mônada orientadora, isto é, de nosso único e verdadeiro *Eu*, deve constantemente enfrentar, eliminando todos esses distúrbios um por um, resistindo ou consentindo, opondo sua soberania sobre os poderes a todas as mônadas dominantes de que seu império é formado.

Mas como essa soberania pode ser proficuamente exercida? Como pode triunfar de todas as revoltas, sobretudo as incitadas pelo astral interno ou externo? Sabemos muito bem que, com frequência, somos os joguetes de nossas emoções, não seus senhores: quase todos os nossos atos são meros reflexos; raramente nos damos conta deles, porque as forças etéricas que nos invadem têm imenso poder sobre nós.

É sempre a vontade, a mônada principal, que comanda o ato, mas poucas vezes essa vontade é a nossa: frequentemente, obedecemos a uma vontade alheia. Para dominar, nossa vontade precisa de aumento de energia, que Schopenhauer, em linguagem sutil, exprime perfeitamente dizendo que nós sempre *queremos* um ato, mas resta saber se NÓS *queremos querer*. A resposta dele é negativa: quem quer dentro de nós é a *Vontade Universal*.

Isso não passa de sofisma na forma mais pura, o que é importante esclarecer porque pode facilmente pressupor a filosofia panteísta. Sem dúvida, a vontade universal, ou seja, *Deus*, é que quer dentro de nós quando nosso *Eu* comanda tudo o que está embaixo; mas convém acrescentar que isso só acontece com nosso consentimento. Em suma, nossa *vontade*, quando realmente exercida, é o instrumento da vontade divina na terra, de sorte que só pode comandar outras vontades à condição de ser Uma com a vontade divina, de ser *Boa Vontade*.[361]

Essa é a lei suprema, porque nosso objetivo, a razão de ser do homem terrestre, consiste em trabalhar com o planeta em prol da grande obra de vivificar o vazio cumprindo a vontade divina em sua esfera, como todas as outras mônadas, pela elevação de seres inferiores.[362]

Mas, ao contrário das vontades que o precedem na cadeia evolutiva, o homem é livre para aceitar esse sublime papel ou para se recusar a participar: essa decisão depende de sua escolha. Caso se recuse, acreditando nos próprios poderes independentes e em sua capacidade de fazer tudo, cometerá um erro imperdoável. Terá de ceder ou morrer! Esses dois tipos de recusa são a fonte de todo o mal no mundo.

Das possibilidades humanas – Examinemos, porém, alguns detalhes relativos a essa luta, onde a alma humana é o campo de batalha entre os instintos cegos da natureza, o vazio que cobiça o poder imediato e as solicitações providenciais que levam a tentativas definitivas de libertação da alma. A imortalidade é o prêmio.

A maioria de nós mal toma consciência dessa luta; quase todos vivemos por instinto, embalados pelos apelos da Providência. Mesmo entre aqueles que são um pouco conscientes, sobretudo os que sentem as influências astrais, há poucos capazes de entendê-las ou usá-las.

Esse último tipo, o único que discutiremos, se divide em quatro classes: duas ativas, ou masculinas, e duas passivas, ou femininas. Em cada uma dessas categorias, distinguimos uma classe mais particularmente sensível a forças superiores e outra mais sensível a forças inferiores.

Todas se diferenciam das pessoas normais pelo excesso de fluido etérico em sua constituição, mas algumas delas são mais aptas a reter esse excesso ou expeli-lo quando e para onde desejam; de outras, ao contrário, o excesso escapa em ondas sem direção certa e é substituído por novos fluxos. Os desejos superam sua capacidade de concentração; em vez de projetar o éter ambiente, como as outras já mencionadas, elas o esvaziam a fim de compensar suas perdas irremediáveis. São os *médiuns* de todos os tipos que podem se tornar adivinhos, bardos e até profetas caso pertençam a uma esfera elevada o bastante para atrair o éter energizado por forças superiores.

São *magnetizadores* quando os fluidos que concentram e projetam derivam de forças corporais; são *iniciados* de todos os graus quando conseguem reunir o éter criado pelos poderes espirituais e os de ordem superior.

TABELA DA CONSTITUIÇÃO HUMANA

por Barlet (ver artigo "L'Astral", *Initiation*, edição de janeiro de 1897)

		ANATOMIA			FISIOLOGIA	
		CABALA	HINDU	CHINESA	De fora para dentro (ler de cima para baixo)	De dentro para fora (ler de baixo para cima)
O Corpo Físico (Mortal)	*O Cadáver* (tecidos e esqueleto)	*Gaph* (ou *Gaphah*)	*Pupa* ou *Sthula Sharira*	*Xuaong* (substância orgânica)	Atividade fisioquímica	Desenvolvimento do poder no músculo irritado com liberação de calor
	Força Vital (sangue e fibras)	Nephesh-Chajini	*Prana* (sopro vital)	*Mau* (sangue)	Excitação do músculo por meio da irritação	Excitação da força vital
	Força Sensível (célula nervosa) (o fantasma)	Nephesh	*Linga Sarira* (corpo astral)	*Than* (movimento)	Sensação por via dos nervos	Estremecimento da matéria etérica do corpo (vibração nervosa)
O Corpo Espiritual (sobrevivente, em parte, após a morte [porção superior])	*O Fluido Eletro-magnético* (Ruach)	Ruach inferior		*Than-Thuy* (transferência de Chi para Than)	Percepção da sensação pela matéria etérica agora ativa (sensação externalizada)	Matéria etérica posta em ação (forma externa de pensamento)
		Ruach médio	*Kama Rupa* (alma animal)	*Chi* (o sopro da vida)	Transformação da força física em força psíquica	Transformação do princípio de ação em força ativa
		Ruach superior		*Thân-Chi* (transferência do Chi para Than)	Percepção do princípio superior de excitação (consciência da atividade da matéria etérica)	Pensamento como princípio por trás da ação
Alma (Imortal)	*A Alma Ancestral* (o *seb* dos egípcios, que dá forma ao corpo) (espírito exterior de Swedenborg)	Neshamah	*Manas* inferior *Manas* superior	*Thân* (luz e calor)	Sentimento (observação da quantidade e qualidade da força atuante)	Pensamento posto sob tensão ou o potencial de ação
	A Alma Real (espírito interior de Swedenborg)	Chayah	*Buddhi* (alma espiritual)	*Tinh* (associação de ideias)	Percepção da forma superior ou o princípio da força atuante	Forma interna do pensamento ou Verbo
	Espírito (alma superior)	Yeskide	*Atma* (espírito puro)	*Wun* (vontade celeste)	Percepção da unidade da força atuante indicando sua relação com a unidade individual ativada	Pensamento ou seu princípio

A tabela seguinte permite entender, à primeira vista, essa classificação muito simples.

	FORÇAS INFERIORES	**FORÇAS SUPERIORES**
PASSIVAS (absorvem e expelem)	*Médiuns* (sobretudo os que provocam efeitos físicos)	*Médiuns Psíquicos* (videntes, bardos, profetas)
ATIVAS (concentram e emitem)	*Magnetizadores* (curadores, etc.)	*Iniciados e adeptos* (curadores, alquimistas, teurgistas)

Essas distinções não são supérfluas; vão nos permitir entender quais podem e devem ser as relações entre o homem e o astral.

Para conhecer as realizações de que a constituição humana é capaz em relação ao astral, devemos nos lembrar de que nosso aparelho magnético (*Ruach*, *Kama* ou *Chi*) é, essencialmente, um órgão centralizado capaz de estender-se na direção tanto do corpo quanto da alma, de modo a modificar nossa constituição e até transformá-la por completo.

Essa força, espécie de reserva para todos os fins, fica à disposição da Mônada principal, ou *Eu*, de espontaneidade individual, também chamada de *vontade*. Não obstante, dada a extrema mobilidade, essa força escapa facilmente ao controle, devido a um defeito constitucional ou por influência de poderes maiores, conforme mencionamos anteriormente e resumimos na tabela precedente.

Com seus movimentos, essa força etérica sempre absorve um pouco de um dos dois outros elementos extremos do corpo espiritual fantasmagórico (*Nephesh*, *Linga Sarira* ou *Than*) e da alma ancestral (*Neshamah*, *Manas* ou *Thân*) ou mesmo dos dois juntos. Esse movimento, que pode ocorrer na direção da alma ou do corpo, quando não do exterior, depende, para seu rumo e quantidade da vontade, do *Eu* ou de outra força externa. Assim, por exemplo, é agindo diretamente sobre o centro de gravidade do organismo que um magnetizador produz no paciente todos os fenômenos conhecidos: curativos, se dirige suas reservas para a força vital do paciente, à qual pode acrescentar um pouco da sua; hipnotizantes ou estupefacientes, se congestiona a alma ancestral às expensas do fantasma, operação que Éliphas Lévi descreveu de maneira impressionante, classificando-a como intoxicação de luz astral.

Munidos dessa dupla chave, a distinção entre os diversos tipos de constituição com excesso de fluido etérico e o uso do centro etérico manipulável, poderemos agora entender e classificar facilmente os fenômenos produzidos pelo invisível.

Consideremos primeiro as constituições passivas, que precisam sugar o éter para não perdê-lo. As forças, ou átomos energizados que se entrecruzam no éter ambiente, correm para o centro magnético passivo e o deslocam constantemente, o que explica sua exagerada impressionabilidade. Se sua constituição moral, seus hábitos da alma, facilitam esse movimento rumo aos órgãos corporais enquanto, ao mesmo tempo, tendem a isolar os órgãos espirituais pouco usados, o médium sensível consegue provocar efeitos físicos; torna-se magnetizável, hipnotizável, fácil de influenciar, obsediado e letárgico.[363]

Se o movimento tende mais para as regiões da alma, para o espírito interior (*Chayah, Buddhi, Tinh*) que retém uma porção maior da alma ancestral (*Neshamah, Manas, Thân*), o indivíduo toma certa consciência das forças que o assediam, mais ou menos dependentes do nível de espiritualidade. Notaremos, então, fenômenos de lucidez, clarividência, clariaudiência, predição ou talvez até mesmo profecia.[364]

Esses fenômenos apresentam toda uma variedade de aspectos, dependendo da intensidade da influência externa, da mobilidade constitucional e do nível de espiritualidade do indivíduo. Assim, uma pessoa só verá seres próximos, ao passo que outra perceberá seres mais distantes; uma verá apenas objetos materiais; outra distinguirá claramente seres astrais e vibrações etéricas. Pode acontecer que esses movimentos do centro magnético ocorram sob a influência de forças acidentais, ou seja, forças não dirigidas por uma vontade particular; nesse caso, o único resultado serão meras alucinações, que, por acaso, assumem a aparência de ideias.

Ao contrário, sucede às vezes que uma vontade bem mais poderosa que a do indivíduo o subjugue completamente; para que isso ocorra, basta-lhe ocupar o centro magnético do indivíduo, quando então testemunhamos os lamentáveis fenômenos da *obsessão* e mesmo da *possessão*, de que a mediunidade também proporciona frequentemente um exemplo perigoso. É o que ocorre quando aparições ou um invisível, em geral desconhecido, dominam o fantasma e mesmo a alma do médium, que está em estado letárgico, a fim de se manifestar como criaturas tangíveis e ativas.

Enfim, se o passivo adiciona à qualidade absorvente de sua constituição alto nível de energia extraída de seus desejos (devido à predominância da *alma ancestral* ou do *manas* inferior), torna-se verdadeiro vampiro astral para aqueles que se aproximam dele, pois suga as energias das vontades alheias. Isso explica os efeitos específicos e muitas vezes surpreendentes provocados por certas mulheres em seres masculinos; em nível superior, é também a explicação para os encantos femininos em geral. Os antigos simbolizaram perfeitamente essa influência especial sobre as almas mais viris com o domínio de Vênus sobre Marte ou o de Dalila sobre Sansão, além de outras lendas semelhantes.

Examinemos agora o temperamento ativo.

É quase inútil repetir o que já dissemos: que ele será um magnetizador ou um vidente, na dependência de seu centro magnético ser mais atraído pelo corpo ou pela alma, e de controlar esse movimento à vontade, como vidente. Aqui, nos preocupamos mais com o uso que ele fará da força que sabe absorver, concentrar e dirigir.

Em primeiro lugar, ele pode projetá-la em seus semelhantes mais passivos por meio da coerção, apanhando-os, por assim dizer, de surpresa, com a cumplicidade do centro magnético deles. O resultado, nesse caso, é uma obsessão mais ou menos irresistível, da qual Donato[365] já publicou provas bem conhecidas.

Ai de quem exerce essa faculdade relativamente acessível para prejudicar seus semelhantes! Além da degradação da alma, ele se arrisca a um verdadeiro contragolpe invisível, a uma reação igual à ação, que recai sobre o autor do crime, às vezes para sua grande surpresa. Esse é também o caso para o encantamento, do qual é fácil compreender a possibilidade e o meio com base no que eu já disse.

O ativo pode, ao contrário, forçar as emanações magnéticas daqueles que estão sob sua influência a tomar uma direção que lhe permita absorvê-las para si mesmo. Isso é magnetismo por atração, encantamento mais difícil de pôr em prática, mas também mais poderoso e mais eficiente que o oposto, o magnetismo por coerção; tem o poder do amor, que domina toda a criação.

Em nível muito alto e proporcionalmente difícil, essa prática confere ao operador o dom de ler mentes enquanto, de modo geral, o paciente permanece de todo alheio aos detalhes que revela.[366] É óbvio que esse exercício requer grau elevado tanto de espiritualidade quanto de vontade, pois pressupõe que a força central seja transposta para uma mente interior muito desenvolvida. Eis uma das preciosas habilidades do vidente.

Em vez de agir sobre os semelhantes, o ativo pode agir sobre si mesmo. Dirigindo as forças magnéticas para seu organismo corporal, ele produz todos os tipos de efeitos curativos, incluindo milagres, como fazem os excelentes faquires da Índia e da África, que curam instantaneamente as doenças mais graves.

Pode também, graças unicamente à vontade, colocar-se em estado hipnótico de qualquer grau e, nesse estado, conseguir até viajar com o corpo astral e todo o corpo espiritual envolvido (*Chayah*, *Buddhi* ou *Tinh*), de maneira a lograr uma bilocação completa e, assim, aparecer com todas as faculdades humanas em um lugar distante de onde seu corpo jaz adormecido.

É fácil entender como essas realizações são difíceis. A força de vontade nem sempre basta para impedir ataques de seres invisíveis com grau de vontade superior, ansiosos por ocupar a forma corporal abandonada. Isso pode resultar em problemas orgânicos muitas vezes fatais, caso o operador acorra muito bruscamente em auxílio de seu corpo, ou pelo menos resultar em *alienação mental* (*alienum in mente*), quando não consegue reentrar.

Não bastasse isso, convém levar em consideração o grau de desenvolvimento psíquico exigido para empreender um ato espiritual como a bilocação voluntária.

O grau de êxtase necessário para penetrar até as regiões ultraterrestres é da mesma ordem.

Esses fenômenos estão reservados para os médiuns do mais alto nível, mas, se por acaso maus pensamentos transmitissem sua força para uma inteligência, que nesse caso teria de ser muito poderosa, nós teríamos muita piedade da alma que exercesse tais poderes!

Por fim, o ativo pode dirigir seus fluxos magnéticos para seres invisíveis e para as próprias forças naturais. Nesse caso, produz fenômenos de ordem mágica.

É assim que o homem consegue, por exemplo, estimular o desenvolvimento da vegetação, como se sabe que alguns faquires fazem, ou, inversamente, subtrair de plantas e animais parte de seus fluxos magnéticos, carregados de força vital, para usá-los como deseja.

Pode igualmente modificar forças físicas a um ponto tal que, por exemplo, chega a desaparecer no ar, levitar, produzir ou alterar fenômenos meteorológicos, decompor matéria reduzindo-a ao padrão etérico a fim de torná-la invisível, permeá-la e reconstituí-la à vontade, entre outras operações do mesmo tipo. Já vemos que a alquimia pertence a essa classe de fenômenos e constitui estudo geral dos mais importantes.

É lei universal que a extensão dos poderes concedidos a uma criatura esteja exatamente na proporção de seu progresso ao longo do caminho indefinido que vai do vazio às beatitudes sencientes do ser. As funções da natureza são exercidas, na maioria das vezes, pelo próprio espírito, pois o vazio é fraco demais para tomar a iniciativa; as funções cósmicas, principalmente as fisioquímicas e meteorológicas, de natureza universal e interesse geral, não podem ser deixadas nas mãos de criaturas ainda incapazes de compreender seu objetivo e sua atividade, mas, sobretudo, de cumprir sua tarefa com desinteresse. O domínio sobre as forças e os espíritos naturais fica, então, reservado a quem tenha mais perfeição moral e espiritualidade mais elevada – e que, além disso, possa exercer esse poder para o bem maior, como assistente aceito da vontade divina. Isso se insere na ordem dos fenômenos *teúrgicos*, tão raros quanto sublimes, já que pressupõem alma superior à humanidade inteira e pronta para ingressar nas regiões celestes.

Não obstante, o orgulho e a ambição do homem são tão grandes que há poucos poderes que ele cobice mais que esses, se acredita que pode usurpá-los – e ele de fato pode, valendo-se da enorme liberdade de ação que o criador lhe outorgou! Mas isso ocorre à custa de quais riscos? Vamos descrevê-los.

A usurpação compreende *trabalhos mágicos* e *naturalismo*, incluindo as obras mesquinhas da feitiçaria. Depois das explicações já dadas, somente algumas palavras serão suficientes para defini-los.

A magia cerimonial é uma operação com a qual o homem tenta, pelo jogo de forças naturais, coagir poderes invisíveis de diversos tipos a fazerem o que ele quer. Para tanto, subjuga-os e os surpreende projetando, por efeito de *correspondências* que implicam unidade de criação, forças que ele próprio não possui, mas para as quais pode abrir condutos extraordinários. Tal é a origem dos pentáculos, das substâncias especiais, devendo ser observadas condições estritas relativas ao tempo e ao espaço para evitar danos ainda maiores, pois, se a direção escolhida variar um mínimo que seja, o atrevido mago ficará exposto à ação de poderes perante os quais ele não passa de um grão de areia.

A magia cerimonial é exatamente da mesma ordem que a ciência industrial. Nosso poder é quase nulo em comparação com os poderes do vapor, da eletricidade ou da dinamite, mas, usando-os nas combinações adequadas, concentramos e armazenamos forças naturais tão gigantescas quanto as que empregamos para transportar ou romper massas que, de outro modo, nos destruiriam; reduzimos a alguns minutos os anos que gastaríamos para ir de um ponto a outro; coagimos essas forças a nos servir milhares de vezes.

Portanto, a magia supõe firme confiança na ciência, e só nela, exigindo apenas o conhecimento das forças invisíveis. A magia implica o uso desse conhecimento porque ele está reservado àqueles cujo *amor* pelo ser ascendeu à altura do autossacrifício (12º arcano do tarô[367]). Por isso, a *A Luz do Egito*[368] descreve-o corretamente como o suicídio dos elementos femininos da alma humana; os antigos simbolizaram-no pela revolta e pelo castigo de Prometeu.

Prometeu conquistou a ciência, a fonte de seu orgulho; mas, para cada Prometeu, quantos magos medíocres e ignorantes não há, miseráveis chefes astrais que nada sabem dessas reações, de que só aprenderam as rotinas, e acabam se queimando em suas chamas!

A segunda estrada tortuosa que leva à produção de milagres é a do *Naturalismo*. Longe de exigir audácia, ele é totalmente passivo, embora intelectual; o oposto do caminho anterior, pode ser descrito como o suicídio dos elementos masculinos da alma.

Consiste em submeter-se aos espíritos naturais em vez de dominá-los. Fazem uso desse procedimento inúmeros faquires e médiuns de todos os tipos.

Não há dúvida de que se pode com ele produzir milagres como os espíritos naturais, e até melhores, pois quem consegue manifestar seu poder por meio de um organismo encarnado é mais forte: crescimento rápido de plantas, cura instantânea, alucinações graças às vigorosas correntes de elementais *Kama-manásicos* atuantes sobre os centros magnéticos dos espectadores e outras façanhas do mesmo tipo que fascinam, principalmente na Índia, bom número de praticantes de classe inferior.

Essas práticas não deixam de ser atraentes: a pessoa precisa ter certa porção de fé, determinada porção de santidade e espiritualidade óbvia para se submeter a invisíveis etéricos, que são, com frequência, muito poderosos em suas esferas, e obter por meio dessa entrega sua cooperação. Mas qual é o preço dessa vaidade inútil?

Adorar os espíritos naturais, identificar-se com eles e permitir seu acesso ao organismo humano é perpetrar um ato regressivo antinatural; é renovar a queda do anjo cantada por Lamartine.[369] Sem dúvida, facilitamos muito as atividades desses espíritos de ordem inferior, e seus efeitos são tão universais quanto os nossos, mas só é possível descer a seu nível à custa da ruptura da personalidade consciente. Trata-se também de um flagrante ato de ingratidão com a Providência, cuja ajuda divina nos aproximou das portas do céu. Finalmente, é impossível não reconhecer nesse esforço de ambição miserável uma espécie de abjeção, que coloca o praticante bem longe da audácia, a qual pelo menos pode ser considerada uma magia nobre, cerimonial!

A *Feitiçaria* é outra forma dessas práticas passivas, ainda mais repugnante porque, além da fraqueza de suas operações, revela a ignomínia e a covardia de más ações escondidas, perpetradas a fim de satisfazer às paixões mais vis. Nem vale a pena lembrar os terríveis resultados: podemos julgá-los facilmente pelos tipos de espíritos a quem o feiticeiro entrega sua alma.

Conclusão

Se agora resumirmos todas essas possibilidades, ativas ou passivas, referentes à série de fenômenos que chamamos de oculto, será fácil perceber quais são aconselháveis e o que elas acarretam.

O *médium* nos parece alguém que deveríamos lamentar e não encorajar, na medida em que não é dirigido ou sequer ajudado por um principiante experiente, de alto nível, capaz de subtraí-lo às influências nocivas que ameaçam os passivos, ou na medida em que ele mesmo não tem espiritualidade suficientemente desenvolvida para escapar às influências inferiores. Então, e somente então, como vidente, como explorador do invisível, ele pode ser de alguma utilidade entre o pequeno número de adeptos, para compensar a falta de iniciados; mas essas explorações devem sempre ser interpretadas por outros.

No mais alto grau de pureza, o médium se torna um profeta, mas deve-se lembrar que a profecia é um dom espontâneo e acidental do Universal; não se pode esperar exercê-la regularmente.

Assim como aos outros, vamos prestar homenagem aos médiuns espíritas,[370] reconhecendo não apenas sua boa-fé, mas a integridade moral e até a devoção da maioria deles. Se a autoestima ou alguma ambição estão, às vezes, entre os motivos que marcam seu começo, mais tarde eles devem enfrentar mais fadiga, contratempos e rejeição que encorajamento no exercício de suas faculdades – e, às vezes, é à custa da saúde que persistem na tarefa.

Afora as condições de um nível muito alto de moralidade sobre as quais acabamos de falar, não podemos ter nenhuma certeza em relação às visões, aos discursos e às aparições que vêm até nós pela mediunidade. Sabemos muito bem que podem ser mero produto de alucinações ou a expressão de desejos não realizados *(elementais kama-manásicos)* que flutuam sobre nós ou a manifestação de alguma pobre alma atormentada, presa pelo fogo do dragão na densa atmosfera astral. O médium pode, ainda, nos fornecer, quase com maior facilidade que nos casos anteriores, algo de celeste pelas inspirações inconscientes do próprio espírito, descidas da alma espiritual e do órgão magnético ao longo da rota que traçamos, até sua expressão falada, escrita ou imitada.

Também sabemos que pensamentos e desejos da mesma ordem, ao se multiplicar e se reunir em um corpo, são frequentemente poderosos o suficiente para criar uma personalidade forte e bem determinada; produz-se, então, na alma astral de nossos médiuns, uma impressão que, na atmosfera etérica, é somente potencial efêmero.[371] É dessa maneira que uma época como a nossa, perturbada por ondas de ansiedade pública e múltiplas aspirações, pode estar repleta de falsas profecias, que são expressões de medo e de desejos mutáveis da alma nacional. O Evangelho nos diz que profecias precedem fases de alta espiritualidade, mas elas são anunciadas somente por meio dos desejos das criaturas que as apresentam, não por intermédio da inspiração direta do divino Universal, que traz para nós, pela profecia verdadeira, a bênção de uma esperança suprema.

Devemos ter a mesma reserva com as atividades magnéticas e hipnóticas cuja utilidade para nossos semelhantes não é seu objetivo único. Nesse tipo de atividade, a experiência que a própria ciência justifica exige extrema prudência e humanidade; só o estado intelectual de nossa era pode desculpá-la.

Quanto à magia cerimonial e naturalista, só podemos condená-la tanto pela inutilidade quanto pelos perigos formidáveis que acarreta e pelo estado de espírito que exige. Mas observemos bem os limites dessa condenação; eles não têm nada a ver com o uso de recursos mágicos (pentáculos, correspondências etc.) por um iniciado de alto nível: colaborador e agente da vontade divina, o iniciado age apenas observando as leis universais e no interesse geral. Sua atividade é um ato de *teurgia* e não de *magia cerimonial*. O que queremos dizer aqui com esse último termo é uma operação na qual *a vontade* e a *inteligência humanas* são exercidas sozinhas, sem cooperação divina.

Essa é a distinção que a história fez entre Moisés e os mágicos do Faraó, e até mais claramente entre São Paulo e Simão, o Mago, quando mostra este último pedindo ao apóstolo que lhe venda o segredo de seu poder: se ele fosse um mago e não um mágico, saberia que há poderes que só a santidade de um *perfeito* pode conferir.

Resta-nos falar das realizações do magnetismo de alta atratividade, que permite a leitura da mente.

Automagnetismo que evolui, faculdades espirituais de lucidez em plena consciência ou êxtase durante um sono magnético especial, com cognição direta.

E também a manipulação voluntária de forças naturais, da qual a alquimia é uma das manifestações mais bem conhecidas.

No entanto, todos os milagres desse tipo supõem, como dissemos, o mais elevado estado moral com a mais pura vontade; todos requerem espiritualidade e, sobretudo, santidade, união mais ou menos íntima com o Universal e com a vontade divina.

E notemos também que a santidade mística sozinha, vale dizer, a união com o Universal, sem qualquer outro exercício especial de poder, já fornece a maioria dessas dádivas que a ambiciosa vaidade do mágico frequentemente persegue em vão: lucidez, leitura da mente, dom da cura, onipresença, êxtase, conhecimento direto. O iniciado aprende a aperfeiçoá-las por meio do treinamento apropriado, mas apenas as aperfeiçoa; só o amor místico do Divino as concede *em profusão*.

É o que exprime nosso querido irmão Amo, com tanta pertinência quanto razão, ao recomendar o amor para elevarmos todas as forças do mundo à Unidade orientadora!

A razão deveria aparecer claramente ante nós, caso nos lembrássemos da origem e do objetivo do Universo tais quais descritos pelas belas teorias que o estudioso P. Leray[372] renovou.

Deus nos fez para que pudéssemos realizar a espiritualização do vazio em seu seio. Tendo alcançado os limites exteriores dos mundos com seu auxílio providencial, limites onde a alma ainda se move nas sombras caóticas do destino, na posse da liberdade, à vista da luz e da Unidade para a qual todas as unidades se reúnem no êxtase do amor, temos apenas um objetivo: devemos nos afastar da fatalidade e carregar o mundo etérico conosco para conduzi-lo além dos anéis do dragão. Temos apenas um meio de fazê-lo: cumprir a Vontade Divina compreendida e aceita por meio da nossa vontade.

Se nossa vontade não for suficiente devido à fraqueza, a Providência a compensará com castigos ou solicitações da vida comum, abrigados das temíveis forças astrais. Aos mais corajosos, a Providência oferece um caminho mais rápido, mas também muito mais difícil, o da tríplice vida mística, ao fim da qual eles se equipam como cavaleiros da milícia celestial e senhores dos poderes que esse estado acarreta: a manipulação da força plástica do cosmos, o astral, em vista da cooperação com o Eterno.

Mas para os ambiciosos, para os imprudentes, para os perversos a resposta mais amável que a Providência pode dar é um raio que os arrancará de suas obras ímpias antes que tenham tempo para retardar ou perder sua imortalidade.[373]

CAPÍTULO ONZE

Ciência Oculta e Ciência Contemporânea

Chegamos agora à meta definida por nós inicialmente. Alguns textos de autores antigos autênticos revelaram uma ciência quase tão rica quanto a nossa do ponto de vista experimental e, mais importante, teórico. Interessados em ir mais longe, seguimos essa ciência até os santuários de iniciação egípcia; redescobrimos o grande segredo que continham: a existência e a implementação de um agente universal único na essência e tríplice nas manifestações.

Depois de aprender os elementos da teoria, desejamos saber como ela foi implementada.

Nesse ponto, a ciência antiga apareceu por inteiro, com seus métodos especiais baseados no uso da analogia e com seus vários recursos de disseminação. O sacerdote egípcio nos revelou de que maneira as histórias simbólicas transmitiram os grandes segredos do hermetismo às gerações futuras, as tabelas de correspondências nos forneceram a chave da magia teórica e, finalmente, os pentáculos e sua explicação permitiram que o terceiro véu caísse diante de nós, revelando os segredos escondidos do santuário.

Os três primeiros capítulos ensinaram a teoria, os três seguintes nos possibilitaram a compreensão e a terceira e última parte desvendou para nós a adaptação da antiga ciência.

Acreditamos ter demonstrado suficientemente o raciocínio que nos leva a proclamar que a existência de uma ciência real está fora do domínio das ciências contemporâneas, mas nossos estudos não devem terminar aí.

Vejamos as posições que essas duas ciências ocupam, uma em relação à outra.

Já sabemos que as duas ciências são, na verdade, apenas aspectos opostos de uma só e única Ciência: a primeira, ciência oculta, preocupa-se com a teoria geral e a síntese; a outra, ciência contemporânea, preocupa-se principalmente com o particular e a análise. Tais considerações são suficientes, por si mesmas, para mostrar claramente as respectivas posições desses dois aspectos da verdade.

Todas as vezes que a ciência experimental tentou estabelecer uma síntese com o uso de sua metodologia, só chegou a resultados verdadeiramente irrisórios em relação aos esforços despendidos. Foi então que ela abandonou o estudo da teoria geral aos sonhadores de todas as escolas e contentou-se com a compreensão do mundo perceptível. No entanto, a ausência de vínculos que liguem os diversos ramos do conhecimento é cada vez mais sentida; sugestão a distância, manifestações de força desconhecida nas sessões espíritas, pesquisadas pelos mais eminentes estudiosos do mundo inteiro,[374] forçaram a ciência da matéria a penetrar no domínio do espírito. Os últimos céticos, temendo ser convencidos à força, não desejam mais observar esses fenômenos inexplicáveis e acreditam que, assim, impedirão a revelação da verdade. Em todas as oportunidades, invocam as palavras do fundador oficial do método experimental, Francis Bacon, que, no entanto, os alertou contra o uso excessivamente leviano da matemática.

> Em vez de expor as causas dos fenômenos celestes, estamos apenas preocupados com as observações e as demonstrações matemáticas; sem dúvida, essas observações e demonstrações fornecem algumas hipóteses engenhosas para organizarmos tudo isso na mente e dão uma ideia melhor de conjunto, mas, em vez de explicar como e por que tais coisas são encontradas na natureza, elas mostram, no máximo, os movimentos aparentes, o agrupamento artificial, as combinações arbitrárias de todos esses fenômenos, mas não suas verdadeiras causas e a realidade dos fatos; ainda em relação a esse assunto, foi com grande imponderação que a astronomia foi colocada entre as ciências matemáticas; essa classificação está abaixo do seu valor real.[375]

Todos os grandes homens afirmam que o estudo do visível não basta e que apenas o invisível contém as verdades dignas de serem conhecidas. Pouco importa. Nada disso escapou à maravilhosa sagacidade dos antigos iniciadores, que sabiam demonstrar para o aspirante, de forma engenhosa, a diferença entre o mundo perceptível e o mundo inteligível.

> Antes de desvendar os Mistérios de Ísis, damos ao candidato uma caixinha feita de uma pedra semipreciosa, em cuja parte externa está representado um pequeno animal simbólico, um pequeno inseto, um escaravelho.
> "Ora, ora", diria o cético moderno. Mas, ao abrir esse hieróglifo modesto, encontramos dentro um nove[376] de ouro puro, que contém, esculpido em pedras preciosas, o Cabeiri,[377] os deuses reveladores e suas doze casas sagradas.
> Tal era o método primoroso com o qual a antiga sabedoria encerrava piedosamente o conhecimento da verdade na palavra e no coração; e esse simbolismo oculto, esse hermetismo triplamente selado tornava-se cada vez mais erudito à medida que a Ciência se aproximava do mistério divino da vida universal.[378]

Não querendo estudá-las cientificamente, as ciências se chocam, a cada passo, contra as causas primeiras do mundo, e o progresso é interrompido.

Isso se vê com bastante clareza em uma das ciências mais úteis à humanidade, ciência que ainda vamos chamar de arte: a medicina.

A medicina deve estudar, a tal ponto, o mundo invisível, das causas primeiras, até que, cedo ou tarde, chegue ao seu pleno domínio.

Nestes últimos tempos, ela mergulhou fundo no materialismo, protestando acertadamente contra os devaneios da metafísica em torno da qual gravitava. A anatomia patológica respondeu vitoriosamente aos apelos de pioneiros audaciosos e, acumulando descoberta sobre descoberta, calou os partidários de um animismo equivocado, ou vitalismo, que só seria admitido posteriormente graças aos milagres do método homeopático.[379]

Após o mapeamento dos centros nervosos e a estreita aliança entre medicina clínica e demonstrações fisiológicas, a medicina materialista poderia orgulhar-se de seu trabalho e estava prestes a proclamar sua vitória quando reapareceu aquele mundo invisível que havíamos rejeitado para sempre.

A sugestão a distância, fato indiscutível apesar da oposição sistemática dos reacionários, a existência cada vez mais provável de um fluido que, a princípio, foi negado com tanto fanatismo e os fenômenos produzidos pelos espíritas, pesquisados e reconhecidos como autênticos por reconhecidos estudiosos[380] de todo o mundo, obrigam, como já dissemos, os investigadores imparciais a aceitar o domínio do imaterial e, assim, a aumentar o número de elementos que contribuirão para uma futura síntese do fenômeno e do *noumenon*.

Definitivamente, não tenho receio de afirmar que, quaisquer que sejam os esforços feitos em termos de novas investigações, quaisquer que sejam os nomes dados às descobertas, precisaremos, inevitavelmente, entrar nos domínios da antiga ciência oculta.

Que pode resultar de tudo isso? Uma reação contra o materialismo bem mais violenta que qualquer outra que vimos antes e, como é difícil chegar a um meio-termo, uma reação que resultará em misticismo.

Esta é a razão pela qual eu quis mostrar que a verdade não surgirá de nenhum dos extremos e fazer com que essa ideia elevada de Louis Lucas, posta como epígrafe ao presente tratado, seja compreendida por todos:

Conciliar a profundidade das visões teóricas dos antigos com a exatidão e o poder da experimentação moderna. Eis o ponto crucial.

Quando me refiro assim aos dois domínios rumo aos quais a medicina deve gravitar – o idealismo e o materialismo –, não se pense que esses são sonhos tirados da minha própria imaginação. Todos os mestres perceberam a diferença, e aqueles para quem essa hipótese nada tem a ver com a ciência ignoram o belo comentário de Trousseau:[381]

> Se você tem um fato, um único fato, aplique a ele toda a inteligência de que dispõe, procure todos os seus aspectos mais importantes, veja como ele é quando exposto à luz, permita-se fazer hipóteses, seja ousado, se for preciso.[382]

O professor Trousseau compreendeu a inutilidade da maioria dos estudos médicos para aqueles que usam métodos contemporâneos, e seria preciso que eu citasse páginas inteiras se quisesse mostrar ao leitor até que ponto ele se irritava com eles:

> Como se deu que a inteligência ficasse mais preguiçosa ante a multiplicação das ideias científicas, contentando-se em recebê-las e usá-las, quase sempre sem se preocupar com a elaboração e a criação?[383]

> Vocês, para quem não faltam meios, estão cansados, exauridos e satisfeitos com o que é abundantemente oferecido; só sabem colhê-los e devorá-los, e sua inteligência preguiçosa acaba estrangulada pela obesidade, morrendo improdutiva.
>
> Pelo amor de Deus, um pouco menos de ciência e um pouco mais de arte, senhores![384]

Assim se sentia o grande mestre em relação aos dois domínios que acabo de mencionar. Atribuiu-lhes os rótulos de "Arte da Medicina", correspondente ao Idealismo, e "Ciência da Medicina", correspondente ao Realismo.

Todos os pensadores, repito, compreenderam essa distinção, e a fisiologia ainda proclama a unidade da imaginação e da ciência pela boca de Claude Bernard[385] quando este afirma: "A ciência não contradiz as observações e os fatos da arte, e não posso aceitar a opinião de quem sustenta que o positivismo científico deve matar a inspiração. A meu ver, o contrário é que deve necessariamente se produzir. Estou convencido de que, quando a fisiologia estiver avançada o bastante, o poeta, o filósofo e o fisiologista entrarão em acordo".[386]

Não importa o que se diga de Claude Bernard, é impossível não reconhecer uma maravilhosa sagacidade na maneira como conduziu sua pesquisa. Ele pressentiu perfeitamente a verdade, e é interessante notar a precisão com que constatou a inutilidade do materialismo do ponto de vista experimental:

> Se isto não me desviasse dos objetivos de minha pesquisa, eu poderia facilmente demonstrar que, em fisiologia, o materialismo não leva a nada e não explica coisa alguma.[387]
>
> As propriedades materiais dos tecidos constituem os meios necessários para a expressão dos fenômenos vitais, mas de forma alguma essas propriedades podem nos dar a razão principal para o arranjo funcional dos órgãos. A fibra muscular só explica, pela capacidade que tem de se encurtar, o fenômeno da contração dos músculos; mas essa propriedade contrátil, sempre a mesma, não esclarece por que existem diferentes órgãos móveis, alguns feitos para produzir a voz, outros para propiciar a respiração etc.; e não achamos absurdo dizer que as fibras musculares da língua e da laringe têm a propriedade de permitir a fala e o canto, enquanto as do diafragma permitem a respiração. Ocorre o mesmo com as fibras e células cerebrais; elas têm as

propriedades gerais de inervação e condutibilidade, mas isso não nos permite atribuir-lhes as propriedades de cheirar, pensar ou querer.

Deve-se, portanto, evitar confundir as propriedades da matéria com as funções que elas realizam.[388]

Fiz todas essas citações para mostrar que podemos combinar matéria com idealismo e ciência com arte sem sermos sonhadores; e, além disso, que as ciências gerais, domínio do ocultismo, devem se ocupar ainda mais do estudo das ciências especializadas, que dependem do mundo perceptível.

A ciência oculta, portanto, tem utilidade prática. Quanto ao restante, as aplicações nas quais Louis Lucas fez uso da ciência oculta são suficientes, creio, para convencer até os mais céticos.

Aceito o ponto apresentado, resta-nos entender quais são as dificuldades no estudo da ciência oculta e como podemos compreendê-la.

Como o leitor notará, no tocante às aplicações práticas da ciência oculta, falei pouco sobre os poderes extraordinários que uma pessoa pode adquirir por meio de seu uso ou sobre a produção de ouro por meio da pedra filosofal. Isso se deu porque considero o ocultismo parte de nossas ciências contemporâneas e desejo me basear em fatos que são senão aceitos, pelo menos muito plausíveis para a maioria de meus contemporâneos. É por isso que desejo falar apenas sobre as dificuldades do estudo dessa ciência no que se refere à aquisição da teoria.

Se o leitor observar as barreiras que se erguem diante da entrada de todas as nossas ciências modernas – tentativa de aprender física ou astronomia sem saber matemática; tentativa de aprender medicina sem vencer o difícil obstáculo da nomenclatura anatômica –, descobrirá que por toda parte o caminho está fechado, pois aqueles que já chegaram lá desejam ter menos rivais. Quando tiver objetivamente comprovado essas dificuldades, considere a ciência oculta e, honestamente, indague se é necessário, de fato, estudar tanto para aprender as grandes leis do ternário e da Unidade universal.

A verdadeira ciência é acessível a todos, a luz do dia é suficiente para descobrir a verdade, e os livros, muitas vezes, só são úteis para os vaidosos.

A erudição é uma coisa bonita, sou o primeiro a admitir esse fato, mas não basta; um estudo adequado da natureza leva mais rapidamente ao objetivo final que a leitura de livros.

Mas como se deve conduzir esse estudo? É aqui que cabe falar de organizações iniciáticas.

Antigamente, o instrutor limitava-se a colocar o candidato na senda de sua preferência após tê-lo munido de conhecimentos suficientes para iluminar-lhe o caminho. Os pequenos mistérios preenchiam esse papel.

Hoje, os métodos de ensino são diferentes. O homem em busca de evoluir por conta própria é considerado *outsider* e logo recebe o epíteto – lisonjeiro para quem é capaz de apreciá-lo – de "original".

O objetivo dos ensinamentos antigos era quase exclusivamente "originalizar" as pessoas. A educação moderna, ao contrário, tende a agrupar o conhecimento em grandes classes. Portanto, ai dos *outsiders*!

Dito isso, quais são os meios pelos quais os curiosos do mundo atual podem aprender a ciência antiga ou oculta?

Esses meios são de dois tipos:

1) Instrução pessoal.
2) Instrução por meio das sociedades esotéricas.

A instrução pessoal é o único tipo realmente útil; o trabalho em qualquer sociedade deve se limitar a orientar o postulante. Adquirimos esse aprendizado estudando a natureza ou os livros, depois de estar de posse de certos fatos.

Esses fatos formam a base de todas as iniciações, e o presente tratado tem apenas um objetivo: facilitar ao máximo a tarefa dos candidatos e iniciadores. Não nutro ilusões quanto aos defeitos inerentes ao meu trabalho, mas acredito que o leitor me perdoará, dada a dificuldade do empreendimento.

De qualquer forma, o pesquisador consciencioso sempre hesita em seguir os conselhos dos livros, e um guia vivo parece-lhe preferível a todas as bibliotecas do mundo.

É então que ele procura as sociedades iniciáticas.

A primeira que encontra é a maçonaria.

Estou longe de pensar que essa vasta organização não tenha nenhum interesse do ponto de vista da ciência oculta, como muitos autores modernos acreditam. A maçonaria, como descrevi no *Methodical Treatise of Occult Science* [Tratado Metódico de Ciências Ocultas], possui símbolos e segredos muito elevados, mas que seus membros ignoram: eles perderam a chave que revela o significado da palavra misteriosa INRI, e os maçons da Rosa-Cruz continuarão a sofrer por sua perda. Alguns homens altamente inteligentes, entre eles Ragon,[389] fizeram esforços corajosos para elevar a intelectualidade da sociedade em termos de ocultismo, mas como é possível ensinar o aspecto mais elevado da ciência a pessoas que não têm conhecimento dos fatos primários dela?

A luz que a maçonaria promete aos adeptos, sob o selo do mais estrito dos juramentos, só pode ser dada àqueles que já são suficientemente eruditos para adquiri-la por conta própria e que, após tê-la adquirido dessa maneira, não precisam fazer um juramento contrário à sua liberdade.

Os curiosos que realmente desejam ser iniciados pelo E∴ de V∴ estão, assim, perdendo tempo, teoricamente falando, apesar de que talvez nenhuma sociedade ofereça tantos recursos para a prática diária da vida.

Dito isso, admiramos muito a maçonaria pelos serviços que prestou ao pensamento livre, trabalhando contra os sectários e déspotas de todas as épocas.

Saberá ela continuar em seu caminho sem se tornar, ela própria, sectária?

Onde, então, alguém encontrará guias vivos no estudo do ocultismo se não na maçonaria?

AS SOCIEDADES INICIÁTICAS

Notemos primeiro que certos ritos maçônicos, em outros países, mantiveram seu grande valor simbólico; na própria França, o rito cabalístico de Misraim ainda se destaca como o guardião fiel dos altos ensinamentos simbólicos em face dos políticos ignorantes que invadiram os templos.

Mas a maçonaria foi criada pelos iluminados Rosa-Cruzes[390] a fim de servir como centro cultural e de recrutamento para as ordens mais puras e superiores. Quando os alunos desejam substituir seus mestres e romper com os símbolos tradicionais, na ânsia de inventar outros mais adequados ao seu meio, os mestres abandonam essas pessoas imprudentes à rápida dissolução e tiram as altas fraternidades das sombras dos santuários secretos, autorizando-as a formar círculos exotéricos, pois os *Superiores Desconhecidos*[391] estão lá o tempo todo.

Os verdadeiros iniciados do Oriente e do Ocidente sempre se reconhecem e sabem receber a comunhão da mesma fonte, porque ambos compreendem a missão divina de Cristo. Mas alguns europeus insistiram em classificar como iniciação puramente oriental toda uma adaptação de elementos heterogêneos retirados de várias partes, e esse foi um dos maiores erros da Sociedade Teosófica, que os iniciados franceses acabaram abandonando abruptamente. Ninguém mais que o autor deste trabalho respeita a convicção leal e sincera; ninguém mais que ele reconhece que há iniciados no Oriente com grande conhecimento; mas esses iniciados pertencem aos santuários secretos do Bramanismo, nunca aos do Budismo. Entre os brâmanes, poucos são os iniciados nos grandes mistérios, e eles se reconhecem imediatamente com base na posse das chaves da língua atlante primitiva, o *watan*,[392] raiz do sânscrito, do hebraico e do chinês, assim como da escrita hieroglífica.

Quando afirmamos que as doutrinas propagadas pela Sociedade Teosófica são o resultado de uma compilação, não de uma iniciação, não negamos a existência de uma iniciação esotérica no Oriente e não fazemos nenhuma comparação com ela. Afirmamos que essa sociedade não é um centro iniciático oriental porque *conhecemos* verdadeiros adeptos orientais que nos provaram, dando-nos a verdadeira Chave do Arcano AZT – graças ao *watan* –, que iniciação e compilação não são a mesma coisa.[393] Isso posto, reconhecemos plenamente os esforços feitos por essa sociedade na propagação do estudo da terminologia sânscrita no Ocidente.

As sociedades iniciáticas ocidentais mais acessíveis e que podemos nomear sem indiscrição são:

A Rosa-Cruz.

A Ordem Martinista.

Sociedades alquímicas, astrológicas e herméticas derivadas de Mart∴[394] ou afiliadas a ela:

A *Ordem Cabalística da Rosa-Cruz*, cujo grão-mestre é Stanislas de Guaita, concede seus graus exclusivamente mediante exame. Hoje, está fechada para novos adeptos.

A *Ordem Martinista* é um centro ativo de disseminação iniciática. Foi criada para espalhar rápida e amplamente os ensinamentos do ocultismo e os principais aspectos da tradição cristã esotérica ocidental. Altamente centralizada por um Conselho Supremo de 21 membros, com sede em Paris, seus delegados-gerais e especiais, suas lojas, seus grupos e iniciadores livres da Ordem Martinista estão espalhados por toda a Europa, África e duas Américas. Nenhuma outra sociedade iniciática no Ocidente possui tantas lojas e membros como a Ordem Martinista, a qual, graças às afiliações, mantém relações contínuas com os babeístas da Pérsia, as sociedades ocultas da China, todas as sociedades religiosas do Islã e vários centros hindus, com os quais as discussões já começaram.[395]

Acima da Ordem Martinista, temos o *Grupo Independente de Estudos Esotéricos,* com seus 104 ramos e correspondências, e, paralelamente a ela, a *Faculdade de Ciências Herméticas*, com sede em Paris e filiais estrangeiras em Liège, Madri, Berna e Buenos Aires, além das escolas irmãs francesas em Lyon e Bordeaux, que oferecem currículo progressivo e, por meio de exames, diplomas de bacharelado, mestrado e doutorado em ciências herméticas.

Em outros lugares, o estudo particular da alquimia pode ser feito sob a orientação da *Sociedade Alquímica da França*, dirigida por um comitê de pesquisadores competentes, cujo secretário-geral é o sr. Jollivet-Castelot[396] (Douai, França).

É assim que os ensinamentos espiritualistas e herméticos se contrapõem aos ensinamentos ateus e materialistas; é assim que esse poderoso estado-maior de intelectuais, em caso de crise social, cuidará do depósito das verdades vivas que lhes foram confiadas.

Mas, nestes últimos tempos, um esforço mais considerável foi novamente tentado, e, sob o nome de *União Idealista Universal*, todos os chefes dos grandes movimentos filantrópicos da Europa e da América uniram-se, agrupando sob uma única bandeira um exército de 30 mil intelectuais e periódicos em todas as línguas.

OS MESTRES

As sociedades iniciáticas têm como objetivo principal a evolução da natureza humana, para torná-la mais capacitada para receber influências diretamente dos planos superiores. Elas desenvolvem o intelecto mais que qualquer outra coisa, embora não negligenciem a espiritualidade; daí deriva um dos axiomas que ensinam: *a iniciação é sempre individual, e uma sociedade esotérica só pode indicar o caminho*, permitindo que se evitem as trilhas perigosas.

Existem mestres verdadeiros, fora ou dentro dos centros iniciáticos? A essa pergunta eu responderia, sem dúvida, que sim; na França, temos verdadeiros mestres da ordem intelectual e da ordem espiritual. São dois homens que vivem entre nós, em nossa época, ainda que suas vidas sejam peculiares. Vou esboçar um retrato de cada um deles. Mas, antes disso, devo responder a uma objeção levantada por certos simplórios, segundo a qual um verdadeiro mestre não poderia viver em nosso ambiente físico ou social.

Isso se aplica a um mestre com alto nível de egoísmo no plano mental, que não deseja fazer o sacrifício necessário para abandonar o paraíso etéreo que criou e participar do sofrimento e da vida envenenada das criaturas que deseja salvar. Esses mestres se contentam em agir *por inspiração* na mente de certos homens, que traduzem de forma mais ou menos clara as impressões recebidas. Isso é refinamento cerebral; não é devoção completa.

No auge do novo modo da vida ocidental, surgiu um homem, o exemplo sublime de todos os atos não apenas sobre-humanos, mas também divinos; ele era o Cristo. O sofrimento mais terrível que Deus-Salvador teve de suportar não foram os tormentos humanos da paixão e da cruz, mas a completa descida à matéria, a limitação do princípio totalmente estendido, a constante submissão do princípio espiritual às exigências da carne, começando com a necessária mescla do estado embrionário e da perda de contato com o plano divino, até o reencontro com o Pai, que depois se manteve por três anos na terra. Isso é sofrimento absoluto, que nenhum faquir ou *pessoa evoluída* poderia suportar, não importa a que plano pertença. A ideia de que um ser sobre-humano pudesse viver em um ambiente físico é um mistério tão terrível e luminoso que sua possibilidade é negada com raiva e fúria *por aqueles que não sabem*, aqueles que não podem aceitar a realidade da limitação, no tempo e no espaço, do Ser Divino para o qual o em cima e o embaixo estão conectados. Vemos agora por que insisti em demolir essa objeção antes de falar dos dois mestres sobre os quais direi agora algumas palavras. Desses dois homens que tomei como exemplo, um representa o domínio do intelecto, e o outro, o domínio absoluto da espiritualidade.

O mestre intelectual é um homem de cabelos brancos cuja aparência exala grande bondade; todo seu ser irradia a calma e a paz de sua alma. Seu caminho para a iniciação sempre foi o da dor e do sacrifício. Ele foi iniciado nas tradições ocidentais pelos centros mais elevados e nas orientais por dois dos maiores dignitários da Igreja Bramânica, um dos quais era o Brahatma[397] dos centros sagrados da Índia. Do mesmo modo que todos os verdadeiros estudiosos das tradições orientais, ele conserva todos os cadernos de ensino, cada página assinada pelo brahmin, responsável pela transmissão da palavra sagrada. A leitura desses cadernos requer conhecimento profundo não só de sânscrito e hebraico (que todos os brâmanes dos mais altos graus iniciáticos conhecem bem), mas também das línguas primitivas, como os hieróglifos, o chinês e suas variantes.

Além dos conhecimentos dos Vedas e dos mais sagrados Mantras, e dos significados do Sepher e das chaves cabalísticas, o mestre intelectual possui a prova concreta de seu grau, que é a chave viva com a qual pode transformar seu conhecimento de modo adaptável ao homem, à arte e à sociedade: sem ela, seu conhecimento se tornaria simplesmente uma enciclopédia de objetos bonitos, inertes e brilhantes, que são a matéria das academias, mas não dos verdadeiros iniciados. Sob seus dedos, os ritmos prodigiosos e perturbadores dos antigos cânticos druídicos tomam corpo e nascem; as antigas formas góticas e os futuros edifícios de ferro e vidro são desenhados, traduzindo as palavras vivas de Cristo e dos anjos da revelação em linguagem arquitetônica. Eu poderia continuar por páginas e páginas sem chegar ao fundo dessa ciência prodigiosa, que veio a ser o que é apenas porque está viva e que vive apenas porque sua fonte é o Princípio do Amor. Falar do preço em terríveis sofrimentos que esse mestre intelectual pagou para ficar entre nós quando metade de sua alma já estava reintegrada faria estremecer os homens que só conhecem os mistérios dos *dvijas*[398] pelo nome (traduzido exotericamente como "nascidos duas vezes", mas cuja verdadeira tradução é *viver em dois planos ao mesmo tempo*).

Resta-me falar do mestre espiritual. Ele desceu enquanto o primeiro mestre subia; ele sabe tudo, mas ensina a descer e a adquirir a certeza de que o homem que sabe que não sabe nada está começando a compreender a ciência, que aquele que não possui nada além de um estrado de madeira e o empresta a quem não possui nenhum é mais rico que todos os ricos. Quando deseja ensinar, o mestre espiritual fala, o que é raro, ou *induz a pessoa a ver*, o que é mais comum para ele. Dono de uma riqueza material suficiente para se permitir viver uma vida de lazer, ele dedicou todo seu tempo a curar os pobres e aflitos. E essas curas demonstram, mesmo para os mais cegos, de qual plano desce o espírito daquele que tem poder sobre a doença e a própria morte.

Nas ruas da cidade em que mora, nós o vemos passar com muita humildade, e só os pobres o abençoam e o conhecem. Aquele operário que o cumprimenta com respeito lhe deve a perna, que iam cortar e que o mestre curou em uma hora; àquela mulher do povo que corre atrás dele e o alcança enquanto seu filho está chorando o mestre diz: "Mulher, és mais rica, graças à tua devoção e coragem inabalável em face das provações, do que todos os ricos desta terra; vai, teu filho está curado". E, voltando para casa, a mãe testemunha um milagre que desconcerta e irrita os médicos. Uma família de artesãos foi procurá-lo dezoito horas depois da morte de sua filha única; ele veio, e, diante de dez testemunhas, a menina morta sorriu e abriu os olhos novamente para a luz. Pergunte a todas essas pessoas o nome dele e ouvirá: o *Pai dos Pobres*.

Questione esse homem; pergunte-lhe quem ele é, de onde tirou seus estranhos e formidáveis poderes, e ele lhe responderá: *Sou mais insignificante que uma pedra. Existem tantos seres nesta terra que são alguma coisa que fico feliz por não ser nada. Tenho um amigo que é alguma coisa.*[399] *Seja bom, paciente em suas provações, submeta-se às leis sociais e religiosas de sua pátria, compartilhe e dê o que tem quando encontrar irmãos necessitados, e meu amigo o amará. Não passo de um pobre enviado; escrevo sobre o livro o melhor que posso e oro ao Pai como fez outrora Nosso Salvador, o Cristo que brilha na glória assim na Terra como no céu e cujo coração alcançamos pela graça de Maria, a Virgem da Luz, cujo nome é abençoado.*

Não terminarei aqui estas páginas, que minha gratidão torna tão doces, lembrando os insultos e comentários sarcásticos com que os estudiosos e críticos vaidosos afligem o mestre. O mestre os ignora, perdoa-os e ora por eles. É o que basta.

Esse homem, cujo caráter acabo de esboçar, embora nem de longe, na medida de sua grandeza, não é um mito, um ser nebuloso perdido em algum país inacessível. É um ser de carne e osso, vivendo em uma sociedade da qual aceita todos os fardos e muito mais. Exceto pelo jejum no deserto, ele nos lembra o modelo da raça branca: Cristo experimentou na vida terrena as vicissitudes da maioria dos homens; o mestre vive como todos os seus irmãos humanos.

Falarei apenas de suas obras humanas e não direi nada sobre suas viagens a outros planos de existência, sua comunicação instantânea fora do tempo e do espaço e seu poder sobre os espíritos. Somente um homem verdadeiramente livre tem o direito de escrever no livro da vida; os outros só podem lê-lo. Aprenda, então, a ler antes de querer escrever.[400]

Não é necessário, repito, pertencer a nenhuma sociedade em particular para aprender sobre ocultismo; qualquer um pode fazer isso sozinho, e as sociedades devem apenas apontar o caminho que o aluno vai seguir. Espero que este tratado seja suficiente, apesar das imperfeições, para tornar claros e compreensíveis os autores modernos do ocultismo, cujas obras listei em uma pequena bibliografia intitulada *L'occultisme contemporain* (*O Ocultismo Contemporâneo*).[401]

Com este tratado, podemos ver que as leis a nós transmitidas pela Antiguidade por meio de símbolos não foram inúteis, e que a política e a filosofia, o ativo e o passivo, a autoridade e o poder, a fé e a ciência se opõem agora para unirem-se mais perfeitamente no futuro, quando promoverão o renascimento de uma síntese científica, social e religiosa.

Em todas as épocas, o poder entendeu que só conseguiria governar o homem subjugando seu intelecto.

Fazer com que o aprendizado sirva exclusivamente às suas próprias ideias é o objetivo de todos os regimes despóticos.

Sempre houve rebeldes que opuseram os ensinamentos da Unidade aos ensinamentos parciais do déspota.

Impedir que o poder viole a iniciação – esse é o eterno objetivo da autoridade.

A luta entre autoridade e poder – essa é a chave da história.

O poder, sentindo que a autoridade contesta seu domínio, persegue-a onde quer que seja possível.

A autoridade, diante das perseguições dos déspotas, envolve seus ensinamentos em profundo mistério.

A Antiguidade nos mostrou reis tirânicos tentando lutar em vão contra a ciência ensinada nos mistérios egípcios.

Mais tarde, os sacerdotes judeus, discípulos do sacerdote egípcio Moisés, não mais entendendo toda a verdade da qual eram guardiães, se opuseram aos ensinamentos do Filho de Deus.

Então é a Igreja que assume o poder. Em nome da fé, a Inquisição persegue como hereges todos aqueles que desejam ampliar os ensinamentos restritos da Igreja.

A autoridade, representada pelos Templários Gnósticos, os alquimistas e depois os maçons, contestou as perseguições da Igreja com seus ensinamentos.

Durante a Revolução Francesa, a maçonaria chegou ao poder; o ternário cristão, Fé-Esperança-Caridade, foi substituído por seu equivalente maçônico: Liberdade-Igualdade-Fraternidade.

Fiel à lei eterna, a maçonaria hoje luta contra a Igreja em nome da ciência. Deseja eliminar tudo que se opõe a seus ensinamentos incompletos.

Ai daquele que deseja reunir os dois inseparáveis: ciência e fé. Os fanáticos da fé vão destruí-lo porque ele confia na ciência; os fanáticos da ciência desejarão fazer o mesmo porque ele respeita a fé.

Mas não vemos sempre luz e trevas unindo-se no crepúsculo, homem e mulher unindo-se no amor?

Toda a história nos diz que o palácio nunca suprimirá o templo; que o templo não poderá subsistir se tentar exercer concomitantemente poder e autoridade.

No corpo humano, síntese do mundo, o poder é exercido pelo coração; a autoridade, pelo cérebro. O coração não demora muito a parar quando afastado da influência dos nervos.

O papa, que une o temporal e o espiritual; o rei, que une a realeza e a religião, são monstruosidades diante da natureza; suas obras, mais cedo ou mais tarde, desaparecerão.

Monstros só produzem descendentes lamentáveis.

No limiar da história, um sacerdote de Osíris, designado pela Providência, se ergueu a fim de fornecer um novo culto à religião eterna; Moisés, fiel aos ensinamentos que recebeu nos templos, anunciou assim a lei da política:

> O império arbitral[402] sucederá ao império arbitrário, cujo nome característico é o caminho do tigre, Nimrod ou Cesarismo.[403]
>
> Esse tipo de governo desejava dominar o estado social da terra por meio da violência militar, como o Polo Norte domina nosso planeta.
>
> Em um governo assim, o polo governamental, o poder anárquico ou pessoal, se opõe ao reino de Deus, à ordem social que é o aspecto refletido de IEVÉ na humanidade.
>
> Desse axioma brotam duas ortodoxias: Nimrod, governo arbitrário, poder pessoal com tudo que a ele se assemelha, é o oposto, o antípoda do reino de Deus, o adversário que não deixa as características de IEVÉ se refletirem no estado.[404]

Há hoje, como sempre houve, homens que entendem a unidade das ciências e a unidade dos cultos.

Erguendo-se acima do fanatismo religioso, demonstram que todos os cultos traduzem uma única e mesma religião.

Erguendo-se acima do fanatismo filosófico, demonstram que todas as filosofias expressam uma única e mesma ciência.

Quando mostram aos católicos, aos judeus e aos hindus que seus cultos ocultam os mesmos símbolos, rejuvenescidos pelo Cristo; quando levam todos a entender que Jeová, Júpiter, Osíris e Alá são diferentes concepções de um único e mesmo Deus; quando proclamaram a unidade da fé, dirigem-se aos filósofos.

Explicam aos materialistas que eles veem apenas um lado da natureza, mas que suas observações são verdadeiras.

Explicam aos idealistas que também eles só veem apenas um lado da verdade, mas que estão igualmente certos.

Idealizando o materialismo e materializando o idealismo, proclamam a unidade da ciência, que resulta da analogia dos opostos.

Depois, erguendo-se novamente, provam que até mesmo o politeísmo e o monoteísmo são apenas duas concepções diferentes de uma única fé, assim como o idealismo e o materialismo são apenas duas concepções diferentes de uma única ciência.

Ocorre o mesmo com a ciência e a fé, que são apenas duas concepções diferentes da verdade única e eterna. Assim, proclamam a unidade da religião e da filosofia em uma única síntese, que anunciam por meio deste lema:

AQUILO QUE ESTÁ EM CIMA É IGUAL ÀQUILO QUE ESTÁ EMBAIXO
PARA REALIZAR O MILAGRE DA UNIDADE

APÊNDICE I

Explicação do Hieróglifo Alquímico de Notre-Dame de Paris,[405] por Cambriel[406]

Em uma das três grandes entradas da catedral de Notre-Dame, em Paris, aquela que fica mais próxima do Hôtel-Dieu,[407] é possível ver um hieróglifo esculpido em uma grande pedra (ver figura a seguir)[408] no meio da porta que dá para o átrio da igreja. Ele representa muito claramente toda a obra, bem como o produto ou resultado da pedra filosofal.

I

Na parte inferior desse hieróglifo, esculpido em um bloco de pedra grande e comprido do lado esquerdo da igreja, perto do Hôtel-Dieu, vemos dois pequenos discos sólidos e protuberantes que representam as *qualidades* metálicas brutas recém-saídas da mina (que devem, depois, ser preparadas por várias fundições e substâncias salinas).

II

No lado oposto, podem ser encontrados os dois mesmos discos, ou *naturezas*, mas trabalhados ou sem a sujeira que trouxeram das minas onde foram criados.

III

Em frente, do lado do pátio, estão os mesmos discos, ou *naturezas*, mas aperfeiçoados ou totalmente limpos da sujeira das fundições anteriores.

Os primeiros discos representam os corpos metálicos necessários para o início da obra hermética.

Os segundos, trabalhados, mostram sua virtude interior e estão relacionados com o homem que se encontra dentro de uma moldura e, rodeado e coberto de chamas, nasce do fogo.

E o terceiro conjunto de discos, já aperfeiçoado ou totalmente limpo da sujeira, está relacionado com o dragão[409] babilônico, ou mercúrio do filósofo, no qual se encontram todas as virtudes unidas das qualidades metálicas.

Esse dragão está voltado para o pátio, acima do homem envolto em chamas. A ponta da cauda do dragão toca o homem para indicar que provém dele, que foi produzido por ele. As duas garras abarcam o atanor para indicar que será, ou deverá ser, transformado. A cabeça do dragão termina sob os pés do bispo...

Eu diria que esse homem, nascido do fogo e por obra das águias voadoras[410] (simbolizadas por várias flores formadas por quatro folhas unidas que circundam a parte inferior da moldura do homem), produziu o mercúrio do filósofo, ou o dragão babilônico, de que fala Nicolas Flamel.

O mercúrio do filósofo é colocado em um ovo de vidro e transformado, ou lentamente aquecido, no atanor, ou na fornalha, que tem o topo arredondado ou abobadado, sobre o qual pousam os pés do bispo, no topo da cabeça do dragão. Desse mercúrio surge a vida, representada pelo bispo acima do dito dragão.

O bispo leva um dedo à boca para dizer àqueles que o veem e acabaram de apreender seu significado: "Se reconheces e entendes o que represento por meio deste hieróglifo, cala-te".[411]

281

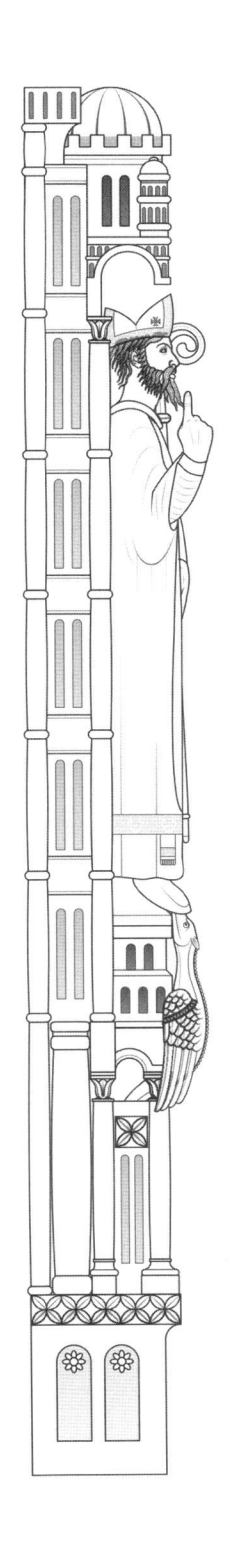

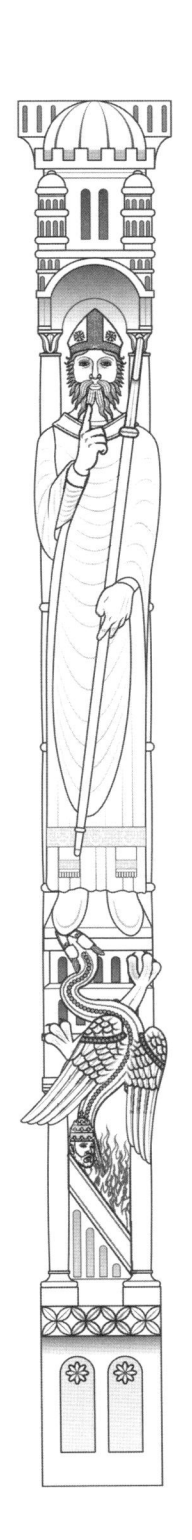

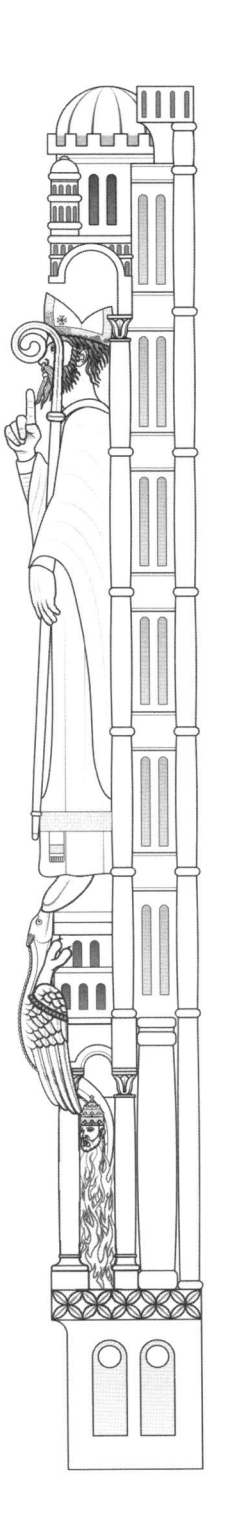

APÊNDICE II

O Esoterismo do *Pater Noster*

O *Pater*, ou Pai-Nosso, sempre foi considerado a mais esotérica de todas as orações cristãs. Segundo a tradição, no momento do sacrifício, Cristo dirigiu essa invocação maravilhosa ao Pai celestial, e todos os ocultistas têm em mente o trabalho feito por Éliphas Lévi sobre o aspecto oculto do *Pater*.

Qualquer que seja a verdadeira origem dessa oração, é fácil detectar seu elevado caráter iniciático, mesmo por intermédio de uma análise superficial. Nas páginas seguintes, tentaremos apresentar aos leitores um resumo de nossas pesquisas sobre o assunto. Não temos dúvida de que mentes mais versadas que a nossa nessa área poderão ir muito mais longe em seu estudo, que só abordaremos superficialmente.

O que se deve considerar no *Pater* é:

1) a própria oração;
2) como ela é dividida e a razão dessas divisões;
3) as adaptações da oração, que podem ser feitas de acordo com os princípios da analogia.

A PRECE

O *Pater* consiste de duas partes:

1) Uma parte *exotérica*, a única conhecida pelo público católico em geral, no Ocidente.
2) Uma parte *esotérica*, conhecida pelas igrejas do Oriente e só recitada por padres.

A parte exotérica contém a revelação das forças que atuam nos três mundos e a análise de seus meios de ação.

A parte esotérica conecta essas forças ao seu princípio por meio da revelação dos mistérios do Grande Arcano. É a síntese dos ensinamentos cuja análise está contida na primeira parte.

Vejamos o texto dessas duas partes em nossa língua para ajudar nossa memória.

PARTE EXOTÉRICA

Pai Nosso, que estais nos céus,[412]
Santificado seja o vosso nome,
Venha a nós o vosso reino,
SEJA FEITA a vossa vontade *assim na Terra como no Céu*.

O pão nosso de cada dia nos dai hoje,
E perdoai as nossas ofensas
Assim como nós perdoamos a quem nos tenha ofendido,[413]
E não nos deixeis cair em tentação,
Mas livrai-nos do mal.

PARTE ESOTÉRICA

Porque sois
A REALEZA, a REGRA e o PODER atuantes nos Éons (ciclos gerativos).

Esse é o texto da oração, cujas divisões já indicamos e que retomaremos mais adiante.

De momento, é suficiente notar que as palavras usadas são muito comuns.
Pai, Nome, Reino, Vontade, Terra, Céu.
Pão, Perdão, Dívidas (ou ofensas), *Tentações, Pecado.*

Isso nos mostra, desde o início, que estamos tratando de *leis*, ou seja, de acordo com o método tão caro aos antigos, cada uma dessas palavras é uma *chave analógica* que permite adaptar a lei enunciada a toda uma série de realidades. Nosso estudo a seguir examinará algumas dessas adaptações. Voltemos agora às divisões importantes que devemos estabelecer entre os versos.

DIVISÃO DOS VERSOS

Sabemos que o ocultismo, sem diferenças de tempo ou entre escolas, ensina a existência de três mundos:

1) O Mundo Divino.
2) O Mundo Moral ou Astral.
3) O Mundo Físico.

O sr. Amélineau, em seu trabalho acadêmico sobre a gnose egípcia, insiste no fato de que *todas as escolas gnósticas* estão de acordo quanto à existência dos três mundos. Esse também é o caso das escolas cabalísticas, alquímicas e teúrgicas.

Os três primeiros versos correspondem ao Mundo Divino, caracterizado por três termos:

Pai, Nome, Reino, resumidos na vontade.
Terra e *Paraíso* atuam como a ligação entre os dois mundos.
Pão, Perdão, Ofensa correspondem ao mundo da vontade humana.
Finalmente, *Tentação* e *Pecado* se referem à carne e ao mundo físico.

O Mundo Divino

Deus é analisado em suas três manifestações:

O Pai (*Pai-Nosso*), considerado existente em *todos os Céus*, isto é, em todos os planos, onde nosso ideal pode ser revelado no físico, no astral ou no divino.

Esse Pai se manifesta por meio de dois outros aspectos; a Palavra (*vosso nome*), cujo verdadeiro conhecimento fica restrito aos iniciados para que não se torne objeto de profanação (*santificado seja*).

O Espírito Santo (*vosso reino*) é a realização viva da Divindade em todas as suas encarnações e que o iniciado chama de advento completo (*venha a nós*).

Finalmente, a Unidade Divina surge nessa misteriosa involução da vontade (*vossa vontade*), cuja corrente de amor atravessa a criação inteira, desde a matéria (*Terra*), em todos os planos, até o espírito, o Ideal (*Céu*), em todas as hierarquizações.

Essa é a corrente misteriosa (citada por Hermes no início da Tábua de Esmeralda) que liga o mundo Divino ao mundo humano e que discutiremos agora.

O Mundo Humano

A cada momento de nossa vida, a corrente do amor divino penetra em nós e nos traz o *Pão* espiritual, cujas influências salutares devemos assimilar diariamente. Porém, com mais frequência, fechamos nossa alma a esse influxo divino, o qual, embora semelhante ao Sol que ilumina a Terra, não pode penetrar no antro que nós próprios cavamos, afundando na matéria em vez de evoluir em direção ao espírito.

Qual é, então, o meio de abrir nosso ser ao Pão de cada dia da espiritualidade? O verso a seguir nos dirá.

Cada ofensa feita à nossa imortalidade divina é uma *dívida* que contraímos livremente e que devemos pagar com sofrimento na próxima encarnação. Como ensinou Pitágoras, geramos incessantemente nosso futuro por meio do uso que fazemos da nossa vontade no presente. No entanto, existe um meio de abrir rapidamente a porta para nosso céu interior, que é sacrificar parte do nosso *egoísmo* em favor de parte da nossa *universalidade*.[414] Nossa vida *egoísta* está dentro de nós, mas nossa vida *moral* está dentro dos outros. É apenas agindo em benefício dos outros que agimos de maneira evolutiva, ao passo que, agindo em nosso próprio benefício, agimos segundo o modo involutivo de obscurecimento.

Se alguém me faz mal, contrai uma dívida moral comigo, cujo reembolso posso adiar à vontade. Ele se torna, por suas ações, meu escravo. Se eu atentar para a odiosidade de sua ação e pensar em vingança, *me tornarei egoísta* e voluntariamente gerarei o mal que me matará espiritualmente. Mas, se *perdoar*, me universalizarei, agirei de maneira divina e destruirei não só o mal que teria feito a mim mesmo como o que meu inimigo se infligiu; pelos meios à minha disposição, apressarei a evolução de toda a humanidade ao tornar *atraentes* duas almas que se *repeliam* havia séculos (e, com isso, atrasavam a reintegração final).

O perdão voluntário é, portanto, um método para invocar a mais maravilhosa Providência que nos foi revelada.

Daí deriva a importância essencial dessa palavra do ponto de vista da criação consciente da imortalidade do homem.

O Mundo Físico

A criação do pecado, isto é, do mal para nós mesmos, é, de fato, a chave para nossa encarnação no mundo da carne, neste mundo de *tentação física*. Foi o Adão espiritual, desejoso de se unir à matéria, na esperança de se tornar *mais forte* que Deus, que criou, em suas moléculas, ou seja, em nós, a tentação pelo mundo inferior. Nossa era atual está gravemente doente por causa de um erro derivado da mesma fonte.

Entre dois poderes, a ideia nua sem nenhum vigor aparente, de um lado, e o dinheiro, que parece ser uma alavanca tão formidável, de outro, o profano corre atrás do dinheiro e não se detém para perceber que esse poder é puramente ilusório e que seu monte de ouro diminui tão logo ele deseja difundir sua influência entre grande número de seres. A ideia, ao contrário, multiplica-se pelo número de seres em que se encarna e cresce com o tempo. Entre o espírito, ideal sutil, e a matéria, manifestação do imediato, Adão escolheu a última; daí vieram o mal, o pecado e a encarnação, que cada uma das moléculas de Adão, isto é, cada ser humano, deve matar invocando a união com a ideia-Providência por meio do sacrifício progressivo da matéria-destino.

A chave dessa evolução, da possível união entre Deus e o homem, está contida em um único princípio: o *Perdão*.

Se possuirmos apenas os dois primeiros graus de iniciação, poderemos terminar com o *Pater* aqui; mas a "Pneumática" vai mais longe e evoca o grande mistério da constituição divina.

Vamos levantar o véu, até onde for possível, sem corrermos riscos, pela seguinte comparação:

Este-VÓS

A REALEZA	Princípio do Pai
A REGRA	Princípio do Filho
O PODER	Princípio do Espírito

OS ÉONS
em
{
Princípios criadores do Céu, do homem e da Terra, isto é, dos Três Mundos.

Manifestações da Vontade divina (os Éons correspondentes ao Elohim de Moisés).
}

Vamos resumir tudo o que determinamos até agora em uma tabela final e, em seguida, passaremos para o estudo muito interessante das *adaptações do "Pater"*.

MUNDO DIVINO
{
Pai Nosso, que estais nos Céus, santificado seja o vosso nome, venha a nós o vosso reino
}
{
Pai,
Palavra
Espírito
}

INVOLUÇÃO (Ligação)
{
Seja feita a vossa vontade assim na Terra como no Céu
}
{
Passagem do Divino para o Moral.
}

MUNDO MORAL (Homem)
{
O Pão nosso de cada dia nos dai hoje.
Perdoai as nossas ofensas assim como nós perdoamos a quem nos tenha ofendido.
}
{
A autocriação do nosso futuro por meio do nosso presente.
}

MUNDO FÍSICO
{
Não nos deixeis cair em tentação. E livrai-nos do Mal.
}
{
Destruição do MAL por meio de nossa aliança com Deus.
}

SÍNTESE
{
Pois vós sois a Realeza, a Regra e o Poder atuantes nos Éons. (os ciclos gerativos). Amém.
}
{
Parte Esotérica
Chave da Revelação
O Grande Arcano
}

No estudo anterior, que apareceu em *L'Initiation* [A Iniciação] de agosto de 1894, analisamos a oração de Cristo com base em dois pontos de vista:

1) A própria oração.
2) Como ela é dividida e a razão dessas divisões.

Deixamos o estudo das *adaptações* do *Pater Noster* para outra ocasião.

De fato, hesitamos muito antes de publicar os resultados de nossos estudos sobre esse tema porque o trabalho nunca nos parecia completo, dada a amplitude do ponto de partida. Mas uma consideração importante agora nos permite publicar nossos ensaios: é a garantia de que, embora eles sejam imperfeitos, pelo menos mostrarão o caminho para aqueles que desejam, a partir daí, levar adiante uma adaptação tão interessante e curiosa.

Determinamos, vale lembrar, que os termos do *Pater Noster* constituem uma série de leis suscetíveis de várias aplicações nos três mundos. Além disso, indicamos que essa oração admirável fornece a chave para os próprios atos divinos no mundo moral e no mundo material, bem como o efeito da atividade humana no meio divino, graças à grande lei do perdão, com todas as consequências ocultas.[415]

Deixaremos de lado agora todas essas considerações teóricas para simplesmente fornecer os resultados de algumas das adaptações dos termos *Pai*, *Nome*, *Reino*, *Vontade*, *Terra*, *Paraíso* etc., que formam as leis gerais sobre as quais estabelecemos tais adaptações.

Adaptação para O IDEAL
(Imagem do Pai no mundo Moral)

Produtor ideal
que estais
no meu Paraíso interior,
que vosso nome seja manifestado
por meio da devoção.
Que vosso domínio se espalhe por todo o meu corpo,
como se espalhou em meu coração.
Manifestai para mim a cada dia
vossa presença certa.

Perdoai meus erros
assim como perdoo os
dos fracos mortais, meus irmãos.
Protegei-me das ilusões da matéria perversa
e livrai-me do desespero.
Pois sois a Realeza,   na eternidade
o Equilíbrio   de minha
e o Poder   Intuição

Adaptação para a VERDADE
(Imagem do Pai no mundo Intelectual)

Verdade viva
que estais
dentro do meu espírito imortal,
que vosso nome seja afirmado
por meio da obra.
Que vossa manifestação
seja revelada.
Que *vossa lei* entre na matéria
assim como entrou no espírito.
Dai-nos a cada dia
nossa ideia criadora.
Perdoai minha ignorância
assim como eu perdoo aqueles que
são ignorantes, meus irmãos.
Protegei-me da negação infrutífera
e livrai-me da dúvida mortal.
Pois sois o Princípio,   na unidade
o Equilíbrio   de minha
e a Regra   razão

Adaptação para o SOFRIMENTO
(Princípio paterno de redenção no mundo Material)[416]

Ó sofrimento benéfico
que estais
na raiz de minha encarnação,
que vosso nome seja santificado
pela coragem durante a provação.
Que vossa influência
seja entendida.
Que vosso fogo purificador queime meu corpo
como queimou minha alma.
Vinde a cada dia e envolvei
minha natureza indolente.
Vinde destruir minha lassidão e meu orgulho
assim como destróis a lassidão e o orgulho
dos pecadores, meus irmãos!
Protegei-me dos atos vis que poderiam
afastar-me de vós, pois só vós
podeis me livrar do mal que criei.

Pois sois o Purificador,	}	no ciclo
o Estabilizador		de minhas
e o Redentor		existências

Adaptação CABALÍSTICA

Ó Yod criador
que estais
em AIN-SOPH,
que KETHER, vossa Palavra,
seja santificada.
Que TIPHARETH, esplendor de vosso reino,
projete seus raios.
Que IAVÉ, vossa lei cíclica,
reine em MALKUTH
assim como reina em KETHER.
A cada dia dai a NESHAMAH
a iluminação de um dos 50 portões de BINAH.
Armai a infinita misericórdia de CHESED
contra as crostas que crio em minha Imago,
quando, ao interpretar mal uma das 32 formas
de CHOCKMAH, envio o rigor de RUACH
aos meus irmãos.
Preservai NESHAMAH das atrações de
NEPHESH e nos livrai de NAHASH.
Pois sois

RESH. O Princípio	ou EL	
TIPHARETH. O Esplendor	ou YOD	no ELOHIM
YESOD. A Matrix	ou MEM	

APÊNDICE III

Como me Tornei um Místico:
Notas para uma Autobiografia Intelectual.
Por Camille Flammarion.[417]

Muitos escritores independentes, alguns filósofos e certos jornalistas perguntam com frequência como é possível que jovens com sólidos princípios na "razão plausível" mais adequada e protegidos da "superstição" possam repentinamente abandonar esses ensinamentos positivistas e passar ao estudo de assuntos místicos, tornando-se mais interessados em fenômenos religiosos e filosóficos que em movimentos políticos, avançando em seus estudos extravagantes até chegar à pesquisa sobre ciências ocultas e magia, o que indica, se não uma aberração total, pelo menos o enfraquecimento das faculdades mentais.

Esse movimento em direção ao misticismo entre os jovens contemporâneos preocupa os homens mais velhos e põe em xeque suas expectativas. Será que o leitor permitiria que um ex-partidário das doutrinas materialistas, um médico educado pelos princípios tão caros ao positivismo, enumerasse alguns aspectos de sua evolução intelectual e descrevesse pelo menos um caso dessa estranha intoxicação mística, do início até o desfecho dramático? Se os filósofos não se interessarem por esse relato, talvez ele seja proveitoso para os psiquiatras, já que em certos círculos se acredita que todos os espiritualistas são degenerados, quando não psicóticos.

Esta é a primeira vez que tento escrever uma autobiografia intelectual e procurarei torná-la o mais concisa possível. Em primeiro lugar, informo a meus colegas que possam estar interessados em meu relato que nunca fui ensinado por professores religiosos; os meus estudos, desde o ensino fundamental até o doutorado em medicina – meus certificados dos cursos primário, de ensino médio e de bacharel – foram todos concluídos em escolas seculares ou no Colégio Rollin. Portanto, não se deve tentar encontrar em mim nenhuma tendência prejudicial derivada de uma educação religiosa na infância.

Em 1882, comecei meus estudos médicos e descobri que todas as cadeiras importantes da Escola de Paris eram ocupadas por materialistas adeptos das doutrinas que lhes eram caras por influência da Teoria da Evolução.

Tornei-me, assim, um ardente "evolucionista", partilhando e propagando a fé materialista da melhor maneira que podia.

Pois existe uma fé materialista que considero necessária, em determinado momento, para todas as mentes que desejam evoluir. Esse materialismo que ensina a trabalhar pela comunidade sem nenhuma esperança de recompensa, já que só a *memória* de uma personalidade subsiste após a morte; essa doutrina que resseca o coração e ensina a respeitar apenas os fortes na luta pela vida tem efeito poderoso sobre a faculdade da razão, e isso compensa, de alguma forma, seus erros e perigos. Sabemos quanta coisa o materialista extrai da doutrina da evolução. No entanto, foi o estudo aprofundado da evolução que me mostrou as fraquezas do materialismo e seus erros interpretativos.

Diziam-me: "Estes sais minerais, esta terra, lentamente fragmentados e assimilados pelas raízes da planta, *evoluem* e se tornam as células da planta. A planta, por sua vez, transformada pelas secreções e enzimas do estômago do animal, torna-se o quilo que se transforma na célula do animal". Mas depois de refletir logo percebi que havíamos esquecido um dos fatores importantes relacionados ao problema a ser solucionado.

Sim, o mineral evolui, e seus princípios essenciais tornam-se os elementos materiais da célula vegetal. Mas com uma condição: a de que as forças fisioquímicas e o próprio sol participem do fenômeno, isto é, com a condição de que as forças superiores, baseadas na evolução, se sacrifiquem pela evolução das inferiores.

Sim, a planta digerida torna-se a base material da célula animal, mas desde que o sangue e a energia nervosa (ou seja, as energias *superiores* na escala evolutiva) se sacrifiquem pela evolução da célula vegetal e pela sua transformação em quilo.

Em suma, toda ascensão na série, toda evolução exige o sacrifício de pelo menos uma e, mais frequentemente, de duas forças superiores. A doutrina da evolução está incompleta. Representa apenas um lado e negligencia o outro. Traz à luz a lei *da luta pela vida*, mas esquece *a lei do sacrifício*, que prevalece sobre todos os fenômenos.

Dominado por essa ideia que acabara de me ocorrer e que levei a sério, resolvi aprofundar minha descoberta da melhor forma possível e passei meus dias na Biblioteca Nacional. Eu era externo de um hospital; um ano de trabalho, dois anos, no máximo, teriam permitido que eu me tornasse interno e fizesse uma carreira médica talvez frutífera. Dediquei meu tempo ao estudo de trabalhos alquímicos, antigos grimórios mágicos e elementos da língua hebraica durante os anos em que meus colegas se preparavam para os exames e, a partir desse momento, meu futuro tomou forma. Encontrei essa mesma descoberta, que pensava ter feito sozinho, nas obras de Louis Lucas, nos textos herméticos e, mais tarde, nas tradições indianas e na cabala hebraica. Apenas o idioma era diferente; onde escrevemos HCL, os alquimistas desenham um leão verde, e onde escrevemos $2HCL + Fe = FeCl_2 + H_2$, os alquimistas desenham um guerreiro (Marte, Ferro) devorado pelo leão verde (ácido).

Em poucos meses, esses complicados grimórios se tornaram tão acessíveis para mim quanto as obras de nossos pedantes químicos contemporâneos, ainda mais obscuras que os referidos grimórios. E, além disso, estava aprendendo a manipular o maravilhoso método analógico, tão pouco conhecido pelos filósofos modernos, que permite unificar todas as ciências em uma síntese comum. Esse método demonstra que os antigos foram pura e simplesmente caluniados, do ponto de vista científico, pela crassa ignorância histórica dos professores das disciplinas de ciência de nosso tempo.

Estudando os livros herméticos, tive minhas primeiras revelações a respeito de um princípio ativo no ser humano que facilmente engloba todos os fenômenos hipnóticos e espíritas.

Aprendi na faculdade de medicina que toda doença se deve ao dano ocorrido nas células, e que não há função sem atividade celular. Todos os fenômenos psíquicos, todos os atos de vontade, ideação e memória correspondem às atividades de certas células nervosas; a moral, as ideias de Deus e do bem são resultados mecânicos produzidos pelos efeitos da hereditariedade ou da sociedade sobre a evolução das células nervosas. Quanto aos filósofos ditos "espiritualistas" e aos "teólogos", devem ser considerados ou como ignorantes que nada sabem de anatomia e fisiologia ou como psicóticos em estado mais ou menos grave, dependendo de cada caso. Um livro de psicologia só teria algum valor se fosse escrito por um médico pertencente à escola das pessoas "eruditas" e razoáveis, ou seja, à escola oficial materialista. E foi dito o seguinte às pessoas ingênuas que ainda acreditavam na alma: "Vocês nunca encontraram a alma sob o bisturi". Aí está, em poucas palavras, o resumo das opiniões filosóficas que nos ensinaram.

Sempre tive o hábito perigoso de nunca aceitar uma ideia antes de tê-la estudado pessoalmente por todos os ângulos. Embora, a princípio, ficasse atraído pelos ensinamentos da escola, lentamente comecei a nutrir algumas dúvidas, e peço permissão para desenvolver minhas reflexões aqui.

A escola ensinava que nada ocorre sem a ativação dos órgãos, tanto mais numerosos quanto mais bem estabelecidas estiverem as *divisões do trabalho* no organismo. No entanto, durante o incêndio no Hôtel-Dieu, vimos paralíticos, cujas pernas estavam atrofiadas e cujos nervos já não existiam como órgãos, recuperando, de súbito, o uso de seus membros até então inúteis. Mas esse é ainda um argumento fraco.

Os experimentos de Flourens[418] mostraram que nossas células se renovam após um período que não excede três anos para um ser humano. Quando encontro um amigo que não vejo há três anos, não há nele uma *única* célula material que existia da última vez em que nos encontramos. E, no entanto, as *formas* do corpo e a semelhança que me permitem reconhecer que meu amigo ainda existe são conservadas. Qual foi, então, o *órgão* que presidiu à conservação de suas formas quando nenhum órgão do corpo escapa a essa lei? Esse argumento foi sempre um dos que mais me impressionaram. Mas devo prosseguir.

Claude Bernard, ao estudar as relações entre a atividade cerebral e a produção de uma ideia, chegou à conclusão de que o nascimento de cada ideia causava a morte de uma ou mais células nervosas à medida que essas células, que foram e ainda são o baluarte do argumento materialista, indicavam, na verdade, segundo suas pesquisas, o papel de *instrumentos* e não de agentes produtores. A célula nervosa é o meio para a manifestação de uma ideia, mas não gera a ideia em si. Uma nova observação apareceu agora para apoiar o valor desse argumento.

Todas as células do ser humano são substituídas depois de algum tempo. Todavia, quando me lembro de algo acontecido há dez anos, a célula nervosa que na época registrou a ocorrência foi substituída cem ou mil vezes. Como a memória é conservada intacta ao longo das mortes incontáveis de tantas células? O que acontece, nesse caso, com a teoria da célula que gera ideias e memórias?

E mesmo os elementos nervosos aos quais atribuímos papel indispensável para o movimento talvez não sejam tão necessários assim, pois aprendemos em embriologia que o grupo de células embrionárias que mais tarde constituirão o coração já batem ritmicamente mesmo *antes que os elementos nervosos correspondentes ao coração tenham sido constituídos.*

Esses poucos exemplos, escolhidos aleatoriamente entre um grande número de fenômenos, me levaram a observar que também aí o materialismo estava conduzindo seus adeptos por um caminho falso, ao confundir o instrumento inerte com o agente efetivo da ação.

Segundo o materialista, a prova de que o centro nervoso produz a ideia é que qualquer lesão nesse centro afeta a ideação; se ocorrer um dano na terceira circunvolução frontal esquerda, a pessoa ficará afásica, com um tipo de afasia que corresponde ao grupo de células danificadas.

Esse raciocínio é simplesmente absurdo, e, para provar isso, aplicaremos o mesmo raciocínio a um exemplo aleatório: o telégrafo.

A prova de que o próprio instrumento telegráfico cria o telegrama é que qualquer dano no instrumento telegráfico afeta a transmissão do telegrama, e, se eu cortar o fio telegráfico o telegrama não poderá mais ser transmitido.

Esse é precisamente o valor do raciocínio dos materialistas: *eles se esquecem do telegrafista,* ou querem ignorar sua existência.

O cérebro está para o princípio espiritual que existe em nós exatamente como o instrumento transmissor está para o telegrafista. A comparação é antiga, mas ainda excelente.

O materialista nos diz: "Suponha que o telegrafista não exista, e raciocinemos como se não existisse". Em seguida, lança uma afirmação dogmática: "O transmissor telegráfico funciona por conta própria e produz o telegrama após uma série de movimentos mecânicos gerados pelos reflexos". Uma vez feita essa afirmação, o restante vai por si, e o materialista conclui, alegremente, que a alma não existe, que o cérebro produz ideias sozinho, assim como o instrumento telegráfico produz o telegrama. E não se deve mudar esse raciocínio: é o *dogma do positivismo*, tão zelosamente ensinado e defendido quanto o dogma religioso.

Sei quanto me custou descobrir a vacuidade desse raciocínio: fui acusado de *fraude*, pois se supunha que um materialista que se torna místico só pode ser um *embusteiro* ou um psicótico. Mas sigamos em frente.

Assim como podemos observar que as células materiais do corpo são apenas as ferramentas de *algo* que conserva a forma corporal ao longo de várias mortes celulares, também podemos ver que os centros nervosos são apenas as *ferramentas* de algo que usa esses centros como meios de ação ou recepção.

O anatomista, munido do bisturi, não descobrirá a alma dissecando um cadáver, assim como um operário munido de alicates não descobrirá o telegrafista ao desmontar um instrumento telegráfico, nem o pianista ao desmontar um piano. É inútil, penso, demonstrar ainda mais a vacuidade do raciocínio que os chamados filósofos do positivismo opõem aos adversários.

Antes de terminar, gostaria de chamar a atenção para dois "truques" de raciocínio que os materialistas muitas vezes usam nas discussões quando estão levando a pior.

O primeiro é "remeter às ciências especializadas e às dissertações obscuras", que eles acreditam serem desconhecidas do adversário ingênuo.

"Como se atreve, caro senhor, a falar de funções cerebrais quando não conhece a cristalografia?"

"Insiste em tratar dessas questões sem ter lido a última tese do sr. Fulano sobre as funções cerebrais do homem no período Terciário e do peixe-dourado? Volte para a escola, senhor, e não retorne aqui para discutir comigo antes de 'aprender' os elementos da questão que deseja abordar." No entanto, aqueles que proferem tais absurdos são geralmente alunos brilhantes da escola de medicina, mas que não sabem nada de psicologia e de filosofia além dos nomes desses ramos do conhecimento... se é que os sabem!

O segundo "truque" consiste em cobrir-nos de ridículo porque temos a audácia de sustentar uma opinião contrária à do sr. X, que obteve *mais diplomas que nós*. Mas como! Você é um simples médico e ousa discordar das opiniões do sr. Sicrano, professor venerável, ou do sr. Beltrano, mestre brilhante?

Você deve primeiro *chegar ao nível deles* e depois veremos.

Todos esses são apenas falsos pronunciamentos, mas são tão corriqueiros que foram empregados contra o sr. Brunetière[419] quando se atreveu a falar de ciência apesar de não ser médico... Que horror!!! Se você é médico, deve ser professor assistente, e, se é professor assistente, deve ser catedrático e pertencer ao Instituto; e quando um membro da Academia de Ciências se atrever a afirmar sua crença em Deus e na imortalidade da alma, como fez Pasteur, diremos que ele está muito *velho,* e um enfraquecimento da mente é a explicação para tais doutrinas. Essas são as falsas escapadelas habituais dos materialistas, mas basta conhecê-las para perceber quanto valem.

Portanto, nem sempre acertamos ao dizer que a *fé* é uma graça especial, concedida somente a uns poucos; estou persuadido, com base no que chamo de minha *evolução* pessoal, de que a fé se adquire pelo estudo, como todo o restante.

A vacinação materialista, entretanto, tem grande valor. Permite abordar o tema da psicologia e os problemas da alma com base na fisiologia e, da mesma forma, é altamente relevante para a doutrina dos três princípios do homem e para o que designamos, na história da filosofia, como teoria do *mediador plástico*.

Essa teoria supõe que, entre o corpo físico e a anatomia, de um lado, e o espírito imortal e a psicologia, de outro, existe um princípio intermediário, oriundo do domínio da fisiologia, cuja tarefa é coordenar as relações entre os dois extremos.

Esse princípio, conhecido hoje pelo nome de vida orgânica e que atua exclusivamente sobre órgãos de musculatura lisa por intermédio do grande nervo simpático, possui, em minha opinião, uma existência bem definida e nada tem a ver com deduções metafísicas.

Os antigos hermetistas chamavam esse princípio de corpo formativo ou *corpo astral*, atribuindo-lhe a continuidade das *formas orgânicas*. O estudo desse corpo astral, que venho fazendo há quase dez anos, permitiu-me estabelecer uma explicação altamente científica para os estranhos fenômenos da hipnose e do espiritismo que hoje incomodam muitos professores da Universidade de Paris. Além disso, um sério estudo de todas as teorias propostas para explicar esses fenômenos me autoriza a afirmar que a teoria hermética da constituição do homem, teoria que se manteve inalterada desde a décima oitava dinastia egípcia, ou seja, por trinta e seis séculos, é a única que leva em consideração, de maneira lógica e satisfatória, todos os fenômenos observados. Podemos também começar a estudar o problema da morte e da sobrevivência da personalidade além-túmulo – estudo, sem dúvida, interessante, uma vez que muitos dos "jovens" de hoje, pertencentes à classe intelectual, preferem esse tipo de pesquisa ao absurdo da política e das lutas interpartidárias.

Talvez eu fale de meu caminho esotérico em outra ocasião. Por enquanto, quis apenas mostrar o caminho que percorri exotericamente, desde as minhas convicções materialistas até meus estudos místicos atuais.

NOTAS

1. A obra envolvente e de fácil leitura de Tobias Churton, *Occult Paris: The Lost Magic of the Belle Époque* [Paris Oculta: A Magia Perdida da *Belle Époque*] (Rochester, VT: Inner Traditions, 2016), é uma boa introdução ao ocultismo da época.

2. Os detratores do Ocultismo sempre buscaram construir seus argumentos confundindo intencionalmente esses dois aspectos.

3. O homem não consegue conceber a Unidade antes de analisar os três planos de manifestação dessa Unidade; a divina Trindade, em muitas cosmogonias, a Trindade humana (Mente-Alma-Corpo) do Hermetismo, Trindades simbolizadas na concepção unitária de Deus e do Homem.

4. É assim que remontamos, graças ao uso da analogia, dos fatos às leis e das leis aos princípios. A doutrina das correspondências implica a analogia e exige seu uso.

5. É aqui que encontramos os ensinamentos esotéricos do mundo astral, as forças ocultas da natureza do homem e os seres invisíveis que povoam o Espaço.

6. A Teoria do Flogisto, por exemplo. [NT] A flogística era o estudo de um elemento semelhante ao fogo chamado *phlogiston*, em cuja existência se acreditava antes do século XVIII. Na época de Papus, é claro, a flogística já era uma ciência morta.

7. Louis Dutens, *Origine des découvertes attribuées aux modernes* [Origem das Descobertas Atribuídas aos Modernos], 2 volumes (1825).

8. Antoine Fabre d'Olivet, *Les vers dorés de Pythagore* [Os Versos Dourados de Pitágoras] e *Histoire philosophique du genre humain* [História Filosófica do Gênero Humano].

9. Alexandre Saint-Yves d'Alveydre, *La mission des juifs* [A Missão dos Judeus] (1884), cap. 4.

10. Dutens, *Origine des découvertes attribuées aux modernes*, cap. 9.

11. *Ibid.*, cap. 7.

12. *Ibid.*, cap. 6.

13. *Ibid.*, cap. 15.

14. *Ibid.*, p. 160. *De facie in orbe lunae* [O Rosto na Lua] (Plutarco).

15. *Ibid.*, pp. 167-68. *Loi du carré des distances* [Lei do Quadrado das Distâncias] (Pitágoras).

16. *Ibid.*, cap. 10.

17. Dutens, *Origine des découvertes attribuées aux modernes*, vol. 2, cap. 8.

18. *Ibid.*, vol. 2, cap. 9.

19. *Ibid.*, vol. 1, cap. 7.

20. Agatias, *De rebus Justinis* (Paris: 1660). [NT] Mais provavelmente, *De imperio et rebus gestis Justiniani* [Sobre o Reinado de Justiniano].

21. [NT] Geômetra e arquiteto de Constantinopla (século VI), mais conhecido por ter desenhado a igreja de Santa Sofia (*Hagia Sophia*).

22. Agatias, *De rebus Justinis*, cap. 4.

23. [NT] Salmínio Hérmias Sozômeno, historiador cristão do século V.

24. Saint-Yves d'Alveydre, *La mission des juifs*, cap. 4.

25. Tito Lívio, *Ab urbe condita libri* [História de Roma], livro 1, cap. 31.

26. Plínio, *Natural History* (História Natural), livro 2, cap. 53, e livro 28, cap. 4.

27. [NT] Terceiro rei mítico de Roma (673-42 a.C.) que supostamente morreu atingido por um raio ao conduzir, de maneira incorreta, um sacrifício em honra de Júpiter Elício.

28. [NT] "Invocar" em latim.

29. Dutens, *Origine des découvertes attribuées aux modernes*, vol. 1, p. 275.

30. Ovídio, *Fasti* [Os Fastos], versos 327 e 328. [NT] "Eles te invocam dos céus, Júpiter; por isso os que estão embaixo, quando te adoram, chamam-te de 'o Invocado'."

31. [NT] Também chamado de processo daguerreótipo, o primeiro processo fotográfico disponível ao público, inventado por Louis Daguerre em 1839 com a ajuda de outro inventor francês, Nicéphore Niépce.

32. Dutens, *Origine des découvertes attribuées aux modernes*, vol. 2, cap. 3.

33. [NT] Físico, geógrafo e historiador do século V a.C.

34. Saint-Yves d'Alveydre, *La mission des juifs*.

35. Dutens, *Origine des découvertes attribuées aux modernes*, vol. 2, cap. 1; Saint-Yves d'Alveydre, *La mission des juifs*, cap. 4.

36. [NT] Filósofo materialista pré-socrático do século V a.C., considerado por alguns o pai da ciência.

37. Fabre d'Olivet, *La langue hébraïque restituée* [A Língua Hebraica Restaurada], vol. 2, p. 7.

38. [NT] Faraó da primeira dinastia (*c.* 5000 a.C.); portanto, Papus sugere uma data que remonta há 17 mil anos.

39. Sacerdote egípcio do século III a.C., autor de *Aegyptiaca*, história do Egito com a lista completa de seus reis.

40. [NT] Historiador e astrônomo babilônio do século III.

41. Saint-Yves d'Alveydre, *La mission des juifs*, p. 95.

42. *La Franc-maçonnerie rendue à sa véritable origine* [A Maçonaria Restaurada em sua Verdadeira Origem] (1814).

43. *Histoire de la magie, de monde surnaturel et de la fatalité a travers les temps et les peuples* [História da Magia, do Mundo Sobrenatural e da Fatalidade ao Longo dos Tempos e Povos] (1863).

44. *La science du vrai* [A Ciência da Verdade] (Paris: Dentu, 1884).

45. Peço desculpas ao leitor pelo grande número de citações com que sobrecarreguei este tratado. Mas senti a necessidade, a cada passo, de me apoiar em fundamentos sólidos. O que sustento é tão improvável para algumas pessoas, sem que eu saiba o motivo, que toda essa quantidade de provas mal será suficiente para combater a incredulidade do preconceito.

46. Fabre d'Olivet, *Les vers dorés de Pythagore*, pp. 26-27.

47. [NT] Em filosofia, fenômeno é algo que se percebe pelos sentidos; *noumenon* é algo que só pode ser postulado pela mente.

48. Ver dr. Gérard Encausse, *L'anatomie philosophique et ses divisions* [A Anatomia Filosófica e suas Divisões], vol. 1.

49. Ver Edgar Allan Poe, *Eureka*, na tradução francesa de Baudelaire, pp. 10-29.

50. Louis Lucas, *La chimie nouvelle* [A Nova Química], p. 21.

51. Extraído de Saint-Yves d'Alveydre, *La mission des juifs*, p. 321.

52. [NT] Fanes ou Protógono, que significa "primogênito", é um ser hermafrodita na cosmologia de Orfeu. Conta-se que nasceu de um ovo cósmico.

53. Fabre d'Olivet, *Les vers dorés de Pythagore*, p. 239.

54. "Os sacerdotes egípcios tinham *três* maneiras de exprimir seus pensamentos. A primeira, simples e clara; a segunda, simbólica e figurativa; e a terceira, sagrada e hieroglífica. Para tanto, empregavam três tipos de caracteres, mas não três dialetos, como se poderia supor." Fabre d'Olivet, *La langue hébraïque restituée*, p. 24.

55. "Depois de observar que o equilíbrio é a lei universal em física e que ele resulta da oposição aparente de duas forças, os antigos magos deduziram um equilíbrio metafísico a partir do equilíbrio físico e declararam que em Deus, isto é, na primeira causa viva e ativa, podemos reconhecer duas propriedades mutuamente necessárias: estabilidade e movimento, compensadas pela coroa, a força suprema." Éliphas Lévi, *Dogme et rituel* [Dogma e Ritual] (1856), p. 79. [NT] O título completo do livro é *Dogme et rituel de la haute magie* (Dogma e Ritual da Alta Magia), traduzido recentemente por mim e John Michael Greer (2017).

56. "Existem três mundos: o Natural, o Espiritual e o Divino. Assim, temos necessariamente um culto material, um culto espiritual e um culto divino. Essas três formas se exprimem por meio de ação, fala e oração – isto é, fatos, compreensão e amor." Honoré de Balzac, *Louis Lambert* (1832).

57. Fabre d'Olivet, *La langue hébraïque restituée*, vol. 2, p. 30.

58. Ver *Traité méthodique de science occulte* [Tratado Metódico da Ciências Ocultas]. [NT] Por Papus.

59. Para uma explicação desse termo, ver as obras de Postel, Christian e, principalmente, Éliphas Lévi. [NT] Referência à interpretação de Éliphas Lévi do tetragrama,

nome hebraico de Deus, IHVH, que Lévi (e Papus, depois dele) interpretou em sentido filosófico. Ver Éliphas Lévi, *Dogme et rituel de la haute magie*, que dedica vários capítulos a esse tema.

60. Adolphe Franck, *La Kabbale* [A Cabala] (1863).

61. Ver *Traité méthodique de science occulte*.

62. Jean-Jacques Barthélemy, *Voyage d'Anacharsis – Doctrine des Pythagoriciens* [As Viagens de Anacársis – Doutrina dos Pitagóricos], vol. 3 (edição de 1809), p. 181. [NT] Jean-Jacques Barthélemy (1716-1795) foi padre jesuíta e arqueólogo. O livro alcançou grande sucesso na época.

63. Fabre d'Olivet, *Les vers dorés de Pythagore*.

64. R. P. Esprit Sabathier, *L'ombre idéale de la sagesse universelle* [A Sombra Ideal da Sabedoria Universal] (1679). [NT] A edição mais recente data de 1998.

65. Veja o capítulo seguinte e depois releia este trecho.

66. Para a aplicação dessa lei, ver Fabre d'Olivet, *La langue hébraïque restituée. Moïse* [Moisés].

67. Ver a lista de suas obras em *Traité méthodique de science occulte*.

68. *Ibid.*

69. [NT] Pseudônimo de Albert Faucheux (1838-1921), membro do círculo íntimo de Papus.

70. [NT] Note-se que, no francês da época de Papus, a palavra *monde* (mundo) era usada no sentido atual de "sistema solar" e não apenas do planeta Terra.

71. Termo usado por Louis Lucas.

72. Para mais informações, ver *La médecine nouvelle* [A Nova Medicina], de Louis Lucas.

73. [NT] "Do fígado."

74. Louis Lucas, a terceira Lei do Movimento.

75. "Na natureza, a eletricidade é apenas um detalhe, como o vermelho é apenas um tom do espectro solar. Eletricidade, calor e luz são três fases gerais de movimento, cujos tons intermediários são infinitos." Louis Lucas.

76. [NT] Papus se refere aqui à eletrólise, processo no qual os eletrodos postos na água ou em qualquer outra substância química fragmentam essas substâncias em seus elementos componentes.

77. Lucas, *La chimie nouvelle*, p. 282.

78. "A matéria oferece resistência, ou seja, uma energia, pois somente as energias são capazes de resistir, e, portanto, a matéria tem sua origem UNITÁRIA no movimento inicial e fundamental, já que a palavra 'energia' indica atividade." Louis Lucas.

79. A matéria revela suas origens por meio de três tons principais: matéria positiva, ou estado gasoso, matéria negativa, ou estado sólido, e matéria equilibrada, ou estado líquido.

80. Ver as obras de Christian, Éliphas Lévi e, principalmente, Lacuria, todas elas citadas no *Methodical Treatise of Occult Science*. [NT] Paul-François-Gaspard Lacuria (1806-1890) é conhecido como o "Pitágoras Francês" e autor de *Les harmonies de l'être exprimées par les nombres* [As Harmonias do Ser Expressas Pelos Números].

81. Ver *Eureka*, de Edgar Allan Poe, e *La chimie nouvelle*, de Louis Lucas.

82. [NT] *Ain Soph* é a realidade última em algumas versões da Cabala; Parabrahm ("o que está além de Brahman") desempenha o mesmo papel em algumas versões da filosofia hindu. Papus, seguindo o exemplo de outros ocultistas da época, iguala esses dois conceitos da Realidade Última.

83. Aqui começa a evolução tal qual concebida pelos modernos, que não veem seu *lado descendente*, perfeitamente conhecido pelos antigos.

84. Para esclarecer essa declaração, ver a criação da alma humana.

85. Base da doutrina alquímica. Ver a lei Kármica hindu relativa à ideia da evolução de uma vida única rumo a formas mais e mais perfeitas.

86. Ver *La mission des juifs* e as doutrinas filosóficas da ciência esotérica.

87. "A alma é uma criação original que nos pertence, apresentando toda a sua responsabilidade à eternidade. O som, como símbolo da força vital, produz algo muito diverso: a TONALIDADE, da qual provém um efeito geral, ou a alma, com seu valor especial e relativo. Uma orquestra é um órgão material com seu conjunto de instrumentos; os sons, com suas HARMONIAS e imensas combinações, é a dança das forças vitais; é o material do corpo a partir do qual a alma é criada e cresce, assim como a tonalidade cria um sentimento geral, definitivo e consequente. Portanto, a tonalidade GERAL, que não tem relação com um instrumento inerte em si nem com as várias harmonias que ele toca, é a ALMA do concerto etc." Louis Lucas, *La médecine nouvelle*, p. 33.

88. Ao ler os vários escritores que tratam da alma, devemos ser cautelosos em relação ao significado que atribuem a essa palavra. Para alguns, a alma é o que chamo aqui de vida e espírito. Eles dão ao espírito o nome de terceiro termo, que, para mim, é a alma. A ideia é a mesma em toda parte; só o uso dos termos varia.

89. [NT] Ou seja, a teosofia tal qual criada por H. P. Blavatsky, que empregava a expressão "budismo esotérico" em seus ensinamentos nos primeiros tempos da Sociedade Teosófica.

90. Józef Maria Hoene-Wronski, *Lettre au pape* [Carta ao Papa]. Ver a lista das obras de Wronski em *L'occultisme contemporain* [O Ocultismo Contemporâneo]. [NT] Por Papus.

91. Fabre d'Olivet, *Les vers dorés de Pythagore*, pp. 249 e 251.

92. [NT] Símbolo sagrado ou pictógrafo.

93. [NT] Outro modo de exprimir o tetragrama, יהוה, mais frequentemente pronunciado YHVH em nosso alfabeto. O leitor deve saber que as últimas três letras hebraicas desse nome, הוה, também formam o nome de Eva, mulher de Adão, em hebraico.

94. Saint-Yves d'Alveydre, *La mission des juifs*, p. 121.

95. [NT] Também conhecido como astrolatria, adoração de estrelas ou planetas como divindades.

96. [NT] Em hindi, *Ishvara* significa "Deus supremo" e Prakriti, "natureza" ou "ordem natural".

97. [NT] A Caldeia era um país de fala semítica do século X a.C.

98. Saint-Yves d'Alveydre, *La mission des juifs*, p. 99.

99. Fabre d'Olivet, *La langue hébraïque restituée*. Ver também Louis-Claude de Saint-Martin, *Le crocodile ou la guerre du bien et du mal* [O Crocodilo ou a Guerra do Bem e do Mal].

100. Fabre d'Olivet, *La langue hébraïque restituée*, dissertação introdutória.

101. Saint-Martin, *Les signes et les idées* [Os Signos e as Ideias], em *Le crocodile ou la guerre du bien et du mal*.

102. Fabre d'Olivet, *La langue hébraïque restituée*.

103. כן e אל [NT] "Sim" e "não" em hebraico.

104. [NT] O que Fabre d'Olivet provavelmente quer dizer aqui é "com o mesmo significado *em todas as línguas*".

105. Fabre d'Olivet, *La langue hébraïque restituée*, cap. 4, §1.

106. [NT] Também conhecido como Horapolo (século V), é o suposto autor de *Hieroglyphica*, texto descoberto em 1419 que fornece explicações dos hieróglifos egípcios. O segundo livro trata de simbolismo animal.

107. Rabelais, livro 1, cap. 9. [NT] Referência à *Hypnerotomachia Poliphili* [Batalha de Amor em Sonho de Polífilo], publicada em Veneza em 1499. É uma história de amor cortês e das andanças de Polífilo por uma estranha terra dos sonhos, amplamente ilustrada com 169 xilogravuras. Figuram aí hieróglifos egípcios tal como aparecem em *Hieroglyphica*.

108. Ver Fabre d'Olivet e Saint-Yves d'Alveydre.

109. "Na tradição alquímica, o iniciador fala apenas por parábolas ou por alegorias, mas não usa fábulas inventadas apenas para agradar. Na grande obra, há somente um fato importante: a transmutação, que acontece segundo fases aceitas. No entanto, como não entender que a descrição dessas fases emprega diferentes temas, dependendo do autor? Convém notar que o recém-chegado sempre alega ser mais imaginativo que seu predecessor. Os hindus falam da encarnação de Vishnu; os egípcios, da viagem de Osíris; os gregos, da jornada de Jasão; os druidas, dos mistérios de Thot; os cristãos, segundo John Dee, da paixão de Jesus Cristo; os árabes, das aventuras de Aladim e a lâmpada mágica." Louis Lucas, *Le roman alchimique* [O Romance Alquímico] (1857), p. 171.

110. [NT] Papus usou primeiro a palavra *Thélème*, que é apenas uma pronúncia errônea ou uma tradução equivocada do latim *Telesmi*. Por isso, nós a substituímos pelo termo latino original. Este pode ser traduzido de várias maneiras, mas talvez a mais simples seja "consumação" ("perfeição" também é possível). Papus, mais adiante, oferece sua própria interpretação da palavra.

111. Ver o fim do Capítulo 2.

112. *Ibid*.

113. Ver a tradução que fiz dessa obra importantíssima no número 7 de *Le lotus* [O Lótus] (outubro de 1887).

114. Ver Fabre d'Olivet, *La langue hébraïque restituée*. [NT] *Bereshit* é o título hebraico do livro de Gênesis, a partir de suas primeiras palavras, "No começo" (em hebraico, *be-reshith*).

115. [NT] Em hebraico, דוא, AVD. Essa é uma das três formas de energia espiritual discutidas em profundidade na literatura cabalística (as outras são AUB e AUR).

116. [NT] Carl Reichenbach, naturalista austríaco contemporâneo de Mesmer que estudou uma energia similar à de Mesmer, à qual deu o nome de *od*.

117. Éliphas Lévi, *Histoire de la magie* (História da Magia) (1860), p. 19.

118. Éliphas Lévi, *Clef des grandes mystères* (A Chave dos Grandes Mistérios) (1861), p. 117.

119. Éliphas Lévi, *Dogme et rituel de la haute magie* (1856), p. 152.

120. *Ibid.*, p. 153.

121. [NT] Na teoria cabalística, דוא, *Od*, é a energia positiva; בוא, *Ob*, a energia negativa; e רוא, *Aour*, a energia equilibrada, que resulta da união das anteriores.

122. Lévi, *Clef des grandes mystères*.

123. Lucas, *La chimie nouvelle*, p. 34.

124. *Ibid.*, p. 45.

125. Paul Christian, *L'homme rouge des Tuileries* [O Homem Vermelho das Tulherias] (1863). [NT] Pierre ou Paul Christian era o pseudônimo de Jean-Baptiste Pitois, ocultista francês do século XIX e colega de Charles Nodier.

126. *Le lotus*, nº 3. [NT] *Chela* é um discípulo indiano de um líder religioso ou guru.

127. *Isis Unveiled* (Ísis sem Véu, São Paulo: Pensamento, 1991. 4 vols.)

128. [NT] Papus refere-se ao segundo volume de *The Doctrine and Ritual of High Magic* (Doutrina e Ritual da Alta Magia).

129. Ver a nota de Louis Lucas várias páginas antes desta.

130. *L'alchimie et les alchimistes* [A Alquimia e os Alquimistas] (1854). [NT] Louis Figuier (1819-1894) foi um médico e farmacêutico francês que escreveu principalmente sobre modernas descobertas científicas, mas também sobre alquimia.

131. *La pierre philosophale prouvée par des faits* [A Pedra Filosofal Provada Pelos Fatos].

132. Sr. Berthelot. [NT] Marcellin Berthelot (1827-1907) foi um conhecido químico e político francês.

133. Ver capítulo 3 de *L'étude sur la vie universelle* [Estudo Sobre a Vida Universal].

134. Ver Jean-Marie Ragon, *De la maçonnerie occulte et de l'initiation hermétique* [Sobre a Maçonaria Oculta e a Iniciação Hermética] (1853). *Fastes initiatiques* [Esplendores Iniciáticos].

135. Ragon, *De la maçonnerie occulte et de l'initiation hermétique. Fastes initiatiques* [A Maçonaria Oculta e a Iniciação Hermética. Jejuns Iniciáticos].

136. Ver o admirável tratado *Lumière sur le sentier* (Luz no Caminho) (publicado por Carré). [NT] Originalmente escrito em inglês por Mabel Collins (1851-1927).

137. *Hermès dévoilé* [Hermes sem Véu] (1831).

138. *Cours d'alchimie en dix-neuf leçons* [Curso de Alquimia em Dezenove Lições] (1843).

139. A *Cabala* se baseia na mesma ideia. Todas as letras nascem de um único י *yod*, cujos aspectos exprimem, assim como a natureza, os diversos aspectos do criador. (Ver o *Sepher Yetzirah*.)

140. Ver Capítulo 2.

141. Ver *Monas hieroglyphica*, de John Dee, em *Theatrum chemicum* (1652).

142. Ragon, *De la maçonnerie occulte et de l'initiation hermétique* [Sobre a Maçonaria Oculta e a Iniciação Hermética].

143. [NT] Hebraico שפנ היח, "alma viva".

144. [NT] Hebraico המדא, literalmente "argila vermelha".

145. [NT] Nesse diálogo, *Phaedo* (Fédon), Platão põe Sócrates a descrever a Terra "verdadeira" ou "superior" em termos simbólicos.

146. Saint-Yves d'Alveydre, *La mission des juifs*, p. 135. Adão.

147. [NT] Geoffroy Saint-Hilaire (1772-1844) foi um naturalista francês que defendeu as teorias evolucionárias de Lamarck.

148. Saint-Yves d'Alveydre, *La mission des juifs*. Ouroboros.

149. *Ibid.*, *La mission des juifs*, p. 136. *Les quatre fleuves* [Os Quatro Rios].

150. Fabre d'Olivet, *Les vers dorés de Pythagore*, p. 38.

151. [NT] Antigo termo romano para fantasmas malignos, como os lêmures.

152. Ver Capítulo 3 sobre o sistema de Pitágoras.

153. Koot Hoomi em *The Occult World* [O Mundo Oculto] (1881), de Alfred Percy Sinnett. [NT] Koot Hoomi é um dos *mahatmas* indianos que inspiraram H. P. Blavatsky e a Sociedade Teosófica.

154. A Psicologia de Pitágoras.

155. [NT] Muito provavelmente o neoplatônico do século V, Hiérocles de Alexandria, mais conhecido por alguns comentários sobre os Versos Dourados.

156. [NT] Nome chinês de Confúcio.

157. [NT] Nome chinês de Mêncio, filósofo chinês do século IV a.C. conhecido por suas interpretações de Confúcio.

158. [NT] Jakob Böhme (século XVII), místico e teólogo cristão alemão.

159. Fabre d'Olivet, *Les vers dorés de Pythagore*, p. 254. *La volonté* [A Vontade].

160. Jakob Böhme, Questão 6. [NT] Muito provavelmente, um resumo da Questão 6 de Böhme citado em *Les vers dorés de Pythagore*, de Fabre d'Olivet.

161. Koot Hoomi, *The Occult World*, p. 167.

162. Elementais.

163. H. P. Blavatsky, *Isis Unveiled*, vol. 2 (Theosophical University Press Online Edition), pp. 587-90. [*Ísis sem Véu*, São Paulo: Pensamento, 1991. vol. 2.]

164. Fabre d'Olivet, *Les vers dorés de Pythagore*.

165. Lévi, *Dogme et rituel de la haute magie*, vol. 2, *Ritual*.

166. [NT] Termo hindu/budista que significa "apego", "pertencimento", "apreensão de coisas materiais". Seria a causa primária do sofrimento.

167. [NT] Termo hindu/budista que significa a falsa identificação do verdadeiro eu interior com o corpo.

168. Blavatsky, *Isis Unveiled*, vol. 2, p. 320.

169. Fabre d'Olivet, *Les vers dorés de Pythagore*, p. 273. *Carma*, Unidade do Universo. [NT] Os sabeus eram um antigo povo árabe que vivia no atual Iêmen.

170. [NT] A astrologia relacionada à posição dos astros no momento do nascimento.

171. Fabre d'Olivet, *Les vers dorés de Pythagore*, p. 270. Astrologia.

172. Publicado em 1895 por Chamuel, Paris.

173. Henri Selva (1861-1944), também conhecido como Arthur Herrmann Vlès, autor de vários livros de astrologia.

174. [NT] Obra posterior de Papus (1893).

175. *Traité d'astrologie judiciaire* [Tratado de Astrologia Judiciária].

176. [NT] Basilius Valentinus provavelmente foi um alquimista e monge beneditino do século XV. É mais conhecido por sua obra *The Twelve Keys of Basil Valentine* [As Doze Chaves de Basilius Valentinus], publicada em 1599.

177. *Clef des choses cachées* [Chave das Coisas Ocultas] (Amsterdã, 1646). [NT] Guillaume Postel foi astrônomo, cartógrafo, linguista e cabalista francês do século XVI.

178. A Rosa-Cruz sustenta, por exemplo, que possui um livro no qual se pode aprender tudo que há nos outros livros já publicados ou por publicar (Naudé, citado por Figuier, p. 299). Não devemos confundir esses rosa-cruzes com os titulados do 18º grau maçônico, cujo título ostenta o mesmo nome e que não sabem nada. (Ver "Francs-maçons et théosophie" [Maçons e Teosofia], *Le lotus* nº 5.)

179. A maior parte da obra *Tableau naturel des rapports qui existent entre dieu, l'homme et l'univers* [Tabela Natural das Relações Existentes Entre Deus, o Homem e o Universo]. [NT] Louis-Claude de Saint-Martin (1743-1803), também chamado de Filósofo Desconhecido, exerceu grande influência sobretudo sob Papus e a Ordem Martinista. Saint-Martin foi iluminista e religioso extático francês do mesmo tipo de Emmanuel Swedenborg e Jakob Böhme, que o precederam.

180. [NT] Ouroboros, a serpente com a cauda na boca, símbolo comum da alquimia.

181. [NT] Como se vê na carta A Sacerdotisa (Chave II), usada na maioria dos baralhos de tarô.

182. [NT] Essa última imagem pode ser vista na carta O Mago (Chave I).

183. [NT] Na maioria dos baralhos de tarô, a serpente mencionada por Papus na Chave XXI, a carta do Mundo, é representada por uma guirlanda (cujas folhas, muitas vezes, lembram as escamas de uma cobra) rodeando uma jovem. Em alguns baralhos, a serpente é mais visível, sobretudo nos de Etteilla, Dellarocca e Crowley-Harris. As duas colunas a que Papus alude da Chave II às vezes aparecem como varinhas nas mãos da jovem, na Chave XXI.

184. "Como a chama de uma tocha, que sempre tende a subir não importa para onde a voltemos, o homem cujo coração está incendiado de virtude sempre avança rumo ao objetivo que a sabedoria lhe apontou, não importa o que lhe aconteça." *Provérbios* de Brahmin Bhartrihari.

185. Sabathier, *L'ombre idéale de la sagesse universelle* [A Sombra Ideal da Sabedoria Universal].

186. *Ibid*.

187. [NT] "O reino, a glória e o poder."

188. [NT] "Para todo o sempre" ou "pelos séculos dos séculos".

189. Ver *The Doctrine and Ritual of High Magic*, de Éliphas Lévi, para mais detalhes sobre o Pai-Nosso.

190. [NT] Ele, é claro, descansou no sétimo.

191. Sabathier, *L'ombre idéale de la sagesse universelle*.

192. [NT] Essas letras também desempenham importante papel no simbolismo dos graus elevados da maçonaria.

193. [NT] Isto é, o bastão é ativo e tem a cor passiva oposta (preto).

194. Ver as obras de Fabre d'Olivet sobre a língua hebraica.

195. Saint-Yves d'Alveydre, *La mission des juifs*.

196. Em *Traité sur l'origine des caractères alphabetiques* [Tratado Sobre a Origem dos Caracteres Alfabéticos] (1839), Moreau de Dammartin demonstra que os caracteres chineses se baseiam em figuras celestes.

197. "Mas, sempre que o rei entra, primeiro tira o manto de ouro trabalhado em forma de folhas muito finas e entrega-o a seu primeiro subordinado, chamado Saturno. Este o guarda por quarenta dias, quarenta e dois no máximo; depois, o rei tira seu casaco de veludo fino e entrega-o a seu segundo subordinado, chamado Júpiter, que o conserva por uns bons vinte dias. Em seguida, Júpiter, por ordem do rei, passa-o para a Lua, que é a terceira autoridade etc." Bernard Trevisan. [NT] Alquimista italiano do século XV.

198. [NT] Referência ao deus hindu Ardhanari ou Ardhanarishvara, composto andrógino do deus Shiva e de sua esposa Parvati. Ardhanari representa a síntese do masculino e do feminino, ilustrando como o princípio feminino é inseparável do masculino.

199. Éliphas Lévi, *Fables et symboles* [Fábulas e Símbolos] (1862).

200. Paul Christian, *Histoire de la magie, de monde surnaturel et de la fatalité à travers les temps et les peuples* [História da Magia, do Mundo Sobrenatural e da Fatalidade ao Longo dos Tempos e Povos], pp. 99 e 100.

201. *Lettres édifantes et curieuses* [Cartas Edificantes e Curiosas], vol. 26 (Paris, 1783), p. 146.

202. Louis-Claude de Saint-Martin, *Traité des nombres* [Tratado dos Números] (Paris: Dentu, 1863).

203. Saint-Martin, *Le crocodile ou la guerre du bien et du mal*.

204. Malfatti de Monteregio, *Mathèse* (republicado no jornal *Le voile d'Isis* [O Véu de Ísis] (Paris).

205. Para mais informações, ver *La vie universelle* [A Vida Universal], de Louis Michel de Figanières.

206. [NT] Vários historiadores antigos, inclusive Aristóteles, falam de um tempo em que não havia Lua e de um povo dessa época, ao qual davam o nome de arcádios (porque supostamente viviam na Arcádia, Grécia) ou de prosselênios (latim para "antes da lua").

207. [NT] L.N. = Lua nova, L.C.= Lua cheia.

208. Nicolas-Remi Brück, *Le magnétisme terrestre* [O Magnetismo Terrestre] (1851). [NT] Nicolas-Remi Brück (1818-1870) é conhecido pelas pesquisas em magnetismo terrestre e pelas teorias dos ciclos da história humana, que ele explica por meio da física e da matemática.

209. [NT] Segundo a filosofia hindu, Kali-Yuga é a quarta e última etapa que o mundo atravessa conforme passa pelos ciclos de yugas. Caracteriza-se por luta e discórdia, com o povo se afastando de Deus. No entender de diversos especialistas védicos, estamos atualmente em um ciclo Kali-Yuga que começou há 5 mil anos e terminará daqui a 427 mil anos.

210. [NT] O primeiro de quatro yugas, que virá logicamente depois de Kali-Yuga, é uma era em que a humanidade será governada pelos deuses e alcançará grande bem-aventurança. Às vezes chamada de Idade do Ouro, supõe-se que deva durar 1,728 milhão de anos. No entanto, se o Kali-Yuga chegar ao fim daqui a apenas 5 mil anos, é de esperar que o Satya-Yuga não dure 1,7 milhão de anos!

211. Fabre d'Olivet, *Histoire philosophique du genre humain*, vol. 1, p. 102.

212. Ver *La vie universelle*.

213. [NT] Herói mítico chinês a quem se atribui a invenção da caça, da pesca e da cozinha, bem como do primeiro alfabeto chinês.

214. Para constatar a verdade dessa assertiva, basta comparar os hieróglifos, a esfinge e as pirâmides dos peruvianos ou as artes egípcia e etrusca. Para mais detalhes, ver *Histoire des nations civilisées du Mexique et de l'Amérique du Sud* [História das Nações Civilizadas do México e da América do Sul], 4 vols., de autoria do padre Brasseur de Bourbourg; *La carie américaine* [O Tumor Americano], pelo coronel Dussaert (Paris, 1882); e *L'occulte chez les aborigènes de l'Amérique du Sud* [O Oculto Entre os Aborígines da América do Sul], pelo doutor Henri Girgois, que tem bons argumentos, embora não defenda a mesma tese que a minha.

215. Fabre d'Olivet, *Histoire philosophique du genre humain*, p. 67.

216. [NT] Uma das fontes primárias da mitologia nórdica, trata-se de um poema de aproximadamente sessenta estrofes que descreve a criação do mundo e seu próximo fim. *Völuspá* significa "profecia das videntes" em norueguês antigo.

217. "Foi da mistura, nessa época, do sangue boreal com o sulista que nasceram os árabes. Vêm daí todas as cosmogonias em que a mulher é apresentada como a causa do mal e a fonte inesgotável de todas as calamidades que ocorrem na Terra." Fabre d'Olivet, *Histoire philosophique du genre humain*, vol. 1, p. 173.

218. [NT] Os celtas consideravam sagrado o visco que brota dos carvalhos, e Plínio, o Velho, historiador romano, afirma que eles usavam essa substância em cerimônias religiosas.

219. "Porque as margens do Ganges foram por muito tempo habitadas pelos etíopes." Filóstrato, *Vie d'Apollonius* (Vida de Apolônio), cap. III, Ensinamento dos Brahmins, citados por Amaravella em *Iniciation* (Iniciação).

220. [NT] Papus escreveu erroneamente, de propósito, a palavra *pharaon* (faraó) como *Pha-Rawon*, e a mesma grafia foi usada na tradução inglesa.

221. Para detalhes, ver Fabre d'Olivet, *Histoire philosophique du genre humain*, vol. 1, p. 253 e ss.

222. Fabre d'Olivet, *Histoire philosophique du genre humain*, vol. 1, p. 217.

223. "Tenho diante de mim um grande livro que trata da *Ciência da história*, ou cronologia, baseado no de Usserius e apresentado como longa série de tabelas.

    Vemos ali, entre outras coisas, que Prometeu ensinou ao homem o uso do fogo no ano 1687 a.C.; que Cadmo mostrou aos gregos a arte da escrita em 1493; que a sorte permitiu aos dáctilos descobrirem o fogo, no ano 1406; que Ceres inventou o arado em 1385; e tudo isso muitos séculos depois da fundação dos reinos de Siapone [Sicião] e Argos, quando Foroneu já havia dado os códigos de leis aos argivos; Esparta já fora fundada; moedas de ouro estavam sendo cunhadas em Atenas; e os semirramis deslumbraram o mundo com seus magníficos jardins em Babilônia. São certamente admiráveis esses reinos sem arados, códigos de leis sem escrita, moedas de ouro sem fogo e cidades edificadas sem ferro!" Fabre d'Olivet, *Histoire philosophique du genre humain*, p. 344.

224. [NT] Evento religioso encenado pelos anglo-saxões pagãos no período em que é hoje a véspera do Natal.

225. [NT] 36° 45', mais exatamente.

226. [NT] O zodíaco.

227. Fabre d'Olivet, *Histoire philosophique du genre humain*, vol. 1, p. 259.

228. [NT] Referência provável aos hicsos, que Josefo traduziu erroneamente por "Reis Pastores". Segundo uma hipótese, os hicsos eram parte de ampla migração indo-ariana. Josefo, citando Mâneto, fala de uma força invasora de hicsos que apareceu nas costas do Egito e incendiou suas cidades.

229. [NT] Historiador, romancista e orientalista francês (1838-1914).

230. Marius Fontane, *Les Egiptes* [Os Egitos] (1882), p. 218.

231. "Veio para nós um rei chamado Timeu. Sob esse rei, não sei por que, Deus lançou um vento desfavorável sobre nós; e, contra todas as expectativas, a ignóbil raça do Oriente, chegando de súbito, invadiu o país e tomou-o facilmente, sem uma batalha sequer." Mâneto, *Aegyptiaca* (século III a.C.).

232. Fabre d'Olivet, *Histoire philosophique du genre humain*, vol. 1.

233. A palavra *hebri*, de que deriva *hebreu*, significa "transportado", "deportado", "expatriado", "afastado". Tem a mesma raiz da palavra árabe *harbi*, mas expressa com mais vigor o sentido de "grande deslocamento". [NT] Papus talvez se refira ao termo *habiru*, nome dado a um grupo de invasores nômades do Crescente Fértil (cerca de 1800-1100 a.C.). *Harbi* significa "não muçulmano".

234. Os puranas hindus lhes dão o nome de *Pal-listhan* (Palestina); mais propriamente, Idumeia ou Fenícia.

235. [NT] Outros nomes para o deus babilônio Bel Marduk, mais tarde identificado com Zeus e Júpiter.

236. [NT] Na tradição bíblica, Nimrod é considerado o chefe babilônio que construiu a Torre de Babel.

237. Fabre d'Olivet, *Histoire philosophique du genre humain*, vol. 1, pp. 276-78.

238. [NT] Foë era visto como um nome chinês alternativo para Buda entre os contemporâneos franceses de Papus.

239. *Le livre des empereurs de Chine* [O Livro dos Imperadores da China], na Biblioteca das Missões Estrangeiras, praticamente confirma essas datas, pois Fuxi e Xin-Num precedem imediatamente Hoam-Ti, que se diz ter reinado por volta de 2697 a.C.

240. Fabre d'Olivet, *Histoire philosophique du genre humain*, vol. 1.

241. A expressão *Grande Mensageiro* é tirada das obras de Louis Michel de Figanières.

242. [NT] Supostamente o autor fenício de três obras perdidas sobre a história da criação e das façanhas de deuses e heróis.

243. "Orfeu adornou as ideias de Ram, Zoroastro e Krishna com as cores mais brilhantes; criou o politeísmo dos poetas; inflamou os instintos e a imaginação do povo. Moisés, transmitindo-nos a unidade divina dos atlantes, exibindo diante de nossos olhos as leis universais, elevou a inteligência humana a alturas que ela, muitas vezes, tem dificuldade de manter. Foë, revelando o mistério de vidas sucessivas, explicando o grande enigma do Universo e demonstrando o objetivo da vida, falou ao coração dos homens, agitou suas paixões e, sobretudo, exaltou a imaginação da alma. Esses três homens, começando da mesma verdade, mas cada um enfatizando um aspecto diferente dela, caso se unissem, talvez pudessem ter nos levado a conhecer a Divindade absoluta: Moisés, sua Unidade incontestável; Orfeu, a infinidade de suas habilidades e atributos; Foë, o princípio e o fim de suas concepções." Fabre d'Olivet, *Histoire philosophique du genre humain*.

244. [NT] Também conhecidos como Lao-Tzu e Confúcio.

245. [NT] Nome latino para o hebraico Esdras, o autor do Livro de Esdras.

246. [NT] Provavelmente, Numa Pompílio, o lendário segundo rei de Roma.

247. [NT] Movimento religioso iniciado pelo mulá Ali Muhammad Shirazi em 1844. Ainda existe atualmente, contando com cerca de 7,3 milhões de adeptos em 2010.

248. Fabre d'Olivet, *Histoire philosophique du genre humain*, p. 306.

249. Fabre d'Olivet, *La langue hébraïque restituée*.

250. Fabre d'Olivet, *Histoire philosophique du genre humain*, p. 326.

251. [NT] Os egípcios consideravam a acácia a árvore primordial e associavam-na a várias divindades, principalmente Ísis. Ela desempenha também papel importante em certos graus maçônicos.

252. O leitor encontrará nossa tradução francesa desse livro em *Methodical Treatise of Occult Science* e uma tradução mais nova e mais aperfeiçoada em nosso jornal *L'Initiation* [A Iniciação].

253. [NT] Membro do círculo íntimo de Papus, de Guaita (1861-1897) é mais conhecido por ter fundado a Ordem Cabalística da Rosa-Cruz com Joséphin Péladan. De Guaita, com seu secretário Oswald Wirth, também criou o que é hoje conhecido como o Tarô de Wirth.

254. [NT] Ocultista francês da época de Papus cujo nome verdadeiro era Emmanuel Lalande (1868-1926).

255. Relativamente a esse assunto, ver o estudo precedente dos Mundos Cabalísticos.

256. Por isso Davi diz *"Bendize, ó minha alma", ao Senhor* cinco vezes (Salmos, 103-104).

257. Isto é, 60 × 10.000 ou 600.000.

258. As obras de *Dupuis* e, principalmente, as de Vaillant (*Clef magique de la fiction et de fait* [Chave Mágica da Ficção e do Fato] indicam aos pesquisadores apenas o terceiro significado, naturalista, desses símbolos. Não se deve esquecer a existência dos dois outros significados superiores para evitar quaisquer erros deploráveis. [NT] Charles-François Dupuis (1742-1809) foi cientista e político francês. Papus provavelmente alude aqui à sua obra mais conhecida, *L'origine de toutes les cultes, ou la religion universelle* [A Origem de Todos os Cultos ou a Religião Universal]. Jean Alexandre Vaillant (1804-1886) foi linguista, historiador e maçom franco-romeno conhecido por suas obras históricas sobre o povo romeno, mas também escreveu sobre mitologia e ocultismo.

259. [NT] Três povos antigos que viviam nas imediações do Danúbio, da Bulgária e da Albânia, respectivamente.

260. Antoine Fabre d'Olivet, *La musique expliquée comme science et comme art* [A Música Explicada como Ciência e como Arte], pp. 70 e 71.

261. [NT] Série de quatro acordes derivados da antiga teoria musical grega.

262. Também chamado *omphalos*, "umbigo" em grego.

263. Fabre d'Olivet, *La musique expliquée comme science et comme art*, pp. 78 e 79.

264. [NT] Antiquíssima associação religiosa de tribos gregas fundada muito antes do advento das cidades-Estados gregas.

265. Fabre d'Olivet, *La musique expliquée comme science et comme art*, p. 80.

266. *Ibid.*, p. 48.

267. [NT] O lendário chefe e legislador espartano que, entre outras coisas, estabeleceu a igualdade entre os cidadãos.

268. Fabre d'Olivet, *La musique expliquée comme science et comme art*, p. 81.

269. [NT] Doutrina político-teológica conservadora que d'Alveydre desenvolveu em vários livros como reação à ideologia anarquista e a qual ele acreditava ser a forma ideal de governo. Baseava-se, até certo ponto, na *República* de Platão; propunha uma estrutura de classe hierárquica e orgânica e reservava um lugar importante às sociedades esotéricas. Suas ideias foram seriamente discutidas nos círculos políticos europeus dos anos 1880, mas acabaram esquecidas após sua morte, em 1909, e após a Primeira Guerra Mundial.

270. Marius Fontane, *Le Christianisme* [O Cristianismo], vol. 8 da *Histoire universelle* [História Universal] (1894), p. 206.

271. Valentinus, *Pistis Sophia*, traduzido do copta por Émile Amélineau, vol. 1 de 8 (Paris: Chamuel, 1895). Ver *Clef de l'ame et de son salut* [Chave da Alma e de sua Salvação], segundo a *Pistis Sophia*, por Papus. [NT] A *Pistis Sophia* ("Fé Sabedoria") era um dos poucos escritos gnósticos intactos disponíveis na época de Papus. Hoje, os estudiosos não mais atribuem esse livro ao grande mestre gnóstico Valentinus.

272. Em relação a esse assunto, ver os belos artigos de Amo em *L'initiation* e outros jornais espiritualistas, além de seu livro *Le congrès de l'humanité* [O Congresso da Humanidade], vol. 1 (Paris: Chamuel, 1897). [NT] Essa é talvez uma referência ao pseudônimo de um autor esquecido que publicou artigos em vários jornais ocultistas franceses da época. Uma seleção desses artigos aparece em *Le congrès de*

l'humanité, editado por Marius Decrespe. Houve também um ocultista alemão pouco conhecido, chamado Adolf Martin Oppel, que usava o pseudônimo de AMO. Não sabemos se há alguma relação.

273. [NT] A primeira emanação de Deus segundo várias filosofias gnósticas, muitas vezes descrita como o supremo princípio feminino. É parte importante da *Pistis Sophia*.

274. Assim, ao contrário da constituição usual dos seres humanos, todos os princípios que formavam a personalidade de Cristo vieram do plano celestial. No homem comum, apenas a virtude celestial (que não encarna) vem desse plano.

275. Valentinus, *Pistis Sophia*, p. 7.

276. [NT] Matéria bruta.

277. Valentinus, *Pistis Sophia*, p. 60.

278. *Ibid.*, p. 66 e ss.

279. *Ibid.*, p. 32.

280. *Ibid.*, p. 32.

281. Fabre d'Olivet, *Histoire philosophique du genre humain*, vol. 2, p. 79.

282. *Ibid.*, vol. 2, p. 58.

283. [NT] Esse é outro nome para Odin e não se refere à deusa Friga.

284. Fabre d'Olivet, *Histoire philosophique du genre humain*, vol. 2, p. 45.

285. "Tratei várias vezes desse nome. Deve-se notar que era usado nas Índias para o planeta Mercúrio e para a Quarta-feira (*Wednesday*), exatamente como no norte da Europa, mas ali ele permaneceu em uso por muito mais tempo, como nome do Ser supremo. Já no Hindustão, foi atribuído mais frequentemente a enviados divinos e profetas. Esse mesmo nome, escrito e pronunciado como *God* ou *Goth*, passou a ser o nome de DEUS (GOD). Foi confundido com a palavra *Gut*, que significa 'bom' (*good*); mas as duas palavras não derivam da mesma raiz. O nome *God* ou *Goth* vem do atlante *Whôd*, com o significado de eternidade; Gui ou *Good* vem do celta *Gut*, "garganta", de onde derivam "gosto" e "gustatório." Fabre d'Olivet, *Histoire philosophique du genre humain*, vol. 2, pp. 46-7.

286. "Isto é, o retirado, o contraído, o sombrio. Observe-se que os escandinavos, atribuindo o sábado (*Saturday*) a Loki, relacionaram-no ao espírito mau Saturno." Fabre d'Olivet, *Histoire philosophique du genre humain*, vol. 2, p. 47.

287. [NT] A divindade destruidora e má na religião dualista de Zoroastro. Seu irmão gêmeo, bom, era chamado de Spenta Mainyu. Não sabemos por que d'Olivet vê o nome Ahriman como tradução direta de Loki; entretanto, há algumas teorias que relacionam Fenrir, o perverso filho-lobo de Loki, a Ahriman.

288. Fabre d'Olivet, *Histoire philosophique du genre humain*, vol. 2, p. 47.

289. *Ibid.*, vol. 2, p. 54.

290. Vale notar que essa era a mesma censura que os oráculos do politeísmo faziam constantemente aos cristãos. Os oráculos consultados a respeito da nova religião e da inusitada intolerância de seus seguidores responderam que não era Jesus que devia ser acusado pelos excessos, mas, sim, seus discípulos, que haviam corrompido a doutrina. Jesus era um homem divino, o mais admirável de quantos apareceram na Terra.

291. Fabre d'Olivet, *Histoire philosophique du genre humain*, vol. 2, p. 78.

292. Alcorão, 5:65-66.

293. Alcorão, 5:69.

294. Gaston Eugène de Lafont, *Le Buddhisme* [O Budismo], vol. 1 (Paris: Chamuel, 1895), p. 93. Há também uma excelente bibliografia de Sédir na edição de outubro de 1897 da revista *L'initiation*.

295. "Os nomes *Saturno* e *Reia* significam o princípio do fogo e o princípio da água. As duas raízes de que derivam podem ser reconhecidas nos nomes das duas raças, os sulistas (*southerners*) e os boreais." Fabre d'Olivet, *Histoire philosophique du genre humain*, vol. 1, cap. 3.

296. Ver *Mazdéisme* [Mazdeísmo], de Gaston de Lafont, vol. 1 (Paris: Chamuel, 1897). [NT] Mazdeísmo é outro nome para Zoroastrismo.

297. Fabre d'Olivet, *Histoire philosophique du genre humain*, p. 284.

298. [NT] A palavra chinesa yi, "mudanças", como no título do famoso livro Yijing (I Ching), o Livro das Mutações. [*I Ching – O Livro das Mutações*, São Paulo: Pensamento, 1984.]

299. [NT] Ou seja, yin e yang.

300. [NT] Também conhecido como *Da Zhuan*, o Grande Tratado, esse é um dos antigos comentários ao Yijing.

301. [NT] Não conseguimos identificar esse comentário; o *Xici Zhuan* teve vários comentários escritos nele ao longo dos séculos, como parte da riqueza da erudição chinesa sobre o Yijing.

302. [NT] O *Huainanzi* é uma obra da filosofia chinesa clássica datada do século II a.C. e composta de ensaios escritos por um grupo de eruditos da corte de Liu An, rei da terra de Huainan, no sul da China.

303. Fabre d'Olivet, *Histoire philosophique du genre humain*, p. 324.

304. Nome grego para Set.

305. [NT] Etienne Fourmont (1683-1745) foi orientalista e linguista francês. Papus se refere provavelmente à obra *Réflexions sur l'origine, l'histoire et la succesion des anciens peuples* [Reflexões Sobre a Origem, a História e a Sucessão dos Povos Antigos], publicada em dois volumes (o primeiro, em 1747).

306. [NT] *Equipagem* era o termo usado na época de Papus para referir-se a uma carruagem puxada por cavalos.

307. Para mais detalhes, ver nosso capítulo sobre a constituição do homem em *Methodical Treatise of Occult Science*.

308. A mulher não é nem superior nem inferior ao homem; é *complementar*. Essa é a verdadeira solução para a questão do feminismo segundo a tradição iniciática.

309. Ver Marius Fontaine, *Les Egyptes*.

310. O fenômeno do sonho mal perturba esse descanso, que evoca a existência do princípio superior.

311. "Há, no homem, a trindade e a unidade, assim como em Deus. O homem é um deus em pessoa; possui essência tríplice; tem o sopro de Deus ou alma, o espírito sideral e o corpo."

– PARACELSO (século XVI)

312. A lei por trás dessas subdivisões foi descrita do ponto de vista matemático por Hoene-Wronski, em 1800, com o nome de *Lei da Criação*. A Unidade se manifesta primeiro como ternário (como em nosso primeiro exemplo analítico do ser humano). Desses três primeiros elementos derivam os quatro elementos secundários (3 + 4 = 7), o que nos leva aos sete elementos resultantes da primeira análise. Mas

Wronski vai além e determina três novos elementos derivados da ação dos elementos positivos sobre os elementos negativos e vice-versa, o que nos leva aos dez termos analíticos (as dez Sephiroth da Cabala). Sintetizando esses termos por meio da Unidade, obtemos a série completa de Wronski, autor responsável pela síntese mais perfeita produzida no século XIX.

313. "As três mães no homem: a cabeça, o abdome, o peito. A cabeça foi criada pelo fogo; o abdome, pela água; e o peito, que está entre os dois, pela mente."
— SEPHER YETZIRAH (século XI, segundo Adolphe Frank)

314. "A cabeça é a sede da alma intelectual; o peito é a alma vital; o abdome é a alma sensorial."
— ROBERT FLUDD (século XVI)

315. [NT] Quilo é um líquido corporal leitoso feito de ácidos graxos livres, produzido no intestino delgado durante a digestão.

316. "Essa alma sensorial ou elementar reside no sangue e é o veículo da sensação, da nutrição e da reprodução, em suma, de todas as funções orgânicas."
— ROBERT FUDD (século XVI)

317. "Pitágoras ensinou que a alma possui um corpo, de natureza boa ou má, conforme a atuação interior de suas faculdades. Chamou esse corpo de carro sutil da alma e disse que o corpo mortal era apenas sua membrana básica. Acrescentou que, se formos virtuosos, cultivarmos a verdade e fugirmos das coisas impuras, estaremos cuidando da alma e de seus corpos luminosos."
— HIÉROCLES, *Os Versos Dourados de Pitágoras*, vol. 68 (século V)

318. Há dois tipos de inteligência no homem: o dever da *inteligência material* é dirigir e coordenar os movimentos do corpo (ela não pode ficar separada da matéria). A *inteligência adquirida e comunicada*, independente do organismo, é uma emanação direta da inteligência ativa ou universal. Seu principal atributo é a Ciência propriamente dita, o conhecimento absoluto e a inteligência pura dos princípios divinos, que são sua fonte."
— MAIMÔNIDES (século XII)

319. "Há dois tipos de alma: a alma sensorial, comum a homens e animais, e a alma intelectual, ou simplesmente *mente* (*mens*), que só o homem possui e é imortal."
— VAN HELMONT (século XVI)

320. "No entanto, esses sentidos (aqueles comuns e a imaginação) têm seus órgãos na cabeça; é nela que os sentidos comuns e a imaginação possuem suas áreas primárias, suas

sedes primárias, suas moradas primárias, residências ou células cerebrais (embora Aristóteles tenha dito que o órgão dos sentidos comuns era o coração). O pensamento ou a faculdade de pensar está na parte superior e média da cabeça; a memória, na parte de trás."

— AGRIPPA (século XVI)

321. Para o tema corpo astral, ver o notável artigo de mestre Barlet na edição de janeiro de 1897 da revista *L'initiation*.

322. "O homem é mortal quanto ao corpo, mas é imortal quanto à alma, que constitui sua parte essencial. Como imortal, tem autoridade sobre todas as coisas, mas, no tocante aos aspectos material e moral de si mesmo, está sujeito ao destino."

— HERMES PYMANDER (século XI, segundo os ensinamentos universitários)

323. "O aspecto sensorial e inteligente de nosso ser deve ser considerado como associações de três princípios distintos:

   1) *O Djan*, que preserva a forma do corpo mantendo a ordem e a harmonia em todas as suas partes (corpo astral).
   2) *O Akko*, princípio divino e inalterável, que nos esclarece quanto ao bem a ser feito e ao mal que tem de ser evitado, prenunciando uma vida melhor, a começar por esta (mente consciente).
   3) *A Alma* ou pessoa humana, compreendendo inteligência (*Boc*), julgamento e imaginação (*Rouan*) e a real substância da alma (*Ferouer*) (ser psíquico).

   Após a morte, o *Akko* volta ao céu, e só a alma é responsável por nossas boas ou más ações.

— ZOROASTRO (Sad-der; 500 a.C.)

324. "A alma mineral se desenvolve por meio da ação dos planetas. A alma vegetal, por meio da ação do sol, multiplicando-se enquanto isso; pois cada semente fechada no cálice de uma flor é uma alma distinta, recoberta por uma fina membrana de água e terra."

— ROBERT FLUDD (século XVI)

Ver também *La vie universelle*, de Michel de Figanières.

325. "A luz, mesclando-se com o ar invisível, produz o éter, outro tipo de fogo mais sutil e ativo, o princípio gerador do organismo, o veículo da vida em toda a extensão do Universo...

Falando de forma apropriada, o éter não é um corpo, mas um elemento intermediário, uma espécie de mediador entre corpos e a força vivificante que os penetra, ou seja, a alma do mundo."

— ROBERT FLUDD (século XVI)

326. [NT] O céu mais elevado, que, segundo os antigos, continha o fogo, elemento puro.

327. "A princípio, Deus existe apenas como poder na unidade inefável: ele é a primeira pessoa da Trindade, ou Deus, o Pai; em seguida, revela-se a si mesmo e cria para si mesmo um mundo inteiramente perceptível; opõe-se a si mesmo como pensamento, como razão universal; essa é a segunda pessoa da Trindade, ou Deus, o Filho, que finalmente atua e produz; sua vontade se exerce e seu pensamento se concretiza fora de si mesmo; essa é a terceira pessoa da Trindade, ou Espírito. Deus, passando eternamente por esses três estados, sugere-nos a imagem de um círculo cujo centro está em toda parte e cuja circunferência não está em parte alguma."

— ROBERT FLUDD, *Philosophica Moysaica*, seção I, livro II, capítulo IV (século XVI)

328. "O princípio único do universo é o *pai* da tríade inteligível."

— PORFÍRIO (século III)

329. Ver as obras de são Dionísio, o Areopagita.

330. "Existem três mundos, o mundo arquetípico, o macrocosmo e o microcosmo, isto é, Deus, natureza e homem."

— ROBERT FLUDD (século XVI)

331. "O homem, por si só, forma um mundo inteiro chamado *microcosmo* porque apresenta, em forma abreviada, todas as partes do universo. Assim, a cabeça corresponde ao empíreo; o peito, ao céu etérico, ou meio; e o abdome, à região elementar."

— ROBERT FLUDD (século XVI)

332. "A natureza é que preside ao nosso nascimento, que nos dá um pai, uma mãe, irmãos, irmãs, parentes, um lugar na terra, uma posição na sociedade; essas coisas não estão sob nosso controle e, para o vulgo, são obra do acaso; mas, para o filósofo pitagórico, elas são consequência de uma ordem anterior, rigorosa e irresistível, chamada fortuna ou necessidade. Pitágoras opõe a essa natureza coercitiva uma natureza livre que, agindo sobre as coisas como se estas fossem matéria-prima, modifica-as e, conscientemente, extrai delas consequências boas ou más. Essa

segunda natureza se chama poder ou vontade: é ela que regula a vida do homem e dirige seu comportamento conforme os elementos primários que a natureza lhe deu. Necessidade e poder são, de acordo com Pitágoras, os dois agentes opostos no mundo sublunar a que o homem foi relegado. Esses dois agentes extraem sua força de uma causa superior que os antigos chamavam de *Nêmese*, a lei fundamental que conhecemos como Providência."

– Fabre d'Olivet, *Les vers dorés de Pythagore*, 5º comentário, 1825.
[NT] *Nêmese* significa, originalmente, "distribuidora de fortuna".

333. Sobre esse assunto, ver nosso estudo *L'état de trouble et l'évolution posthume de l'être humain* [O Estado de Perturbação e a Evolução Póstuma do Ser Humano] (Paris: Chamuel), bem como nossos estudos do corpo astral em *L'initiation*.

334. Ver *Le temple de Satan* [O Templo de Satã], por Stanislas de Guaita, vol. 1 (Paris: Chamuel, 1891).

335. Estudiosos sérios que queiram se aprofundar nesse assunto muitíssimo interessante devem ler a *Pistis Sophia* (tradução francesa de Amélineau) e, antes, os *Comentários* que escrevemos para esclarecer essa obra. Os trabalhos de Michel de Figanières também são recomendados para esse tema.

336. Fabre d'Olivet, *Histoire philosophique du genre humain*, vol. 2.

337. *Ibid.*

338. *Ibid.*

339. *Ibid.*

340. *Mission des souverains* [Missão dos Soberanos], *La Mission des juifs* [A Missão dos Judeus], *Mission des français* [Missão dos Franceses], *Jeanne d'Arc victorieuse* [Joana d'Arc Vitoriosa].

341. *Principes de sociologie synthétique* [Princípios de Sociologia Sintética] (Paris: Chamuel, 1894). [NT] Tanto François-Charles Barlet, também conhecido como Albert Facheux (1838-1921), quanto Julien Lejay eram membros do círculo íntimo de Papus e editores-chefes do jornal deste, *L'initiation*.

342. Stanislas de Guaita, *La clef de la magie noire* [A Chave da Magia Negra], vol. 1 (Paris: Chamuel, 1896).

343. "A alma faz um corpo para si mesma, ou seja, não apenas o controla e anima, mas também o constrói."

– porfírio (século III).

344. "Ormuzd não criou diretamente os seres materiais e espirituais que compõem o Universo; produziu-os por intermédio da fala, da Palavra divina, do santo *Hanover*."

— ZEND AVESTA

345. "Acima da Palavra divina, a inteligência ou Razão Universal que preexistiu e *presidiu* à formação das coisas, encontramos os *ferouers*, a saber, as *formas divinas*, os tipos imortais dos diferentes seres. O fogo e os animais têm *ferouers* como o homem, as nações, as cidades, as províncias e os indivíduos."

— ZEND AVESTA

346. [NT] Muitos ocultistas, Papus entre eles, classificam os elementais como espíritos da natureza que pertencem a um dos quatro elementos. Os elementares, por outro lado, são os resquícios astrais, ou espíritos, de humanos e animais que morreram. Os dois tipos existem no plano astral.

347. "Provavelmente algumas pessoas ficarão contra mim se eu disser que existem criaturas nos quatro elementos que não são nem puramente animais nem puramente humanas: têm a forma e a capacidade de raciocinar, mas não uma alma racional. Paracelso e Porfírio falam claramente a esse respeito. Diz-se que essas extraordinárias criaturas são de natureza espiritual, não de uma espiritualidade que exclui a matéria, mas que possui como base física apenas uma quantidade infinitamente diluída de matéria, tão imperceptível quanto o ar."

— GRIMÓRIO do século XVI (*Petit Albert* [Pequeno Alberto], pp. 99 e 122)

348. "Eles vivem num lugar perto da terra; além disso, vêm das entranhas da terra; são tão maliciosos quanto a audácia lhes permite; como têm caráter violento e insolente, inventam e armam ciladas ou ardis agressivos, inesperados; quando perpetram suas ações usuais, fazem-no, em parte, com astúcia, em parte com brutalidade, e ficam satisfeitos onde quer que reinem a injustiça e a discórdia."

— PORFÍRIO (século III)

349. "Quando temos boas razões para acreditar que quem guarda os tesouros são os *espíritos dos mortos*, convém levar velas de altar consagradas, não velas comuns."

— GRIMÓRIO do século XVI (*Pequeno Alberto*)

350. A reintegração deverá ser universal. Renovará a natureza e acabará por purificar o próprio princípio do mal. Não obstante, nessa tarefa, os seres inferiores precisarão da ajuda dos espíritos que povoam o espaço entre o céu e a terra. É necessário, pois, começar por eles, estabelecer comunicações por graus até chegar ao mais poderoso deles."

— MARTINEZ DE PASQUALLY (século XVIII)

351. [NT] Também conhecida como *leitura de objeto pelo toque*, é a capacidade de obter informação sobre a história de um objeto apenas tocando-o.

352. "Quatro coisas se devem considerar no homem: os manes, a carne, o espírito e a sombra. Essas quatro coisas têm, cada qual, seu lugar: a terra cobre a carne, a sombra esvoaça sobre a tumba, os manes estão no inferno, e o espírito voa para o céu."

— OVÍDIO

353. Eis outra curiosidade: a descrição de uma conversa por meio de "sons de batidas", de 1528:

"Sucedeu então que, dias depois, Antoinette ouviu alguma coisa que parecia um barulho embaixo de seus pés, como se algo estivesse tamborilando sons baixos com a ponta de um bastão em uma telha ou banco. Parecia que o responsável por esse barulho estava sob a terra, mas o som que se escutava vinha de poucas polegadas sob o chão, bem perto dos pés da jovem. *Eu o ouvi várias vezes, e ele respondia às minhas perguntas com tantas batidas quantas eu lhe pedia.*"

— ADRIEN DE MONTALEMBERT (1528)

Segue-se toda uma conversa entre a alma falecida e as freiras, comunicada totalmente por sons de batidas.

[NT] *Eidolon* é a palavra grega para um tipo de aparição, geralmente de mortos.

354. Essas páginas notáveis foram extraídas de um estudo publicado em duas partes, em novembro de 1896 e janeiro de 1897, no *L'initiation*.

355. Foi essa corrente dupla de sucção e projeção astral que o dr. Baraduc conseguiu há pouco fotografar. [NT] Hippolyte Baraduc (1850-1909) foi um parapsicólogo e médico francês mais conhecido por ter tirado uma fotografia, conforme declarou, de uma entidade vaporosa deixando o corpo de sua esposa pouco antes que ela morresse. Ele acreditava que essa entidade era a alma da esposa, mas alguns alegam que se tratava apenas de um problema técnico em seu equipamento fotográfico.

356. [NT] Segundo a doutrina teosófica, esse é o quarto plano terrestre, que representa o ego pessoal ou o psíquico superior.

357. Para esclarecer, na medida do possível, esse assunto difícil, é útil assinalar, sem defini-lo, que o termo *força*, tantas vezes usado neste estudo, representa um ser. Deve-se ter em mente que, segundo os princípios propostos aqui, tudo na natureza é personificado, seja um espírito ou um átomo; a alma é uma mônada, e sabemos que a matéria não passa de um jogo de resistência entre mônadas. No entanto, o

que chamamos de *forças* são seres monádicos dotados de poder (e, portanto, de movimento), mas sem iniciativa e sujeitos à iniciativa alheia. Poderíamos mesmo dizer que são como *escravos* no mundo das mônadas. No caso da constituição humana, talvez entendamos melhor essa definição observando que cada uma das três trindades encerra uma ocorrência espontânea, uma *força*, e um instrumento de informação (sendo cada um desses elementos composto de um conjunto de átomos, consequentemente de mônadas). Por exemplo, quando o corpo físico sente, a espontaneidade é exterior a ele e aparece por intermédio do corpo material; é transmitida pela *força* vital e traduzida pelo corpo astral. No caso da alma, a espontaneidade está na mente; é transmitida pela *força* da mente interior e traduzida em desejo na alma ancestral.

No caso do corpo espiritual, a espontaneidade está, às vezes, no fantasma e outras na alma ancestral, dependendo da direção. Kama é sempre a força.

358. De acordo com a definição prévia de força, podemos descrever uma *força potencial* como um átomo etérico que recebeu um impulso especial e definido, mas se acha, no momento, bloqueado por uma força contrária mais poderosa. Continuando com a mesma comparação, ele é uma mônada escravizada e encarregada de uma missão que não pode cumprir imediatamente, mas da qual não vai desistir: agentes confiáveis da vontade a dirigem. Cumprirá a missão quando tiver capacidade para isso.

359. Nem é necessário acrescentar que só podemos projetar de nós uma força magnética que esteja carregada com energia vital (em outras palavras, uma energia tirada apenas do corpo ou do corpo astral, com exclusão do desejo). Então, praticamos magnetismo puro, ou externalização do corpo astral, mais ou menos difusa (esse último exemplo é, em especial, o caso dos médiuns).

360. Como a boca é para o ar: os chineses também definem isso como "o sopro da vida". De fato, conhecemos o efeito magnético particularmente poderoso da respiração.

361. Aqui, encontramos um grave erro descrito pelo conde de Gabalis com boa dose de humor e, infelizmente, posto em prática por muita gente confusa, que consiste em acreditar que essa elevação da vontade é uma assimilação híbrida. As pessoas, assim, ficam à mercê de elementais ansiosos por se transformar em seres humanos, e isso equivale a renovar o sacrilégio inútil relatado em um mito estranho sobre um Buda que se sacrificou a uma pantera que procurava alimento para seus filhotes. [NT] Conde de Gabalis (*Le comte de Gabalis*) é o pseudônimo de um "grande mestre" não identificado que aparece em um livro do mesmo título escrito pelo

padre Nicolas-Pierre-Henri de Montfaucon de Villars (1635-1673), no qual Gabalis explica teorias ocultistas ao narrador. Foi muito lido e levado a sério, tanto na França quanto no exterior, até a época de Papus.

362. À primeira vista, essa assertiva parece em contradição com todas as operações mágicas, mas apenas parece: se a operação for de ordem superior, nós é que cooperaremos com o Divino; se for de ordem inferior, só poderá ser realizada caso abandonemos nossa vontade a outros poderes. Isso será esclarecido mais adiante. Daí se dizer aqui: "Quando *nossa* vontade for *verdadeiramente exercida...*".

363. A mobilidade extrema, por si só, pode ser suficiente para introduzir temporariamente toda a energia no corpo, mesmo quando a alma não está espiritual e intelectualmente muito desenvolvida. É o caso, por exemplo, do famoso médium Daniel Dunglas Home. Assim, um médium que provoca efeitos físicos não apresenta, necessariamente, apenas tendências materiais; ao contrário, um médium material produz, necessariamente, efeitos físicos.

364. Devo acrescentar aqui a observação, perfeitamente desenvolvida em uma obra erudita por M. G. de Massue (*Journal du magnétisme* [Jornal do Magnetismo], de 7 de outubro de 1896), segundo a qual a profecia é um ato espontâneo dos poderes superiores sem a participação da vontade do profeta, ao passo que outras faculdades são suscetíveis ao aperfeiçoamento da vontade.

365. [NT] Nome artístico de Alfred Edouard d'Hont (1840-1900), um dos primeiros hipnotizadores a fazer apresentações em teatros.

366. O médium também pode ler pensamentos, mas faz isso inconscientemente. Aqui, estamos tratando de leitura intencional.

367. [NT] O Enforcado.

368. [NT] Provavelmente, referência à obra *The Light of Egypt* [A Luz do Egito], do ocultista escocês Thomas Henry Burgoyne (tradução francesa publicada por Chamuel em 1895).

369. [NT] Referência ao poema de Alphonse de Lamartine intitulado *La chute d'un ange* [A Queda de um Anjo].

370. [NT] Isto é, "giradores de mesas".

371. Ver a edição de junho de 1896 de *L'initiation*, com o título de "Génération du futur" [Geração do Futuro], para um ótimo artigo sobre esse assunto escrito por nosso querido irmão de Guaita.

372. [NT] O "P." significa *Père* [Padre] e se refere, provavelmente, a Armand Leray (1828-?), autor de vários livros e ensaios, inclusive *La constitution de l'univers et le dogme de l'eucharistie* [A Constituição do Universo e o Dogma da Eucaristia] (1869).

373. François-Charles Barlet, "L'astral" [O Astral], em *L'initiation* (janeiro de 1897).

374. Ver *La magie et l'hypnose* [A Magia e a Hipnose]. [NT] Por Papus.

375. Francis Bacon, *De augmentis scientiarum* [O Avanço da Aprendizagem] (1605).

376. [NT] Note-se que, em francês, a pronúncia de *un neuf* (um nove) é exatamente igual à pronúncia de *un oeuf* (um ovo).

377. [NT] Grupo de divindades enigmáticas, provavelmente de origem não grega, adoradas em um culto de mistério relacionado a Hefesto na Samotrácia, na ilha egeia de Lemnos e em Tebas por volta do século VI a.C.

378. Saint-Yves d'Alveydre, *La mission des juifs*, p. 67.

379. [NT] A homeopatia é até hoje uma prática médica reconhecida na França, e muitos médicos de família franceses prescrevem medicamentos com base nesse método.

380. Na Inglaterra, Crookes; na Alemanha, Zöllner; na França, dr. Gibier (ver *La magie et l'hypnose*. [NT] Sir William Crookes (1832-1919), físico e químico inglês; Johann Karl Friedrich Zöllner (1834-1882), astrofísico alemão; Paul Gibier (1851-1900), médico e bacteriologista francês que fundou o New York Pasteur Institute. Todos eles estudaram círculos espíritas e mesas giratórias a fim de determinar a autenticidade dos fenômenos.

381. [NT] Armand Trousseau (1801-1867), médico francês, importante no desenvolvimento de tratamentos modernos para várias doenças.

382. Armand Trousseau, *Introduction à la clinique de l'Hôtel-Dieu* [Introdução à Clínica do Hôtel-Dieu], p. 38.

383. *Ibid.*, p. 38.

384. *Ibid.*, p. 39.

385. [NT] Fisiologista francês (1813-1878), descobridor do sistema vasomotor.

386. Claude Bernard, *Science expérimentale* [Ciência Experimental] (1878), p. 366.

387. *Ibid.*, p. 361. Fisiologia do Coração.

388. *Ibid.*, p. 429. Discurso de agradecimento na Academia Francesa.

389. [NT] Jean-Marie Ragon (1781-1862), maçom e escritor francês conhecido por suas obras maçônicas, que exerceram grande influência na França.

390. Ashmole e R. Fludd foram irmãos iluminados da Rosa-Cruz.

391. [NT] O conceito martinista de que os Superiores Desconhecidos (não necessariamente encarnados) existem para ajudar a humanidade no caminho da reintegração/iluminação. "Superior Desconhecido" é também o terceiro e mais alto grau na Ordem Martinista.

392. [NT] A língua atlante primordial, segundo algumas pessoas.

393. Como prova da veracidade de nossa opinião, ver, na *Revue des Revues* [Revista das Revistas], de 1º de abril de 1897 (Paris), o artigo de um oriental, um *hindu*, Zeaeddin Akmal de Lahore, que se mostra bastante severo quanto ao que chama de "plagiários do ocultismo oriental". Ver também o resumo das opiniões de Max Muller e dos grandes orientalistas em *Buddhism* [Budismo], por M. de Laffont, vol. 1 (Paris: Chamuel). Fornecemos todas essas referências para ajudar outros a evitar os percalços que nós próprios enfrentamos depois de entrar para essa sociedade, que, com Barlet, deixamos por vontade própria.

394. [NT] Louis-Claude de Saint-Martin (1743-1803), também chamado Filósofo Desconhecido, foi muito influente nos círculos maçônicos e esotéricos da França, especialmente o martinismo. Suas principais influências foram Martinez de Pasqually, fundador dos Cohens Eleitos, Swedenborg e Jakob Böhme.

395. [NT] A Ordem Martinista foi refundada por Papus, de modo que seu entusiasmo por ela é compreensível. Continua ativa ainda hoje na Europa, nas Américas e na Australásia.

396. [NT] François Jollivet-Castelot (1874-1937), alquimista francês para quem a matéria, a alma, a vida e a energia constituem uma entidade única. Ele acreditava também em uma forma de socialismo cristão e espiritual.

397. [NT] O rei do mundo, que pode falar diretamente com Deus, e seus dois assistentes (mahatmas).

398. [NT] Termo sânscrito para "nascido duas vezes". Segundo essa ideia, a pessoa nasce primeiro fisicamente e, mais tarde, espiritualmente, após se submeter a um rito iniciático védico de passagem.

399. [NT] Deus.

400. [NT] Papus se refere a Nizier Anthelme Philippe, também conhecido como Mestre Philippe (1849-1905), místico e curador muito famoso na época de Papus. O mestre intelectual previamente mencionado é Alexandre Saint-Yves d'Alveydre (1842-1909), que Papus cita com frequência em sua obra.

401. Ver também o catálogo na livraria Chamuel, 5, Rue de Savoie, Paris.

402. [NT] Baseado em leis.

403. [NT] Um tipo de governo que imita o do ditador romano Júlio César (por exemplo, os governos de Napoleão Bonaparte e Benito Mussolini).

404. Saint-Yves d'Alveydre, *La mission des juifs*, p. 296.

405. [NT] Ver *Le mystère des cathédrales* [O Mistério das Catedrais], por Fulcanelli (1926), pp. 109-18, que apresenta uma explicação mais completa dessa mesma escultura.

406. [NT] Louis-Paul François Cambriel (1764-1850), alquimista e místico francês.

407. [NT] A entrada se chama Portal de Santa Ana, e a coluna em questão, Coluna de São Marcelo. São Marcelo de Paris (século V) teria matado um dragão que escapara do sepulcro de uma adúltera.

408. [NT] Convém ter em mente que essa é a ilustração do portal de pedra tal como o viu Cambriel. A escultura foi substituída em 1857, e, na versão atual, São Marcelo aparece erguendo a mão em atitude de bênção, em vez de levar o dedo aos lábios.

409. [Papus] O Telesma de Hermes e o movimento de Louis Lucas.

410. [Papus] Destilações.

411. Louis-Paul François Cambriel, *Cours de philosophie hermétique* [Curso de Filosofia Hermética] (1843), p. 30 e ss.

412. [NT] A tradicional prece católica em francês usa o plural de "céu": *"Notre Père qui est aux cieux"* ["Pai Nosso que Estais nos Céus"].

413. Citemos o texto latino desse verso: *"Dimitte nobis debita nostra sicut et nos dimittimus debitoribus nostris"*. Cuja tradução exata é: "Perdoai as nossas dívidas assim como nós perdoamos aos nossos devedores".

414. [NT] Vale a pena comparar essa ideia com o processo de individuação e o inconsciente coletivo de Jung.

415. Ver *L'initiation*, agosto de 1894, p. 102.

416. Os versos positivos tornam-se negativos no mundo material e vice-versa.

417. [NT] Astrônomo francês muito conhecido (1842-1925) e autor prolífico que escreveu livros de divulgação sobre ciência e astronomia, bem como vários romances de ficção científica. Também estudou fenômenos psíquicos.

418. [NT] Jean Pierre Flourens (1794-1867) foi fisiologista francês, fundador da neurologia experimental e um dos pioneiros da anestesia moderna.

419. [NT] Ferdinand Brunetière (1849-1906), escritor e crítico literário francês.

NOTAS BIBLIOGRÁFICAS

Barlet, François-Charles, também conhecido como Albert Faucheux (1838-1921)

Membro do círculo íntimo de Papus, bem como da Fraternidade Hermética de Luxor, Barlet publicou um grande número de artigos sobre o ocultismo, a astrologia em particular, em vários jornais ocultistas franceses da época, incluindo *L'initiation* [A Iniciação], fundado por Papus em 1888 e do qual foi um dos principais editores; *Le voile d'Isis* [O Véu de Ísis], fundado por Papus em 1890, depois de sua saída da Sociedade Teosófica, que frequentemente discutia os assuntos correntes do mundo oculto; *La science astrale* [A Ciência Astral], fundado por Barlet em 1904; e *L'étoile d'Orient* [A Estrela do Oriente], também fundado por Barlet em 1908. Nenhum de seus trabalhos foi traduzido para o inglês, mas grande número de exemplares de edições dos jornais mencionados acima (sem tradução) podem ser encontrados *on-line* na Associação Internacional para Preservação de Periódicos Espiritualistas e de Ocultismo (IAPSOP – International Association for the Preservation of Spiritualist and Occult Periodicals).

Barthélemy, Jean-Jacques (1716-1795)

Orador católico, membro da Royal Society e da Académie Française, Barthélemy foi também antropólogo e arqueólogo, mais conhecido por sua obra de ficção histórica *Voyage du jeune Anacharsis en Grèce* (As Viagens de Anacársis, o Jovem, na Grécia, 1788), na qual o leitor redescobre a antiga cultura e filosofia grega por meio do herói ficcional Anacársis, o Jovem. Essa obra, muito popular na época, também foi traduzida para o inglês, em 1790.

Blavatsky, Helena Petrovna (1831-1891)

Fundadora da Sociedade Teosófica, Blavatsky exerceu grande influência na filosofia oculta. Papus entrou para sua sociedade logo no início e deixou-a depois por sentir que havia nela demasiada influência do Oriente. Isso provocou profunda divisão entre a renovação do ocultismo francês, que enfatizava o Cristianismo e as tradições ocidentais, e as visões de Blavatsky, que eram fortemente influenciadas pelas tradições orientais. É interessante notar as similaridades entre as ideias de Blavatsky sobre os mestres ascensionados orientais e as de d'Alveydre. Suas obras mais conhecidas são *Ísis sem Véu* (1877) e *A Doutrina Secreta* (1888).

Böhme, Jakob (1575-1624)

Böhme foi um filósofo alemão e místico cristão cujos escritos influenciaram profundamente Louis-Claude de Saint-Martin e grande número de ocultistas cristãos na época de Papus. As traduções inglesas disponíveis de suas obras são *The way to Christ* (O Caminho para Cristo, 1764) e *Of the Incarnation of Christ* (A Encarnação de Jesus Cristo, 1934).

Brück, Nicolas-Remi (1818-1870)

Militar e matemático belga, Brück é mais conhecido por seus estudos sobre magnetismo terrestre e suas teorias controversas sobre os ciclos da história humana com base em equações matemáticas. De acordo com ele, a história humana é regulada por ciclos de 516 anos. Sua primeira obra, que Papus menciona, foi *Electricité ou magnétisme du globe terrestre* [Eletricidade ou Magnetismo do Globo Terrestre] (1851); uma obra posterior é *L'humanité, son développement et sa durée* [A Humanidade, seu Desenvolvimento e sua Duração] (1866). Nenhuma dessas obras foi traduzida para o inglês.

Burgoyne, Thomas Henry (1855-1894)

Burgoyne foi um ocultista escocês que fundou a Irmandade Hermética de Luxor com o imigrante polonês e curador psíquico Max Theon. Barlet era o representante da Irmandade na França. A Irmandade Hermética afirmava fornecer ensinamentos mais adequados à mente ocidental e era rival direta da

Sociedade Teosófica de Blavatsky. Burgoyne é mais conhecido por seu livro *The Light of Egypt* [A Luz do Egito] (1889), que escreveu depois de se mudar para a América.

Cambriel, Louis-Paul François (1764-185?)

Muito pouco se sabe sobre esse estranho e excêntrico personagem, além do fato de ele ter publicado um único livro, *Cours de philosophie hermétique ou d'alchimie en dix-neuf leçons* [Curso de Filosofia Hermética ou de Alquimia em Dezenove Lições], do qual uma tradução em inglês, de tiragem limitada, foi feita por uma editora privada (Magnum Opus Hermetic Sourceworks) em 2012.

Christian, Paul, também conhecido como Jean-Baptiste Pitois (1811-1877)

Associado de Charles Nodier (1780-1844) e mais tarde discípulo de Éliphas Lévi, Pitois foi um autor romântico francês que também se interessou pelo ocultismo. Escrevendo sob o pseudônimo de P. Christian, suas duas principais obras sobre o ocultismo foram *Histoire de la magie, du monde surnaturel et de la fatalité à travers les temps et les peuples* [História da Magia, do Mundo Sobrenatural e da Fatalidade Através dos Tempos e Povos] (1870) e *L'homme rouge des Tuileries* [O Homem Vermelho das Tulherias] (1863). A *Histoire de la magie* foi traduzida para o inglês como *The History and Practice of Magic* (Citadel Press, 1969). *L'homme rouge* nunca foi traduzido para o inglês; é a estranha história do jovem Napoleão Bonaparte e seu encontro com um velho eremita que previu seu futuro e lhe deu as chaves de todo um sistema divinatório baseado em uma combinação de astrologia e tarô.

Collins, Mabel, também conhecida como Minna Collins (1851-1927)

Collins foi uma médium e teosofista inglesa, autora de 46 livros. *Light on the Path* (Luz no Caminho), mencionado nesta obra, trata-se, aparentemente, de uma psicografia. Muito pouco se sabe sobre ela, apesar de sua vasta produção, em parte devido às más relações que manteve com a Sociedade Teosófica (Collins foi expulsa da organização em 1889).

Cyliani (?-?)

Cyliani foi um alquimista francês sobre o qual nada se sabe, exceto que escreveu a obra *Hermès dévoilé* [Hermes sem Véu] (1831), a qual descreve sua realização aparentemente bem-sucedida da Grande Obra. Uma tradução inglesa do livro, realizada por Ivan Cordet, está acessível na internet.

Dammartin, Moreau de (?-?)

Nada se sabe sobre Dammartin, com exceção de ter sido mencionado por Éliphas Lévi e depois por Papus em suas obras. Seu nome e sua única obra conhecida aparecem também nas minutas do Congresso Histórico de Paris, realizado em 1838. Uma obra publicada em caráter privado, com o título de *Origine de la forme des caractères alphabéthiques de toutes les nations* [Origem da Forma dos Caracteres Alfabéticos de Todas as Nações] (1839), é atribuída a ele e foi traduzida e publicada em inglês como *Origin of the Hieroglyphical Characters of All Nations* [Origem dos Caracteres Hieroglíficos de Todas as Nações] pela Hellfire Club Books, em 2017. A obra trata do tarô e da atribuição dos grandes arcanos a várias constelações, bem como de vários alfabetos antigos.

de Guaita, Stanislas (1861-1897)

De Guaita foi o fundador, com Joséphin Péladan, da organização Rosa-Cruciana chamada Ordem da Rosa+Cruz Cabalística, da qual Papus, Sédir e Barlet eram membros. De Guaita foi a maior figura no mundo ocultista parisiense, apesar de sua morte prematura por *overdose*. Escreveu *Au seuil du mystère* (No Umbral do Mistério; 1886) e dois livros que serviram de advertência contra a prática de magia negra, que ele acreditava ser uma ameaça real: *Le temple de Satan* (O Templo de Satã; 1891) e *La clef de la magie noire* [A Chave da Magia Negra] (1897). Nenhum de seus livros foi traduzido para o inglês.*

Delaage, Henri (1825-1882)

Delaage, filósofo e ocultista, trabalhou no Ministério da Marinha da França. É autor de vários livros sobre ocultismo (em particular sobre o magnetismo), publicados entre 1847 e o ano de sua morte, 1882: *Initiation aux mystères du magnétisme* [Iniciação nos Mistérios do Magnetismo] (1847), *Le monde occulte* [O Mundo Oculto] (1851), *L'éternité dévoilé* [A Eternidade sem Véu] (1854), *Le*

---

* As obras *No Umbral do Mistério* e *O Templo de Satã* foram traduzidas diretamente do francês para o português, em edições hoje esgotadas. (N. do P.)

sommeil magnétique [O Sono Magnético] (1857), *La science du vrai* [A Ciência da Verdade] (1882). Nenhuma de suas obras foi traduzida para o inglês.

Dupuis, Charles-François (1742-1809)

Erudito, cientista e político francês, Dupuis é considerado um dos responsáveis pela invenção do telégrafo. Também desenvolveu uma teoria segundo a qual o Cristianismo era um amálgama de vários mitos antigos e que Jesus era um personagem mítico relacionado à antiga adoração do deus do Sol. Sua obra-prima, *L'origine de toutes les cultes, ou la religion universelle* [A Origem de Todos os Cultos ou a Religião Universal] (1795), ainda não foi traduzida para o inglês e é o estudo das relações entre a astronomia, o zodíaco e os antigos mitos egípcios.

Dutens, Louis (1730-1812)

Nascido na França de pais protestantes, Dutens se mudou para Londres devido a suas opiniões religiosas, tornando-se clérigo e capelão do embaixador inglês em Turim. Viajou depois por toda a Europa. Sua obra principal, citada por Papus, é *Recherches sur l'origine des découvertes atribuées aux modernes* [Pesquisas sobre a Origem das Descobertas Atribuídas aos Modernos] (1766), que ele próprio traduziu para o inglês, em 1769. Nela, o autor afirma que as descobertas dos filósofos e cientistas mais celebrados da Idade Moderna são apenas versões modernizadas e aprimoradas das doutrinas de Pitágoras, Demócrito, Aristóteles, Platão e outros escritores gregos e romanos. Dutens fornece longa lista de descobertas científicas modernas e demonstra que os antigos detinham esse conhecimento, embora de forma modificada.

Fabre d'Olivet, Antoine (1767-1825)

Fabre d'Olivet foi autor, poeta e compositor francês cujos estudos da Bíblia e de Pitágoras influenciaram profundamente muitos ocultistas que vieram depois dele, como Lévi e Papus. Suas principais obras, nenhuma traduzida para o inglês,* são *Les vers dorés de Pythagore* (Os Versos Dourados de Pitágoras; 1813), que fomentou um renascimento neopitagórico na França; *La langue hébraïque restituée* (A Língua Hebraica Restaurada; 1815), reinterpretação do

---

* As obras de Antoine Fabre d'Olivet citadas na biografia resumida foram traduzidas diretamente do francês para o português. (N. do P.)

Gênesis baseada em conexões que ele supunha existentes entre o alfabeto hebraico e os hieróglifos egípcios; *Histoire philosophique du genre humain* (História Filosófica do Gênero Humano, 1824); e *La musique expliquée comme science et comme art* (A Música Apresentada Como Ciência e Arte), publicada postumamente em 1896. Fabre d'Olivet foi condenado pelo papa por sua obra e despojado de seus direitos civis por Napoleão I.

Figanières, Louis Michel de (1816-1883)

A princípio considerado um idiota de vilarejo capaz de prever eventos locais futuros, Louis Michel foi mais tarde reconhecido como curador e clarividente de certa importância. Era frequentemente consultado pelos ocultistas da época. Seu livro, não traduzido para o inglês, *Clé de la vie* (Chave da Vida; 1857), é supostamente uma psicografia escrita durante um estado de transe e pretende fornecer a chave secreta para a vida humana, a natureza e Deus. Há indícios de que seu trabalho foi inserido no índice de livros proibidos do Vaticano. Atualmente está disponível *on-line*, em francês, na Arbre d'Or.

Figuier, Louis (1819-1894)

Após obter um Ph.D. em química e física em 1850, Figuier escreveu vários livros de ciência de grande apelo popular, bem recebidos na época e traduzidos com frequência para o inglês, sobretudo *La terre avant le déluge* [A Terra Antes do Dilúvio] (1863), publicado em 1872 como *World Before the Deluge*. Entretanto, sua obra sobre alquimia, *L'alchimie et les alchimistes* [A Alquimia e os Alquimistas] (1854), não tem tradução para o inglês.

Fontane, Marius (1838-1914)

A mais importante obra do romancista, orientalista e historiador francês Marius Fontane foi *Histoire universelle* [História Universal], escrita em 14 volumes entre 1881 e 1910. Entre esses volumes estão *Les iraniens* [Os Iranianos] (1881), *Inde védique* [Índia Védica] (1881) e *Les Egyptes* [Os Egitos] (1882). As obras seguem a história humana desde Zoroastro até a Renascença. Nenhuma delas foi traduzida para o inglês. Fontane foi também secretário-geral da Universal Maritime Company of the Suez Canal e acabou sendo detido e encarcerado, acusado de corrupção, durante suas atividades na companhia.

Franck, Adolphe (1809-1893)

Franck foi um filósofo francês de origem judaica que lecionou na Sorbonne e membro da Academia de Ciências Morais e Políticas. Sua atuação mais importante foi provavelmente como editor do *Dictionnaire des sciences philosophiques* [Dicionário das Ciências Filosóficas], publicado em 6 volumes, entre 1844 e 1852, para o qual contribuiu com a maioria dos artigos. Nele são descritas as "quatro formas do pensamento humano", classificadas como naturalismo, idealismo, ceticismo e misticismo, que devem, de acordo com Fontane, se reconciliar no futuro. *La Kabbale, ou la philosophie réligieuse des hébreux* [A Cabala ou Filosofia Religiosa dos Hebreus] (1843) apresenta uma análise do *Sepher Yetzirah* e do Zohar, comparando os conceitos filosóficos da cabala com os do zoroastrismo, dos filósofos neoplatônicos e gregos, do Cristianismo e do gnosticismo. Uma tradução inglesa, *The Kabbalah: The Religious Philosophy of the Hebrews* (1990) foi publicada pela Citadel Press.

Fulcanelli (18??-19??)

Fulcanelli era o pseudônimo de um alquimista e autor francês sobre o qual praticamente nada se sabe, embora existam várias teorias a respeito de sua verdadeira identidade. Seu discípulo, Eugène Canseliet, que alguns sugerem ser a pessoa por trás do mito Fulcanelli, supostamente transmutou 100 gramas de chumbo em ouro. Foi também Canseliet quem publicou as obras de Fulcanelli após o desaparecimento deste último, em 1926. Dois livros são atribuídos a Fulcanelli: *Le mystère des cathédrales* [O Mistério das Catedrais] (1926) e *Les demeures philosophales* [As Mansões Filosofais] (1929). As traduções em inglês de ambas as obras estão disponíveis na internet; no entanto, é preciso ter base sólida em alquimia para que os textos façam algum sentido.

Haatan, Abel, também conhecido como Abel Thomas (18??-19??)

Hataan foi um alquimista e astrólogo do final do século XIX, contemporâneo de Papus, sobre o qual só se sabe que foi discípulo de Barlet. Suas duas obras principais, que permanecem sem tradução para o inglês, são *Traité d'astrologie judiciaire* [Tratado de Astrologia Judiciária] (1895), a primeira grande obra publicada sobre astrologia na língua francesa, e *Contribution à l'étude de l'alchimie* [Contribuição para o Estudo da Alquimia] (1904).

Haven, Marc, também conhecido como Emmanuel Lalande (1868-1926)

Ocultista e médico francês, Haven é mais conhecido pela biografia de Cagliostro, *Le maître inconnu Cagliostro* (Cagliostro, o Grande Mestre do Oculto; 1912) e uma obra de tarô publicada postumamente, *Le tarot, l'alphabet hébraïque et les nombres* [O Tarô, o Alfabeto Hebraico e os Números] (1937). Nenhuma obra sua foi traduzida para o inglês.*

Hoene-Wronski, Józef Maria (1776-1853)

Wronski foi matemático e físico polonês mais conhecido pela invenção matemática, o determinante wronskiano. Mudou-se da Polônia para a França em 1800 e, em 1803, enquanto trabalhava no observatório de Marselha em uma teoria extremamente complexa da estrutura e origem do universo, teve uma experiência mística que acreditou ser sua descoberta pessoal do absoluto. Em 1810, publicou suas teorias sobre uma nova base para todas as ciências e a matemática, fortemente inspirada em Pitágoras, o que lhe valeu a expulsão do observatório e a rejeição por parte dos cientistas ortodoxos da época. Éliphas Lévi foi muito influenciado por Wronski e mantinha em casa uma máquina inventada por Wronski chamada de *prognômetro*, que supostamente poderia prever o futuro. Suas obras notáveis incluem *Philosophie de l'infini* [Filosofia do Infinito] (1814) e *Messianisme, union finale de la philosophie et de la religion* [Messianismo, União Final da Filosofia e da Religião] (1831), todas sem tradução para o inglês.

Jollivet-Castelot (1874-1937)

Jollivet-Castelot, ocultista e alquimista francês, foi presidente da Sociedade Alquímica da França e promoveu a ideia da hiperquímica, combinação de química e metafísica. Fundou o jornal *L'hyperchimie* [A Hiperquímica] em 1896 e também escreveu para vários outros jornais ocultistas. Suas obras notáveis, todas sem tradução para o inglês, incluem *Comment on devient alchimiste* [Como se Tornar Alquimista] (1897), *Les sciences maudites* [As Ciências Malditas] (1900), *La révolution chimique et la transmutation des métaux* [A Revolução Química e a Transmutação dos Metais] (1925) e *Études d'hyperchimie: chimie et alchimie* [Estudos de Hiperquímica: Química e Alquimia] (1928).

---

* O livro *Cagliostro, o grande mestre do oculto*, foi traduzido diretamente do francês para o português. (N. do P.)

Lacuria, Paul-François-Gaspard (1806-1890)

Lacuria foi um astrólogo e místico francês mais conhecido por seu livro *Les harmonies de l'être exprimées par les nombres* [As Harmonias do Ser Expressas Pelos Números] (1847), não traduzido para o inglês.

Lafont, Gaston Eugène de (1862-19??)

Não se sabe praticamente nada sobre Lafont, além dos dois livros que ele escreveu com o título geral de *Les grands religions* [As Grandes Religiões]: *Le Buddisme* [O Budismo] (1895) e *Le Mazdéisme* [O Mazdeísmo] (1897). Nenhum dos dois foi traduzido para o inglês.

Lamartine, Alphonse de (1790-1869)

Lamartine foi um importante poeta, romancista e político francês que contribuiu para a fundação da Segunda República. Papus o menciona por seu poema metafísico *La chute d'un ange* (A Queda de um Anjo; 1838).

Lejay, Julien (?-?)

Membro da Ordem Martinista, ao lado de Papus, Sédir, Barlet e de Guaita, Lejay foi também coeditor da revista *L'initiation*. A maioria de seus escritos, como os de Barlet, são encontrados nos vários periódicos ocultistas da época. Ele escreveu sobre o ocultismo do ponto de vista sociológico.

Lenoir, Alexandre (1761-1839)

Arqueólogo e historiador francês que atuou decisivamente para salvar monumentos da França durante a Revolução, Lenoir era membro de numerosas ordens e academias, incluindo a Legião de Honra, e publicou muitos textos sobre a história da França e seus monumentos. Papus menciona sua obra *La Franc-maçonnerie rendue à sa véritable origine* [A Maçonaria Restaurada em sua Verdadeira Origem] (1814), que não é tema comum em Lenoir e permanece sem tradução para o inglês.

Leray, Armand (1828-?)

Leray foi um clérigo e professor de teologia cuja única obra conhecida é *La constitution de l'univers et le dogme de l'eucharistie* [A Criação do Universo e o Dogma da Eucaristia] (1869), ainda não traduzida para o inglês.

Lévi, Éliphas (1810-1875)

Lévi foi possivelmente a mais importante figura do renascimento ocultista francês. Sua obra principal, *Dogme et rituel de la haute magie* (Dogma e Ritual da Alta Magia; 1854), exerceu enorme influência tanto em seu país quanto no exterior, especialmente por suas teorias sobre a luz astral e a analogia de opostos. Essa obra foi há pouco traduzida para o inglês por Mark Anthony Mikituk e John Michael Greer (TeacherPerigree, 2017). Todas as suas outras obras importantes sobre o ocultismo também foram traduzidas, incluindo as seguintes, mencionadas por Papus: *Histoire de la magie* (The History of Magic, História da Magia; 1859) e *Clef des grandes mystères* (The Key to the Great Mysteries, A Chave dos Grandes Mistérios; 1859).

Lucas, Louis (1816-1863)

Amigo íntimo de Éliphas Lévi e alquimista importante da época, Lucas é mais conhecido pelas seguintes obras: *La chimie nouvelle* [A Nova Química] (1854), *Roman alchimique* [Romance alquímico] (1857) e *La médecine nouvelle* [A Nova Medicina] (dois volumes, 1862-1863). Em sua brochura *Occultisme contemporain* [Ocultismo Contemporâneo] (1887), Papus classifica as obras de Lucas como estudo experimental de ciências modernas baseado em uma síntese filosófica dos antigos filósofos. Papus também atribui a Lucas a descoberta da luz astral. As obras de Lucas já eram difíceis de ser encontradas até mesmo na época de Papus, e nenhuma delas foi traduzida para o inglês.

Philippe, Nizier Anthelme, também conhecido como Maître Philippe (1849-1905)

Curandeiro católico que impressionou vários ocultistas franceses da época, incluindo Papus, que o considerava seu mestre espiritual, Paul Sédir e Marc Haven, que se casou com a filha de Philippe, Victoire. Pelas curas milagrosas, Philippe obteve três diplomas honorários de medicina: da Universidade de Cincinnati, da Academia Real de Roma e da Academia Imperial de São Petersburgo. No entanto, também foi condenado várias vezes pela prática ilegal da medicina. Embora ele próprio não tenha escrito nada significativo, existe grande quantidade de livros que recontam sua vida e registram suas máximas, com destaque para *Vie et paroles de maître Philippe* (Vida e Palavras de Mestre Philippe de Lyon), de Alfred Haehl (1959).

Ragon de Bettignies, Jean-Marie (1781-1862)

Historiador maçônico belga pertencente ao Rito de Misraim, Ragon fundou uma loja maçônica em Paris, em 1814, chamada *Les Trinosophes*. Escreveu vários livros sobre rituais maçônicos e suas interpretações, nenhum dos quais foi traduzido para o inglês. Aparentemente, trocou a França pelos Estados Unidos em 1820, mas deve ter retornado à Europa algum tempo antes de sua morte na Bélgica, em 1862. É provável que sua obra mais importante sobre a maçonaria, mencionada por Papus, seja *De la Maçonnerie occulte et de l'initiation hermétique* (Ortodoxia Maçônica – A Maçonaria Oculta e a Iniciação Hermética; 1853). A única obra de Ragon traduzida para o inglês é *La messe et ses mystères comparés aux mystères anciens* (A Missa e seus Mistérios; *c.* 1884), na qual faz algumas referências a rituais maçônicos. Uma tradução em inglês foi publicada em 2014.*

Sabathier, R. P. Esprit (?-?)

Sabathier foi um monge capuchinho que escreveu *L'ombre idéale de la sagesse universelle* [A Sombra Ideal da Sabedoria Universal] (1679), livro de misticismo cristão baseado na cabala e na alquimia. Não há nenhuma tradução em inglês.

Saint-Martin, Louis-Claude, também conhecido como o Filósofo Desconhecido (1743-1803)

Saint-Martin era da pequena nobreza francesa, altamente influenciado pelo místico alemão Jakob Böhme, cuja obra traduziu para o francês, e por Swedenborg, outro místico cristão. Foi durante algum tempo membro da organização maçônica ocultista chamada Ordem dos Cohens Eleitos, criada por Martinez de Pasqually. Os ensinamentos místicos de Saint-Martin levaram à criação de um grupo de admiradores, posteriormente conhecidos como martinistas, e Papus fundou a Ordem Martinista em 1887, amplamente baseada nos ensinamentos de Saint-Martin. Três das obras mais importantes de Saint-Martin foram traduzidas para o inglês: *Des erreurs et de la vérité* [Of Errors and Truth, Sobre os Erros e a Verdade; 1775], em 2017; *L'homme de désir* [Man of Desire, O Homem de Desejo; 1790], em 2017; e *Le ministère de l'homme-esprit* [O Ministério do Homem-espírito; 1802], com o título de *Man:*

---

* Ambos os livros citados foram traduzidos diretamente do francês para o português. (N. do P.)

His True Nature and Ministry, em 1864. *Le crocodile ou la guerre du bien et du mal* [O Crocodilo ou a Guerra do Bem e do Mal; 1799] foi traduzido em 2016. Uma obra mencionada por Papus que ainda está por ser traduzida é o *Tableau naturel des rapports qui existent entre dieu, l'homme et l'univers* [Tabela Natural das Relações Existentes Entre Deus, o Homem e o Universo] (1782).

Saint-Yves d'Alveydre, Alexandre (1842-1909)

Saint-Yves d'Alveydre exerceu grande influência não só sobre Papus, que se considerava seu discípulo, mas também sobre Rudolf Steiner, H. P. Blavatsky, René Guénon e outras personalidades de destaque da época. Sua influência foi substancial tanto nos círculos ocultistas quanto nos círculos políticos, e várias adaptações de suas ideias podem ser encontradas nas obras de seus contemporâneos.

Saint-Yves d'Aveydre é mais conhecido pelo conceito político de sinarquia e pela teoria ocultista de Agarttha, ou terra oca. A sinarquia era uma forma de organização política, parcialmente inspirada na teoria platônica e com forte elemento esotérico, constituída de uma hierarquia natural baseada na diferenciação social. Em resumo, o poder na nação era dividido entre "a Autoridade" e "o Poder", cada qual com três esferas de controle. A Autoridade controlava o que poderia ser chamado de funções superiores (cultura e educação, justiça e economia), e o Poder controlava as funções executivas (polícia, finanças, relações exteriores). A força da Autoridade derivava de delegações eleitas, representativas das várias classes sociais, ao passo que o Poder ficava nas mãos de funcionários e totalmente sob controle da Autoridade. As principais obras de Saint-Yves d'Alveydre sobre o assunto são *Mission des souverains* [Missão dos Soberanos] e *Mission des ouvriers* [Missão dos Trabalhadores] (1882), bem como *La France vraie ou la mission des Français* [A França Verdadeira ou a Missão dos Franceses] (1887). Suas obras de natureza mais ocultista são *Mission des juifs* [Missão dos Judeus] (1884), que esboça uma "história filosófica" da humanidade fortemente influenciada pelas obras de Fabre d'Olivet, e *Mission de l'Inde en Europe* (Missão da Índia na Europa: Missão da Europa na Ásia: A Questão do Mahatma e sua Solução; 1886), que associam suas ideias de sinarquia e de "mestres ascensionados", habitantes de cavernas sob a terra (Agarttha ou Shambala), com os quais ele estava em comunicação telepática. Saint-Yves d'Alveydre usou suas cinco *Missions* como um tipo de relato histórico para explicar a sinarquia.

De todas as suas obras, apenas *Mission de l'Inde en Europe*, publicada com o título de *The Kingdom of Agarttha* (Missão da Índia na Europa: Missão da Europa na Ásia: A Questão do Mahatma e sua Solução) foi traduzida para o inglês (Inner Traditions, 2008).

Sédir, Paul, também conhecido como Yvan Le Loup (1871-1926)
Membro da Ordem Martinista de Papus, da Ordem da Rosa+Cruz Cabalística de Guaita e bispo da Igreja Gnóstica da França, Sédir é autor de diversos livros sobre o ocultismo, nenhum dos quais foi traduzido para o inglês. Títulos notáveis incluem *Les miroirs magiques* [Os Espelhos Mágicos] (1894), *Les incantations* [As Encantações] (1897), *La création: théories ésotériques* [A Criação: Teorias Esotéricas] (1898), *La Cabbale* [A Cabala] (1900), *La médecine occulte* [A Medicina Oculta] (1900), *Lettres magiques* [Letras Mágicas] (1901), *Les plantes magiques* [As Plantas Mágicas] (1902) e *Histoire et doctrines des Rose-Croix* [História e Doutrinas dos Rosa-Cruzes] (1910).

Sinnett, Alfred Percy (1840-1921)
Sinnett foi um teosofista inglês que morou na Índia entre 1879 e 1884. A maioria das cartas supostamente escritas por Koot Hoomi, mestre ascensionado segundo Blavatsky, foi endereçada a Sinnett durante seu período na Índia. *The Occult World* [O Mundo Oculto; 1881] é a obra mais notável de Sinnett e a única mencionada por Papus, mas ele escreveu um bom número de livros sobre vários assuntos ocultistas, a maioria deles publicados pela Sociedade Teosófica.

Vaillant, Jean Alexandre (1804-1886)
Linguista e historiador franco-romeno, autor de várias obras sobre a história e a língua romena, Vaillant era também maçom e escreveu um livro pouco conhecido sobre o ocultismo, mencionado por Papus: *Clef magique de la fiction et de fait: Introduction à la science nouvelle* [Chave Mágica da Ficção e do Fato: Introdução à Ciência Nova] (1861).

ÍNDICE REMISSIVO

22 cartas, 185, 187

A

abdome, 177, 178, 180, 212, 219, 220-21, 222-24, 227, 228, 325
Abraão, 174
absoluto, 22, 42-4, 58, 66, 92, 109, 124, 129, 130, 133, 140, 181, 186, 196, 204, 224, 235, 242, 273, 317, 323, 342
acácia, 176
Adamah, 95
Adão, 95-6, 174, 185, 189, 208, 212, 287, 307
Adão Kadmon, 185, 189
Adda-Nari, 133
Adepto, 22, 103, 104-08, 121, 195, 197, 244, 251, 258, 270, 297
Adon, 166
África, 151, 158, 192-93, 254, 271
Africano, 190
Agatias, 28
agente mágico, 85

água, 28, 90, 101-02, 111, 116, 117-18, 119, 127, 225, 226, 305, 323
águia, 99, 111, 133-35
Ahancara, 112
Ahriman, 201, 321
Ain Soph-Parabrahm, 63
Alá, 277
Alcorão, 321
Alexander, 29, 161
Alexandria, 26, 55, 155, 169, 171, 200, 203, 209
alfabeto hebraico, 184, 339-40, 342
alma ancestral, 250-53, 328-29
alma, 38, 42, 43, 64-9, 86, 95-7, 104-14, 147, 159, 160, 163, 167-69, 175, 177, 185, 188, 189, 195-98, 202, 203, 210, 211, 216, 217, 220-22, 224-26, 233-34, 240, 243-45, 247, 249-60, 272-74, 286, 291, 296, 298, 319, 324, 326, 328, 332
alquimia, 21, 29, 34, 43, 55, 62, 69, 75, 87-90, 94, 101-02, 117, 132, 149, 171, 210, 251,

255, 260, 271, 272, 276, 279, 285, 295, 306, 308, 312, 313, 337, 340-45
alucinação, 107
América, 151, 156-58, 271-72, 336-37
amor vivo, 193-94, 200
analogia, 11, 21, 37-40, 43, 46, 49, 54, 58, 60, 83, 91, 99-101, 110-13, 117-19, 121, 132, 148, 154, 175, 185, 199, 212, 216-17, 226, 229-32, 245, 263, 278, 283-84, 295, 301, 344
análogo, 31, 38-9, 41, 58, 83, 99, 101, 240-41, 243, 253
anatomia, 38, 149, 184, 223, 250, 265, 295, 299
anéis do dragão, 260
Anglo-saxão, 201, 316
animal, 58, 60, 64, 65, 85, 88, 107, 108, 111, 120, 124, 131, 163, 218, 224-25, 226, 241, 246, 247, 250, 255, 265, 294 308, 323, 345
anjo, 133, 257, 330, 343
ano platônico, 153, 154
antigos, 11, 26, 27, 29, 33-6, 41, 47, 50, 55, 78-9, 102, 103, 114, 119, 132, 226, 243, 253, 256, 266, 285, 295, 306, 325, 326, 339
Antiguidade, 21, 26, 30, 33, 36, 37, 43, 47, 55, 59, 66, 81, 95, 114, 115, 122, 132, 139, 275, 276
Apolo, 79, 98, 190, 192
Apolônio de Tiana, 169, 201, 202, 315
apóstolo, 104, 193, 198-200, 209, 259
Apuleio, 33
Aquário, 111, 116, 163
ar, 38, 60, 99, 111-12, 116, 117-18, 119, 138, 218, 221, 223-26, 245, 255, 327, 329
Ara, 163
Árabe, 160, 165, 173-74, 202-03, 209-10
Arábia, 159-60, 164-66, 209

arcano, 85, 106, 107, 256, 271, 284, 288
Arcontes, 198, 233
Ariano, 162
Áries, 94, 111, 116, 162, 163
Aristóteles, 26, 27, 169, 193, 314, 324, 339
arquétipo, 47, 111, 117-18, 228, 231, 240, 325
Arriano, 161, 162
árvore, 147, 153, 160, 170, 172, 315, 318
Ásia, 43, 151, 156, 158, 162, 164, 165, 167, 190, 192-93, 199, 201, 209
aspiração, 193, 216, 242, 246, 259
Assiah, 188
Assíria, 164, 165, 203
astrologia, 69, 80, 91, 99, 102, 110, 112-14, 119, 132, 209, 227, 271, 312, 337, 341, 343
astronomia, 26, 27, 148-49, 162, 264, 268, 334, 339
atanor, 89, 280
Átis, 166
ativo, 45-6, 61, 62-4, 79, 86, 90, 93, 100-03, 105-06, 120, 122-24, 125, 126, 129-31, 135, 163, 207, 213, 218, 228, 240, 250-55, 258, 271, 275, 295, 304, 323, 324-25, 332
atlântico, 157, 164, 202, 320
Atlântida, 157, 164, 168, 173, 202, 203, 204, 271
Atziluth, 188
audácia, 133, 134, 148, 256, 257, 298, 327
autobiografia, 293
automagnetismo, 260

B

Babilônia, 42, 110, 166, 194, 280, 303, 316, 317
Babismo, 172
Bacon, Francis, 264

Balkh, 163
bárbaro, 193, 200, 202
Barbelo, 196, 198
Barlet, François-Charles, 53, 236, 244, 250, 324, 331, 332, 335-38, 341, 343
Barthélemy, Jean-Jacques, 335-36
bem, 37, 67, 68, 96, 98, 102-03, 105, 113, 126, 139, 142, 166, 169, 174, 196, 198, 217, 240, 248, 255, 258, 274, 295, 307, 313, 314, 316, 320-21, 323, 324, 325-26, 327, 346, 347
Bereshith, 84, 95
Bernard, Claude, 267, 296, 313, 331-32
Bertholet, Marcellin, 310
Beruth, 205
Bíblia, 95, 339
bilocação, 204, 254
bispo, 280, 347
Blavatsky, Helena, 12, 87, 99, 105, 307, 311, 336, 347
Boaz, 124
Böhme, Jakob, 104, 311, 332, 336, 345
braços, 124, 159, 213-14
Brahatma, 273
Brahma, 120
Brahman, 204, 306
Bramanismo, 171, 204, 271
brâmane, 114, 156, 271, 273, 313, 315
branca, 59, 60, 88, 90, 107, 115, 124, 162, 170, 273
Briah, 188
Brück, Nicolas-Remi, 154, 314, 336
Brunetière, Ferdinand, 298, 334
bruto, 82, 148, 257
Buda, 168, 203, 317, 329
buddhi, 250, 252, 254

budismo, 66, 171, 204, 271, 307, 321, 332, 343
Burgoyne, Thomas Henry, 12, 330, 336-37

C

Cabala, 9, 10, 85, 86, 110, 169-77, 182, 185, 188, 192, 193, 202, 209, 212-13, 217, 231, 241, 243, 250, 270, 271, 273, 285, 292, 295, 305, 306, 310, 323, 338, 341, 345, 347
cabalistas, 171, 175, 177, 179, 182, 184, 188
cabeça do corvo, 89, 90
cabeça, 35, 65, 89, 90, 92, 120, 123, 126, 127, 133, 134, 135, 138, 160, 163, 177-78, 187, 203, 212, 213-14, 219, 220, 222, 224, 227, 228, 280, 313, 323, 325
Cabeiri, 265
cadáver, 211, 213, 233, 250, 298
Cagliostro, 121, 129, 342
Cairo, 136
Caldeia, 30, 70, 168-69, 203, 307
caldeu, 41, 70, 110, 114, 165, 168, 200, 208
calor, 28, 45, 46, 61-2, 84-5, 86, 89, 120, 123, 127, 133, 219, 225, 232, 246, 250, 305
Cambriel, Louis-Paul François, 91, 279, 333, 337
canais, 182, 184, 212, 256
Câncer, 111, 116, 157, 163
cão, 12, 153, 241
capitão, 230, 232
Capricórnio, 111, 116, 163
carruagem, 213-14, 238
carvalho, 160, 315
casca, 78, 147
católico, 176, 195, 277, 284, 333, 335, 344
causa primeira, 83, 235

causa, 18-9, 22, 26, 27, 30-1, 40, 55, 62, 69, 81, 83, 85, 90, 96, 104, 107, 114, 120, 148-49, 153, 154, 159, 160, 163-64, 194, 195, 200, 218, 234-35, 247, 252, 264, 265, 286, 291, 296, 304, 311, 325-26
causas segundas, 40, 55
celestial, 27, 34, 57, 58, 86, 95, 110, 111, 127, 154, 159, 162, 168, 169, 172, 185, 193, 195, 196, 197, 198, 199, 201, 206, 250, 255, 258, 261, 264, 283, 313
celtas bodones, 165, 166, 173
celtas, 160, 162, 163, 165, 166, 171-73, 200, 201, 315
célula, 57-9, 177, 178, 181, 226, 233, 250, 294, 296, 297
Centauro, 163
centro magnético, 248, 251-54
cético, 76, 264-65
cetro, 157, 158
Cetus, 163
céu, 82, 85, 104, 113, 128, 131, 169, 194-98, 215, 224, 228, 230-31, 241, 242, 257, 275, 284-90
chave analógica, 185, 285
CHAYA, 189
chi, 244-45, 247, 250, 251, 342
China, 33, 42, 114, 139, 162, 167, 168, 173, 206, 271, 317, 322
chinês, 31, 47, 76, 97, 104, 121, 131, 139, 140, 315, 170, 172, 204, 250, 271, 273, 317, 321-22, 329
Christian, Paul, 136, 200, 309
Cibele, 166
cíclico, 37, 55, 70, 122, 154-56, 291, 292
ciência antiga, 25, 26, 28, 31, 34, 37, 39, 40, 47, 52, 54, 70-1, 75, 102, 117, 131, 263

ciência, 10, 11-12, 21, 25, 26, 28, 31-6, 37-40, 43, 45-8, 52, 54, 62, 67, 70-1, 75, 81, 82-3, 85, 87, 90-1, 96, 99, 102, 105-07, 111-15, 117, 132-35, 147-50, 152, 153, 158, 167, 175, 185, 191-94, 200, 202, 209, 210, 218, 256, 259, 263-70, 274-78, 293, 295, 298, 306, 316, 319, 322, 323, 334, 335, 338-42, 347
cinco sentidos, 138
circulação, 30, 41, 59, 127, 155, 221, 241
círculo, 180, 270, 293, 319, 331, 332, 346
civilização antiga, 33
clariaudiência, 223, 252
clarividência, 223, 246, 252
clero, 176
clima, 153, 159
cocheiro, 214, 238
Collins, Mabel, 310, 337
conde de Gabalis, 329
Confúcio, 311, 317
consciência, 17, 107, 177, 180, 218-24, 229, 230, 238, 241, 249, 257, 260, 286-87
constelaçoes, 163, 169, 338
continente, 64-5, 148, 151-53, 156, 157, 225, 226
coração do mundo, 133-34
coração, 104, 114-15, 130, 133-34, 153-54, 155, 158, 176, 196, 210, 218, 227, 229, 265, 275, 276, 289, 294, 297, 313, 317, 323-24, 331
cordeiro, 161, 210
coroa, 79, 134, 186, 199, 304
corpo astral, 106, 211-14, 220-24, 230, 233, 237, 238, 242-43, 244-47, 250, 254, 299, 324, 326, 328,

corpo, 10, 41-2, 57, 58, 65-9, 86, 106-09, 111, 112, 120, 126, 147, 152, 154, 163, 175, 177, 180, 195, 196-97, 198, 206, 211-14, 216-17, 218, 219-24, 228-29, 230, 233, 234, 237, 238, 242, 244-47, 250-54, 258-59, 276, 289, 291, 296-99, 311, 324-25, 326, 328,

corpóreo, 84, 148, 224, 234, 245, 247, 249

cosmogonia, 96

Criador, 63, 75, 83, 122, 171, 201, 230, 231, 239, 245, 255,

crepúsculo, 44, 45, 61, 100, 117-18, 119, 120, 276

Creta, 192

criação, 63-6, 83-4, 92, 124, 127, 128, 149, 156, 176-77, 180, 193, 195, 205, 212, 231, 239, 240, 247, 254, 256, 279, 286, 287, 288, 315, 317, 322, 331, 343, 345, 347

criança, 44, 45, 48, 49, 65, 80, 100, 101, 117-18, 120, 156, 274

Cristandade, 168, 169, 172, 176, 193-96, 199, 200, 202, 202, 339, 341

cristão, 10, 33, 45, 120, 133, 136, 193, 196, 200, 202, 203, 212, 235, 271, 276, 283, 302, 304, 306, 308, 309, 311, 321, 332, 336, 337, 345

Cristo, 161, 169, 172, 193, 195-98, 200, 202, 209, 270, 273-75, 277, 283, 289, 308, 336

cruz, 10, 92, 94, 114, 117, 121-23, 125, 126, 129-30, 139, 171, 179, 252, 269, 271, 273, 312, 318, 332, 338, 347

Cruzados, 202

cura, 70, 252-53, 257, 260, 274

Cyliani, 91, 337-38

D

dácios, 190

Dalila, 253

Dammartin, Moreau de, 313, 338

Darwin, Charles, 246

de Guaita, Stanislas, 185, 237, 271, 318, 326, 330, 338, 343, 347

Decanos, 198

dedução, 38-9

Delaage, Henri, 33, 338

Delfos, 30, 191

delta, 137

Demócrito, 30, 339

demônio, 27, 28, 30, 32-3, 34-5, 39, 44, 45, 49, 52, 62, 76, 77, 103, 109-12, 121-22, 131-32, 133, 137, 138, 201, 207-08, 213-14, 216, 263-65, 267-68, 274, 277-78, 295-98, 339

denário, 128, 170

destino, 66, 113, 136, 165, 167, 174, 189, 191, 199, 206, 224, 228, 230, 231-33, 260, 303, 324, 337

Deus, 31-3, 45, 46-7, 48, 58-9, 60, 63, 66, 70, 81, 85, 98, 104, 109, 110, 118, 120, 127, 128, 133, 160, 166, 168, 174, 175, 182, 190, 192, 194, 195-96, 201-03, 210, 229-32, 235, 240, 248, 260, 273, 276, 277, 285-88, 295, 298, 301, 304, 305, 312, 313, 314, 316, 320, 322, 332, 333, 339, 340, 346

deusa, 160, 166, 320

deuses, 31, 68, 109, 114, 265, 314, 317

dever, 129, 203, 221-22

Dindymen, 166

Dionísio, 98, 162, 192

disco, 130

divinação, 112

divindade, 32, 54, 110, 152, 190, 229, 286, 317

Donato, 253

doutrina, 9, 13, 27, 32, 41, 42, 47, 66, 68, 96, 104, 111-14, 117, 191, 201, 202, 211, 271, 293, 294, 298-99, 301, 304, 305, 306, 309, 311, 313, 319, 328, 336, 344

dragão, 258, 260, 280, 333
druida, 131, 159, 160, 168, 171, 273, 308
druidisa, 159, 160, 168
Dupuis, Charles-François, 318, 339
Dutens, Louis, 26-30, 301,302, 303, 339
dvijas, 274

E

eclíptica, 153
Egito, 12, 21, 25, 28-33, 41-3, 47, 59, 60, 75, 78-80, 96, 110, 114, 118, 120, 136, 157, 164-66, 167, 168, 171-74, 190-93, 200, 203, 204, 207, 216, 224, 250, 256, 263, 276, 285, 299, 303, 308, 315, 316, 318, 322, 337, 339, 340
elemental, 103, 107, 245
elementar, 10, 11, 15, 17, 31, 32, 86, 92, 103, 104, 107, 108-09, 114-15, 127, 133, 136, 195, 218, 221, 226-31, 233, 237, 241, 242, 311, 323, 325
elementares, 240, 241, 244, 327
elementos, 47, 75-8, 94, 102, 108, 111, 112, 114, 118, 119, 121, 122, 128-32, 149, 177, 181, 182, 184, 185, 209, 213-16, 220-26, 228, 231-33, 234, 240, 245, 251, 257, 263, 266, 270, 294, 296-97, 298, 305, 325
eletricidade, 11, 28, 62, 85, 86, 108, 120, 133, 243, 256, 336
eletromagnetismo, 153
Elohim, 95, 174, 187, 292
em cima, 17, 25, 26, 31, 38, 45-7, 79, 81-3, 90-1, 94, 106, 121, 126-27, 131-33, 134, 138, 139, 149, 152, 163, 164, 166, 167, 173-74, 177-78, 180, 185, 188, 193-94, 200, 203, 206, 225, 229, 240, 251, 253, 265-66, 268, 272, 273, 278, 280

embaixo, 29, 81, 83, 94, 95, 117, 127, 134, 135, 177, 212, 241, 248, 257, 264, 273, 278, 279, 287, 328
empírico, 228, 325
encarnado, 147, 154, 169, 220, 244, 247, 332, 320
Enciclopedismo, 194
energia nervosa, 195, 212, 219, 221, 222, 294
energia, 44, 57, 59-60, 62-5, 67, 88, 105, 195, 202, 212, 219, 221, 222, 245, 248, 253, 294, 309, 329, 330, 332
Enoque, 117, 208
enviado celestial, 172
éons, 110, 284
Equador, 153, 226
equilíbrio, 45, 61-2, 79, 93, 120, 126, 277-78, 290, 304,
equipagem, 213, 214, 238
erudição, 75, 104, 268
escandinavo, 201, 321
escola, 22, 26, 40, 55, 158, 169, 171, 195, 197, 200, 220, 264, 271, 285, 294, 296, 298
Escorpião, 111, 116, 163
escuridão, 33, 44, 45, 61, 82, 89, 100, 109, 117-18, 119, 120, 123, 126, 193, 197, 276
Esdras, 168
Esfinge, 34, 121, 132-36, 168, 315
esotérico, 10, 11, 21, 36, 66, 166, 167-68, 169-70, 218, 269, 271, 272, 283, 284, 288, 299, 301, 306, 319, 332, 346, 347
espada, 130
Espanha, 9, 157
Espírito Santo, 44, 45, 62, 86, 120, 210, 231, 286

espírito, 9, 18, 33, 35, 44-7, 62, 63, 65, 67, 70, 86, 90, 98, 106-08, 110-14, 120, 125-26, 127, 134, 137, 138, 150, 152, 160, 168, 175, 176, 177, 180, 191, 192, 195, 197-99, 201, 210, 217, 231, 241-42, 250, 252, 255, 258-59, 264, 274, 286-90, 299, 307, 322, 325, 328

espiritualista, 21, 243, 258, 264, 265, 272, 319, 331, 335

essênios, 169, 176

estoico, 66

estrela de cinco pontas, 92, 138

estrela, 92, 138, 335

éter ambiente, 244, 249, 252

eternidade, 81, 104-05, 128, 201, 290, 306, 338

eterno, 25, 58, 60, 92, 93, 98, 104, 105-06, 123, 174, 194, 261, 276-78

Etiópia, 165, 173

etrusco, 28, 114, 157, 168, 173, 190

Eufrates, 96, 165-66

Eurídice, 96-7

Europa, 9-10, 13, 43, 104, 108, 151, 156, 159, 160, 172, 190-93, 199, 202, 270, 271-72, 319, 320, 332, 339, 345, 346

Eva, 70, 314

Evangelho, 203, 259

evangelistas, 133, 176

evolução, 55, 57, 62-5, 127, 148, 150-52, 155, 156, 168, 195-96, 199, 203, 204, 211, 212, 224, 226, 233, 238, 241, 244, 246, 272, 286, 287, 293-95, 298, 326

exotérico, 147, 167, 270, 284

expiração, 154

êxtase, 158, 159, 167, 231, 254, 260

Ezequiel, 133

F

Fabre d'Olivet, Antoine, 26, 32, 35, 41, 47, 66, 75, 95, 98, 103, 109, 157-60, 161, 163, 165, 166, 189, 193, 199, 200, 206, 207, 233-34, 235, 302, 303, 304, 305, 307, 308, 309, 310, 311, 313, 315, 316, 317, 318, 320, 321, 326, 339, 346

falsidade, 81, 82

família, 31, 45, 48, 49, 50, 57, 58, 61, 65, 118, 120, 156, 195, 203, 274, 331

Fanes, 42

faquir, 254, 255, 257, 273

faraó, 173, 259, 303, 315

fato, 10, 14, 16, 18, 22, 28-31, 33, 35, 38-41, 44-5, 55, 66-9, 78, 79, 88-91, 95, 99, 100, 105, 110-11, 112, 117-19, 121, 132, 140, 148, 155, 156, 164, 165, 177, 181, 216, 223, 229, 232, 237, 243, 244, 255, 264, 265-70, 285, 287, 289, 294, 301, 304, 309, 318, 337, 341, 347

Faucheu, Albert. *Ver* Barlet, François-Charles

fé, 10-1, 104, 111, 134, 200, 203, 257, 258, 275-78, 294, 298, 319, 340, 344

feitiçaria, 106, 256, 257

feiticeiro, 103, 107, 126, 138, 244, 257

Fenícia, 164, 165

fenício, 96, 114, 165, 166, 172, 173, 190, 208, 317

fermento, 88-9

Figanières, Louis Michel de, 149, 156, 185, 196, 314, 317, 324, 326, 340

Figuier, Louis, 87, 90, 309, 312, 340

filosofia, 13, 82, 87, 95, 149, 171, 185, 211, 243, 245, 248, 275, 278, 298-99, 304, 306, 314, 322, 333, 335-36, 341, 342

física, 25, 39, 43, 44, 52, 62, 102, 148, 225, 226, 268, 304, 314, 340
fisiologia, 149, 223, 227, 250, 267, 295, 299, 331
fisioquímica, 226-28, 238, 240, 250, 255, 294
Flamel, Nicolas, 280
Flammarion, Camille, 293
Flourens, Jean Pierre, 296, 334
Fludd, Robert, 323, 324, 325, 332
fluxo magnético, 255
Foë, 166, 168, 317
fogo, 28-30, 82, 90, 102, 111, 116, 117-18, 119, 127, 140, 164, 169, 225, 226, 233, 246, 258, 280, 291, 296, 316, 323, 324, 325, 327
Fo-Hi, 166
folclore, 171
Fontane, Marius, 164, 316, 319, 340, 341
força universal, 69, 71, 84, 86, 105, 122-24, 136
força vital, 59, 60, 155, 244, 250, 251, 255, 306, 329
forças primordiais, 130, 231
forças superiores, 249, 251, 294
forma astral, 106, 240, 327
fórmula, 43, 50, 112
fornalha, 89, 280
Franck, Adolphe, 47, 305, 341
Freya, 160
Frighe, 200, 201, 209
Frígia, 166, 191
frio, 45, 60, 61, 120, 123
Fulcanelli, 333, 341
Fuxi, 157, 166, 167, 171, 206, 317

G

Gabriel, 196
Gália, 95, 159
Galileia, 199
Ganges, 166, 315
Gematria, 185
Gêmeos, 111, 116, 163
genealogia, 148-49
genetlíaco, 114
Geoffroy Saint-Hilaire, Étienne, 96
geométrico, 77, 80, 91, 94, 110, 121, 130, 173
Gizé, 136
gnosticismo, 110, 122, 171, 193, 197, 199, 210, 276, 285, 319, 320, 341, 347
Gopala, 166
Goth, 201, 320
Grã-Bretanha, 157
grande inundação, 153
grande obra, 81, 87, 90, 248, 337-38, 308
grandes mensageiros celestiais, 168, 169
grandes mistérios, 31, 85, 164, 166, 167, 173, 270-71, 344
Grécia, 97, 168, 190-92, 335, 314
greco-egípcio, 202
grego, 28-30, 32, 79, 96, 110, 114, 165-66, 191, 192, 200, 205, 208, 211, 303, 308, 316, 319, 328, 335-36, 339, 341
grimório, 90, 327
Guemará, 175

H

Haatan, Abel, 115, 116, 341
Hariman, 96
harmonia, 27, 67, 110, 126, 153, 157, 217, 324
Haroum, 96
Haven, Marc, 188, 342, 344
hebreu, 47, 53-4, 84-5, 95, 96, 131, 165, 166, 174, 202, 309, 310, 313, 316, 341
Helena, 97

helenismo, 190, 193, 200
Hércules, 98, 192
hermafroditismo, 191
Hermann, 160
Hermes Trismegisto, 62, 75, 81-5, 86, 121, 128, 131, 137, 140, 168, 286, 310, 324, 333, 337
hermetismo, 21, 22, 38, 48, 51, 75, 81, 87, 90, 96, 100, 102, 149, 171, 204, 210, 228, 231, 263, 265, 271, 272, 280, 295, 299, 310, 333, 335, 336-37, 345
hermetista, 22, 299
Herodoto, 29, 30, 33, 165
Hierócles, 104, 110, 323
hierofante, 108, 192
hieróglifo, 26, 78, 80, 96, 110, 128, 173, 184, 185, 187, 204, 265, 271, 273, 279, 280, 304, 308, 310, 315, 338, 340
Hilel, 169, 194-95
hindu, 62, 87, 103, 112, 120, 127, 133, 161, 162, 201, 245, 250, 271, 277, 306, 308, 311, 313, 314, 317, 332
hiperquímica, 342
hipnose, 237, 331
Hipócrates, 30
Hiram, 176
Hoene-Wronski, Józef Maria, 52, 307, 322, 342
Holl-Land, 159
homeopático, 265
Horapolo, 308
horizontal, 91, 100, 122, 126, 130, 135, 177
Hórus, 33, 62, 79, 117-20
hyksos, 165, 316

I

IAVÉ, 176, 187, 291, 292
idealismo, 266, 268, 278, 341
Iêmen, 165, 173, 311
Ieou, 169
IEVÉ, 54, 70, 95, 151, 216, 277
imagem astral, 241-44
imaginação, 47, 81, 84, 105, 134-35, 173, 217, 247, 266-67, 317, 323, 324
imortal, 59, 63, 66, 106, 108-09, 112, 150, 177, 195, 202, 211, 222, 249, 250, 261, 286-87, 289-90, 298-99, 323, 324, 327
Império de Ram, 161, 164, 167
império Diospolitano, 164
Império Romano, 193, 201, 202
inconsciente, 106, 258, 330, 333
incubação das almas, 189
Índia, 30, 33, 95, 160, 161, 163-68, 171, 190, 200, 203, 204, 254, 257, 273, 340, 346-47
indiano, 30, 42, 47, 97, 104, 156, 165, 190, 203, 204, 295, 309, 311
Índias, 30, 161, 167, 320
indução, 38-9
infinito, 40, 59, 62-3, 85, 98, 109, 110, 126, 168, 180, 207, 291, 292, 305, 342
iniciação, 9, 32-3, 66, 69, 70, 75, 81, 102, 136, 148, 153, 157, 163, 168, 172, 175, 185, 194, 195-96, 197, 202-04, 210, 212, 215-16, 250, 263, 269, 271-73, 276, 287, 289, 310, 315, 318, 319, 321, 324, 326, 328, 330, 331, 333, 335, 338, 343, 345
iniciado, 25, 26, 28, 31, 33, 55, 78-81, 90-1, 93, 99, 117, 121, 130, 133, 149, 151, 152, 154, 155, 158, 166-69, 171, 172, 175, 185, 190, 192-96, 200, 203-05, 209, 210, 215-16, 226, 249, 251, 258-60, 269-73, 285
INRI, 176, 269
insanidade, 107
inspiração, 154, 174, 202, 222, 226, 259, 267, 272
instinto, 67, 221, 225, 249

inteligência, 11, 22, 38, 41, 42, 47, 59, 62, 63, 67, 68-9, 70, 78, 79, 92, 103, 105, 126, 134, 185, 186, 202, 209, 217, 220, 225, 242, 255, 259, 266-67, 317, 323, 324, 327

intermediário, 44, 109-10, 238, 239, 243, 244, 247, 299, 305, 325, 327

invisível, 22, 25, 36, 37, 38, 75, 95, 105, 106, 109, 147-50, 159, 163, 167, 169, 225, 232, 237, 238, 240, 245, 247, 252, 253, 254, 255, 256, 257-258, 264, 265, 301, 324

involução, 57, 63, 148, 152, 155, 156, 195-97, 199, 212, 233, 286, 288

Irã, 30, 167-68, 205

iraniano, 110, 162, 340

Ishvara, 70

Ísis sem Véu, 99, 105, 309, 311, 336

Ísis, 60, 62, 117-18, 119, 120, 129, 166, 190, 265, 318

Israel, 70, 193, 204

Ishvara, 166, 204

Itália, 157

J

Jachin, 124

Jâmblico, 33

Japão, 114, 162, 168

Jeová, 277

Jesus, 104, 158, 194-97, 199, 200, 202, 308, 321, 339

Jethro, 173-74

Jimmu, 168, 171

João Batista, 169

Jollivet-Castelot, François, 332, 342

Jônia (Iônia), 29, 97, 167, 190, 191, 205

José, 197

judaico, 10, 171, 194, 276, 341

Judeia, 201

judeu, 29, 31, 110, 133, 160, 168, 176, 194, 199, 203, 277, 302, 303, 304, 306, 307, 310, 313, 326, 331, 346

Júpiter Elício, 28

justiça, 42, 111, 158, 197, 198, 346

K

Kali-Yuga, 156, 314-15

kama, 244, 245, 247, 250, 251, 329

kama-manásico, 245, 257, 258

karma, 103, 112, 113, 311

Kongzi, 104, 168, 171

Krischen, 167

Krishna, 166-67, 171, 207, 317

L

L'initiation, 9, 310, 319, 321, 324, 326, 328, 330, 331, 333, 335, 343, 345

La mission des juifs, 302, 303, 304, 306, 307, 310, 313, 331, 333

Lacuria, 306, 342

Lafont, Gaston Eugène de, 203, 321, 343

Lamartine, Alphonse de, 257, 330, 343

Lanka, 160, 163

larvas, 103

latim, 97, 302, 308, 314, 317, 333

latinos, 165

Le Lotus, 87, 308, 309

leão verde, 295

Leão, 111, 133, 295

lei, 22, 25-6, 37, 40, 41, 43-6, 49-53, 55, 57, 58, 60-1, 62-7, 69, 78-81, 82, 83, 86, 95, 99, 100, 105, 110-13, 121, 123, 124, 136, 153-56, 172, 176, 181, 182, 184, 185, 189, 191, 195, 196, 199, 201, 211, 212, 224, 226, 229-36, 245-48, 255, 259, 268, 274-77, 285, 289-92, 294, 296, 301, 302, 304, 305, 306, 316, 317, 322 leitura da mente, 254, 330

Lejay, Julien, 236, 326, 343

Lenoir, Alexandre, 33, 343

Leao, 111, 116, 163

Leray, Armand, 260, 266-67, 331, 343

letras hebraicas, 129, 182, 184, 185, 307

letras-mães, 184

Lévi, Éliphas, 9, 13, 62, 87, 117, 185, 252, 283, 304, 305, 306, 309, 311, 313, 314, 337-39, 342, 344

liberdade, 66, 104, 112, 124, 129, 159, 192, 260, 270

líbia, 136

Libra, 111, 116, 162-63

Licurgo, 192

Liga Anfictiônica, 191

linga sarira, 244, 250, 251

língua, 16, 32-4, 43-4, 47, 48, 75-80, 94, 98, 121, 151, 158, 165, 172, 176, 204, 231, 234, 235, 248, 271-74, 295, 303, 304, 305, 307, 308, 309, 313, 318, 339, 341, 347

líquido, 44, 45, 64, 101, 120, 226, 306

lua, 27, 82, 84, 90, 93-4, 97, 100, 101, 111, 115, 116, 117, 118, 127, 153, 154, 156, 191, 226-28, 313, 314

Lucas, Louis, 46, 52, 62, 122, 266, 268, 295, 304, 305, 306, 308, 309, 333, 344

luz
   astral, 57, 62, 84, 85, 106, 243, 252, 344
   incriada, 127
   universal, 85
   virgem, 169

luz, 12, 21, 27, 29, 43-6, 57, 59-63, 67, 75, 76, 84, 85-6, 89, 96, 98, 100, 104, 106, 109-111, 117-18, 119, 120, 123, 126, 127, 128, 133, 147, 158, 169, 170, 175, 185, 192, 193, 196-99, 210, 231, 235-36, 243, 246, 250, 252, 256, 260, 266, 268, 270, 274, 275, 276, 294, 310, 324, 330, 337, 344

M

Macbeth, 243

maçom, 129, 138, 269-70, 276, 312, 318, 332, 347

maçonaria, 124, 269-70, 276, 310, 313, 343, 345

macrocosmo, 41, 47, 58, 111, 127, 211, 224, 231

macroprosopo, 188

mãe, 48, 49, 60, 79-80, 84, 100-01, 117-18, 119, 120, 127, 188

magia cerimonial, 256, 257, 259

magia negra, 237, 326, 338

magia prática, 84, 115, 237

magia, 9, 13, 21, 70, 81, 84, 99, 102-10, 115, 117, 119, 132, 136, 148, 149, 237, 256, 257, 259, 263, 293, 303, 304, 305, 309, 311, 313, 318, 326, 331, 337, 338, 344, 347

magnetismo, 21, 62, 85, 108, 120, 133, 153, 225, 244, 253, 254, 259, 260, 314, 329, 330, 336, 338

magnetizadores, 249, 251

Maimônides, 114, 318

mal, 67, 68, 75, 76, 102-04, 126, 138, 139, 149, 160, 201, 217, 224, 241, 249, 255, 257-58, 284, 286-88, 291, 324, 345-46

manas, 245, 247, 250-53

Mâneto, 22, 165, 316

mantras, 273

Maomé, 202

mar Cáspio, 160

mar de Aral, 160

Maria, 196-98

Marte, 90, 94, 111, 115, 116, 253, 295
martinismo, 332
martinista, 10, 62, 84, 124, 271, 312, 332, 343, 345, 347
Massorah, 175
matemática, 79, 149, 264, 268, 314, 342
matéria, 12, 44, 47, 61, 62, 63, 86-9, 107, 109, 113, 120, 125-27, 133, 137, 138, 168, 185, 196, 210, 222, 225, 226, 238-39, 246, 247, 250, 255, 264, 268, 273, 286-87, 290, 306, 320, 323, 327, 328, 332, 343
materialismo, 18, 30, 75, 194, 196, 210, 237, 265-67, 272, 278, 293-99
materialização, 62, 63, 84, 139
medicina, 9, 30, 60, 79, 88, 148, 265, 266-67, 268, 293, 298, 305, 306, 344, 347
Mediterrâneo, 165, 190
médium, 103, 106, 107, 138-39, 249, 251-53, 257, 258, 259, 289, 325, 329, 330, 337
membrana, 143, 177, 242, 246, 323, 324
membros, 133, 135, 138, 218, 219, 223, 296
Mêncio, 311
Menelau, 97
Menés, 33
Meng-Zi, 104
mente, 17, 18, 42, 43, 58, 103, 104, 107, 111, 158, 171, 175, 211-15, 218-24, 228-30, 233, 238, 241, 254, 256, 264, 283, 298, 304, 323, 324, 328, 329, 336
Mercúrio, 85, 88, 89, 94, 100, 101, 115, 116, 117-18, 280, 320
Mesmer, 62, 309
Messias, 156, 169, 172, 199
Mestre, 25, 47, 51, 53, 61, 100, 112, 147, 158, 161, 165, 168, 192, 200, 202, 241, 244, 248, 256, 261, 266, 267, 270-75, 324, 333, 336, 342, 344, 346, 347

metafísica, 39, 43, 148, 242, 265, 342
metal, 29, 62, 64, 86-9, 101, 111, 114, 115, 225, 232, 279, 280, 342
método analógico, 39-41, 47, 49, 54, 58, 83, 102, 199, 232, 263
microcosmo, 41, 42, 47, 111, 139, 211, 218, 231, 325
Milita, 166
mineral, 60, 108, 225, 324
Mishná, 175
mistérios, 21, 28, 31, 32-3, 49, 55, 90, 104, 110, 147, 164, 166, 167, 169, 173, 185, 190-92, 198-201, 202, 265, 269, 271, 274, 276, 284, 308, 309, 338, 344, 345
misticismo, 37, 80, 266, 293, 341, 345
mito, 11, 25, 90, 96, 168, 190, 275, 314, 318, 329, 339
mitologia grega, 191
mitologia, 95, 149, 191, 201, 315, 318
Mitra, 190
moderna, 11, 21, 25-30, 33-6, 40, 43, 46, 47, 55, 66, 76, 113, 133, 194, 243, 265, 266, 268, 269, 275, 295, 334, 301, 302, 303, 306, 309, 331, 339, 344
Modra-Nicht, 162
Moisés, 25, 55, 62, 70, 84, 85, 95, 96, 104, 162, 168, 171, 173-75, 190, 193, 202, 208, 209, 259, 276, 277, 288, 305, 317
mônada, 42, 47, 224, 248, 251, 328, 329
monte Parnaso, 191
Monteregio, Malfatti, 149, 314
movimento, 18, 26, 62-3, 70, 75-7, 84-6, 105, 110, 120, 122-25, 137, 154, 167, 206, 213, 218, 222, 225, 226, 235, 240, 247, 250-53, 293, 296, 304, 305, 306, 318, 328-29, 333
multiplicação, 89, 109, 119, 120, 141, 160
multiplicidade, 47, 62, 63, 69, 124, 168, 218, 224

mundo
  divino, 82, 120, 124, 211, 212, 240, 242-44, 285, 286, 288, 289, 327
  físico, 82, 124, 211, 212, 239, 242, 247, 285, 287, 288
  humano, 286
  inferior, 140, 177, 178, 180, 184
  intelectual, 120, 124, 289-90
  invisível, 22, 103-05, 147, 169, 265, 311
  mediano, 177, 178, 184
  moral, 82, 118, 288, 289
  superior, 177-78, 180, 184

N

nação, 31, 42, 50, 57, 58, 70, 104, 113, 234, 315, 327, 338, 346
Natal, 160, 316
naturalismo, 256, 259, 341
natureza, 21, 31-2, 36, 43, 51, 55, 57, 58, 64-5, 66, 69, 70, 76, 79, 82-6, 90, 96, 97, 100, 102-06, 108, 110, 112, 113, 120, 122, 127, 128, 135, 137, 149, 153, 169, 173, 174, 184, 193, 205, 211, 218, 223-28, 229-35, 237-40, 246-47, 249, 255, 256, 264, 268-69, 272, 277, 291, 301, 305, 307, 310, 323, 325, 327, 328, 340, 346
navio a vapor, 230-32
Navis, 163
necessidade, 66, 67-8, 78, 104, 112, 114, 124, 129, 235, 325-26
necromante, 241
Nefesh, 189
negativo, 45, 61-2, 68, 76, 79, 83, 84, 92, 118, 120-23, 239, 240, 242-44, 248, 306, 309, 323, 334, 337
Nephesh Chayyah, 95
Neshamah, 189, 217, 247, 250-52, 291-92

neutro, 45-8, 61, 62, 79, 80, 100, 101, 115-16, 118, 120, 135
Nilo, 166
Nimrod, 166, 277
nirvana, 112, 195
nomes divinos, 185, 187
Notarikon, 185
Notre Dame de Paris, 279
noumenon, 37, 39, 266, 304
Numa, 28, 168
número, 15, 16, 21, 34, 40-3, 46-51, 53-5, 70, 80, 82, 91-3, 96, 109, 110, 117, 119, 122, 125, 126, 129, 140, 143, 149, 151, 159, 162, 163, 173, 182, 184, 185, 189, 192, 214, 257, 258, 266, 287, 297, 306, 314, 335, 336, 342-44, 347

O

obsessão, 252, 253
Ocidente, 21, 43, 123, 128, 131, 136, 156-58, 161, 168, 171-73, 175, 185, 193, 202, 209, 210, 270-71, 284
oculto, 9-10, 17-8, 21, 22, 25, 28, 36, 37, 38, 48, 49, 52, 60, 81, 83, 86, 87, 91, 99, 102, 107-08, 110, 120, 121-22, 128, 132, 147-50, 185, 216, 220, 233, 237-43, 258, 263-64, 266, 268-71, 275, 283, 285, 289, 293, 301, 304, 305, 306, 307, 310, 311, 315, 318, 320, 322, 327, 330, 332, 335-40, 342-47
OD, 85, 309
Odin, 169, 171, 200, 201, 209-10, 320
oposição, 44, 62, 67, 91, 123, 126, 128-30, 231, 248
oração, 158, 167, 196, 231, 283, 284, 289, 304, 313, 333
oráculo, 42, 169, 245, 321

Orfeu, 25, 96, 98, 168, 190, 191-93, 209, 304, 317

órgão, 38, 41, 57-9, 77-8, 218-24, 226-30, 232, 236, 246, 247, 251, 252, 258, 267, 296, 299, 306, 323, 324

Oriente, 43, 123, 128, 131, 136, 156-58, 171, 172, 195, 200, 203, 204, 209-10, 212, 270-71, 272, 273, 284, 316, 332, 335

Ormuzd, 327

ortodoxo, 128, 163-66, 168, 176

Osíris, 33, 62, 96, 117-20, 166, 168, 204, 277, 308

ouro, 64, 87-90, 101, 111, 115, 265, 268, 287, 313, 316, 341

Ouroboros, 310, 312

Ovídio, 27-8, 217, 243, 303, 328

ovo, 89, 90, 280, 304, 331

P

pai, 44-9, 62, 65, 79, 80, 82, 84, 95, 98, 100, 101, 109, 117-20, 124, 166, 169, 174, 188, 192, 199, 201, 231, 273, 274, 283-85, 287-90, 303, 315, 325, 329, 331

paixão, 42, 97, 103, 112, 138, 143, 245, 247, 248, 257, 273, 308, 317

Pallis, 166

Pangu, 206

pão, 88, 284-86, 288

papa, 277, 307, 339-40

Paracelso, 218, 322, 327

Paris, 9, 97, 208, 271, 279, 294, 299, 302, 303, 312, 314, 315, 319, 321, 326, 332, 333, 338, 345

passivo, 45-9, 61, 62, 63, 79, 90, 91-2, 93, 100, 101, 106, 120, 122-24, 125, 126, 129-31, 135, 139, 163, 213, 249, 251-53, 256, 258, 275, 313

Pastores, 164-67, 172, 173-74, 190, 316

Pater Noster, 128, 283-84, 289

patriarca, 158, 193-94, 235

Pedra Filosofal, 87-90, 268, 279, 309

Peixes, 111, 116, 163

pentáculo, 94, 120, 121-26, 128-32, 138-40, 256, 259, 263

pentagrama, 93, 121, 138-40

Pentateuco, 203

perfeição, 93, 97, 109, 128, 255, 308

persa, 30, 110, 162, 165, 192

Pérsia, 166, 168, 271

Peru, 157

peruviano, 114, 315

Pha-Row, 160, 164

Philippe, Nizier Anthelme, 333, 344

pirâmide, 121, 136, 137-38, 173, 315

Pistis Sophia, 16, 195, 199, 233, 319, 320, 326

Pitágoras, 26, 27, 41-3, 47, 55, 57, 59, 66, 68, 109, 110, 112, 114, 118, 122, 158, 168, 171, 192, 193, 202, 209-10, 235, 236, 286, 302, 304, 305, 306, 307, 310, 311, 323, 325-26, 339, 342

Pitois, Jean-Baptiste. *Ver* Christian, Paul

planeta, 12, 27, 58-60, 63-5, 93, 101, 111, 115-16, 120, 125, 132, 137, 147, 152-54, 156, 175, 224-28, 246-48, 277, 307, 320, 324

plano astral, 158, 160, 169, 237-43, 327

plano material, 233

planta, 29, 60, 64, 65, 88, 108, 111, 114, 120, 225, 255, 257, 294, 347

Platão, 26, 33, 43, 95, 104, 109, 169, 193, 310, 319, 339

platônico, 153, 154, 346

pleromas, 199

Plínio, 26, 28, 29, 161, 302, 315

Plutarco, 26, 29, 302
pneumática, 199, 287
poder, 11, 66, 77, 82, 95, 96, 103, 104-05, 107, 110, 113, 117, 128, 129, 157, 158, 162, 164, 165, 193, 196, 200, 204, 222-23, 224, 228, 240, 246, 248-50, 254-57, 259, 266, 269, 275-77, 284, 287-90, 313, 316, 325, 326, 329, 330, 346
politeísmo, 190, 200, 278, 317, 321
Polo Norte, 157, 159, 277
Polônia, 159, 342
polos terrestres, 153
Porfírio, 30, 33, 325, 326, 327
positivismo, 138, 267, 293, 297-98
positivo, 35, 45, 61-2, 68, 76, 79, 83, 84, 92, 100, 117, 118, 120-23, 132, 148, 153, 202, 239, 306, 309, 323, 334
possessão, 31, 55, 77, 78-9, 107, 172, 175, 197, 224, 245, 253, 260, 269, 271, 275
Postel, Guillaume, 47, 117, 304, 312
Prakriti, 70, 166, 204, 307
preto, 12, 34, 89, 90, 115, 124, 130, 143, 151, 152, 156-59, 160, 164, 167, 170-73, 237, 247, 313, 326, 338
primitivo, 33, 64-5, 70, 78, 121, 127, 131, 173-74, 190, 271, 273
princípio, 21, 25, 27, 36, 40, 42, 46-7, 49, 52-3, 55, 61, 66, 68, 71, 76-81, 83, 85, 87, 93, 95-7, 99, 100-01, 104, 106, 108-10, 113, 115, 117, 121, 124-27, 133, 140-42, 149, 166, 168, 170, 174-77, 180, 187, 189, 194-97, 204, 206, 208, 211-33, 234-40, 242, 243, 244, 250, 273, 274, 283, 284, 287, 290-97, 299, 301, 314, 317, 320, 321, 322, 323, 324, 325, 326, 327, 328
prisma, 59, 60

profano, 32, 66, 85, 89, 101, 104, 117, 147, 161, 164, 184, 204, 287
profecia, 159, 252, 258, 259, 315, 330
profeta, 104, 158, 169, 191, 193, 194, 202, 249, 251, 258, 320, 330
progresso, 11, 22, 25, 27, 35, 64-5, 81, 159, 160, 165, 230-33, 265
Prometeu, 256, 316
protestante, 176, 339
providência, 66, 67-8, 104, 158-60, 167, 168, 174, 202, 206, 231, 249, 257, 260-61, 277, 286, 288, 326
psicologia, 66, 149, 295, 298, 299, 311
psicometria, 242
putrefato, 89

Q

quadrado, 27, 116, 126, 138, 137-38, 139, 141, 302
quaternário, 42, 47-8, 51, 67, 84, 92, 96, 99, 110, 123, 127, 129, 130, 133, 137, 154, 176, 205, 207, 216, 235
quatro rios, 96
quilo, 221, 224, 225, 294
química, 28, 29, 52, 62, 120, 149, 304, 306, 309, 340, 342, 344
quinta-essência, 125

R

Rabelais, 79, 308
raça amarela, 151, 152, 157, 158, 166, 172
Raça Austral, 173
raça boreal, 172
raça
    branca, 12, 13, 18, 150-52, 157-61, 163, 167, 169, 171-73, 195, 196, 199, 200, 202, 203, 209, 210, 275

do sul, 151, 172-73
negra, 30, 151, 152, 157-61, 164, 171-73
vermelha, 30, 151, 152, 157, 158, 164, 168, 171-73
Ragon, Jean-Marie, 269, 310, 332, 345
Ram, 160-64, 167, 168, 171, 201, 203, 317
Ramayana, 161
razão, 11, 27, 29, 41, 76, 80, 91, 93, 97, 102, 105, 111, 127, 133, 152, 165, 175, 201, 207, 239, 260, 267, 268, 283, 290, 293, 294, 298, 325, 327
real, 31, 70, 335, 336, 344
realeza, 277, 284, 287-90
realismo, 267
realização, 93, 138, 240, 244, 248, 263, 286, 337-38
Reia, 205
Reino Hominal, 95, 233, 234, 235
religião antiga, 32
religião, 32, 40, 70, 132-33, 167, 175, 190-93, 202, 206, 234, 235, 277, 278, 318, 321, 339, 342
Renascimento, 148, 340
revelação, 32, 78, 133, 153, 158-60, 168, 201, 204-06, 207, 209, 210, 235, 274, 284, 288
revolução das almas, 189
rito de Misraim, 270, 345
rito, 26, 81, 108, 200, 270, 332, 345
Roma, 114, 168, 200, 302, 318, 344
romano, 9, 18, 28, 30, 32, 114, 176, 193, 201, 202, 208, 308, 310, 315, 333, 339, 343, 344, 347
Rosa-cruzes, 270
Rosa-Cruz, 10, 117, 122, 171, 269-70, 271, 318, 332, 338, 347
Ruach, 189, 217, 244-45, 247, 250, 251, 291, 292
Rússia, 159

S

Sabaoth, 169, 187, 196
Sabathier, R. P. Esprit, 305, 313, 345
sabedoria, 11, 66-7, 70, 79, 106, 108, 143, 156, 174, 186, 265, 305, 313, 319, 345
sabeísmo, 70
sabeus, 114, 311
sacerdote, 28, 33, 60, 75, 80, 96, 110, 128, 161, 164, 166, 173-74, 191, 193, 263, 276, 277, 284, 303, 304, 305, 335
Sagitário, 111, 116, 162-63
Sagrado, 32, 42, 53, 70, 110, 149, 165, 173, 176, 191, 200, 206, 216, 236, 265, 304, 307, 315
Saint-Martin, Louis-Claude de, 75, 117, 140, 149, 211, 307, 312, 314, 332, 336, 345
Saint-Yves d'Alveydre, Alexandre, 26, 28, 55, 95, 131, 158, 193-94, 200, 235, 302, 303, 304, 307, 308, 310, 313, 331, 333, 346
Sakya, 166, 168
Sanconíaton, 167, 168, 205, 208
Sandrocotes, 161
sangue, 30, 41, 59, 60, 88, 155, 177, 178, 195-96, 202, 212, 218-22, 224, 226, 228, 237, 240, 250, 275, 294, 315, 323
Sansão, 253
sânscrito, 76, 131, 165, 204, 271, 273, 332
santuário, 28, 57, 62, 75, 84, 114, 119, 122, 168, 263
São João, 128
São Marcelo, 333
São Paulo, 194, 200, 212, 259
satélites, 58, 60, 227
Saturno, 34, 60, 94, 115, 116, 205, 313, 321
Satya-Yuga, 156, 315
Schopenhauer, 248
sectário, 33, 110, 172, 270

Sédir, Paul, 321, 338, 343, 344, 347

segredo, 28, 55, 57-9, 62, 66, 78, 84, 106, 108, 114, 117, 120, 122, 133, 138, 150, 151, 153, 160, 169, 173, 174-75, 176, 185, 191, 192, 195, 196, 200, 204, 210, 259, 263, 269-72, 289, 294, 336, 340

seiva, 147, 172

Selo de Salomão, 121, 127, 129

semita, 70

Sena, 96

senário, 128

Sepher Yetzirah, 47, 84, 175, 185, 310, 323, 341

Sephiroth, 176, 182, 184-86, 188, 212, 323

Ser dos Seres, 58, 60, 174

serpente, 62, 85, 96, 121-24, 129, 169, 184, 187, 312

sete planetas, 125, 132

setenário, 128, 216

Shemoth, 185

Shiva, 120, 313

signo, 34, 35, 37, 68, 75, 76, 78-80, 91, 93, 94, 97, 99, 100, 111, 116, 117, 121, 137-38, 149, 162-63, 175, 185, 307

Simão, oMago, 259

símbolo, 11, 13, 18, 26, 32, 34, 36, 39, 50, 70, 75, 78-81, 85, 87-90, 92-5, 97-100, 110, 115, 117, 120, 121, 123, 124, 127, 129, 131, 132-34, 136-39, 162-63, 166, 176, 184, 190, 191, 206, 230, 253, 256, 263-65, 269-70, 275, 277, 280, 304, 306, 307, 308, 310, 313, 314, 318

sinarquia, 194, 236, 346

Sinésio, 110

Sinnet, Alfred Percy, 311, 347

síntese, 25, 33, 39, 60, 77, 81, 82, 94, 117, 149-50, 173, 218, 264-66, 275, 278, 284, 288, 295, 313, 323, 344

sírio, 165

sistema solar, 95, 226-28, 305

sobrenatural, 84, 159, 303, 314, 337

Sociedade Teosófica, 270, 271, 307, 311, 335-37, 347

sofisma, 248

sofrimento, 159, 167, 228, 230, 233, 272, 273-74, 286, 291, 311

Sol, 26, 27, 34, 58, 60-1, 63, 64-5, 80-1, 82, 84-6, 90, 93-4, 100, 101, 111, 113, 115-16, 117-18, 120, 125-27, 147, 153, 154, 162-63, 175, 191, 224-28, 286, 294, 324, 339

sólido, 26, 44, 45, 59, 62, 80, 89, 91, 101, 120, 133, 164, 235, 279, 303, 306

sombra, 95, 200, 217, 242, 243, 305, 313, 328, 345

sonhos, 84, 108, 134, 266

sugestão hipnótica, 247

suicídio, 103, 256-57

Superiores Desconhecidos, 270, 332

superstição, 293

Swedenborg, Emmanuel, 107, 250, 312, 332, 345

T

Tábua de Esmeralda, 16, 75, 81, 82, 94, 121, 128, 286

taça, 130

Tai-Ji, 206

Talmude, 175

Tâmisa, 96

tarô, 10, 124, 175, 256, 318, 337, 342

Tchen-Pey, 121, 139, 140

tebano, 166

Tebas, 32, 70, 95, 134, 331

telegrama, telégrafo, 237, 297, 339

telesma, 62, 75, 82, 84, 85, 333

Templários, 171, 202, 210, 276
templo, 26, 31, 33, 34, 59, 69, 95, 100, 114, 132, 168, 173, 176, 210, 270, 276-77, 326, 338
Temurah, 185
Teócrates, 161, 163
teologia, 33, 39, 343
Teoria da Evolução, 294
teosofia, 12, 307, 312
teosófico, 37, 50-3, 55, 104, 270, 307, 311, 328, 335, 337, 347
teosofista, 103-04, 337, 347
ternário, 37, 42, 46, 48, 51, 55, 61, 67, 68, 79, 82, 83, 91, 92, 99, 120, 121, 127, 137, 170, 181, 205, 216, 268, 276, 322
terra, 26-8, 33, 41, 58-61, 64, 67, 77, 82, 84-6, 90, 95, 96-7, 101-02, 107-08, 111-14, 116, 124, 127-28, 131, 132, 140-43, 148, 150-54, 156-62, 167-69, 173, 174, 196-99, 203, 210, 217, 220, 225-28, 234, 242, 247, 248, 273, 274-75, 277, 284-89, 294, 305, 310, 315, 321, 324, 325, 327, 328, 336, 346
terrestre, 27, 60, 64, 65, 69, 109, 151, 153, 154, 156, 157, 169, 193, 195, 197, 199, 206, 212, 215, 225, 246, 247-48, 254, 314, 328, 336
Tessália, 108
teurgia, 255, 285
teutônico, 171
Tibete, 33, 161, 162
Tibre, 96
Tiro, 42, 167
Torá, 149, 194
tosks, 190
touro/Touro, 111, 116, 133-35, 163
Trácia, 168, 190-91
trácios, 168, 190

tradição
  amarela, 156, 173
  negra, 156, 171, 173
  vermelha, 164, 173
transmigração das almas, 188
transmutar, 89
três mundos, 37, 41, 43, 46, 52, 55, 79, 82, 94, 109, 118, 120, 132, 175-79, 184, 211, 247, 284, 285, 288, 289, 304, 325
três musas, 191-92
Trevisan, Bernard, 313
triângulo, 79, 91, 118, 119, 121, 124, 126-29, 137, 138, 139, 173
Tri-Unidade, 21, 22, 216, 220
Troia, 34
Trousseau, Armand, 266, 331
Tulo Hostílio, 28

U

umidade, 127
Unidade, 42, 47-52, 57-61, 62-4, 67-70, 83, 91, 109, 120, 124, 126-27, 132, 138, 152, 162, 166-68, 173, 175, 176, 190, 202, 205, 206, 220, 222, 228-31, 234, 246, 250, 256, 260, 267, 268, 276, 277, 278, 286, 290, 301, 317, 322, 323, 325
universo, 22, 41-2, 47, 57, 58-9, 60, 62, 64, 70, 95, 97, 106, 109, 110, 113, 114, 127-28, 137, 147-48, 154, 175, 184, 185, 192, 204, 224, 227-32, 235, 260, 311, 312, 313, 317, 324, 325, 327, 331, 342, 343, 345-46
upadana, 112-13
Urais, 160

V

Vaillant, Jean Alexandre, 318, 347
Valentinus, Basilius, 195, 196, 199, 233, 312

Valeriano, 30
Valhala, 201
vampiro astral, 253
van Helmont, Jan Baptista, 323
varinha, 130
vazio, 122-23, 248, 249, 255, 260
Vedas, 314, 332, 340
vento, 82, 84, 316
Vênus, 81, 90, 94, 97, 111, 115, 116, 253
Verbo, 169, 209, 231, 244, 250
verdade, 11, 22, 25, 26, 32, 39, 45, 65-7, 77, 80-1, 82, 83, 94, 96, 109, 117, 133, 135, 149, 157, 160, 171, 184, 192, 194, 197, 198, 200, 203, 213, 264-68, 272, 276, 277-78, 289, 290, 303, 315, 317, 323, 339, 345
verde, 89, 115, 295
vermelho, 30, 88, 89-90, 151, 152, 157, 158, 164, 168, 172, 173, 237, 240, 305, 309, 337
vertical, 91, 122, 126, 130, 135, 179
véu tríplice, 55, 95, 174
vício, 42, 67, 68, 156, 202, 270
vidente, 102-03, 104-05, 166, 190, 219-24, 227, 229-30, 238, 241, 242, 243, 245, 250, 251, 253, 254, 293, 295, 336-37
Virgem, 111, 116, 163
virtude, 28, 32, 42, 67, 68, 79, 88, 111, 127-28, 185, 195-98, 201, 202, 280, 313, 320

visco, 160, 315
Vishnu, 120, 308
Völuspá, 159, 315
vontade divina, 248, 255, 259, 260, 287-88
Vulcano, 81, 90
vulgar, 78, 79, 88, 165, 325-26

W

Wagner, 171, 201
Wôd, 201
Wodan, 201

Y

yang, 170, 206, 321
Yetzirah, 47, 84, 175, 185, 188, 310, 323, 341
YHVH, 305, 307
Yi, 206-07
yin, 170, 206, 321

Z

Zeus, 192, 317
Zípora, 174
zodíaco, 41, 90, 116, 125, 162, 316, 339
Zohar, 175, 185, 341
zoroastrismo, 200, 201, 205, 340
Zoroastro, 42, 96, 104, 166-68, 171, 200, 201, 205, 206, 209, 217, 317, 324, 340

SOBRE O PREFACIADOR

JOHN MICHAEL GREER é um dos mais respeitados escritores e mestres do ocultismo na atualidade, tendo publicado mais de cinquenta livros sobre tradições esotéricas, espiritualidade da natureza e futuro da sociedade industrial. Iniciado nas linhagens druídica, hermética e maçônica, foi durante doze anos Grande Arquidruida da Antiga Ordem dos Druidas na América [Grand Archdruid of the Ancient Order of Druids in America – AODA]. Mora em Rhode Island, nos Estados Unidos, com a esposa Sara. É possível entrar em contato com ele pelo site: www.EcoSophia.net.